THE FOURTH BOOK OF MACCABEES

AND

KINDRED DOCUMENTS IN SYRIAC.

Cod. B.

4 Macc. I. 27 – 30.

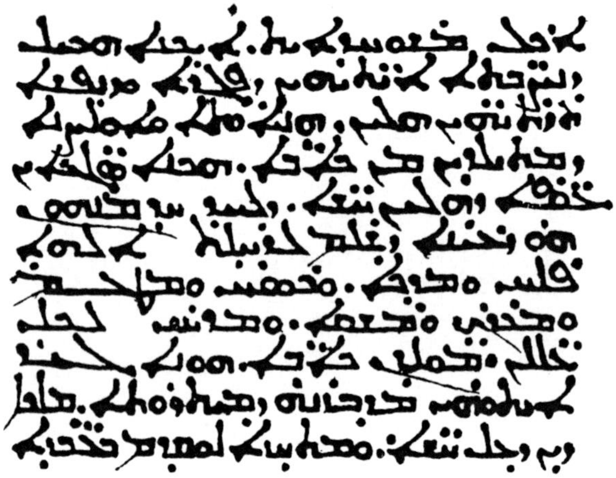

Agnes B. fecit.

W. Metcalfe, Litho. Cambridge

THE FOURTH BOOK OF MACCABEES AND KINDRED DOCUMENTS IN SYRIAC

FIRST EDITED ON MANUSCRIPT AUTHORITY

BY THE LATE

R. L. BENSLY, M.A.

LORD ALMONER'S PROFESSOR OF ARABIC
AND FELLOW OF GONVILLE AND CAIUS COLLEGE

WITH AN INTRODUCTION AND TRANSLATIONS

BY

W. E. BARNES, B.D.

FELLOW OF PETERHOUSE,
FORMERLY LECTURER AT CLARE COLLEGE

CAMBRIDGE:
AT THE UNIVERSITY PRESS.
1895

CAMBRIDGE
UNIVERSITY PRESS

University Printing House, Cambridge CB2 8BS, United Kingdom

Published in the United States of America by Cambridge University Press, New York

Cambridge University Press is part of the University of Cambridge.

It furthers the University's mission by disseminating knowledge in the pursuit of education, learning and research at the highest international levels of excellence.

www.cambridge.org
Information on this title: www.cambridge.org/9781107624122

First published 1895
First paperback edition 2014

A catalogue record for this publication is available from the British Library

ISBN 978-1-107-62412-2 Paperback

TO DR CERIANI

PREFACE.

"THE book which I propose to edit is the Syriac Version of the Fourth Book of Maccabees, otherwise called Ἰώσηπος "περὶ αὐτοκράτορος λογισμοῦ. The original Greek, Mr [Bp] "Westcott remarks, is the only ancient text in which the book has "been published, but a Syriac text is said to be preserved in MS. "at Milan. Some time ago on discovering that this Syriac Ver-"sion was also contained in a MS. of the Cambridge University "Library (the Buchanan Syriac Bible) I proceeded to copy it out "with a view to publication. After I had made some progress in "the work I found that Dr Ceriani in the Prolegomena to his "*Monumenta Sacra et Profana* (Fasc. I) had announced his inten-"tion to edit the same book from the said Milan MS. and a second "MS. which he had found in the Ambrosian Library. I accord-"ingly wrote to him on the subject, and he immediately in the "most generous manner offered not only to give up all claim "to edit but also [volunteered] to collate for me the two MSS. "This he has done in the most careful manner, and as one of them "is supposed to belong to the Sixth Century, I shall now fall back "on that as my best authority......

"As the Greek text of this book has not yet been satisfactorily "settled, I thought it would not be out of place to supply a few "materials for some future editor. Grimm in his Commentary on "the book, published in 1857, remarks that beside the Alexandrine "MS. only seven MSS. have been collated. Since that time the "book has been published in Cardinal Mai's edition of the Septua-"gint from another MS. It is also in the Sinaitic MS......"

The above extracts from the rough undated draft of an old letter to an unnamed Professor form the only account found among Professor Bensly's papers of the aim he set before him in the work now published. The account is of course incomplete. Nothing is said of Syriac Documents other than IV Maccabees. Mrs Bensly has however informed me that the Professor hoped to find one more document (a poem) before issuing his texts.

The first 124 pages of the Syriac texts have been in type since 1870 or earlier. When therefore on Feb. 3 last Mrs Bensly offered to entrust the work to me to bring out, I felt that it was of the utmost importance not to make any unnecessary delay. I could not hope in any case to write such an Introduction as Professor Bensly would have written, had he lived. I conveyed these views to the Syndics of the University Press, and on April 28 received notification from the Secretary that I had been accepted as editor.

The Introduction here given will, it is hoped, be sufficient for working purposes. Translations are added of those documents which are not found in a Greek form. Professor Bensly left hardly anything of the nature of Introduction and only one translation[1] (that of Ephrem's Madrāshā), and that in rough draft and unfinished. Much time has been spent in identifying MSS. in the British Museum, in the Bodleian and in the Cambridge University Library, because Professor Bensly's own notes of identification could not be found.

As regards the Syriac text, all up to p. 136 (inclusive) was printed under Professor Bensly's own eye. The remainder was left all ready for printing in the Professor's own MS., and had only to be seen through the press.

The thanks of all Syriac scholars are due to the Syndics of the University Press for bearing the cost of publishing Prof. Bensly's texts. My own thanks are due to the Dean of Canterbury and to Mr Kennett for allowing me to consult them on certain matters of Introduction and Translation.

One word of a personal nature may be allowed. I had not the privilege of knowing Professor Bensly for a long time, but it was long enough to have felt his kindness and helpfulness. I last met him at his last visit to the British Museum and appealed to him for help in reading a faded word in a Syriac fragment. He turned with ready kindness from his own work to mine. The reading was very difficult and I apologised for interrupting him and would have gone back to my own place. But he stopped me, saying, But it *ought* to be made out. And he made it out. It was a small incident perhaps, but it was characteristic both of his kindness and of his thoroughness. I wish that my own part in this book were more worthy of him.

[1] I have made use of this translation in making my own.

W. E. B.

CAMBRIDGE,
Nov. 1894.

CONTENTS.

	PAGES
INTRODUCTION	xi—xxvi
IV Maccabees	xi—xx
Other Documents	xxi—xxv
Emendations for the Syriac Text	xxv, xxvi
TRANSLATIONS	xxvii—lxxii
Mêmra of Mar Severa	xxvii—xxxiv
Story of Maryam	xxxv—xliv
Madrāshā of Ephrem	xliv—xlviii
Mêmra by an unknown hand	xlviii—lxxii
INDEX OF SYRIAC WORDS	lxxiii, lxxiv
SYRIAC TEXTS	1—154

INTRODUCTION.

THE Fourth Book of the Maccabees has come down to us in Greek, in Latin and in Syriac. It was doubtless composed in the first mentioned language. It is found in the great Biblical Codices, the Sinaitic and the Alexandrine, as well as in a number of minor Greek MSS. Being sometimes attributed to Josephus it is to be found in editions of his works as well as in editions of the Septuagint.

The contents of the book may be described in few words. The author tells in an expanded form and with some small variations the story told in II Maccabees of the martyrdoms of Eleazar the aged scribe and of the Mother and her Seven Sons under Antiochus Epiphanes circ. B.C. 169. In IV Maccabees however the story is told not for itself, but as the text of a sermon. The author lays down the thesis that the reasoning part of man's nature has supremacy over its feeling and suffering part and proves his point inductively by instances drawn from the history of the Maccabean Martyrs.

The close literary connexion between II and IV Maccabees may be seen from the following table of the parallels between the two forms of their common narrative.

II Macc. III. 1—VII. 42.	IV Macc. III. 20—XVII. 1.
(1) Deep peace.	(1) do.
(2) Seleucus king of Asia acts as patron of the Temple.	(2) do.
(3) Simon at variance with Onias the high priest.	(3) do.
(4) Tells Apollonius of the Temple treasures.	(4) do.
(5) *Heliodorus* enters the Temple.	(5) *Apollonius* do.
(6) Under the new king Antiochus Jason buys the High-priesthood.	(6) do.

II Macc. III. 1—VII. 42. (*cont.*)	IV. Macc. III. 20—XVII. 1. (*cont.*)
(7) Jason builds a gymnasium.	(7) do.
(8) Menelaus outbids Jason.	(8) not mentioned.
(9) On report of Antiochus' death in Egypt Jason surprises Jerusalem.	(9) On report of Antiochus' death in Egypt the Jews rejoice.
(10) Antiochus storms Jerusalem and massacres.	(10) Antiochus returns and lays the Jews waste.
(11) King sends an Athenian to change the Jewish customs.	(11) King decrees death to those who follow their fathers' religion.
(12) Philip the Phrygian persecutes in Jerusalem.	(12) Antiochus himself orders the Hebrews to be brought before him.
(13) Eleazar a scribe of 90 is beaten to death.	(13) Eleazar, priest and lawyer, an old man, is beaten and tortured to death with hot irons, after a speech addressed to *Antiochus*.
(14) Brother I has his extremities cut off and is fried.	(14) Brother I is broken on the wheel and burnt.
(15) Brother II is flayed.	(15) II has his head flayed.
(16) Brother III readily offers his tongue to be cut out.	(16) Brother III is broken on the wheel.
(17) Brother IV is tortured.	(17) Brother IV offers his tongue to be cut out.
(18) Brother V is tortured.	(18) Brother V offers himself for torture.
(19) Brother VI is brought.	(19) Brother VI is broken on the wheel and burnt.
(20) *Antiochus* touched with compassion for Brother VII promises him riches and friendship in exchange for obedience.	(20) do.
(21) The Mother implores Brother VII to have compassion on her pains and care as a mother and to resist.	(21) The Mother advises VII in Hebrew in words *not given at once.*
(22) The Mother died last.	(22) The Mother, certain guards say, flung herself into the frying pan.

The connexion between the two books has been discussed in Dr Freudenthal's monograph, *Die Flavius Josephus beigelegte Schrift, Ueber die Herrschaft der Vernunft* (Breslau, 1869). Dr Freudenthal's conclusion is that IV Maccabees is dependent not on II Maccabees but probably on Jason of Cyrene mentioned by the author of the latter work as the authority whom he abridges (II Macc. II. 23). Among other reasons given for this view Dr Freudenthal urges that the account of the death of the mother given in IV Maccabees (XVII. 1) is likely to be original, while in II Maccabees the author seems to be suppressing an unwelcome fact.

THE AUTHORITIES FOR THE TEXT.

The Syriac translation of IV Maccabees is edited from nine MSS., which are to be identified as follows.

A = "B 21" of the Ambrosian Library at Milan. Dr Ceriani describes it as "codicem inter pretiosissimos Europae sane numerandum" and gives a facsimile of it in his *Monumenta sacra et profana* (I. xiii.). It contains the whole Old Testament in the Peshito version except the Psalms which are translated from the Greek. The five books of Maccabees, Baruch, the Epistle of Baruch, and the fourth book of Esdras are also to be found in it. De Rossi (*Variae Lectiones V. T.*, vol. I. p. CLIX) describes it as "charactere estranghelo sec. IX et X." Adler (*Bibl. krit. Reise nach Rom*, pp. 200, 201) mentions a marginal note stating that the book was rebound in the year of the Greeks 1327 (= 1016 A.D.). It is the only Syriac MS. which entitles our work "Fourth Book of Maccabees"; the rest have "Discourse of Josephus on Eleazar, Shamoné, and her sons."

B = Oo . 1 . 1, 2 of the Cambridge University Library. It is written with three columns to a page in small estrangela characters on vellum, with many illuminations including one of the seven Maccabees, their mother and Eleazar. It was brought from Travancore at the beginning of the present (nineteenth) century and has suffered much from the climate. It is a "Pandect" containing the Old and New Testaments minus the Revelation of St John and with the four disputed Catholic Epistles in a group by themselves placed (in the following order:—2 Peter, 2 and 3 John, Jude) between the [First] Epistle of St John and the *Six* Epistles of Clement. In the order of the books of the O. T. Job is placed between Deuteronomy and Joshua, and Psalms between II Samuel and I Kings. Ecclesiasticus is found after the Song of Songs, Lamentations is followed by two Epistles of Baruch and the Epistle of Jeremiah, Daniel by Bel and the Dragon. Ruth, Susanna, Esther, Judith then follow in the order given. After Nehemiah come Wisdom, I, II and III Maccabees, Josippon (i.e. IV Maccabees), I Esdras (the apocryphal book) and Tobias concluding the O. T.

C = Add. 12174 (fo. 438 a) of the British Museum. This MS. is defective, having two important gaps, viz., at IX. 32—XII. 11 and XIV. 15—XVIII. 11. It is written in a good regular hand and dated A. Gr. 1508, A.D. 1197. It contains "Lives of Saints and Fathers of the Church." (Wright, *Catalogue*, no. DCCCCLX.)

Of the less important MSS.

a is a more recent MS. of the Peshito belonging to the Ambrosian Library at Milan.

b = Poc. 391 (fo. 384) of the Bodleian Library (= 2 of Payne Smith's Catalogue). It was written 1614 A.D. "binis columnis charactere simplici."

c = Or. 141 (fo. 600) of the Bodleian Library (= 1 of Payne Smith's Catalogue). It was written 1627 A.D. by command of Archbishop Ussher. "Charactere simplici."

d = Anc. fonds 6 A Syr. of the Bibliothèque Nationale (= 11 of Zotenberg's Catalogue). It consists of three MSS. of different ages put together; IV Maccabees does not belong to the oldest of these.

e = Cod. Egerton 704 of the British Museum. "Charactere simplici." "The writing is small and inelegant, with occasional Syriac and Greek vowels and other points, of the XVIIth cent." (Wright). The volume contains the whole of the Scriptures of the O. T., according to the Peshito version, with the Apocrypha. "The Discourse of Josippus" (i.e. IV Maccabees) follows the three books of Maccabees.

f is a fragment which breaks off before the close of Chapter II. I have not been able to identify it, but I have reason to believe that it is a Florentine MS.

In character the translation may be generally described as faithful, so that it is of some value for the textual criticism of the book. In text it generally agrees with א, seldom with A, as the comparison of the Greek and Syriac Texts to be given below will shew.

COMPARISON OF THE GREEK AND SYRIAC TEXTS OF IV MACCABEES[1].

(א = codex Sinaiticus, ed. Tischendorf 1862.
A = codex Alexandrinus, ed. Baber 1818.)

Ch. I. 6. *και φρονησεως* A; *και των τοιουτων* א; om. Syr.
11. *και τη υπομονη* om. Syr.
τη υπομονη om. Syr.
12. *ειωθα*. Syr. uses the vaguer first person plural in this verse (cf. VI. 35, XVI. 2).
20. *και περι το σωμα* MSS. Gr. min.; om. אA Syr.
27. *νομοφαγια* A; *μονοφαγια* א Syr.
28. *φυτων* א; *παθων* A Syr.
34. *των απηγορευμενων ημιν κατα τον νομον* om. Syr.

Ch. II. 2. *τω λογισμω διανοια*. Syr. represents one subst. only ("by means of the intellect" ܒܝܕ ܡܕܥܢܘܬܐ).
7. *μονοφαγος .. και γαστριμαργος*. Syr. represents one word only, prob. *γαστριμαργος* (ܟܪܣܬܢܐ).
8. *εντασσων* A; *ενστασων*. Syr. ܡܚܫܒ "So he reckoneth by the weeks and forgiveth part of that which is due to him."
9. *επι των ετερων* A; *εργων* (ܥܒ̈ܕܐ) א Syr.
19. *επικαταρατος κ.τ.λ.* Syr. "Cursed is their anger *and their wrath because it is cruel*."
22. *και τηνικαυτα δε* A; *ηνικα δε* א Syr.
23. *και αγαθην* om. Syr.
24. *ληθης .. κρατει* om. Syr.

Ch. III. 1. *λογισμος* (pr.) A; *λογος* Syr. deest א.
8. *εσπευδεν ιδρων* א Syr.; om. A *εσπευδεν*.
12. *δυο* et Syr.; *τρεις* Edd. (cf. II Sam. XXIII. 6).
14. *εγεμισαν*. Syr. has "they *brought*" and connects *θαρραλεως* with the fin. verb.
18. *καθ υπερβολην ουσας* om. Syr.
20. Syr. reads "For the Law was deep peace to our fathers."
Νικανορα אA; *Νικατορα* Syr.

Ch. IV. 1. *υπερ* אA; *κατα* al.; ܡܛܠ Syr.
3. *μηνυων* אA; *μηνυσων* Syr. ut videtur.
τω ιερω A; *τοις ιεροις* א Syr. (om. *μη επικοινωνουσας*).

[1] Based on full notes inserted by Prof. Bensly in a copy of the small Oxford Septuagint.

Ch. IV. 4. *τουτων* add. *δε* om. *εκαστα* Syr.

7. *νομισαντες* A; *νοησαντες* ℵ; *-σαντος* Syr.
ως . . . εκωλυον om. Syr.

8. *δε* om. Syr.

9. *των δε ιερεων . . . ικετευσαντων* A; *οι δε γεραιοι . . ικετευσαν* [ℵ] Syr.
εν τω ιερω om. Syr.

10. *αυτοις* A; *αυτων* ℵ; *αυτω* Syr.

19. *εξεζητησεν* A; *εξεδιητησεν* ℵ Syr.

20. *κατασκευασαι* A; add. *αλλα και καταλυσαι* ℵ Syr.

21. *τοι* A; *αυτοις* ℵ Syr. (*επολεμησεν* = ܐܬܟܬܫ).

24. *ευνοιαν* A; *ευνομιαν* ℵ; "the laws of the people" Syr.

26. *επει . . . λαου* om. Syr.

Ch. V. 1. *αυτων* A; *αυτω* ℵ Syr.

2. *περισπασθαι* A; *επισπασθαι* ℵ; "bring" Syr. (ܢܥܠܘܢ).

4. *την επιστημην* om. Syr.

5. *Αντιοχος* add. *ο τυραννος* Syr.

8. *αποστρεφεσθαι* A; *αποστρεφειν* ℵ; (ܢܗܦܟܘܢ Syr.).

16. *θειω* om. Syr.

23. *ανδρειαν εξασκειν* A Syr.; *ανδ. εκδιδασκειν* ℵ.

24. *παιδευει.* Syr. has "and it teacheth the righteousness which is in our nature" (*κατα φυσιν* MS. min.).

29. *παρησω.* No trace in the Syr. ("Is not their covenant holy and the oath which our fathers sware to keep the law?").

36. *μιανεις* A; *μιανει* ℵ Syr. ("my hoary age shall not defile my lips").

Ch. VI. 9. *αικισμους* add. *και περιεφρονει του τυραννου* Syr.

14. *τι* om. Syr. (nisi *οτι* pro *τι* leg.).

18. *μεχρι γηρως* ℵA; "until death" Syr.
και την . . . φυλασσοντες om. Syr.

23, 24. *τι μελλετε; Προς τας αναγκας.* Syr. "why delay ye bringing afflictions upon us?"

25. *υπερεπτοσαν* A; om. Syr.

35. *επει και γελοιον· και ου κ.τ.λ.* Syr. "It is therefore ridiculous that a man should say, Reason does not rule, where we have shewn that it overcame not only passions (sufferings) but also threats."
επιδεικνυμι. Syr. has the first person plural. (Cf. I. 12, XVI. 2.)
ηδονων ℵA; *απειλων* Syr.

Ch. VII. 1. *ναυν* ℵA; *νουν* Syr. "guiding his mind as with the rudder of the fear of God."

3. *θανατου* A; *αθανατου* ℵ Syr.

4. *παναγιος* ℵA; *πανοπλος* Syr. (ut videtur).

εκινησεν A; *ενικησεν* ℵ Syr.

11. *δια του εθνοπληθους* ℵA Syr. ut vid. "into the midst of the people."

13. *πονων* A; *τονων* ℵ Syr. ut vid. (ܚܝܠܐ).

14. *του λογισμου* A Syr.; praef. *δια* ℵ.

τω Ισακειω λογισμω om. Syr.

ηκυρωσεν A; *ενικησεν* ℵ Syr.

15. *πολιας* ℵA; *πολιτειας* Syr.

18. *εξ ολης καρδιας* om. Syr.

19. *πιστευοντες .... ζωσι τω Θεώ* om. Syr.

Ch. VIII. 1. *το δε* A; *τοτε* ℵ Syr.

εκ της ηλικιας A; *εκ της αγελης* Syr.

12. *τροχαντηρας και καταπελτας και* om. Syr.

16. *μη πεισθειημεν* A; *ει π.* ℵ[a]; *δει πεισθηναι* Syr. ut vid.

18. *ου* om. Syr.

24. *ναος* A; *νομος* ℵ Syr.

εκουσιως ℵA; *ακουσιους* Syr.

φοβηθεντας τα βασ. ℵ[a]A; om. ℵ Syr.

25. *θανατηφορος αρεσκει* ℵA; *θανατηφορου αρεσκειας* Syr.

χρη A; *ζην* ℵ Syr.

Ch. IX. 2. *συμβουλω και γνωσει* A; *συμβουλω και Μωυσει* ℵ Syr.

3. *υπερ αυτους.* Syr. "Do not, since thou hatest us, pity us instead of thyself."

5. *μαθων* ℵ; + *οτι ασθενει η δυναμις των βασανων σου* Syr.

7. *και τας ημων ψυχας* ℵA; om. *και* Syr. (add *ημας* post *θανατωσεις*).

8. *οισομεν* sine add. A Syr.; + *και εσομεθα παρα τω θεω δι ον και ταυτα πασχομεν* ℵ.

9. *δια πυρος* ℵA; om. ℵ[a] Syr.

11. *μαστισται* A; *υπασπισται* ℵ Syr. (ut vid.).

14. *κατηγορει* A; *εκακηγορει* ℵ Syr.

17. *τροπος* A; *τροχος* ℵ Syr.

αξαι A; *αγξαι* ℵ; "tread down" Syr. (ܬܕܘܫ).

Ch. IX. 19. *λεγοντες εις πυρ επετρωσαν* A; *λεγοντι* (*ειπων* א) *πυρ υπεστρωσαν* [א] Syr.

προσεπικατετεινον. "They made the wheel more cruel by artifice against him" Syr. (ܒܐܘܡܢܘܬܐ ܐܩܫܝܘ).

21. *περιτετηκμενον* A; *περιτετμημενον* א Syr.

23. *αιωνα* אA; *αγωνα* Syr. (ut vid. ܐܓܘܢܐ).

25. *απερρηξεν* א (*απερηξεν*) A; "delivered up" Syr. (ܫܠܡܠ).

26. *προτερου* A Syr.; *πρεσβυτερου* א.

Ch. X. 3. *συγγενειαν* A; *ευγενειαν* א; "the glorious truth of my brethren" Syr.

4. *προς ταυτα . . . δυνασθε* A; om. א Syr.

6. *περιελκων* A; *περιεκλων* א Syr.

7. *περισυραντες το δερμα* א[a] A; *περιλυσαντες τα οργανα* א Syr.

13. *αλλα . . . σεαυτον* om. Syr.

15. *αοιδιμον* A; *αιδιον* א Syr.

16. *επινοει* + *τοιγαρουν* Syr.

Ch. XI. 2. *παραιτεισθαι* A; om. א Syr. ("I delay not to come to tortures").

4. *ω μισαρετε* A Syr.; *ω μιαρωτατε* א.

5. *η κακον σοι δοκει* A; om. א Syr.

7, 8. *ειπερ . . . εις τον Θεον* A; om. א Syr.

10. *τροχον* A; *τραχηλον* א Syr. ("from his neck").

20. *αιωνος* A; *αγωνος* א Syr.

25. *μητε . . . μιαροφαγιαν* אA; om. Syr.

Ch. XII. 3. *και παρηγορειν επειρατο* אA; om. Syr.

6. *αυτην ελεησας* A; *εαυτην ελεησασα* א Syr.

επι την σωτηριαν, ευπειθη ποιησαι τον περιλειπομενον A; *επι τ. σωτηριον ευπειθειαν τον περιλ.* א Syr. ("that she might urge him who remained to obey and live").

8. *ειπω* om. Syr.

12. *βασανοις αι* A; *βασανοις* (sine *αι*) א; *βασανοι* Syr.

13. *καταικισας* A (-*κει*-); *κατακαυσας* א Syr.

14. *ευγενως αποθανοντες* om. Syr.

17. *μαρτυριας* A; *αριστιας* א Syr. (ܢܨܚܢܘܬܐ).

20. *απεδωκεν* + *το πνευμα* א[a] Syr.

Ch. XIII. 4. *επεκρατησεν* A; -*σαν* א Syr.

7. *ακολασιαν* A; *κολασιν* א cf. Syr.

Ch. XIII. 9. *ισεπολιδος* A; *ισοπολιτιδου* ℵ; om. Syr.
καμινου A; *καιομενης* ℵ; ܐܬܘܢܐ Syr.
12. *ο δε* A; add. *καταμνησθεις* ℵ Syr.
δια την ευσεβειαν ℵA; om. Syr.
13. *εφορων* A; *εφορωντες* ℵ; om. Syr.
15. *αγων και* ℵA; om. Syr.
18. *ανθρωποτητος* A Syr.; *αδελφοτητος* ℵ.
19. *εν τω αυτω χρονω* ℵA; *εν τη αυτη* (sine *χρονω*) Syr.
20. *αφ ου συντ.* ... *ψυχαι* A; "and in the same skirts they were carried and from ("because of") these things mutual love was in their souls" Syr.
23. *ηγαγον* A; *ηγαπων* ℵ Syr.
24. *ομονοιαν* A; praef. *ευνοιαν και* ℵ Syr.
26. *τους καταικ.* ad fin. Syr. "Seeing their brethren afflicted with tortures" (sine add.).

Ch. XIV. 3. *ιερας* A; praef. *ω* ℵ Syr.
15. *τα μεν* ... *οροφοιτουντα.* Syr. "She (i.e. the bird) that is tame and entereth into the midst of the house *under the roof*."
20. *συμπαθεια της συμπαθ. τεκνων.* Om. *της συμπαθ.* ℵA Syr.; praef. *τη* A.

Ch. XV. 13[1]. *γονευσιν φιλοστοργε* A; *γεννημασι φιλ.* ℵ; *γενεσις φιλ.* Syr.
18[1]. *εις οικτρον* A; *εις σε οικτρον* ℵ Syr.
19. *ουδε* ℵA; *συ δε* Syr. ("but thou gazing upon the eyes of every one of them, whose (i.e. of the eyes) gaze was turned away from the tortures").
20. *αποκεκομμενας* ℵA Syr.; *αποκαιομενας* ℵ[a].
και πολυανδριον κ.τ.λ. Syr. "When she saw the servants of the tyrant falling like a storm upon her sons."
21. *ω* A; *ως* ℵ Syr.
24. *απωλειαν.* ℵ Syr. add. *και την των στρεβλων πολυτροπον ποικιλιαν.*
ασπασασα ℵ (*-ση*) A; *ανασπασασα* Syr. ("although she saw the destruction of seven sons ... the illustrious mother rooted up and dismissed [her natural affection]").
25. *τη εαυτης ψυχης* (sic) A; *της .. ψυχης* ℵ Syr.
29. *καρτεριαν* ... *ανδρων προς* om. Syr.
32. *λοιμοις* A; *ανεμοις* ℵ Syr.
τους sine add. A; add. *υπερ* ℵ Syr.

[1] The verses in this chapter are given according to the Syriac reckoning.

Ch. XVI. 2. *απεδειξα* ℵA Syr. (cf. I. 12, VI. 35); *απεδειξαμεν* al.

3. *ως της ... εκεινη ... ορωσα* A; *ως η της ... εκεινην ... ορωσαν* ℵ Syr.

βασανιζομενους. Praef. *ουτως ποικιλως* Syr.

5. *επιλογισασθαι* ℵA; *επιλογισασθε* (*διαλογ-*) Syr.

14. *στρατιωτι, πρεσβυτι*. Syr. "who didst go a warfare in old age."

20. *ορων* A; om. ℵ; *ορων ο Ισαακ* Syr.

24. *παρακαλουσα* A; add. *αποθανειν* ℵ Syr.

επεισε μαλλον ℵA; om. Syr.

25. *ιδοντες* A; *ειδοτες* ℵ; "but it behoves you to know" Syr. (? *δει* pro *δε*).

Ch. XVII. 1. *τι* A; *τις* ℵ Syr.

5. *συν αστροις* om. Syr.

εις αστερας om. Syr.

6. *του παιδος* A; *του πατρος* ℵ Syr.

7. *ωσπερ επι τινος* [A] [ℵ]; om. *ωσπερ* Syr. (ܕܠܐ ܡܕܡ).

θεωρουντες sine add. A; add. *ορωντες* ℵ Syr.

9. *ενκεκηδευνται* ℵA; *ευκεκ-* Syr.

δια τυραννου βιαν A; *δια τυραννον* ℵ Syr.

12. *ηθλοτει* A; *ηθλοθετει* ℵ (*-τι*) Syr.

δοκιμαζουσα· το νικος. Interpunct. ignor. Syr.

εν αφθαρσια A; *ει̇ς̇ αφθαρσιαν* ℵ; Syr. "and she (? Virtue) gave incorruption".

13. *η δε ... ηγωνιζοντο*. Syr. "and seven youths and their mother contended afterwards".

14. *και ο των ανθ. βιος* ℵA; om. Syr.

20. *τους πολ. μη επικρατησαι* ℵ[A] (*σας*); *των πολεμιων αυτων επικρατησαι* Syr.

Ch. XVIII. 5. *εθνων* A; om. ℵ; *εθων* Syr.

6. *ταυτα η δικαια* A; *ταυτα τα δικαιωματα* ℵ Syr.

των επτα παιδων om. Syr. Om. *επτα* ℵ.

9. *τουτων* ℵA; fors. *υμων* Syr.

11. *ολοκαρπουμενον* ℵA; fors. *ολοκαυτουμενον* Syr.

16. *πασιν* A; om. ℵ Syr.

18. *την διδασκουσαν* A; *διδασκων την λεγουσαν* ℵ Syr.

19. *μακαριοτης* A; *μακροτης* ℵ Syr.

20. *ο πικρος* [ℵ] A; om. Syr.

πυρ φλεξας Aℵ[a]; *πυρ π̇υ̇ρ̇ο̇ι̇ς̇ σβεσας* ℵ; *πυρ πυρι σβεσας* Syr.

τους επτα A; praef. *τας επι* ℵ Syr.

22. *ποικιλαις* ℵA (*-κει-*); *πικραις* Syr.

23. *εις* (*ει* ℵ) *πατερων χορον* (*χω-* A) ℵA; om. Syr.

OTHER SYRIAC DOCUMENTS DESCRIBING THE PASSION OF THE MACCABEAN MARTYRS.

Six such documents are given in this book, viz., (I) A Discourse of Gregory Nazianzen, (II) A Discourse of Severus, the Monophysite Patriarch of Antioch, (III) A second form of Severus' Discourse, (IV) An anonymous Discourse, (V) A madrāshā of Ephrem, (VI) An anonymous poem in twelve-syllable verse.

All the above documents are connected with the Commemoration of the Maccabean Martyrs which was held both in the East and West on the First of Ab (August 1). This festival was early in its origin and popular in its reception. All Syriac speaking Christians observed it. It is noticed in Monophysite, Nestorian, and Maronite liturgies; it has its proper lesson (Mat. x. 16 ff.) in the Melchite lectionary published by Miniscalchi; it is found noted at the present day in the Surgada or Calendar published for the Eastern Syrians at Urmi.

As regards the documents found in this book it will be noticed that Nazianzen (p. 57, l. 14) alludes to a yearly festival of the Maccabean Martyrs, Severus (p. 76, l. 6) speaks as though it were a customary thing to pronounce a panegyric upon them, and the colophon of the Anonymous Discourse mentions the First of Ab as the day of Commemoration. The Hymn of Ephrem which follows is found in part at least in use in the liturgies; and the Anonymous Poem, the last of the six documents, breaks out (l. 629) into the exclamation, How pleasant and fair is thy commemoration, O Martyr Shamoné!

(I.) The Panegyric of Gregory Nazianzen on the Maccabees contained in this book corresponds with Oration XV ("alias XXII") of Migne's Patrologia (Volume XXXV). In the Benedictine Edition it is found pp. 286 ff. It was delivered according to Migne about 373 A.D.

The Syriac version here given is based on four MSS. preserved in the British Museum. Assemani (Bib. Or. II. 307) quotes Bar Hebraeus to the effect that two Syriac versions of Nazianzen once existed: "B. H. (Liber Splendorum, Pt. I. Ch. V. Sec. 4) affirmat duas extare apud Syros translationes Gr. Naz.—alteram antiquiorem Nestorianorum, recentiorem alteram a Jacobo Edesseno elaboratam." Cf. B. M. Rich 7201, Cat. p. 94.

The four MSS. here used are:—

A, British Museum Add. 14547, fo. 193 r. This is numbered DLVII in Wright's Catalogue and is assigned by him to the Ninth Century. It contains thirty discourses of Gregory, of which that on the Maccabees is the Twenty-Sixth. The translation is that of the *Abbat* Paul made in the island of Cyprus in the year 624 A.D.

B, British Museum Add. 14548, fo. 158 r. It is numbered DLVIII in Wright's Catalogue, and was written A.D. 790. In other points the description given above of A is also true of B.

C, British Museum Add. 12153, fo. 168 v. It is numbered DLV in Wright's Catalogue, and was written A.D. 845. It contains a colophon (inaccurately given in Assemani B. O. I. 171), stating that the translation was made by the Abbat Paul in the island of Cyprus A. Gr. 935 (= A.D. 624), and that the MS. was written A. Gr. 1156 (= A.D. 845) in the days of Dionysius Patriarch of Antioch. Wright (Cat. p. 427) says that Dionysius I., of Tel Maḥar, died Aug. 22, 845 A.D.

D, British Museum, Rich 7187, fo. 155 b. "Codex membranaceus formae quartae, a capite et in fine mutilus, folia continens 181, paginis in binas columnas divisis, titulis inscriptionibusque miniatis, char. Nestoriano, saeculo ut videtur decimo, nitide et diligenter exaratus, paucis vocalium notis instructus. . . . Insunt *Orationes nonnullae Gregorii Nazianzeni.* Desunt ab initio orationes duae. Reliquae hoc ordine sese excipiunt. . . . . 24. De Maccabaeis." (B. M. Catalogue, 1838, Pt. I. p. 73.)

The translation of the Panegyric of Nazianzen is literal and rarely suggests a difference of reading from Migne's text. Some instances of its literalness and of apparent divergences of reading are subjoined. The references are to Migne's edition by column and line.

C. 913, l. 40. *τῶν δικαιοτάτων* = ܡܢ ܗܠܝܢ ܕܟܐܢܝܢ ܛܒ.

C. 916, l. 36. *θυμάτων* = ܕܬܕܡܘܪ̈ܬܐ (*θαυμάτων*).

C. 917, l. 9. *οὐ δῆμος, οὐ δορυφόρος κατεπείγων.* Syr. *οὐ δορυφόροι, οὐ δῆμος κατεπ.* "Reg. a, c, d, Coisl. 2, et Or. 2 abiecto *δορυφορος* habent *ου δημιος κατεπειγων* non male" (*Migne*).

C. 917, l. 21. *πρὸς τὸ τυχεῖν* = ܠܘܬܗ ܕܢܡܛܘܢ.

C. 917, l. 30. *τοσοῦτον ἔχουσαι τὸ σοφὸν* = ܕܗܢܐ ܟܠܗ ܐܝܬ ܠܗܘܢ ܚܟܝܡܘܬܐ.

C. 917, l. 41. *εἰς τοὺς κινδύνους χωρήσασα.* Syr. has, "She leapt towards dangers in order that no impure body should touch her pure and noble body." "In editis sequitur *ὡς ἂν μηδὲ σῶμα ψαύσειεν ἄναγνον ἁγνοῦ καὶ γενναίου σώματος.* Sed haec temere hic sunt assuta" (*Migne*).

C. 921, l. 1. *παῦσαι καὶ ἀπειλῶν* = ܫܘܩ ܡܢ ܕܡܓܙܡ ܐܢܬ.

C. 925, l. 27. *σχεδὸν* = ܐܝܟ ܕܠܡܐܡܪ.

C. 929, l. 30. *οὓς ἐγέννησε κόσμῳ, θεῷ παραστήσασα.* Syr. reads *οὓς ἐγέν. νόμῳ θεοῦ παραστήσασα.*

C. 932, l. 3. *ἀπεγνωσμένης* = ܕܦܣܝܩ ܗܘܐ ܣܒܪܐ ܡܢܗ.

(II.) (III.) The two succeeding documents in this book are two different translations of a single Greek homily of Severus of Antioch, Monophysite Patriarch (A.D. 512—519). Fragments of the original text are given in Mai, *Script. Vet. Nova Collectio,* t. IX. p. 725. The first form is edited from Brit. Mus. Add. MS. 14599 (fol. 138, r. 2) = Wright DCLXXXVI. The MS. is dated A. Gr. 880 (= A.D. 569). It contains "the Second Volume of the *ἐπιθρόνιοι* (homiliae cathedrales) of Severus, Patriarch of Antioch, in a more ancient translation than that of Jacob of Edessa, comprising homm. XXXI to LIX. It is perhaps the version of Paul of Callinicus (see Assemani B. O. II. 46)."

The second form is edited from Brit. Mus. Add. MS. 12159 (fol. 98, v. 2) = Wright DCLXXXV. This MS. contains the homilies of Severus translated by Jacob of Edessa A. Gr. 1012 (= A.D. 701). They are 125 in number and are divided into three parts or volumes (ܦܢ̈ܩܝܬܐ). The MS. is dated A. Gr. 1179 (= A.D. 868). A translation of the first form of the homily on the Maccabees is given below.

The chief interest of this discourse of Severus is to be found not in its treatment of the Maccabean story, but in its references, somewhat meagre it is true, to the circumstances of Severus' own day. Plainly the Jews were still a great power in Antioch as they had been in Chrysostom's time and long before. The Manichees were still to be reckoned with; and astrology was still a trouble to the Church.

(IV.) The next document given is an anonymous homily of uncertain date. It is taken from a Paris MS. (234. 31 of Zotenberg's Catalogue), written on paper at Antioch in the year 1503 (the third figure is doubtful) of Alexander, i.e. about the close of the Twelfth Century of our era. A translation is given below.

This homily is interesting from the partial attempt which has been made to give the story a Christian colouring. The scene is changed to Antioch. The heroine and her sons are still of the Sons of Israel, but some editor or transcriber has substituted in the prologue the charge of honouring "Christ the Saviour" for that of refusing to eat pork and join in heathen sacrifices. Further an attempt has been made to *christen* Shamoné with the name of "Mary," but the re-naming has not been completely carried out. A few N. T. references or quotations (e.g. to the Gospel of St John and the Epistles to the Romans and the Hebrews) are put into Shamoné's mouth. In spite however of these patches of Christian colouring the story still remains substantially a Jewish or at least an O. T. story.

(V.) A Madrāshā of Ephrem is given next in this book. Since it was put into type, twenty-four years ago, it has appeared in Lamy's edition of Ephrem (*Hymni et Sermones,* III. 686), but it is nevertheless given here both for the sake of completeness and for the purpose of recording the readings of Cod. B which are not noticed by Lamy.

Two MSS. are used in this edition.

A = B. M. Add. 14592 (fo. 61 v.), of Century VI. or VII., containing hymns and discourses of various authors. It is numbered DCCXLVIII in Wright's Catalogue.

B = B. M. Add. 14520 (fo. 43 *a*), of Century VIII. or IX., containing hymns of various authors. It is in the estrangela character and is numbered CCCCLI in Wright. It contains only vv. 1, 2, 4—6, 12, 17, 18, 21, 22, 25 and 33 of the Madrāshā.

A translation is given based on a fragment of one by Professor Bensly.

(VI.) Of the last document printed in this book the present Editor can give no satisfactory account. Professor Bensly, so far as it is possible to discover, left behind him nothing but a text written out ready for printing together with one or two marginal notes in pencil. Nothing has been found among his papers to lead to the identification of the three MSS. used to construct the text. A search in the Bodleian however resulted in the identification of the MS. designated "A" with Bod. Or. 624 (= 134 of Payne Smith's Catalogue). It is a Malabar MS. given to Mill in 1822, and is described by Payne Smith as *recently* ("nuper") written in Nestorian characters. It contains, (a) a Commentary on the Four Gospels, (b) the History of Samona in dodecasyllabic verse.

In order to give a possible clue to some future inquirer into the identity of the MSS. denoted B and C by Professor Bensly, it may be mentioned that these two MSS. were originally denoted C[1] and C[2] by him.

The poem would be not unfairly described as a paraphrase of the greater part of IV Maccabees. It follows its arrangement and echoes its language. Marginal references to IV Maccabees are therefore added to the translation of the poem. The great difference between the two works is that in the poem a speech is ascribed to the mother before each execution of a son, and is given in full. There is little that is new in these utterances.

A translation of this poem is given.

EMENDATIONS AND SUGGESTIONS FOR THE SYRIAC TEXT.

Macc. VI. 17. [ܕܢܦܫܐ] ܪܕܘܦܝܗ is perhaps an early corruption for ܪܘܦܝܗ (not found in the Lexx.) or some such form. Greek *μαλακο-ψυχήσαντας*.

XV. 13. ܙܒܝܢܐ is perhaps an early corruption for ܟܝܢܐ. Gk. *φύσις*.

Sev. p. ܦ, l. 7. For ܡܠܟܝܕܒܢܐ the mg. seems to read ܡܠܟܕܝܒܢܐ (R. L. B.).

p. ܠܗ, l. 12. ܡܦܘܪܟܘܬܐ may be an error for ܡܦܘܪܟܢܘܬܐ (p. ܗܓ, l. 22).

Story of Maryam, p. ܡܠ, l. 27. For ܠܡܐܢܗ read ܠܡܐܢܝܗ (R. L. B.).

Ephr. p. ܡܣܝ, l. 12. For ܐܣܠܢܠ perhaps read with Lamy ܐܣܠܝܠ.

ib. p. ܡܪ, lines 4, 5. For ܟܦܘܪܣܐ Lamy has the correction ܟܦܘܪܣܝܐ.

Ephr. l. 6. ܢܚܣܢܘܢܗ̇. So Lamy prints the text but he translates "inviderunt" (as though conjecturing ܢܚܣܡܘܢܗ̇).

ib. l. 17. ܢܦܠ ·· ܘܐܬܒܠ. Lamy prints both these verbs with seyāmē.

ib. l. 22. For ܠܡܪܗ read with Lamy ܠܡܪܝܗ̇.

ib. l. 23. For ܐ̇ܟܪܝܒ Lamy has ܘܟܪܝܒ.

(N.B. In all cases of variation between Prof. Bensly and Dr Lamy the former follows the authority of the MS. or MSS.)

Anon. Poem, p. ܩܘܠ, l. 323. Read ܕܚܣܝܚܬܐ̈ (with two Ḥêths).

ib. l. 331. The metre requires ܡܬ̈ܪܫܠܝܢ.

ib. l. 353 (note). Read ܩܪܘܣܩ̈ܣܝܢ (with ܩ).

TRANSLATIONS.

(A) Mêmra of Mar Severa (Syriac, p. ܟܘ).

The Panegyric of the Maccabean youths is thought on account of the glory of the conflict they sustained to supply rich intellectual materials to those who pronounce it, but in that it surpasses all power (finding) of words it convicts of poverty those who panegyrize.

And [even] in that which is before us (in the midst) they greatly fall short of the truth; for even a painter, if he see anything strange and unusual of endless beauty of created nature, and takes pains to copy this with pigments, paints indeed an image beautiful and very fair agreeing with this beautiful and lovely prototype; but he is overcome in that he is not able accurately by means of art to attain to that natural beauty.

So we also desiring to paint with the pigments of words the spiritual beauty and the manly struggle of these seven youths for piety say indeed things beautiful and very beautiful, for such is the subject, but we stand at a distance from their greatness of deeds, as we are removed even from nature. For merely to hear that seven youths, who, being now of youthful age, went forth by the same gate of youth, who overtopped one another a little in age like the steps of a ladder, but nevertheless youths all of them, that they suffered one and the same death on behalf of piety, and were constant under (in) various kinds of tortures; and before them Eleazar elder and priest, and instructor rather in sufferings for piety than in the Law—and of their aged mother—that she endured manfully the scourgings of her sons and denied that she was a mother, what obedience unfearing! What a soul not dismayed! And what a wealth of words do the events need to be able to extol them to the height!

It putteth down therefore [the eloquence] which promises with sighs by study and art to write praises, and it flieth to that which is of heaven; and it lifteth up itself with its own wings and not with artificial and alien wings; and to God who crowns the contest of piety it cries with the prophet: Of thee is my glory in the great congregation.

And as regards that which I bring to the remembrance of the Church, I have evolved a certain truly divine and secret thought from the struggle of these valiant martyrs. For it seems to me that the old man holds forth a type of the Law which has waxed old in the Scriptures, and that the youths who were disciples to the old man together with their mother fulfil [the conditions of] the type of the Church of the Nations, which was indeed of old without child, but afterwards had many sons; which formerly was taught by the Law with symbolic teachings of piety; concerning which Hannah the prophetess said: The barren hath born seven. Because the Synagogue whose sons were formerly many hath waxed feeble.

But bring before your eye as it were into that stadium of virtue him whom time hath not darkened, who contended that he might annul former things. Moreover that which is sung by every man when it sounds as it were in the ears new and undefiled of those who desire sustenance which is old indeed in the passage of years, but new in affection and freedom from cloying......

(3) And Antiochus the tyrant sat and was cruel in his mind, in a certain lofty place, for such is loftiness of spirit that it causeth perverseness to those who are troubled with it, namely, that they stand upon the earth with the rest but think they are fixed in the air when they walk on the tips of their nails, and lift up their eyebrows and exalt themselves as the cedars of Lebanon, as said the Holy Scripture, displaying their bareness of fruit and their haughtiness.

And there was standing before him girded in armour all the assembly of the soldiers ("Romans") and of the servants bearing lances, a sight sufficient to cause astonishment (dismay) in the beholder. And there were set in the midst instruments of every kind of torture which threatened various kinds of punishment. And there were some of them not yet made ready and as yet known only as a danger, which threatened by their very appearance bitter and violent death; and with scourgings very fearful, if it were possible, so to speak, lacerating with the body the soul also, and almost separating it from the bond of its fellow.

(4) And first into the midst came Eleazar the priest, hoary of hair but shewing youth in mind. And he was urged to eat of heathen sacrifices and flesh of swine, and herein that he should renounce his pure reverence for the Law; for the tyrant thought that if he overcame this man, he would overcome the Law, yea the Priesthood itself; and he thought that to overthrow the old man was to dissolve these (Law and Priesthood). For with these was his war and not with the sons of men. And he hoped again that the master would be followed without a struggle also by the young men his disciples. But his hope and his expectation disappointed him. For with the body the old man and infirm triumphed over the torments, and strengthened the youths strong as they were in body, and proved that the Law was spiritual and the Priesthood heavenly. And he made known that there was in them a good and ready hope for the sake of which it was also right to suffer, even though these things were not yet established unto [? legal] form and writing.

For Antiochus indeed laughed much at him as though he were suffering in vain and [in vain] rejecting that pleasant taste of swine's flesh; and he called it a servant of nature and he reckoned it folly that he should take death in exchange for a single food. For he was mixing his very threats and at the same time mocking the man and frightening [him]. And sometimes he spoke both pitying and being grieved for [his] weakness and old age and worthiness; and the self-same sneers his servants also held forth. Being armed even thus on the king's side and helping him in every way, they were surrounding this old man as a tower of virtue. But he was not to be taken nor known nor subdued by them.

(5) For he said: Our Law, O Antiochus, is verily The Law, for it is the work and gift of God and the teaching is not of one of the sons of men. Hearest thou not of Moses and his fast of forty days and the purity and brightness which came from him? And of the top of Mount Sinai and the cloud, and of Him who spoke to him from thence, and of the tables graven with the finger of God, which were written on both their sides, within and without; declaring to those who were heavy (brutish) in their minds the external things of the word, but to those who feared hinting carefully the theory of the deep things of the Spirit?

From thence we derive our refusal of the food of the flesh of swine, for it teaches us to restrain gluttonous desires, and not to pursue after pleasure, and that therein we should maintain constancy.

Reverence therefore either the Lawgiver who is God, or the high estimation of the Law. For irrational beasts are permitted, as I have said, to make use of the abundance of nature, and to possess the lust of unrestrained pleasures. But for rational man the Law is appointed that he may neither eat nor do all the things that are *natural;* for some are withholden, and the rest are permitted him. On account of this we even call those barbarians *beastly* who bring all things under the tooth, obeying nature and not the Law. The counsels of the Law therefore are such as they are because they remove men from irrational follies. For I speak even to your untaught obedience and heathenishness. And what shall I say? For the sake of decency (that is reverence for the High-priesthood) I reverence the worked tunic which giveth oracles by means of various colours, making it known that it is fit for the high-priest to be clothed with the whole various host of virtues. I reverence the ephod of judgment and the Urim and Thummim which we who are worthy to exercise the priest's office carry upon our breasts when we enter within the Holy of Holies, that we may gain eloquence of soul and that the adversary may be turned back rather with a word than in wrath and in lusts; that we may be able to judge the things that are fitting, and as in a vision may receive revelations from above and teachings of truth, and may offer answers clear of falsehood to those who are initiated. I reverence the tiara which crowns the head of the priest, as [of] one who has mastered the passions.

I tremble at the sacred plate of gold seeing that he carries on it the name of God which is without reproach, for this is engraved on the seal, even things ineffable, that it may give light to the face and may direct him that he may see God only.

As I think these thoughts and more than these, how can I betray the law of my fathers? And how can I be overcome by one irrational food? How can I defile my mouth? Herein thou hast, Antiochus, proof of my soul; try now my body also!

(6) But he was smitten with these truly philosophic words as with goads, and now commanded that he should be scourged with torments. And immediately the cruel servants began smiting him with fists and jumping on him with kicks (bringing down kickings on him); and with blows of whips they broke and pierced his ribs and they carded his flesh and his blood ran down in streams.

But the old man fixed his eyes on the heavens, and running with swiftness the heavenly course, was oppressed with sweat and panting. And at last when he was not overcome even so as to utter one unsound word, he was delivered to the fire. And when the rest of his body was melted there after prayer on behalf of the people and dying words [addressed] to God, he flew away to the blessed roofs of the angels and the holy fathers.

(7) But these youths with like divine learning embraced the struggles of the teacher, and meditated therein (in the learning) very diligently and carefully. And more than the teachings of the Law, the constancy of the old man which they learnt and enjoined while he suffered they kept in remembrance with a certain keen diligence.

And in nothing at all did they fall short of that which was learnt; they made known and proclaimed it, not the more by the tongue, but by the like manhood under tortures. For every one of the youths according to the order of his age came into the midst, the tyrant thinking that by means of the punishment inflicted on the first he would bring the others to submission. For who is there that would not faint with fear when he saw the flesh of his brothers cruelly lacerated?

But this did not so fall out. But these armed ones, Piety's trained ones, shewed the snare set for their submission to be an occasion for the display of their manhood. For the eldest of the brethren thought that the example [set by] his teacher was due from him [also]. And the second one thought that the virtue of his brother, as well as that of his teacher (Rav), was due from him. And the third one contended to surpass those who had contended before him, and that he might be an example of manhood to the rest.

And all of them were associated together in the contests; and every one of them was glorified, not only in his own martyrdom but also in that of his fellow, for he who preceded was a kind of monument inspiriting him who followed, and a fresh type of encouragement, sufficient and able to draw him to like zeal. But the later ones who drew near to the stadium were more constant in the contests of their brothers than they who were suffering, and were made ready for that which was to follow, fearing lest they should be passed over, and [desiring] that they might display in the body a brotherly unanimity of constancy under (in) varied torments of skilled tormentors.

(8) For one of them was stretched upon the wheel and the bond of his joints was loosened, and when he was revolving with

the circle of the wheel at the same time also he was burning, because coals of fire were placed beneath. And another one was stripped of his skin with claws of iron as a lamb is stripped. Another when his tongue was ordered to be cut out, of his own will put this forth for cutting off, declaring that even if one of those things hidden in the deep, that is to say, his inner parts, was demanded of him to give up to tortures, even this, if it were possible, he would willingly put forth.

For each one of them was striving in regard to fresh kinds of tortures to shew fresh readiness of will, and to be tried in all his members and to bear many trials of [his] faithfulness, before his soul departed from his body. For they judged that it was [the function] of beasts to fall (as is generally the case) with one death, but that it better suits those who are made men to bear upon their bodies many marks of manhood, and to draw near together to the sword of the enemy, and that their blood should drop upon enemies and upon kindred. Such was the stedfastness of those manly youths that I will not occupy myself with many particulars, while I relate [once for all] as to every one of their tortures, that such was the prepared readiness for their conflicts of these invincible martyrs.

For as those who fix in crowns of gold these precious stones seek not one colour but various for the increase of one beauty, these men leapt with the same banner over strange and varied inventions of tortures and desired the crown of martyrdom which comes by contests of all kinds which diversify it as with precious stones.

(9) When therefore the six brethren had finished the good course, and had attained to the crown of the City which is above, the youngest and seventh was left, prepared ("whetted") by six contests and exceedingly vehement in the strength of piety.

The tyrant being afraid of this one, tried to weaken him with flatteries and promises. And when he saw that he despised even these things, he commanded that his mother should stand by him, in order that he might take compassion as it were upon an old and childless woman; for he even thought that it would be enough, if she seemed only to be saying, Forbear, to weaken and subdue that athlete to nature. But it had escaped that self-sufficient one that it was she who had anointed the others for the contest and had sent them on their way to heaven. For when she was near, like the sum of virtuous strength, she was reminding (warning) these champions of piety, going round hither and thither and considering, and trembling lest any of her sons should stumble and fall from piety.

While she was testifying with each one and shared the torments with them and thought (seemed) that she burned indeed and was indeed cut in pieces, like a tree whose own children, the branches, are cut in pieces. And so to speak she cried the cry of Paul, My sons, of whom I travail again[1], until Christ be formed in you!

(10) These things therefore she thought and taught and did secretly and not visibly. But when she stood openly by her youngest son according to the command of the tyrant, she cast in Hebrew speech one word not only into the ears of her son but into his mind. And she did not speak in his father-tongue to hide it from the servants, but that she might remind the champion of the glorious deeds of the ancient and chief fathers (of the ancient fathers and patriarchs) and draw him to like zeal.

And she made the heart of the youth boil exceedingly and as if he were admiring bitter death, he hastened to swallow [it] as something sweet. And he cried out to those who stood by, Loose me from the bonds. And when he was readily loosed by those who erroneously supposed that he was changed from his manly mind, he leapt into every one of the frying pans which were set [ready] and flamed with fire, and he found more quickly even than he wished his desire and was added to the heavenly chorus of his brothers.

And by him also his mother cheerfully (readily) stood and was tried with like ills. And when she was crowned in the seven contests of her sons, she herself crowned her sons, and shewed by deeds from what a root these manly shoots sprang and grew up. Not so [truly] did the candlestick of seven lights which made glorious the temporal tabernacle give light, as did this woman with the seven human (rational) lights, her sons, give light to the Church of Christ.

(11) Hear these things, O mothers, and so bring up your sons, and let them go to the church and urge them to the learning of sacred words. And strangle them not with youthful cares. For the things that are seen are temporal, but the things that are not seen are eternal, as Christ crieth who speaketh in Paul. O holy mother! O manly soul of a woman's body! O harmony

[1] Gal. iv. 19.

of sons who shewed us one patience and one virtue and one constancy, on behalf of one hope or one equal death.

What will they say to these things, they who compound fate (compose horoscopes) from the planetary motion of stars? For their mother did not bear them as the orbit(s) stood still, in the self-same hour, nor did they all have in themselves a special portion from one ruling-star ("ruling-influence"), according to the folly[1] of the Manichaeans. But because the Almighty Reason had (found) one thing in them, It prepared one and the same crown of martyrdom for them.

(12) These though they girded themselves from the Law's Teaching were forerunners of the martyrs of the Gospel, as John also was the forerunner of Jesus. For those three youths also and Daniel the man of virtuous desires were delivered from the fire of the Babylonian furnace and from the pit of lions, in order that they of Israel might turn the barbarians towards Jerusalem which is below, [and] by means of signs they were shewn to be virtuous.

But the Maccabean youths, when the coming of Messiah and the resurrection were standing at the door, and when [that] Jerusalem whose architect and creator is God, and the preaching of the Kingdom of Heaven were about to be made known, departed from the stadium of conflict to heaven. And they first teach us the hope of the life to come and prepare us for it.

But otherwise, if this had not been thus ordered by Providence beforehand, would not the blind Jews say, Whom of the martyrs who testified for Christ have ye seen die in torments[2]? And these things they say because they look not to that glorious hope by the brightness of which we shine by the grace and mercy of Him who called us to this. To whom be glory for ages. Amen.

[1] ܫܛܘܪܘܬܐ.

[2] The Second Form (p. ܡܒ) reads: What would not those blind Jews have said, when they saw some of those who testified for Christ die in torments, not having themselves (i.e. the Jews) eyes to look to the glorious hope of the Resurrection, by the brightness (rays) of which we have been enlightened, etc.?

(B) The Story of Maryam (Shamoné) and her Seven Sons. Martyred on the First of Ab (Syriac, p. ܣܕ).

Item, The Story of Mary (Shamoné) and her seven noble sons.

My beloved, there was in Antioch of Syria a certain woman of the Sons of Israel whose name was Mary and her seven sons in the days of the profane and wicked Antiochus. Then was it told him by the worshippers of idols concerning this woman, "She is a "believer," and concerning her sons, "They are believers and holy, "for they fear and honour Christ the Saviour of all; and the "gods, [even] the images, they despise and revile."

Then the evil king commanded that they should all be apprehended and stand before him. Then these brethren were taken the seven of them and their mother, so that they might release many from sin. And as David was sent that he might deliver Israel from Goliath, so God sent this woman behind the former ones (?) that she might confound the wicked one and deliver many from his snares.

∴

God is accustomed to confound mighty men by the hands of youths and bring down the lofty by the hands of women; as by the hand of Gideon with few people he destroyed and burnt up and slew a multitude of the Midianites; and as for Sisera the evil who gloried in chariots and horsemen he was overcome by the hand of Anael, her whom God answered.

∴

So also Olipherna chief of the hosts of Nebuchadnezzar King of Babel by the hand of Judith, that we may come to the history of Mary (that is Shamoné) and of her sons the victors (*or* the innocent).

∴

When therefore she came in and stood in the midst of the battle and had armed her sons with the armour of the men of old who overcame in battle (lit. battles),—for the mother gathered her sons and began to say to them:

"Behold, my sons, the time of war; contend and fear not, " since when (after) ye have overcome degrees of honour shall be " given you. Tremble not before the winter of persecutions, since " in the winter the profitable husbandmen are known. Be not " terrified, my sons, at this sea whose waves are lifted high, since " from it merchants are spiritually enriched. Be not slack, O " swift hunters, to leap to meet this lion when he roareth against " you. Be not quenched, my bright lamps, by the storm of this " arrogant one. Be not beaten down, my strong towers, to con- " found your mother. Be not persuaded, my flying eagles, by the " glittering scales of the asp to go down living into Sheol. Be not " afraid, my beautiful doves, of this destroying hawk. Beware, O " my clusters full of sweet wine, of the vile fox lest he make your " sweetness bitter. Fear not, blameless reapers, the heat of this " hard day. Let there not be found in you a lie, O good darics! in " this glowing furnace. If he flatter you, be not slack, if he " frighten you, be not terrified. But deal craftily with him and " beware of him. If he be wroth with you, laugh at him and deride " him. Remember your fathers of old and the advantage[1] which they " left you in the Scriptures. If he shew you swords unsheathed, " remember that knife which was sharpened against the neck " of your brother Isaac. It is not that I *hate* you, my sons, that I " bid you die, even as your father Mâr Abraham hated not his " only son when he bound him upon the altar for slaughter. But " if I bid you live in this fleeting time, I should be [found] hating " you and robbing you of the life which is for ever. But as Abra- " ham, not through hatred but loving him the while, bound his son " and obeyed his God, so I also, my sons, love you and your God; " and I counsel you not to separate yourselves from his love.

"If this profane one shew you fierce fire, remember the three " youths your companions, how they delivered their bodies to the " fire and changed not their worship of God for images, and " respected not his threatening and his flattery but answered and " said to him, Thy gods we will not serve and the images which " thou hast set up we will not worship. And even now, my sons, " I beseech you, be ye like these your brethren, and give me joy.

"And if he say to you, I will cast you to the beasts, remember " Daniel who delivered himself to the lions, that he might not be a " companion to such as feared images.

"And if he say, I will make you second in my kingdom, " remember Moses your teacher who was made son to Pharaoh's

[1] Rom. iii. 1 (Pesh.).

" daughter, and he chose to be in affliction with God and not " to enjoy sin a short time[1].

" And if he promises you riches, remember Joseph who despised " the riches of the Egyptian woman. And if he say, Do ye not " fear me? remember Elijah the prophet how he feared not Ahab " the evil king.

∴

" Behold ye have, my sons, consolation and comfort from your " fathers of old, and more than anything the grace of your Lord " helpeth you.

∴

" But I beseech thee, Ḥabib the eldest of all his brothers, repay " me the loans which I lent thee; and as I brought up thy youth, " support thou my old age. Thou, my son, contend first in the " battle and overcome, that thy brethren may see thee and imitate " thee. And as thou camest forth before them into this world, " enter in before them into the kingdom which is for ever. What " have I, my son, more than this to give thee as an inheritance, " viz., to love the Lord thy God with all thy strength and with all " thy soul? Draw near therefore and contend that thou mayest be " the firstborn of thy brethren in both worlds.

" If, my son, I had betrothed you wives, thine would have been " the first bridal chamber adorned, and now thou receivest a spiri- " tual bridal chamber which shall never be destroyed."

∴

And she said again to all her sons,

" Happy am I, my sons, when I see you bearing off victory. " Happy I am, my sons, when I see that ye have passed the " drowning sea. Happy am I when your grapes shall enter " the wine-press. Happy am I when I see you in the fold[2] of the " true Lord."

∴

Then they took in the holy ones and their mother before Antiochus the profane king, and they stood before him without fear and without trembling. And when the tyrant saw the beauty of their forms and the glory of their faces and the nobleness of their minds, he was astonished and said to them, Which is the eldest of

[1] Heb. xi. 25 (Pesh. with transposition of words).
[2] Joh. x. 1 (Pesh.).

you all? Then answered the victorious one the chief of his brethren and said, I am he. What dost thou require? The wicked one answered and said, See before whom thou art standing. The holy one answered and said, Before a murderous beast. Antiochus said, In my hands are thy life and thy death and I have authority over both. The holy one said, Thou art in error, poor wretch; over the body only hast thou authority to destroy, but over the soul God has authority. The king said, Hearken to me and I will enrich thee and honour thee as those who stand before me.

.:.

The victorious one said, But would that even they would obey me and refuse thy riches, which destroy those who possess them! The tyrant said, Why dost thou hate thine own soul and seek to bring upon thee bitter tortures?

.:.

The illustrious one said, I hate not my own soul but I love it and I purchase for it with the fleeting life, a life which passes not away. But thou hatest thy life for through these fleeting pleasures thou inheritest long-drawn pains.

.:.

Antiochus said: Have compassion, poor wretch, on thy youth and destroy it not.

.:.

The athlete said: Even if thou destroy it not, death comes and destroys it; therefore of my own will I offer my blood to God. Then the tyrant was wroth and commanded to beat him with the tendons of a bull until all his body was lacerated. And he did so to him.

.:.

And the evil one answered and said to him; Behold I have given thee the first of the tortures to taste; do my will before I cut off thy limbs.

.:.

The holy one said: If thou hast tortures more grievous than these bring them quickly upon me.

.:.

Then the basilisk commanded that the frying pan should be filled with oil and made to boil, and that he should be fried like a fish alive. And when the smell of the burning oil went forth, then the holy one went up with good cheer and entered into the midst of the frying pan and when his body was flaming he gave up his soul into the hands of his Lord.

⁘

But Shamoné said rejoicing: Behold one grain of wheat has entered into the treasury of life.

⁘

And she said to her second son, Enter, my son, like the second day on which the firmament was stretched out upon reeds, and it separated between the waters which are above and the waters which are below. Thou also, my son, be separate from sinners and be joined with thy brother in good things.

⁘

And Antiochus commanded that they should bring near the second and he said to him: Receive, my son, my counsel as helping thee, and behold the face (sight) of thy brother and speak not many words. The blessed one said to him; Behold thou the glory of my brother and boast not greatly but quickly dispatch me that I may be joined with him. Antiochus said, There is nothing to be seen of the glory of thy brother but the body fried in oil. The holy one said: Because thy heart is dark with profaneness, thou beholdest not the glory of my brother, but his reproach. Antiochus said, Spare thy soul before thou enterest the frying pan. The holy one said, Spare thou thy soul before thou fallest into the Gehenna which is not quenched. Antiochus said: And dost thou not fear me, insolent one? The victorious one said: I fear not thee because thou fearest not God. Antiochus said: And where is thy God? Let him come and contend with me and deliver thee out of my hands. The illustrious one said: He will not deliver me now, that thou mayest declare thy madness and that I may declare my faith, and that he may shew his grace, namely, how he is patient with thee; but in the end he will take vengeance of thee in righteousness, and me and my brother he will crown because of our confession.

Antiochus said: Ye speak words only and I shew deeds. Draw near and flay the skin of his head like a sheep and fry him in oil like his brother. The holy one said: On his head the athlete deserves to be crowned when he conquers his enemies. Antiochus said: As I did to thy brother I am about to do to thee because like him thou didst revile me. The holy one said: It befits the ox that his neck should be level with that of his fellow when they labour equally with the plough. I and my brethren also like oxen shall sow in the field of our limbs through thy tortures, and in the day of the Resurrection we shall reap from it life everlasting. And when he had said these things he yielded up his soul to God in the midst of the frying pan.

⁂

And Shamoné said: Behold two doves have escaped from the wicked hawk and have gone up to their nests on high.

⁂

Do thou also, my third son, hasten to go to thy brethren who wait for thee. And Antiochus answered and said to him, Come, my son, be with me in this kingdom, and be not like to these thy wretched brethren who destroyed their bodies in vain, but do my will quickly and worship my gods. The holy one answered: This thy kingdom of which thou boastest is about to be dissolved and to come to nought and so with the gods whom thou dost worship. And I like my brethren will deliver my body to tortures that I may inherit with them eternal life.

Then Antiochus was wroth and commanded to cut off his tongue and his fingers and his toes. And when he had done thus to him he delivered up his soul with joy to his Lord.

⁂

And his mother drew near to the fourth and said to him: Behold, my son, the form of the fourth, even of him who appeared in the furnace to the three youths is engraved on thee. Do thou also, my son, quench the wrath of the evil one, and make haste and depart to thy brethren who wait for thee.

Then Antiochus answered and said to him: Worship like me, my son, compassionate gods and perish not like thy brethren.

The holy one said: I worship God the Creator of heaven and earth and all that is in them. Stones and stocks which the carpenter hath made I hear not, nor worship. I will not leave the Maker to worship the made. I will not change God the Judge of all for idols deaf and blind. But hasten despatch me to my beloved brethren, for behold they wait for me. Then the evil one was embittered against him and commanded to put out his eyes that he might not see the light of the Gods (? of heaven). The holy one said: Well hast thou blinded my eyes that I may not see thy face, O wicked one! And when he had transfixed him with many arrows of words, the tyrant commanded that he should taste death like his brethren.

⁘

And when he brought in before him the fifth, the holy one spake first to him: What wouldest thou ask me? Shut thy mouth while I say to thee: If thou flayest my head and blindest my eyes, and cuttest off my ears as well as my tongue, thy will I will not do and devils I will not worship. But manifest thy wickedness quickly and send me to my brethren, for behold they look for me.

Then the disciple of Satan commanded that they should cut off his limbs and cast them into the frying pan. Who could behold this bitter judgment, half of him alive and half being fried? But his mother and his brethren stood like adamant and looked upon him.

And he answered and said to the wicked one: Even if thou cut off all my limbs, God, as Ezekiel said, is about to gather and raise them up with glory, but thy body and thy soul he will torture without mercy. And when he had said these things his soul flew to his brothers and his beloved ones.

And Shamoné answered and said to her sixth son, Behold, my son, Friday on which man was created is portrayed in thee. Err not like the first man who sought to be exalted above his degree and lost his glory. Thou also beware lest thou be deprived of thy brethren and bring down my grey hairs with wretchedness to the grave. But he answered and said to her, Fear not, my blessed mother, more than thou thinkest I am about to contend with this enemy of God.

Then he drew near and stood before Antiochus and said to him: Why dost thou pause, accursed butcher? Bring forth thy sharp sword and embrue thy hands in my innocent blood.

Antiochus answered and said: Eat, my son, of the sacrifice and I will make thee second in my kingdom.

Then the holy one laughed and said to him, Wherefore dost thou counsel me that which will not profit me? I will not be turned aside from the path of my brethren and my beloved ones; but quickly despatch me that I may go to them.

Antiochus said: Put forth thy hands that they be cut off. And he put them forth. And he said: Put forth thy tongue that it may be cut off. And he put it forth. And when his hands and his tongue were cut off, immediately he gave up his soul with joy.

But in that we did great injustice to the struggles of the saints over which we passed quickly through shortness of time as the holy apostle said: The time is too short[1] for me to tell of the triumphs of the righteous, so we tell briefly the history of these seven brethren, and we come with few [words] to this seventh saint. For the adversary was not worse beaten by Job than Antiochus was derided by these illustrious ones.

And when he saw the seventh prepared for battle like his brethren, he let him alone and turned to Shamoné and said to her: Persuade this youth to leave this folly, and spare thy [own] grey hairs, and leave for thyself this staff for thy grey hairs, that thou mayest stay thyself upon him. Why hast thou not a heart? Why hast thou no bowels of compassion like [other] women? Leave thyself one lamp that he may give light to thee. Leave thyself one grain of wheat in thy field. I myself greatly pity thy grey hairs. Behold thou hast shewn in these six who are gone that thou lovest thy God; spare this one who remains to thee and do my will. O hast thou a heart of stone, and dost thou not feel? Go persuade this one that he do my will; and I swear by all the gods that he shall be second in my kingdom. I know that he will do thy will and not despise thy counsel. (And the evil one knew not that Shamoné was unlike her mother, Eve the weak.) And when she heard the prophecy of [this] Balaam-diviner, she said to him, I will persuade him.

She turned to her son, deriding the wicked one and said to him in the tongue of the fathers (but the evil one knew not what she was saying but heard only the melody of the persuasive words), and she said to her son: I ask of thee, my son, to have compassion upon me. Nine months I bare thee in my womb and I encountered danger at thy birth and I bare thee upon mine arms and suckled thee three years and I brought thee up until now. Do not return to me inverted the loans which I lent to thee upright[2].

God forbid that thy crown should perish in thy hands! God forbid, O lamb, that thou shouldst separate from the flock of thy brethren and become food for wolves! God forbid, O star of light, that thou shouldst be extinguished and fall from the firmament! God forbid, O warrior, that thou shouldst fall in the battle! God

[1] Heb. xi. 32. [2] Herm. Pastor, Mand. iii. 1, 2.

forbid, O seventh day, that thou shouldst be seduced from the number of thy brethren! For on thee was proclaimed rest for the Creator who wearieth not. For on the seventh day were finished the heavens and the earth and all the host of them. And in thee my seventh son were finished my labour and struggles, and my womb ceased from child-bearing. After thy birth the pains of birth assailed me not. Be thou the seal to the crown of thy brethren in the kingdom of heaven.

Then answered the holy one and said to his mother: Get thee from me, disturber; why dost thou withhold me from the company of my brethren the ready merchants? For behold their ships have entered the haven of rest, and I am still standing among the storms. It was not enough that I came forth from the womb after all of them, but into the kingdom of heaven behold I enter after all of them. Howbeit in this I have great comfort that even if I am the youngest in the inheritance, our good God desireth not full age or youth but faithfulness and good works.

Then he answered and said to the persecutors: Why stand ye idle? Despatch me quickly that I may go to my brethren, because I seek not the life that dieth and the growth that diminisheth. But now empty against me the quiver of thy arrows and all thy threats and despatch me that I may go and see Him whom I love. Furnish me with the afflictions with which crowns are bought in that place. Make not my tortures less, lest my recompense be less than that of my brethren.

Then the ravening wolf attacked the blameless lamb in his fury, and commanded his servants to torture him as they would. And they fastened upon him like evil beasts; one put out his eyes; one cut off his ears, and one tore off his arms from his sides, and one cut off his tongue. And when his limbs were cut off his soul flew with joy to his brethren.

And Shamoné is worthy of good remembrance. When she saw her seven sons crowned in one day she gave thanks and praised God, because she trusted that her offering was accepted before her Maker.

But Antiochus the evil did not reverence her grey hairs, but tortured her with many tortures. But she rejoiced exceedingly in this, that not only in her youth she had served God but also with her grey hairs. And after she had borne many tortures her soul flew to be with her beloved ones.

Shortly have we told the story of these holy ones. Not on account of their sins did God avert [his eyes] from them, but that their joy and faith might be known. And in that he delivered others [it was] in order that he might declare the greatness of his grace. The three who were delivered were not more righteous or better than the seven. Their righteousness was worthy as their confession was worthy [of reward], but God averted his eyes from his servants that their truth might be proclaimed.

∴

And the holy ones were crowned on the first day of the month Ab, through whose prayers may we all be thought worthy to become their companions! Amen.

The story of Lady Shamoné and her seven sons is finished.

(C) A Madrāshā of Ephrem (Syriac, p. ܦܝܚ).

1 Mother of seven heroes,
Like the Week of seven days,
And the Lamp of seven branches,
And Wisdom of seven pillars,
And the Spirit of seven operations.
  Blessed is He that hath crowned his worshippers.
2 Glorious was she as a bird
With her loved ones as with wings;
She was stripped[1] that she might be decked out once more,
For she plucked out and cast away her pinions,
That she might put forth wings at the resurrection.
3 Borne on wings is the mother at the resurrection,
And borne on wings after her are her loved ones.
She bare them from the womb,
And buried them in the midst of the fire,
And withdrew them to the kingdom.
4 Sorer than the pangs of their birth
Were the pangs of their death;
Between pangs and pangs she stood,
The pangs of the love of the Lord
Conquered the pangs of birth and of death.
5 And not one did she leave for herself,

[1] Reading ܐܫܬܠܚܬ with Lamy.

To be a staff for her age;
She broke the staff of her age.
She that had triumphed in the sixth
Was not vanquished in the seventh.
6 She took them from her bosom
And cast them into the midst of the fire
By the fire and spirit that inspired her,
That those corporeal ones might become
As angels of fire and spirit.
7 The mother of the seven
Judgeth our foolish virgins;
For she severed herself from her children.
The foolish ones instead of lamps,
Lo, they deck the daughters of strangers.
8 In this same confusion these,
As they wove and span (*or* drew [water]) for others,
Arose in bareness;
The oil that was in their vessels failed,
Darkness seized on their lamps.
9 The daughter of Jephtha slew herself,
A heifer that loved the knife;
Her father offered her blood,
Yea to a layman was it granted
To offer his own blood.
10 The maiden cared nought for the bathing,
Fair was her body which she bathed in her blood.
Her body by its blood was made white,
The cleansing power of the water was revealed,
Of hidden spots there were many therein.
11 Hannah the prophetess at the sanctuary,
Eighty years was not wearied.
Her husband was dead and she had obtained her Lord,
She had plighted herself when widowed
To a Spouse incorruptible.
12 Instead of her husband she loved her Lord,
Instead of her house she desired his house,
Her Lord did she worship at the house of her Lord,
Freedom sold herself
To the Lord who had made her free (*or* She who was free to the Lord who made her).
13 One that became not her Lord by force,
Him she made Lord by her free will.

He gave us freedom only
That we might sell him our freedom
And be heirs in his kingdom.
14 Whenever our freedom is free
Then is it in subjection,
And when it is sold
Then is it set free,
For the Lordship of its Lord is good.
15 Hannah loved God,
She fixed herself in the midst of his house,
On his beauty she gazed at all times,
She let not her eye cease from him,
Eighty years she was not sated with him.
16 But the virgins of the Messiah
Wander beyond his house
And in the midst of his house are idle.
There they are and yet not there.
By custom[1] (evil-custom) they gain (make) time for themselves.
17 O for the last athlete,
Son of the honoured Shamoné!
The tyrant placed him in the midst,
Between tortures and delights,
Between woes and blessings he set him.
18 He promised him good things in abundance,
And how doth he give good things
Who from good things did[2] cut off?
Even in good things he was bad,
Whose blessing gained (brought) a woe.
19 The evil one saw the noble ones
That by his evil things they were helped.
He turned himself into a helper that he might ruin them.
He began promising good things
That by his good things he might work ill.
20 Just therefore as the evil one,
E'en when he doeth good is a murderer,
So let us learn that God
Is good, aye good when he entreateth evil.
For he procureth us blessing by suffering.
21 The evil one borrowed him a mask

[1] "Pro more tempus terentes" (Lamy).
[2] "was" (Lamy).

And showed himself like the good one
That he might rob them of the good one.
But they chose his evil gifts
That they might not be parted from the good one.
22 The youth saw and understood
Which were the good
And which the bad.
His good things he deemed bad
And his bad things good.
23 He was upright[1] and chose as one experienced
The choice that was full of glories.
But his body was childish and youthful,
His understanding was hoary and old.
His mind was a furnace to him.
24 He brought in the things offered
Into the midst of his heart as into a furnace.
He made trial of the good which he counselled him,
He found it woe within him;
In suffering he found glories.
25 He rejected the good that he promised him,
For he saw that he was giving him an inheritance of woe.
He reviled the tyrant much,
That the evil one might multiply his torments,
And that the good one might enrich his crown.
26 He feared not the reproach of the tyrant,
Who had promised him glory;
For a man by compulsion is put to shame,
And feareth compulsion.
He despised his [proffered] glory and his compulsion.
27 The tyrant forced with compulsion
The lad to come to delights;
And the youthfulness which no reins
Restrain from pleasures
Refused them when men forced them upon it!
28 But we foolish ones when our Lord
Does not permit us to acquire a thing,
Our will conquers his compulsion.
He does not receive those who come to him under compulsion.
We seek [him] under compulsion.

[1] "strenuus" (Lamy); "legit" (al.); "praeclare se gessit" (P. S.).

29 The youth Joseph found
Devices full of destructions.
He fell into the net of the young;
In nakedness they expected him,
In nakedness he fled from her.
30 Two old wolves overcame[1]
One ewe in the garden;
A lion's whelp in the chamber
Saw a heifer and fled from her,
Did violence to his nature and overcame his hunger.
31 Joseph the secret martyr
And confessor in the chamber!
The confessors confessed in that they let themselves burn;
But Joseph in that he allowed not himself to burn,
Proved himself in this a confessor.
32 Yea in persecution women also
Have fallen in the contest and been crowned;
For it was a time of valour.
In these the truth was glorified,
But in us the lie is glorified.
33 Among the enemies of virginity
They guarded (kept) virginity;
Two crowns they seized and carried off,
Those of persecution and of virginity;
But hardly may these be united in one.

"Concerning the sons of Shamoné" is finished.

(D) MEMRA BY AN UNKNOWN HAND (Syriac, p. ܩܟܗ).

Who is able to tell the story of the blessed ones
Of the house of Juda the Maccabai who are clearly shewn to be Zealots (champions)?
Who for the Law and for the ordinances
Entered the fight (*lit.* "boxing") and the struggles, yea the contests,
And were men of valour in battle, yea mighty ones;
And turned to flight armies, as Paul told;
And their war with daring kings ceased not;

[1] "inviderunt" (Lamy).

And all the day they were found armed with the instruments of war;
And they fought steadfastly at all times;
And one chased a thousand in the might which he had gotten of the Lord;
And two put to flight a myriad by means of helps
Divine, which were granted to these ready ones.
And they rooted up idols and brake in pieces graven things together with the bits of images[1];
And they burnt the fanes and destroyed the temples, the dwelling-place of Satans,
As their father the Highpriest commanded them.
Sons of Mattitha were these righteous ones
And for this they gave themselves to all afflictions.
Let their prayer be a wall to the faithful!

Let us draw near now to a deed full of wonder
Of wonder-worthy men who gave up themselves on behalf of the truth,
And endured scourgings and all afflictions for their hope,
And received torments and cruel tortures and entered the fire,
And endured slaughters and diverse deaths with breaking
Of legs, and cutting off of arms, with pulling out
Of teeth, and flaying the skin of the head, with scatterings
Of bones and dividings of joints and nails, and reproaches
And swords whetted, together with tongs lacerating the flesh...,
Together with sharp spear-points, and wheels revolving,
And caldrons full of sulphur boiling with thick smoke,
And razors cutting out tongues, together with heating-to-whiteness
Of skewers of iron, different kinds of bitter burnings!

All these things they endured from the worshipper of the idol,
The serpent-basilisk Antiochus, the rabid dog,
For that their reason had rule over the passions of the body,
And their intelligence ruled over desires of the passing world.
And their mind its gaze was fixed on the world to come
And on account of this the men of wonder conquered [in] all struggles;

[1] A diminutive.

Eleazar I mean the precious old man,
And Shamoné the faithful martyr full of hope
Over her seven sons, illustrious youths, splendid in beauty
For whom I the wretched one have cared with brief pains,
And for whom I have made this short discourse.
And I have borne their praise and this glorious sackcloth,
That peradventure their prayer may be at every time a help for me,
And that they may give me from the table of their dainties one crumb.
That I may cheerfully pay it, even this writing, for every error......
Sons of Abraham they were and from that blessed
Root had sprung these seven twigs of wonder;
And for this they overcame the wiles of the enemy.
Let their prayer be a wall to us every hour!

But when Seleucus the king departed from the kingdom,
His son Antiochus full of evils reigned after him,
And dismissed Onias the priest from the high-priesthood,
And established in his place Jason the instrument of error.
For that he promised him a bribe, talents thousands three,
And he made him ruler over the people and gave him the princedom.
This man changed the customs of the Jews' religion
And abolished the law of Moses, and profaned the Sabbath,
And relaxed the keeping of the commandments, and annulled circumcision.
And in his days Antiochus came to Jerusalem,
And spoiled it, and entered the Temple, and took away all the treasures
And the deposits and the property (deposit) of the orphans with that of the widows.
And in three days he destroyed eight myriads;
Forty thousand he led captive to [divers] countries,
And forty thousand he slew round about the city.
And the remnant who were left he gathered into one place,
And compelled them to break the ordinances of the law,
And forsake their customs, and be mingled with heathendom,
And to taste that which had been sacrificed and polluted food,

l. 52. 4 Macc. iv. 15.

And eat swine's flesh and every abomination,
Lest they should be delivered with torments to death.

Then the tyrant entered a lofty judgment-seat and set down
And had brought before him of the Jews one by one.
And first they brought before him one old man,
Whose name verily was called Eleazar the priest.
And he was the instructor of these seven youths,
And of all the people of Israel he was had in honour.
And the unjust judge began and said to him:
Give up now the Lord and the written law,
And eat that which has been sacrificed and flesh of the unclean swine,
Lest I burn thee in the caldron that is set on, the fire whereof is made ready,
And I destroy thy life evilly with haste.
And Eleazar the glorious priest answered with his voice,
And spake courageously with him, even with Antiochus the serpent:
I am not persuaded by thy words, O erring king,
Nor do I fear thy threats, seeing that it is not at all
Possible nor fitting, not becoming nor honourable
That I should refuse the holy food, the sacrifice of the Lord,
And eat unclean and heathen sacrifices and corrupt flesh.
And how is it possible for me to deny him, the Living God,
El-Shaddai, the Creator of earth, also of heaven,
And worship images graven and deaf, the work of hands,
Made of dust and weak clay mixed with water,
And plated with silver and debased gold,
And constructed of stocks and stones, created things (forms),
The work of men with [men's] passions, sold for prices;
Who like the blind have eyes and see not,
Have a mouth and there is no breath in them like the dead stretched out?
And how shall I forsake the law of Moses, the elect prophet,
And be mocked after I have grown old and am entered into years,
And leave an evil name to those after me, to later time?
And what profit is it that I should live any longer? O wretch,
Bring near thy tortures, bring thy whips of grievous pains,

l. 72. 4 Macc. v. 1.

Heat thy caldron that is set on, light thy fire that broileth,
Verily to die on behalf of my people is my choice.
Then the unjust one, the abominable, gave command
That they should strip off the garments in which the martyr was chastely clad,
And leave that shamefast old man naked.
And when they had stripped him, they bound at once his hands and his feet,
And they stretched him out and began smiting him with all kinds of beating,
With the cruel rod, and whips and all kinds of tortures,
Until his flesh was lacerated and his blood descended upon the earth.
And then they brought the saint near to the burning fire,
And each of them took in his hand a skewer,
And they heated them in the fire, pricking him without shame.
And when he fell upon the earth the sons of the devil kicked him;
And the righteous old man endured it with calmness,
In that he looked for the kingdom that cometh.
And when the servants of the tyrant saw the old man that he flinched not,
They added to his hard affliction redoubled whippings.
A stench also the heathen poured into his nostrils,
And they brought instruments prepared with craft and sharp,
And the arrogant ones dragged him and drew him into the midst of the burning fire.
And when indeed his bones were burning and he knew that it was the hour of the end,
He the chief of the chaste ones looked up to heaven and cried with his voice:
Behold, O God, and forsake not the work of thy hands,
And spare thy people, and turn not altogether [thy] face from us.
And let thy truth spring as the day for the deliverance of thy servants and let it not be hidden.
And behold for them I give my body to all smitings,
And let my blood as a sacrifice be made pure for their deliverance!
And when he, glorious of face, had said these things he gave up his spirit,

And inherited the life which has no end.
And after the spirit of the saintly martyr had departed,
The evil tyrant waxed hot and was swallowed up in his wrath,
Even when he saw that his loftiness was trodden upon by servants.
And he commanded to bring others of that assembled flock,
And they first dragged in Shamoné, illustrious of soul,
Her sons surrounding her like a crown, two with five.
And when the wicked one saw them with one banner
Of victory coming before him, he was swallowed up with grief,
And admired their beauty and their modesty that was without stain.
And he hid his ill-will in the midst of his murderous mind,
And he the vexed one made bright his presumptuous face,
And he began flattering them with words of confusion:
I have heard that your origin is of the blessed one, the root,
And ye have gotten, I ween, intelligence and a discerning mind.
I advise you, O blessed youths, that without delay
Ye eat of swine's flesh and polluted sacrifice,
And that ye be not like to that miserable old man,
Who destroyed his life with hard torments and lacerated flesh.
And if ye contend not but obey my words now,
I will make you rule, each one of you over a separate business,
And ye shall put on clothing even of my choice ornaments,
And ye shall be of those that eat at my table morning and evening.
And if ye be presumptuous and remain in an erring mind,
I bring upon you affliction and punishment,
And I will tear off your limbs with the wheel and with the whetted sword,
And I will roast you in pans of iron and caldrons of brass,
And I will burn you in strong fire that is kindled,
And I will scatter your dust with the wind that taketh away error;
And I will cause you to become clay for treading down.
Then the bad unjust one commanded his servants, the tor mentors,

l. 143. 4 Macc. viii. 3. l. 149. 4 Macc. viii. 4. l. 162. 4 Macc. viii. 11.

That they should bring and set in order all kinds of torments,
That perchance he might frighten and terrify the just ones.
They brought cords and hard fetters with thongs,
And wedges together with hands of iron and combs,
And the wheel revolving and full of cutting teeth,
And skewers and irons prepared with craft for separating,
And frying pans and caldrons glowing with fire full of torments.
Then the wicked tyrant answered and said to the upright:
Leave your former antique customs,
And give up the law of your fathers and the judgments decreed,
And be joined with me and I will make you rulers in my kingdom,
Lest I quickly destroy your life with these torments,
And ye be thrown into the midst of these boiling caldrons,
And be banished from this world.
Then the martyrs prudently cried with one voice
And as from one soul and from one mouth verily one utterance:
Bring thy tortures, O evil and unjust tyrant,
And bring near thy whips cruel of curve (anger), foolish senseless one,
And we will endure them for our law without fear.
And we will not deny the law of Moses in one word,
And we will not bow down to deaf images which have no utterance,
And if our teacher overcame thy torments and thy terrible sword,
And despised thy scourges and was not abased before thy threatening,
Though he was a man old of years and feeble through age,
How shall we who are youths and mighty of strength
Flinch before thy contemptible torments, deceiver, fool!
Enough, thou speakest enough, shut thy deceitful mouth.
We choose to die for the Creator of all,
And we prefer to burn in the midst of the fire that flameth,
Rather than obey thy word, utter destroyer.
And we know that if thou cut us in pieces without cause,
Our Lord will receive us into a kingdom and appoint us a crown,

l. 177. 4 Macc. viii. 28.

And our soul shall be taken into the midst of the dwellings of light,
And we shall enjoy pleasures with Abraham the faithful, the accepted.
And thou in the torment of the fire of Gehenna shalt be polluted, defiled,
And thy soul shall be with devils in the midst of darkness, enduring sufferings,
In that the Lord gave thee a mind and intelligence and prudence,
And thou didst become like a dumb beast.
And when the tyrant king heard these things,
He raged and grew hot with wrath and anger and put on jealousy,
And commanded his servants who stood before him at the time
To bring the eldest brother, that blessed one.
And his aged mother drew near, confirmed in mind,
And comforted him and strengthened him and spake to him thus:
Behold, my son, this day I adjure thee by El-Shaddai,
That thou strengthen thyself well and flinch not in this contest.
And as thou wast first in the birth of nature,
And wast offered as first-fruits for thy brethren for this perishing age,
So thou shalt be offered for them for the age to come.
And after she had comforted him they dragged him before the judge.
But first they rent and stripped off him the tunic,
And bound his feet and his hands with thongs, the sons of Satan!
And scourged him with scourges very bitter without sparing.
And when they saw that there was no profit in their torments,
They cast him upon the wheel and stretched him out upon it in painful sort.
And when his joints were pulled asunder with that affliction,
And his bones were broken with that pain-inflicting wheel,
He cursed the judge and said: O basilisk

l. 197. 4 Macc. ix. 9. l. 204. 4 Macc. ix. 11.

Polluted, and enemy of the Heavenly King,
And basilisk in mind and in intelligence and in thought,
Not because I have slain any one dost thou torture me in this manner,
Nor because I have dealt wickedly against God nor do wickedly,
But because I am valiant for the law of my fathers.

The unclean ones said to him: Confess lest thou be consumed.
He said to them: Your wheel has no power at all.
But bring you all your torments, see, I persuade you,
And cut off my limbs with my joints and cook me in the frying pan
And see how our nation is invincible.
And when they heard these things they lighted under him a fierce fire,
And they made the wheel cruel by art against him with compulsion.
And the wheel was dyed with his blood pouring forth,
And by drops of his blood heat of fire was abated.
And when the flesh was melted upon the spokes of this machine,
And his bones were pulled asunder, he used no complaint,
The courageous and valiant youth, the son of faithful Abraham,
But he was transfigured and became incorruptible.
He endured readily tortures without number,
And said: Be ye like to me, my brethren, and from this my band (? banner)
Let your love never depart,
And deny not the brotherhood for the life which is for a time.
Work gloriously and nobly with me to-day,
And seek earnestly from the righteous Judge
That he may bring punishment upon this destroying wolf.
And when he had said these things he gave up his blessed soul,
And inherited the kingdom and light and bridal chamber....
Blessed art thou, even thou, O blessed Gaddi,

l. 231. 4 Macc. ix. 19. l. 233. 4 Macc. ix. 20.
l. 240. 4 Macc. ix. 23.

Because as long as those workers of iniquity afflicted thee
That thou mightest recant, thou didst even say to them: This is my intention,
If ye shall cut off my feet and my hands,
And if ye lacerate all my limbs with my tendons,
And if ye so cut off my joints with my arteries,
And if ye flay my skin and destroy my trunk,
And if ye add torments doubled to my tortures,
And if ye add all cruel pains to my tortures,
I will endure them without flinching with a glad heart.
And I will not be persuaded by you nor change my deeds,
And I will not forsake the law of my fathers and my customs,
And I will not deny my God El-Shaddai...

And after the soul of the youth was departed to the kingdom,
Then to the second one drew near their aged mother,
She strengthened him and made him valiant and heartened him by means of words:
Be strengthened, my son, and forget not the love of the brotherhood.
And see thy brother how he endured the pains of an hour,
And inherited the life that is without end and without close.
And do thou endure now an hour in fortitude,
And thou shalt inherit the life that passeth not away in the new world.
And after his mother, the blessed one, had heartened him
In that same hour the unjust ones took him and hung him.
And immediately they brought and clothed their unclean hands
With hands of iron on which were sharpened claws.
And they asked him if he were willing to eat of things sacrificed.
And when the heathen heard from the martyr a courageous answer,
They put behind his neck long claws,
And tore off the skin of his head with that of his glorious face.
Him they thus destroyed, leopard-like beasts!
But he gloriously endured afflictions,

l. 271. 4 Macc. ix. 26. l. 273. 4 Macc. ix. 27. l. 275. 4 Macc. ix. 28.

Crying out: How sweet is this kind of death
Which is on behalf of the law and faith of our fathers!
And he reviled the judge and said to him, O full of wickedness!
Who art more cruel than all tyrants and full of malignity,
I know that thou art in anguish greater than mine
In that thou seest that we have fought with the glory and highness with which thou art clothed,
And we have frustrated all thy wiles, and thou hast ceased, being put to shame.
And as for me my sufferings are light upon me because of the glory [which they bring];
But as for thee, thy punishment is reserved in Tartarus beneath,
Eternal darkness without end and devouring fire.

And when the martyr admirable in his hardiness had said these things,
He gave up his pure soul victorious over all.
And behold he enjoys pleasure in the Eden of delights.
Blessed is thy memory, O holy martyr Maccabai!
How thou didst contend in the strife and walk in the steps
Of thy brother, and thy feet departed not from the path which he trod.
And when thy ribs were separated one from the other by that cruel wheel,
And thy fingers were cut off with a sharpened razor,
And thy glorious face had been combed with iron claws
And thou didst not cry out at all nor say because of that torture, Woe!
But thy courageous answer tortured the fool,
And thy words afflicted Antiochus the tyrant,
And from thy victories the companies of the devils betook themselves far off,
And by thy request the [companies] of Israel were delivered
And thy prayers went up to heaven.

And after this martyr had died and inherited rest,
Shamoné drew near to the third, glorious among the noble,
Even as one who bringeth lambs before the slaughterers.
And she embraced him and kissed him with love and desire:

l. 279. 4 Macc. ix. 29. l. 281. 4 Macc. ix. 30.

See, my son, beware lest thou forget love of the brethren,
And let their memory never be wiped out of thy mind,
And see how they endured and inherited the quiet life,
And remember our fathers Abraham and Isaac, the blessed dead,
And forget not the law of Moses written upon the tables,
And let not the slaughter of thy brethren be ever wiped out from before thine eyes.
But be like to them and endure for an hour, for if thou diest thou shalt live.
But after she had heartened him, the evil-dealing wolves took him,
And they gave him to eat things offered to polluted idols and things sacrificed.
And many desired of him that he would eat and live.
And he answered them, O wicked and daring evildoers,
Did not one father beget us all, O beaten (rebuked) ones?
And did not that mother who brought forth my loved and glorious brethren,
Did not even the same bear me in her womb nine months?
And from two breasts we sucked milk [during] the usual periods;
And we all read 'sections' of the self-same teaching.
And ye say: Deny thy brethren one after the other (after intervals).
Am I less than my brethren, O feeble ones?
It is good for me to die with my brethren in unexpected torments
Rather than (*lit.* "and not") obey you, O devils puffed up!

And when those basilisks heard
From the mouth of the youth as he recited these words,
They were inflamed with anger and wrath, and brought instruments,
Dividers of joints and bones and all small limbs.
And they began first of all breaking and dividing his hands and feet
Also his fingers and his arms and his upper arms they cut off;
And together with the caps of his knees they brake the shins of his legs.

l. 317. 4 Macc. x. 1. l. 330. 4 Macc. x. 5. l. 333. 4 Macc. x. 6.

And when they could not in any way compel him,
Immediately they put him upon the wheel, the dislocator of limbs.
And when his flesh was rent he called out, O wicked one of tyrants!
We for the sake of our doctrines endure all tortures;
But thou—because of thy wickedness which is more wicked than all wickednesses,
And because of murders of the innocent, for thee lo! are reserved
Torments bitter which relax not nor come to an end.
And when he had said these things the approved one among martyrs gave up his spirit
And inherited the life that is for ever and ever.

I marvel at thy fortitude, Tharsai,
And from thy story night and day my thoughts cease not.
How wast thou tempted with every temptation,
In that this was thy portion and these were the allotments
Of thy fate, that upon the top of the wheel there should be for thee towers
Of splendour; and there upon that wheel thou didst spread the bed
Of the rest of thy soul. And there the cartilages of thy ribs
Were torn asunder, when thou didst cry, I will not deny my dear brothers,
But with them I will die for the sake of my laws,
And for the sake of my customs I give my [earthly] desires to disappointment.
And from the top of the wheel I shall receive from the Lord [the answer to] my supplications for the destruction of
This basilisk and serpent (?) and the other things that I hope for.
And blessed art thou who upon this rock of stone didst lay the foundations of
Thy faith and thy hope upon Jesus the Adamantine.
Therefore by thy prayers were delivered all the sons
Of the race of Israel and the land of the Jebusites was quieted.
May thy prayers be given for our sins, O Khosai!
And after the martyr had given up his soul with all triumphs,

l. 336. 4 Macc. x. 7. l. 338. 4 Macc. x. 10.

Shamoné drew near to the fourth, mighty among the zealous ones,
And strengthened him and heartened him with words and help,
While her heart flamed and her eyes were full of pains-as-of-child-birth.
Be strengthened, my son, and fear not at all the pains
Which these accursed and deceivers bring upon thee.
And forsake not the law of thy fathers and right judgments
Written by Moses (he is Fantil) the first-born of all the prophetic ones.
And consider, my son, thy brethren how they departed as martyrs,
In that they despised the torments of this tyrant.
And even if at present ye suffer martyr-pains
Yet are ye about to inherit the life that is incorruptible.
And with Abraham Isaac and Jacob, the righteous men,
Ye shall enjoy those blissful dwellings.
After she had encouraged him, those basilisks drew near to him
And scourged him and said, Obey us and be not mad
Like thy brethren who destroyed their own souls,
And eat flesh of things sacrificed and everything that is hateful,
And thou shalt be honoured by the king with honour and gifts.
He answered them: Not so, O destroyers,
But if ye wish to frighten me,
Kindle the hot fire and bring your sharp torments,
And see how I will overcome them with all fortitude.
Not the death of my brothers full of heavenly bliss,
Nor the eternal destruction of the tyrant with the Satans,
Nor the life of the true men which is beyond time,...
Lest I deny my brethren and my loving relatives.
Now enquire for thee, O tyrant worse than all tyrants,
New torments that by them thou mayest learn at all times
That I am brother of those who put thee to shame, O full of wiles!
And [that] I myself aim at this their goal.

l. 376. 4 Macc. x. 13. l. 385. 4 Macc. x. 15.

But when the lapper of blood heard these things,
And the wicked and unclean Antiochus was thirsty for slaughter,
Immediately he commanded the servants to cut out his tongue first.
But he said, Even if the instrument of my voice be sweet (? "cut out"),
Even the silent God the exalted heareth.
Behold it is hung loose for thee, cut it out now from the midst of the mouth,
And it pleaseth me when I give the extremities of every limb
To destruction on behalf of God without repugnance and grudging.
The tongue of my mind thou canst not cut out, O oppressor!
Of thee quickly the righteousness of God will take vengeance.
The tongue which singeth praises to the Lord by night and by day
Behold thou art about to cut off, O evil and wicked and accursed!
And then they inflicted on him torments and stripes cruel in anger,
And he delivered up his soul and inherited pleasure.
Sweet is thy commemoration, O martyr Hebron,
And angels and men will wonder at thee,
Yea devils also, tyrants of the house of the Powers[1] will marvel at (?) thee,
And worshippers of idols shall be broken by thy wonderful story.
But blessed are those who copy thy ways,
And in prayer every day make mention of thy name in the church,
Telling that when the unjust ones wished to afflict thy pure body
And to make skewers of iron white-hot to beat thee [with them],
And to bind thy holy hands with thongs of hide,
And to loosen thy lower vertebrae with instruments craftily furbished,

l. 392. 4 Macc. x. 17. l. 396. 4 Macc. x. 18. l. 402. 4 Macc. x. 21.

[1] perh. "Orcus."

And everywhere to pierce thy sides with spears;
Thou saidst: How sweet is death to them that are shamefully handled,
And die on behalf of the law of their God and deny not!
In thy prayers may the faithful find help!
And after this illustrious martyr had finished the course,
The aged Shamoné drew near to her fifth son,
And persuaded him with passion and tears and asked of him,
And spake with him in the Hebrew tongue:
Be persuaded by me, my son, and prove not an alien to thy brethren,
And fear not the torments which the misbelievers compound for thee.
And remember thy brethren and thy aged elect teacher,
And deny not the law of Moses the ancient prophet,
And wax not cowardly in this fight nor be a weakling.
And if thou lose thy soul in these grievous afflictions,
Our Lord will give thee life and inheritance [in] the kingdom of heaven,
And will put on thy head the crown of light at the last day.
And when the youth heard these things from the mouth of his mother,
He leapt into the midst and stood before the foolish judge,
And said: I do not delay, O wretched tyrant,
To enter upon these afflictions on behalf of pure truth;
And of my own will have I done this and not of cruel compulsion.
For when thou dost afflict me, the innocent, with many afflictions,
Thou gettest many sins and becomest a debtor, O madman!
And punishment shall come upon thee from the King above.
What evil have we done, O hater of the race of men,
For which thou slayest us in this hateful way,
But because we worship the Creator
And meditate in his law day and night?
This therefore deserves honour and not reproach.
But because thou art a worshipper of Satan,
Do thy will quickly without delay.

l. 433. 4 Macc. xi. 1. l. 434. 4 Macc. xi. 2. l. 436. 4 Macc. xi. 3. l. 440. 4 Macc. xi. 4.

And when Antiochus heard these things, he, inspired by his devils,
Immediately commanded the wicked servants who stood before him,
And they bound him quickly and led him to a certain block.
And upon it they bound him and drove cruel irons into his knees,
And his back upon wedges they bent with the block under him,
And like a scorpion he was curved backwards from his neck. And his bones,
All of them and the vertebrae of his back were dislocated together with his limbs.
And while they were afflicting the soul of the holy one in this way,
He said, Many blessings thy scourgings have given us
In proving, O tyrant (for by means of cruel pains they have caused us
To prove), our constancy which is for the Law.
And with his utterance his life came to an end.
Great and wonderful is the story of thy fight, O martyr Hebhzon!
And all men if they agreed together could not search out
The like of thy wondrous conflicts, nor could they
Declare the manner of thy glorious labours; not even if they urge
The feet of their intellect in the path of thy tortures, will they gain
Strength to see the goal of thy victory. But if they constrained
Themselves night and day, as if they were bound,
And entered into the theatre of thy boxing and there exulted
And beheld thee bent upon the block and were glad, exulting
In the day of thy death which was for them, that they might be delivered from evil,
And may learn how thou didst endure torture that the treasures of thy wisdom
Should not be spoiled by the hateful ones who desired to afflict thee,

l. 449. 4 Macc. xi. 9. l. 452. 4 Macc. xi. 10. l. 455. 4 Macc. xi. 12.

And sought to break the vertebrae of thy back, and tear out thine eyes,
And loved to thrust nails heated in the fire into thy sides.
And in the day of judgment they will be pierced with the goad of their sins,
And upon the block of torment in Sheol they shall be justly nailed,
And they shall stumble against thorn-bushes of fire.
And when Shamoné saw her son carrying off victory,
She restrained her affections and drew near again to the sixth,
And strengthened him and helped him courageously,
And embraced him and kissed him through love.
And she persuaded him:—O beloved of my soul, son of blessings,
I beseech thee not to be deprived of that inheritance
Which thy brethren have inherited and that thou remain not without a share,
And that thou be not alone without the lot
Which has fallen to thy brethren in the glorious mansions of the kingdom
With Abraham and Isaac and Jacob the fathers.

And after she had encouraged him, his glorious aged mother,
Then drew near to his side those litigants (adversaries),
And bound him and scourged him and afflicted him that he might eat of things sacrificed.
And that unjust judge and head of heathendom said to him:
Be persuaded by my words and be not mad with that madness
With which thy brethren were mad, lest I destroy thee in wrath more miserably than them.
And the youth, the mighty one of valour, answered him with sound speech:
I am younger than my brethren in years and in youth,
But I am as old as they in mind and in prudence.
And thus in the very same things we were born,
And in the very same we grew up into full stature,
And for the sake of them it is fitting that we should die in equality.
If therefore it seem [good] to thee, O full of oppression,
That, except I eat, thou wilt torture me with cruelty,

l. 494. 4 Macc. xi. 14.

Behold I deliver my body to destruction, seek for thee occasion,
And let thine anger rest upon me this hour.
And when the worst of the accursed heard these things from the mouth of the youth,
He commanded the froward servants who stood before him
That they should bring the youth, and place him upon the top of the wheel.
And quickly they ran fulfilling the command of the unjust one,
And those polluted ones stretched him upon the bitter wheel,
And the vertebrae of his back were disjointed in addition to all his limbs.
And some of them brought fire and kindled it under him,
And some of them heated long skewers of iron,
And the merciless ones skewered and pricked him,
And burnt his inward parts and his secret parts and his bowels.
But he, while he was tortured with these pains,
Said, Hurrah for the glorious conflict that is full of blessings,
Which belong to it for the sake of the truth, for to the test of all these pains
All we brethren were called and have been in no wise vanquished,
For our race is invincible, O man full of wickedness.
I love to die with those five brethren,
O destructive devil and inventor of all torments.
Behold, thy fire is cool and thine irons burn me not,
Because the Divine lance-bearers surround us.
And when that habitation of devils heard these things from the mouth of the martyr,
He commanded and they brought him down from the wheel with all his limbs ruined,
And put him into the caldron and boiled him, did those compassionless ones.
And he gave up his soul full of all blessings.
Sweet is thy commemoration and great thy victory, O martyr Bacchus!
Who didst endure so many sufferings and torments from Antiochus,

l. 504. 4 Macc. xi. 17. l. 508. 4 Macc. xi. 18.
l. 518. 4 Macc. xi. 23. l. 519. 4 Macc. xi. 26.

That unjust and chief of the unjust, Epiphanes[1],
Who desired to spread his wily net for hunting thee,
And desired to slay thee with knives whetted with the poison of death.
And thou didst overcome him and frustrate his stratagems in the strength of ὁ Θεός (sic),
And thou didst not abase at all [thy mind] and thou wast not made weak before that judge[2],
More unjust than all and the habitation of all the demons, the house of the Powers[3].
And thou didst endure both bitter deaths and all danger,
And thou didst not assent to the counsel of the wicked one, nor deny the law
Of Moses the prophet, which he brought down upon tables from the Mount[4].
And thou wast not overthrown by the blandishments of the fool like a youth,
But thou wast like thy brethren and that theologian
Eleazar the aged thy teacher.
And beautifully thou didst confess thy Lord before all that crowd,
Which Antiochus Antichrist gathered against thee,
As the writer of their history, Josephus, tells to thy glory.
And because of this[5] El Shaddai made thee an Athanasius,
And gave thee rule over his treasures and over all things for distribution[6] (κοινοῖς),
And made thee a seer of secrets, a Theoreticus,
And put upon thy head a crown of light, making thee a Stephen.
May thy prayer preserve all the sons of the clergy!

And when Shamoné saw that her son had honourably finished his course,
She drew near again to her seventh son and said to him:
Be strengthened, my son, and be not daunted at all.
And consider thy elder brother how [the tyrant] flattered him,
But he cursed him [in reply] and buffeted his glory and his haughtiness.
And now thou also, O beloved of my soul, be like to him;

[1] Epiphanos. [2] Ḳomos. [3] perh. "Orcus." [4] Oros.
[5] Ṛeading 'al hâd. [6] Or perh. "and made thee a διάκονος over all."

And fear not the wicked one and his threatening,
And be not allured by his wily flatteries, and obey him not.
And when they saw her encouraging him more than all her [other] sons,
They took him and bound him and brought him before the king.
But the tyrant was grieved as though by compassion
For this little one who was smaller than the rest in stature;
And when he saw that he was bound with bonds he sent for him,
And from that place where he was standing he brought him near to him.
My son, be not mad with the madness of thy brethren, he said to him,
For every one of them has destroyed himself by means of his madness.
For I make him great who obeys my words,
And I give to him gifts and honours and presents.
And every one who does not obey me, but will stiffen his neck,
I bring upon him all miserable afflictions,
And his body I cut up with this cruel wheel,
And in the midst of these bubbling caldrons I burn him.
And the unjust judge sent and brought his mother,
That when she saw that she was now bereaved of all of them she might perhaps draw him
To obey the words of the most unjust and hearken to his counsel.
But she exhorted him in the Hebrew tongue:
Beware, my son, of this unclean one and of his uncleanness,
And persevere for an hour in the Law of Moses and deny it not,
Lest on the day of judgment each of thy brethren receive his crown
And thou lose the crown of light that is laid up for thee.
Then he answered and said to the king and all his people,
Loose me from my bonds; and they hearkened to his voice,
And quickly loosed him because they thought that he agreed to their counsel.
But he ran to one of the caldrons that were near him,
And cursed the king and spake thus to him:

O unjust king, woe to thee!
Whose guile is greater than all wickedness,
Who fearest not God thy Creator,
From whom thou didst receive all good things and the kingdom which he hath given thee,
Who slayest his servants the athletes (martyrs) though they have not sinned against thee.
Because of these things behold the judgment of God is laid up for thee,
And fire stronger than this is about to burn thee,
And eternal tortures which cease not, behold they are laid up for thee.
Against whom hast thou exalted thyself and against whom hast thou lifted up thy voice?
Against him who gave thee a mind and a mouth, and he created thy speech,
And formed thee of dumb speechless elements;
For because of this behold the day of thy destruction is near and is come.
But I also am ready to die, I tell thee,
For I will not deny my brethren who were slain by thee.
And I call on God to take vengeance on thee according to thy work,
And to torture thee in this world and the world beyond.
And when the blessed one had said these things,
And prayed that all might come in completeness upon that tyrant,
He cast himself into the midst of that frying pan,
And gave up his soul and died in that affliction.
[O] the glory of the day of thy commemoration, Martyr Jonadab,
Who didst rebuke Antiochus, as Elijah did Ahab,
When he gathered a band and a tumult and a crowd and strove against thee,
And with all tortures and with all scourgings made war with thee.
And thou didst overcome him and frustrate his stratagems and he gained condemnation,
And by means of thy stedfastness wonderful to report he has been greatly condemned,
And because of this the tale of thy victories is diffused through all the world,

And the report of thy endurance in the contest is known among all peoples:
How thou didst enter the furnace of temptations and didst come forth as gold,
And thy body was fried in the frying pan and thy flesh was melted,
And thy heart trembled not at afflictions and thy mind sinned not.
And every blessed one who has accomplished [his course], blesses thee.

But they of the blessed band of the house of Maccabee were finished,
And the Hebdomad was consummated in completeness
And had received crowns of light which fade not in the kingdom,
And Shamoné the faithful martyr was left alone,
And was also bereaved of the seven beloved sons,
And was deprived of the nest of seven chicks.
And as a dove that moaneth by day and by night she moaned;
And again like a swallow that pipeth she piped.
And she desired to be crowned with her sons,
And she longed to win a home with them in the kingdom.
And when she was about to be seized by the polluted ones for slaughter,
And their hands were about to touch her pure body, she would not,
But immediately leapt into that burning fire,
And there in that bitter burning was crowned,
And with the righteous her soul received rest.
How good and honourable is thy commemoration, O martyr Shamoné!
And thy name is pleasant to the palate, sweeter than honey to the mouth.
For when the accursed rebuked (mocked) thy sons before thee with tortures,
And their souls through him migrated to the country of the righteous
Thy mind feared not and thine understanding departed not from thee,
And thy stedfast courage edified the mind of the youths,
And their boyish thoughts were built up by thy counsel.

And therefore not one of them inclined to the words of the fool
And from their eagerly desired slaughter no advantage was enjoyed,
But their dear death gained shame for the wretch.
And therefore thy wonderful history is told among all peoples,
And churches in the Four Quarters are built to thy name,
And thy name is numbered among the righteous.
Happy art thou, O martyr mother of seven boys!
How thou didst despise and trample on passions of all kinds,
When thou didst stand, thou with seven sons, and behold
Eleazar when the unjust ones were torturing him,
And didst say in the Hebrew tongue, O brothers,
Mighty is this conflict to which we are called,
For the testimony of our people and for the law of our fathers.
Have good courage, my sons, and fear not and be men.
Moreover it is a shame that this old man should endure sufferings
For the fear of God, while ye who are youths
Should turn aside from these tortures and be renegades.
Remember that we are in this life for the sake of God
And because of this it is just that we should endure all labours.
And see our father Abraham, father of all nations,
How he bound Isaac and put him upon logs
And put the knife upon the throat of him who was the son of promises.
He trembled not, because he looked for the life that has no end;
And do ye hold the faith of these.
And if ye flinch not but be strong in the presence of tortures,
For ye are about to inherit the life of ages...,
O my brethren, these men are worthy of admiration
For they formed a chorus in the pure fear of God,
And encouraged one another saying with courage:
Let us be like those three youths of the House of Hananiah,
Who in Asshur spurned the burning fire,
One said, Let us not be weak, my brethren, through vileness,
This other one said, Let us endure, my brethren, readily
Another said, Remember our race whence it came.
But every one of them being full of joy

Said, Come let us commend our hearts to the Giver of souls
And let us give our bodies for the sake of the law and the observances,
Come therefore, brethren, let us be armed with self-government,
With the mind which is above passions and let us not be in fear.
For if we thus taste death for our law,
Abraham and Isaac the fathers will receive us,
And also all our fathers will honour us with joy,
678 And will give us enjoyment with them in the kingdom. Amen and Amen.

INDEX.

INDEX OF SYRIAC WORDS AND PHRASES.

(M = IV Maccabees. G = Gregory's Discourse. S = Severus' Discourse. E = Ephrem's Madrāshā. A = Anonymous Poem in twelve-syllable verse.)

ܐܢܘܣ (dimin.). A. l. 351.

ܐܪܘܣ (for ܐܘܪܘܣ) = ὄρος. A. l. 535.

ܐܬܐܘܣ = ὁ Θεὸς. A. l. 530.

ܒܪ ܦܘܢܝܬ ܡܟܘܟܒܬܗ̇ S. p. 79, l. 4.

ܕܦܢܐ (pointed with Rebhāṣā). A. l. 564. (Cf. l. 379. *Pethāchā.*)

ܗܕܡܘܢܝܢ (dimin.). A. l. 331.

ܗܠܦܝܣܝܣ = ἔλειψε. A. l. 355. (v. Payne Smith s. v.) Or is it "afflicted with ἐλέφας"? = ἐλπίς (R. H. Kennett).

ܗܪܟ̈ܣܝܣ = ῥάχεις, or ὀρέξεις (?) (R. L. B.). A. l. 353.

[ܐܕ̈ܒܠܦ] ܘܬܕܝ = εἰδωλ|όθυτα (?) (R. L. B.). A. l. 316.

ܐܦܘܐ ܕܠܚܡܝܗܘܢ = τοὺς [τῶν πολεμίων] χάρακας. M. III. 12.

ܛܪܦ v. Payne Smith s. v. E. p. 122, l. 24.

ܒܪܝܠ partic. peīl, "bent like a hook". A. l. 467.

ܠܗܬ (aphel). M. VI. 11.

ܠܦܘܢܐ (= perh. ܐܠܦܘܢܐ Ez. 10. 13, the ܠ being taken as radical) (R. L. B.). A. l. 349.

ܟܡܝܪܬܠ A. l. 505.

ܡܕܝܢܘܝܬܐ = διάνοια. M. II. 2.

ܡܟܘܪܡܐ E. p. 120, l. 10.

ܡܟܠܠܙܢܝܢ [ܠܝܢ] = μονιμώτερος. G. p. 63, l. 19.

ܡܟܫܦܪܘܬܐ S. p. 81, l. 12 }
ܡܟܫܦܪܢܘܬܐ S. p. 95, l. 22 } = δήλωσις, "Urim".

ܢܦܫ "evolved" (?) (R. L. B.). S. p. 77, l. 20.

ܦܘܩܛܝܩܝ = ἡ πυκτική. A. l. 4 and l. 466 (with an affix).

ܦܟܠܟܘܪܐ (dimin.). A. l. 13.

ܦ ܦ ܦ in Ethp. A. l. 474.

ܩܘܡܝܣ = "Comes". A. l. 531.

ܩܘܢܘܣ = ? κοινοῖς or the ending of διάκονος. A. l. 543.

[ܕܩܘܦܪܩܘܣ] ܩܘܦܪܐ M. x. 6. A. l. 334. v. Payne Smith s. v.

ܩܝܦ (? false reading for ܩܝܛ). A. l. 625.

ܬܓܡ = ? τάγμα (in LXX for דֶּגֶל). A. l. 240.

ܬܟܠܘܬܗ A. l. 511.

ܬܬܪܡܐ ܒܕܝܢܗ ܢܣܒܐ ܦܠܓܐ ܬܠܬܐ.
ܦܠܓܗ ܕܒܐܬܘܪ ܐܡܣܪܘ ܥܠ ܢܘܪܐ ܡܕܝܢܬܐ.
ܚܕ ܐܡܪ ܐܢܐ ܠܐ ܬܬܪܥܐ ܒܫܠܡܘܬܐ.
ܗܢܐ ܐܡܪ ܢܦܩܪ ܐܢܐ ܒܣܠܝܩܘܬܐ.
ܐܚܪܢ ܐܡܪ ܐܬܕܪܘ ܠܗܘܢ ܡܢ ܐܝܟܐ ܐܬܐ.
ܥܠ ܚܕ ܚܕ ܕܝܢ ܡܢܗܘܢ ܟܕ ܡܠܟܐ ܗܘܐ ܪܘܫܩܘܬܐ.
ܐܡܪ ܗܘ ܒܥܓܠ ܝܗܒ ܠܢܦܫܗ ܢܦܩܬܐ.
ܘܫܠ ܠܘܥܕܝܢ ܡܢܠ ܢܦܩܘ ܘܠܘܬܪܬܐ.
ܗܘ ܩܛܠ ܝܕܥ ܐܢܫ ܒܡܫܠܠܘܬܐ.
ܒܪܚܡܐ ܕܐܝܬ ܥܠ ܚܛܝܐ ܘܠܐ ܢܫܐ ܒܥܘܠܬܐ.
ܐܘ ܟܕ ܩܛܠ ܚܠܦ ܢܦܫܗ ܝܗܒ ܡܘܬܐ.
ܢܦܠܘܢ ܐܒܪܗܡ ܘܐܝܣܚܩ ܐܒܗܬܐ.
ܘܐܦ ܟܠܗܘܢ ܐܒܗܝܢ ܢܩܠܣܘܢ ܒܚܕܘܬܐ.
ܢܒܣܡܘܢ ܒܡܗܘܢ ܒܟܠܗܘܬܐ .. ܐܡܝܢ ܘܐܡܝܢ ..

669. ܐܡܪ AB.

ܘܥܠ ܗܘ ܥܘܪܒܢ ܬܡܝܗܐ ܟܕ ܒܟܡܝܡܝܢ ܐܬܝܠܝ.
ܘܒܪܬܐ ܕܐܪܒܥܢܝܬܐ ܒܠ ܥܝܪܝܢ ܐܬܟܢܝ.
ܘܥܡܟܢ ܒܡܗܘܢ″ ܕܟܦܢܐ ܐܬܡܝܢ..
ܠܘܒܢܝ ܠܝܢ ܐܘ ܗܫܪܝܬܐ ܐܝܟܢܐ ܕܒܟܢܐ ܠܠܒܢ.
ܕܐܘܪ ܐܬܡܦܪܬܝ ܘܪܥܬܝ ܥܠ ܫܥܐ ܕܟܠ ܥܘܫܠܢܝܢ.
ܒܪ ܦܠܚܐ ܐܢܬܝ ܘܡܬܟܢܫܐ ܐܢܬܝ ܒܡ ܥܕܟܐ ܒܬܝܢ.
ܒܐܠܒܢܪ ܒܪ ܟܘܠܐ ܒܗ ܡܥܬܪܢܝܢ.
ܘܒܠܝܥܐ ܝܒܬܐ ܐܡܬܪܬܝ ܐܘ ܐܫܝܢ.
ܚܢܢܐ ܗܘ ܐܚܘܝܐ ܫܘܝܐ ܕܠܗܘ ܐܬܗܦܝܢ
ܡܛܠ ܗܣܪܘܬܐ ܕܒܗܡ ܘܢܚܘܫ ܐܒܗܘܢ.
ܐܬܦܢܝܘ ܒܢܝ ܘܠܐ ܬܪܥܠܘܢ ܘܗܘܘ ܚܢܢܝܢ.
ܐܠܐ ܝܗܒܐ ܗܘ ܕܦܓܪܐ ܫܘܝܐ ܢܦܝܚܪ ܚܢܝܢ.
ܡܛܠ ܕܫܠܛ ܐܠܗܐ ܘܐܢܬܘܢ ܕܒܠܝܬܢ.
ܬܥܝܪܘܢ ܡܢ ܝܬܪܐ ܗܠܝܢ ܘܬܫܬܘܢ ܟܗܢ.
ܐܬܕܟܪܘ ܕܡܛܠ ܐܠܗܐ ܗܝܡܢ ܒܗܠܝܢ ܢܬܒܝܢ.
ܘܥܠ ܐܦܝ ܫܪܐ ܐܪܡ ܢܦܫܪ ܟܠ ܟܪܠܝܢ.
ܦܝܫܘ ܠܐܒܘܢ ܐܒܪܗܡ ܐܒܐ ܕܟܠ ܒܡܗܝܢ.
ܕܐܝܟ ܦܪܗ ܗܘܐ ܠܐܝܣܚܩ ܘܗܝܟܢ ܟܠ ܡܬܝܒܝܢ.
ܘܚܡ ܫܒܝܠܐ ܟܠ ܦܓܪܗ ܕܗܘ ܒܪ ܡܘܠܕܝܢ.
ܠܐ ܐܦ ܒܪܡܫܡܫܐ ܗܘܐ ܠܫܝܢܐ ܕܠܐ ܡܥܬܠܝܢ.
ܘܐܢܬܘܢ ܫܡܝܥܘܬܐ ܕܗܠܝܢ ܗܘܘ ܐܚܝܕܝܢ.
ܘܐܝܢܗܘ ܕܠܐ ܬܬܪܥܘܢ ܬܬܟܪܘܢ ܡܪܡ ܝܬܝܪܝܢ.
ܢܬܬܬܘܢ ܒܪ″ ܫܝܢܐ ܕܠܥܠܡܝܢ..
ܐܘ ܐܚܝ ܗܠܝܢ ܐܠܦܢܐ ܐܢܘܢ ܕܬܕܡܘܪܬܐ.
ܕܐܘܒܕܘ ܒܪ ܒܗܪܐ ܒܪܫܠܬ ܐܠܗܐ ܘܗܝܬܐ.
ܘܠܫܪܪܐ ܠܒܒܘ ܒܪ ܐܡܪܢ ܓܠܝܢܘܬܐ.

644. ܐܢܬ . . ܐܢܬ A.

664. ܘܠܫܪܪܐ ܠܟܒܘ A.—ܗܘܘ ܠܟܒܘ C.—ܗܘܘ ܒܪ ܐܡܪܢ BC.

ܡܢ ܕܝܢ ܕܗܝܡܢܘܬܐ ܒܪܝܬܐ ܕܝܠܗ ܢܚܡܘܢ ܐܬܛܠܠܝ.
ܘܡܫܒܚܘܬܐ ܒܓܡܝܪܘ ܐܫܬܡܠܝ.
ܘܟܠܝܠܐ ܕܢܘܨܚܐ ܕܠܐ ܚܡܝܢ ܒܡܠܟܘ ܝܗܒܝ.
ܘܫܡܥܘܢ ܣܗܕܘܬܐ ܡܫܝܚܝܬܐ ܒܠܚܘܕ ܩܒܠ.
ܘܐܦ ܡܢ ܫܡܫܐ ܒܢܝܐ ܚܒܝܒܐ ܐܬܦܪܫܘ.
ܘܡܢ ܥܡܐ ܬܘܒ ܕܫܡܫܐ ܦܪܘܩܐ ܐܫܬܘܕܝܘ.
ܘܐܝܟ ܢܘܢܐ ܕܢܗܪܐ ܒܡܥܡܘܕܝܬܐ ܘܠܠܝܐ ܢܗܡܘܢ.
ܘܒܪܡܫܐ ܬܘܒ ܡܢܘܚܬܐ ܕܡܕܢܚܐ ܡܕܢܚܐ ܗܘܘ.
ܘܠܡܬܛܠܠܘ ܒܟܗܢܘܬܐ ܕܒܢܝܗ ܥܕܬܐ ܗܘܘ.
ܘܠܡܬܥܪܙܘ ܒܟܗܢܘܬܐ ܒܡܠܟܘ ܐܠܗܝܐ ܗܘܘ.
ܘܟܕ ܠܡܬܬܚܪܘ ܠܫܠܝܚܐ ܡܢ ܫܡܝܐ ܒܥܕܬܐ ܗܘܘ.
ܘܕܢܫܬܟܚ ܐܒܪܗܡ ܒܟܘܫܡܐ ܕܢܝܚܐ ܠܐ ܢܟܦ.
ܐܝܟ ܡܢܗܪܐ ܠܟܘ ܗܘ ܢܘܪܐ ܥܡܝܪܬܐ ܢܨܪܬ.
ܘܬܡܢ ܒܗܘ ܒܡܕܢܚܐ ܡܕܝܢܬܐ ܐܬܛܠܠܝ.
ܘܒܗܘܢ ܕܒܐܝܢܐ ܕܡܫܚ ܐܬܬܢܝܚܝ..
ܗܐ ܗܟ ܘܒܡܐܪ ܒܗܘܕܝܐ ܐܘ ܗܕܘܬܐ ܫܡܥܘܢ
ܘܡܬܒܥܐ ܒܥܡܗ ܒܝܘܡ ܗܟ ܡܢ ܕܝܢ ܠܗܘܡܐ ܚܢܝ.
ܕܟܕ ܢܗܪܐ ܒܝܢܬܐ ܒܫܡܝܐ ܡܢ ܠܗܘܒܠܗ ܓܒܝ.
ܘܒܐܝܕܗ ܢܫܬܠܚܘܢ ܠܐܬܪܐ ܕܒܐܝܢܐ ܐܫܬܘܝ.
ܘܠܐ ܕܝܠ ܢܒܝܢ ܘܠܡܡܢ ܡܢܝܢ ܠܐ ܓܒܝ.
ܘܠܗܒܒܢ ܐܡܝܢܐ ܠܢܕܡ ܠܓܠܝܐ ܚܒܝ.
ܘܡܫܬܥܒܕܘܢ ܒܢܝܬܐ ܒܗ ܡܠܟܘ ܐܬܚܒܝ.
ܘܠܗܘ ܐܢܫ ܡܢܗܘܢ ܠܡܬܠ ܫܘܠܐ ܠܐ ܐܬܕܒܝ.
ܘܡܢ ܡܠܬܗܘܢ ܕܟܝܢܐ ܡܕܡ ܠܐ ܐܬܗܝܒ.
ܐܠܐ ܫܘܬܗܘܢ ܕܣܗܕܐ ܠܕܘܟܐ ܒܗܬܬܐ ܐܬܩܪܒ.

620. ܘܠܠܠܐ C.

[625. forsitan ܘܕܢܩܫܘܢ W. E. B.]

630. ܢܚܒ C.

ܘܝܩܪܐ ܕܠܟܠܗ ܕܠܐ ܥܠܡܝܢ ܗ̇ܐ ܕܠܒܝܫ ܠܝ.
ܥܠ ܡܢ ܕܐܬܬܘܪܒܗ̇ ܘܥܠ ܥܢܘ ܕܐܬܒܪܗ̇ ܩܠܝ.
ܥܠ ܗ̇ܘ ܕܢܣܒ ܠܝ ܡܕܒܪܐ ܘܦܘܡܐ ܘܗܘܐ ܒܪܐ ܢܡܠܠܝ.
ܘܡܢ ܐܣܛܘܟܣܐ ܣܓܝܐܐ ܕܕܠܐ ܡܠܬܐ ܢܡܠܝ.
ܘܥܠ ܗܕܐ ܚܙܝ ܗ̇ܐ ܡܪܝ ܘܡܠܬܐ ܣܡ ܣܘܟܠܝ.
ܐܦ ܐܢܐ ܕܡ ܒܠܒܝ ܐܢܐ ܕܐܡܘܬ ܐܡܪ ܐܢܐ ܠܝ.
ܕܠܐ ܟܦܪ ܐܢܐ ܒܐܝܕܝ ܗ̇ܘܝܢ ܕܡܠܝܠܝܢ ܠܝ.
ܘܦܪܐ ܐܢܐ ܠܐܠܗܐ ܕܝܦܪܘܚܝ ܐܡܝ ܢܡܠܝ.
ܦܪܩܢ ܥܠܡܐ" ܦܪܩܠܗ ܒܥܝܢ ܠܝ..
ܘܒܗ ܗܠܝܢ ܐܡܪ ܠܦܘܩܕܢܐ.
ܘܒܝܠ ܕܝܬܝܗܬܝܢ ܠܗܘܢ ܒܥܘܡܠܐ ܥܠ ܗ̇ܘ ܦܘܪܩܢܐ.
ܥܕܐ ܗ̇ܘܐ ܕܢܥܡ ܠܗ ܗ̇ܘ ܦܠܚܢܐ.
ܘܐܬܥܠܝ ܪܘܚܗ ܘܡܠܟܬ ܒܗ̇ܘ ܐܘܠܨܢܐ..
ܥܡܝܩܘ ܢܘܡܘܣ ܕܕܘܒܪܝ ܗܕܐ ܡܢܪܢ.
ܕܐܬܦܬܚܬܘܗܝ ܠܐܠܦܝܗܘܢ ܐܡܝ ܐܠܦܐ ܠܐܢܫܝܢ.
ܕܗ ܒܝܬ ܐܣܘܪ ܘܐܬܣܪܣܝܡ ܘܐܬܦܠܓܘ ܘܠܡܠܝ ܪܒ.
ܘܥܠ ܥܡܡܝܢ ܘܟܠ ܝܗܒܬܝ ܒܒܗ ܒܡܠܝ ܡܪܒ.
ܦܘܩܕܢܘܗܝ ܘܦܠܓܗ̇ ܝܬܒܬܗ ܘܡܝܢܐ ܣܘܢܕ.
ܘܡܢ ܕܗ ܣܘܡܟܢܝ ܬܚܝܬ ܠܝܥܩܘܒ ܦܠܓ ܐܬܦܢܝܬ.
ܘܥܠ ܗܝ ܦܠܓܐ ܕܝܗܒܢܝ ܒܫܠܡܐ ܟܠܗ ܪܒ.
ܘܝܥܩܘܒ ܕܒܘܪܝ ܕܒܐܪܥܐ ܟܠ ܒܥܡܡܝܢ ܦܠܓ.
ܕܐܚܝܡ ܫܠܬ ܠܟܘܪܐ ܕܢܫܝܬܐ ܦܢܝܬ ܐܡܝ ܕܡܪ.
ܘܦܠܓܝ ܒܦܠܚܢܐ ܐܬܦܠܓ ܘܝܗܒܝ ܐܬܦܪܫ.
ܘܝܗܒ ܠܐ ܐܦ ܡܢ ܐܘܪܚܬܐ ܘܡܥܕܪܝ ܠܐ ܫܒ.
ܘܟܠ ܡܢ ܕܢܦܠܓ ܦܘܪܢܐ ܦܘܪܢܐ ܠܢܦܫܝ ܗܘܒ..

596. ܒܡܠܠܝܢ B.
605. ܘܥܡܠܐ ܬܘܪܝܢ ܘܥܡܠܐ ܡܪܝܢ C.
608. ܗܘ] ܗ̇ܘ C.
613. ܘܡܠܟܐ C.

ܪܐܙܐ ܪܐܙܐ ܕܡܬܟܣܝܢ ܠܟܠ ܚܙܘܐ ܐܝܬ ܠܗ.
ܘܓܢ̈ܙܐ ܘܐܘܨܪ̈ܐ ܘܬܫܡ̈ܫܬܐ ܢܗܝܪ ܐܢܐ ܠܗ.
ܘܟܠ ܐܝܢܐ ܕܠܐ ܡܬܟܣܝܢ ܠܝ ܦܪܝܫܐ ܡܢܗ.
ܠܟܠ ܐܘܠܨܢܐ ܡܪܘܚܢܐ ܡܚܠ ܐܝܬ ܠܗ.
ܘܦܪܣܗ ܒܗܘܕܐ ܦܬܠܐ ܡܥܒܕܐ ܡܦܫܩ ܐܝܬ ܠܗ.
ܘܟܠܗ ܡܪܩܐ ܗܠܝܢ ܡܬܪ̈ܓܓܐ ܚܘܫܒ ܐܝܬ ܠܗ.
ܘܡܫܪ ܕܪܝܐ ܚܘܠܐ ܘܐܝܬܘܗܝ ܠܐܡܗ
ܕܒܪܢܫܐ ܕܐܬܬܪܝܡ ܡܢ ܟܠܗܘܢ ܒܪܐ ܗܘ ܠܗ.
ܕܡܬܟܣܝܢ ܠܟܠ ܚܝܠ ܡܢ ܟܠ ܘܢܫܒܚ ܠܟܠܗܘܢ
ܗܘ ܕܐܢ ܒܠܫܢܐ ܒܪܢܫܐ ܡܦܪܫܐ ܫܘܒܚ ܠܗ.
ܕܐܬܪܕܝ ܐܦ ܒܪܐ ܡܢ ܗܘ ܕܒܪܐ ܘܡܢ ܠܒܪܐܢܘܬܗ
ܘܢܥܡܢ ܕܥܒܕܬܐ ܒܫܡܗ ܡܫܒܚܐ ܘܠܐ ܡܬܦܪܫ ܡܢܗ.
ܕܠܐ ܒܡܦܩ ܕܝܠܐ ܐܚܝܢܝ ܟܠ ܚܕ ܢܥܒܕ ܒܠܒܗ.
ܘܐܢܬ ܒܠܒܐ ܕܢܘܗܪܐ ܕܢܦܩ ܠܝ ܫܡܥܬ ܐܢܬ ܠܗ.
ܗܢܘܢ ܒܢܝܐ ܘܐܬܪܒܝ ܠܫܠܡܐ ܘܠܟܠܗܘܢ ܕܥܡܗ.
ܕܫܪ̈ܝܘܬܐ ܡܢ ܐܘܪܚܐ ܘܫܡܥܗ ܒܟܠܗ.
ܘܠܝܬ ܫܪ̈ܝܘܬܐ ܒܡܫܡܫܝܢ ܗܘܘ ܕܠܟܠܗܘܢ ܟܝܢ ܠܗ.
ܗܘ ܕܐܢ ܪܚܡ ܠܗܘܬ ܚܕ ܡܢ ܡܪܩܐ ܕܦܪ̈ܝܫܝܢ ܠܗ.
ܘܪܚܡ″ ܠܟܠܗܝܢ ܘܗܟܢ ܐܡܪ ܠܗ..
ܐܦ ܡܫܠܡܐ ܚܘܠܐ ܩܠܝ.
ܕܡܢ ܟܠ ܦܘܩܕܢ ܪ̈ܒ ܢܩܠܝ.
ܕܠܐ ܡܬܒܢܝܢ ܐܝܬ ܡܢ ܐܠܗܐ ܚܘܫܒܝ.
ܙܟܝܬ ܡܢܗ ܟܠ ܥܒܕܐ ܘܡܫܠܡ ܢܦܫܝ.
ܙ̈ܠܡܬܗܘܢ ܐܬܬܠܝܬ ܬܪܝܢ ܒܗ ܠܐ ܫܘܐ ܠܝ.
ܡܠܠ ܗܠܝܢ ܕܝܢܐ ܕܐܠܗܐ ܗܘ ܝܗܒ ܠܝ.
ܘܢܘܪܐ ܕܒܥܪܐ ܡܢ ܗܘܐ ܒܥܒܕ ܡܘܬܐ ܠܝ.

570. ܕܒܪ̈ ܢܫܐ ABC.

579. ܒܢ] ܒܢ A.

ܕܦܓܪܐ. ܟܠܗܘܢ ܗܘ ܐܬܠܒܫܘ. ܢܬܠܒܪܫܘܢ.
ܐܝܟܢܐ ܕܦܓܪܐ ܢܦܩܘܢ ܥܪܒܝܐ ܢܬܡܚܘܢ.
ܘܟܠ ܓܒܪܝܢ ܐܠܗܝܐ ܢܬܢܟܦܘܢ.
ܘܢܬܪܓܢܢ ܥܠ ܡܣܒܪܬܗ ܘܥܠ ܟܠܗܘܢ ܡܢܗܘܢ.
ܘܓܒܪܝܢ ܒܢܝܢܐ ܕܐܕܪܐ ܬܐܘܪܝܬܗܘܢ.
ܘܗܡ ܥܠ ܪܫܝܢ ܬܠܓܐ ܕܢܘܗܪܐ ܢܬܥܛܦܘܢ.
ܠܒܘܫܝܢ ܬܘܒܐ ܠܟܠܗܘܢ ܒܢܝ ܡܠܟܘܬܗ..
ܘܒܪ ܚܕܬܐ ܥܡܕܐ. ܠܒܢܘܗܝ ܕܓܒܪ ܓܡܝܠ. ܪܗܛܘܗ.
ܦܪܩܝܢ ܠܗ ܬܘܒ ܡܢ ܒܢܘܗܝ ܥܒܕܢܐ ܘܐܡܪܝܢ ܠܗ:
ܐܬܒܢܝܬ ܒܪܝ. ܘܠܐ ܬܬܕܘܕܐ ܠܟ ܥܠ ܟܠܗ.
ܦܘܫ. ܠܐܣܘܢ ܕܦܩܕ ܡܢܝ ܪܒܘܬܐ ܢܛܠܗ.
ܐܠܐ ܢܝܚܘ ܘܦܘܫ ܥܡ ܦܓܪܗ ܘܬܡܗܬܗ.
ܘܐܦ ܐܢܬ ܗܫܐ ܐܘ ܚܒܝܒ ܕܩܫ ܐܬܬܕܟܪܐ ܒܗ.
ܘܠܐ ܬܬܕܒܠ ܠܟ ܡܢ ܥܒܕܢܐ ܘܡܢ ܠܘܫܡܗ.
ܘܠܐ ܬܬܢܚܬܢܚ ܠܝܪܬܘܬܗ ܕܢܦܠܐ ܘܠܐ ܬܬܠܟܫ ܠܗ.
ܘܒܪ ܚܕܘ ܕܗܘܐ ܡܢ ܟܠܗܘܢ ܒܢܝܗ ܡܠܟܘܬܐ ܗܘܬ ܠܗ.
ܢܚܕܘܢ ܘܢܫܘܒܚܘܢ ܘܠܡܪܢ ܡܠܟܐ ܕܝܠܗܝܢ ܗܘܘ ܠܗ.
ܗܘ ܕܡܢ ܠܝܘܡܐ ܐܝܟ ܕܒܫܘܦܪܐ ܚܙܝܬ ܠܗ
ܥܠ ܗܢܘܢ ܓܒܠܐ ܕܒܝܫܘܢ ܕܒܘܪ ܗܘܐ ܒܩܘܡܬܗ.
ܘܒܪ ܚܝܐ ܕܐܬܐܡܪ ܒܐܘܪܚܐ ܫܪܪ ܒܛܘܪܗ.
ܘܡܢ ܗܘ ܕܗܘܐ ܕܦܐܡ ܗܘܐ ܒܗ ܠܩܘܬܗ ܦܪܘܫܗ.
ܒܪܘ ܠܗ ܬܫܒܚܬܐ ܫܘܒܚܬܐ ܕܐܢܫܝܢ ܐܒܪܗ ܠܗ.
ܕܟܠ ܚܕ ܡܢܗܘܢ ܒܗ ܫܘܒܚܗ ܐܘܒܕ ܢܦܫܗ.

541. ܕܡܬܡܚܝܢ BC.

542—544. Om. C.

545. ܪܫܗܘܢ BC.—ܬܠܓܐ C.

558. ܒܩܘܡܬܐ. AB.

560. ܗܘ ܒܩܘܡܬܐ ABC.

ܐܝܟ ܡܐܢܐ ܕܐܡܘܬܐ ܟܠ ܗܘܐ ܢܡܫܚܐ ܡܫܝܚ.
ܐܘ ܫܐܕܐ ܢܟܠܐ ܘܡܫܟܫܢܐ ܕܟܠ ܒܢܝܢ.
ܗܐ ܦܪܨܦܐ ܗܘ ܕܢܪܢ ܘܦܪ̈ܕܝܢ ܠܝ ܠܐ ܟܘܡܪܝܢ.
ܒܐܝܕܝ̈ܗܝ ܕܡܫܝܚܐ ܐܠܗܐ ܠܟ ܣܕܪܢ.
ܘܒܪ ܫܒܐ ܗܠܝܢ ܡܢ ܒܝܬ ܦܗܪܐ ܗܘ ܒܡܘܪ ܫܐܕܝܢ.
ܦܩܕ ܘܐܣܬܝܗܝ ܡܢ ܒܝܬܠܐ ܒܪ ܦܪܕܘܗܝ ܡܦܪܣܝܢ.
ܘܦܘܡܗܝ ܒܦܪܨܦܐ ܘܟܠܗܘܢ ܗܘܐ ܠܒܝܬ ܕܡܫܝܚ.
ܘܐܫܠܡ ܢܦܫܗ" ܟܠܝܬ ܟܠ ܠܒܝܟܝܢ..
ܣܠܐ ܒܝܗܕܝܢ ܘܪܟ ܝܫܢܝܢ ܦܗܪܐ ܟܕܘܗ.
ܕܦܟܐ ܦܝܣܪܬ ܣܟܐ ܘܝܬܪܐ ܡܢ ܐܬܠܝܒܘܗ.
ܗܘ ܟܘܠܐ ܘܪܫ ܟܘܠܐ ܐܬܒܝܦܘܗ.
ܗܘ ܕܡܥܒܕܝܗ ܢܒܠܬܐ ܠܢܦܪܝܢ ܙܒܢܐ ܗܘܐ ܕܝܦܪܘܗ.
ܘܒܦܟܝܢ ܠܛܒܥܬ ܒܫܡ ܡܢܘܬ ܙܒܢܐ ܕܠܝܢ ܝܟܘܗ
ܘܕܢܬܗܘܢ ܘܟܠܠܬ ܙܒܬܗ ܒܝܠ ܐܬܐܘܗ.
ܟܠܐ ܐܫܬܠܬ ܗܝܢ ܘܠܐ ܐܬܬܦܝܬ ܡܕܡ ܗܘ ܡܘܡܘܗ.
ܟܠ ܡܢ ܟܠ ܘܡܡܪ̈ܐ ܕܟܠ ܫܐܪ̈ܐ ܕܒܝܬ ܐܬܟܘܗ.
ܘܗܒܠܬ ܘܡܘܬܐ ܡܢܒܪܐ ܘܟܠ ܦܝܘܢܝܘܗ.
ܘܠܐ ܐܬܪܒܝܬ ܠܒܠܒܗ ܕܫܒܚܐ ܘܠܐ ܒܦܪܬ ܒܢܡܘܗ.
ܡܒܫܐ ܢܒܐ ܕܐܒܝܬ ܟܠ ܠܒܫܐ ܡܢ ܐܪܘܗ.
ܘܠܐ ܐܬܪܡܝܬ ܠܝܪܠܘܗܝ ܕܗܝܠܐ ܒܪܡܘܬ ܠܠܝܘܗ.
ܐܠܐ ܟܪܝܬ ܒܐܫܝܢ ܘܒܗܘ ܐܬܐܘܠܨܘܗ.
ܐܠܟܪ ܦܡܐ ܕܠܝܢ ܕܢܦܘܠܘܗ.
ܘܡܟܪ ܐܘܕܝܬ ܒܟܪܝܢ ܡܕܡ ܗܘ ܒܠܗ ܐܟܠܘܗ.

527. ܘܪܝܫ BC.

529. Om. C.—ܘܡܫܡܫܢܝܢ AB.

533. ܡܢܝܘܢܩܘܗ C.

534. ܠܡܦܩܗ A.

537. ܒܗܘ B.

539. ܡܕܡ B.

ܕܬܒܐ ܐܢܫܝܢ ܕܠܐ ܒܝܬ ܡܢܗܘܢ ܐܘܟܝܬ ܒܝܫܘܬܐ.
ܘܚܫܘܢ ܠܘܬܗ ܢܒܪܐ ܢܝܚܐ ܒܡܠܘܬܐ ܘܠܒܝܫܘܬܐ.
ܕܐܝܠܐ ܕܫܝܢ ܘܥܒܪ ܐܠܗܐ ܡܢ ܐܢܫ ܘܠܡܘܬܐ.
ܒܪܡ ܒܪ ܥܝܢܘܗܝ ܐܠܗܐ ܒܪܚܡܐ ܘܒܠܝܒܘܬܐ.
ܘܒܢܝܢ ܒܗ ܒܢܝܢ ܐܬܝܠܕ ܗܒܠ ܒܝ ܒܩܘܬܐ.
ܘܒܢܝܢ ܒܗ ܒܢܝܢ ܐܬܪܒܝ ܒܦܘܡܬܐ ܡܫܡܠܝܬܐ.
ܘܡܫܠܡܘܬܗ ܙܕܩ ܠܗ ܕܢܬܒܩ ܒܫܘܒܩܘܬܐ.
ܡܢ ܗܟܝܠ ܡܬܒܝܢܐ ܕܡܢܝܢ ܐܘ ܡܠܝܐ ܒܪܘܚܐ.
ܕܐܢ ܠܐ ܐܬܦܠܓ ܡܬܦܪܫ ܐܝܟ ܒܝ ܒܦܫܝܩܘܬܐ.
ܗܐ ܡܫܠܡ ܠܝ ܦܓܪܐ ܠܡܫܠܡܐ ܒܗ ܠܝ ܐܦܝܘܬܐ.
ܘܡܢ ܒܝܫ ܙܕܩ″ ܒܗ ܒܡܕܝܢܬܐ ܫܒܝܬܐ..
ܘܒܗ ܫܡܥ ܗܘܝܢ ܡܢ ܦܘܡ ܠܘܬܗ ܗܘ ܒܝܬ ܫܪܒܝܢ.
ܒܝܬ ܗܘܐ ܠܓܢܣܐ ܡܪܘܕܐ ܕܡܪܕܘܗܝ ܡܢܗܘܢ.
ܕܢܬܦܢܘܢ ܠܗ ܠܐܠܗܐ ܘܥܠ ܙܥ ܒܝܬܐ ܡܢܗܘܢ.
ܘܠܝܬܐܝܬ ܙܒܢܐ ܕܠܦܘܡܗ ܫܘܠܐ ܡܫܠܡܝܢ.
ܘܡܬܚܫܒܘܢ ܥܠ ܒܝܬܐ ܡܕܝܢܬܐ ܗܢܘܢ ܠܟܠܗܝܢ.
ܘܐܬܥܬܕ ܗܘܐ ܚܘܒܐ ܢܦܩܘܢ ܥܠ ܥܠ ܗܕܡܝܢ.
ܡܢܗܘܢ ܕܡܢ ܐܬܬܝܗ ܢܘܪܐ ܘܬܫܘܒܘܬܗܘܢ ܥܒܕܝܢ
ܘܡܢܗܘܢ ܢܦܘܪܐ ܐܪܝܟܐ ܕܦܪܘܩܐ ܡܫܒܚܝܢ.
ܘܡܬܩܕܫ ܘܡܬܚܙܝܢ ܗܘܘ ܠܗ ܕܕܠܐ ܪܫܡܝܢ.
ܘܡܬܒܪܟ ܒܗ ܘܥܠܬܗ ܘܡܟܬܒܢܘܬܗ ܩܕܝܫ.
ܗܘ ܕܝܢ ܒܗ ܡܬܚܙܝܢ ܗܘܐ ܒܗܠܝܢ ܐܘܠܝܢ.
ܐܡܪ ܐܦ ܠܐܚܪܝܢܐ ܥܡܝܩܐ ܕܡܠܝܐ ܠܒܪܡ.
ܕܝܗ ܡܫܠܠ ܥܙܪܐ ܒܪܘܚܐ ܠܒܪ ܕܟܠ ܒܢܝܢ.
ܫܠܡ ܠܥܘܦ ܐܢܫܐ ܐܬܩܪܝ ܘܫܦ ܠܐ ܐܝܬܝܢ.
ܠܐ ܡܢ ܒܢܝܢܫܐ ܗܘ ܒܪ ܠܘܬ ܐܘ ܡܠܝܐ ܪܘܚܝܢ.

504. Om. ܠܗܘ C.—ܪܝܫ BC.

508. ܘܬܫܒܚܬ ܗܘܢ A. ܘܬܫܒܚܬܗܘܢ B.

ܟܕ ܢܫܡܥܘܢ ܡܢ ܟܘܪܐ ܕܠܗܘܢ ܢܦܩܘܢ ܕܢܐܬܘܢ.
ܘܢܬܥܒܕܘܢ ܚܘܡܪ̈ܐ ܢܦܫܝܗܘܢ ܒܗܘܢ ܘܒܬܝܗܘܢ ܢܚܝܘܢ.
ܘܬܪ̈ܥܐ ܦܬܝ̈ܚܝܢ ܠܗܘܢ ܕܩܒܪ̈ܝܗܘܢ ܢܦܩܘ ܕܢܥܒܪܘܢ.
ܘܢܦܩܘܢ ܕܝܠܗ ܡܢ ܟܠܗܘܢ ܣܘܟܠܬܗܘܢ ܟܕ ܢܬܦܪܥܘܢ.
ܘܟܠ ܚܕ ܚܘܠܩܗ ܡܢ ܕܝܢܗ ܒܥܘܠ ܢܬܦܪܥܘܢ.
ܘܠܕܘܪ̈ܝܗ″ ܠܗܘܪܐ ܢܬܕܥܪܘܢ..
ܘܟܕ ܚܙܝܗ ܥܕܟܝܠ ܠܒܪܗ ܕܢܦܠ ܪܒܘܬܐ.
ܡܠܟܬܐ ܕܡܫܝܚܐ ܘܡܥܕܪܢܝܬܐ ܠܗ ܬܘܒ ܟܕ ܗܘ ܕܡܬܐ.
ܘܡܢܝܚܢܐ ܠܗ ܘܡܥܕܪܢܐ ܠܗ ܒܠܚܝܕܝܘܬܐ.
ܘܡܢܚܡܢܐ ܠܗ ܘܡܒܝܐܢܐ ܠܗ ܟܕ ܙܥܘܪܘܬܐ
ܘܡܟܝܟܢܐ ܠܗ ܕܐܦ ܢܬܟܝܟ ܕܒܫ ܟܐܒܐ ܕܟܘܪ̈ܗܢܬܐ.
ܟ̈ܝܢܐ ܐܟܢܐ ܕܠܐ ܬܬܥܩܪܐ ܡܢ ܗܢܐ ܡܬܘܬܐ.
ܕܢܦܩܘ ܐܢܫܝܢ ܘܕܠܐ ܬܬܦܩܥ ܠܢ ܕܠܐ ܦܠܓܘܬܐ.
ܘܕܠܐ ܬܬܦܟܐ ܐܢܫ ܒܠܚܘܕܝܢ ܕܠܐ ܡܫܠܡܘܬܐ.
ܘܡܠܟ ܠܐܢܫܝܢ ܒܐܘܪ̈ܚܐ ܥܒܝܕܐ ܕܫܠܡܘܬܐ.
ܟܕ ܐܟܪܙܗ ܒܫܝܢܐ ܘܒܫܠܡ ܐܟܪܙܘܬܐ.
ܘܡܢ ܒܬܪ ܕܫܠܡܬܗ ܐܡܗ ܫܒܬܐ ܘܐܝܬܝܗ.
ܗܝܕܝܢ ܡܪܢ ܗܘܐ ܐܬܪܘܗܝ ܗܢܘ ܒܠܚܘܕ ܗܪܬܐ.
ܘܐܫܪܘܗܝ ܘܢܦܩܘܗܝ ܘܐܫܠܡܘܗܝ ܕܢܐܟܠ ܡܢ ܕܒܫܬܐ.
ܘܐܡܪ ܠܗ ܗܘ ܕܢܦܫ ܚܘܠܐ ܘܢܦܫ ܢܦܫܘܬܐ.
ܐܬܦܠܓܫ ܠܟܠ ܘܠܐ ܬܬܥܝܩ ܠܝ ܗܘ ܥܒܕܘܬܐ.

471. ܘܢܚܘܢ. AB.

472. ܬܪ̈ܥ AB.—ܙܢܦܩ AB.

478. ܒܠܚܝܕܘܬܐ. AB.

480. ܕܟܘܪܗܢܬܐ. AB.

482, 483. Om. (483) ܠܚܘܕܝܗܘܢ . . . ܕܠܐ B.

485. ܐ/ܒܗܝܡܢܘܬ C.

487. ܢܬܪܘܗܝ C.

489. ܘܢܦܫ BC.

ܘܡܢ ܥܡܠܐ ܗܘܐ ܗܠܝܢ ܐܬܠܒܫܘ ܢܦܫ ܡܢ ܐܝܕܘܬܗ.
ܘܓܒܪܐ ܦܡܢ ܗܘܐ ܠܩܠܝܐ ܕܒܢܝܐ ܕܦܢܝܢ ܡܢܗܘܢ.
ܘܐܬܦܢܝܘ ܒܓܠܠ ܘܠܗܘܬ ܢܦܫܐ ܢܫ ܐܬܦܢܝܘ ܗܘܘ.
ܘܟܠܗܘܢ ܦܓܪܘܗܝ ܘܐܬܓܠܘ ܦܬܓܡܐ ܡܢܝܢܐ ܒܟܘܪܗܘܢ.
ܘܠܢܦܫܗ ܟܠ ܐܬܩܒܠܐ ܟܦܢ ܘܢܦܫܐ ܐܬܢܘܬܗܘܢ.
ܘܐܬܢ ܒܦܬܓܡܐ ܐܬܟܦܦ ܡܢ ܡܠܠܗ ܘܡܬܦܪܫܝܢ ܗܘܘ.
ܒܬܪܗܘܢ ܟܠܗܘܢ ܘܫܘܚܪܐ ܢܫܗ ܟܡ ܗܪܟܐܗܘܢ.
ܘܡܢ ܒܡܘܬܐ ܘܠܐ ܠܢܘܫܗ ܕܡܢܝܢܐ ܐܠܝܢ ܗܘܘ.
ܐܡܪ ܠܒܢܘܗܝ ܦܚܕܬܐ ܢܚܬܘܢ ܠܐ ܢܩܒܠ ܗܘܘ.
ܠܟܢܘܫܗ ܐܘ ܠܢܘܫܐ ܕܟܢ ܟܬܒܐ ܡܢܝܢܐ ܠܐ ܟܬܒܘ ܗܘܘ.
ܠܟܢܘܫܗ ܣܘܟܦܢܝܢ ܕܣܠܩ ܢܟܦܫ ܗܘܘ.
ܘܟܡ ܒܬܪ ܡܠܗ″ ܐܬܬܠܝܘ ܒܢܩܗܘܢ..
ܬܒ ܗܘ ܦܬܟܒܗ ܫܦܪ ܐܬܓܒܝܢ ܗܡܕܐ ܢܒܥܘܢ.
ܘܐܬܥܐ ܟܠܗܘܢ ܐܢ ܢܗܘܘܢ ܣܢ ܦܘܡ ܠܐ ܠܐ ܟܝܡ ܢܒܥܘܢ
ܦܬܓܡܝܢ ܬܬܟܬܒܝܢ ܬܗܘܒܐ ܘܐܦܠܐ ܢܒܥܘܢ.
ܢܬܘܢ ܕܘܟܢ ܒܟܠܝܢ ܥܒܝܕܐ ܘܠܐ ܐܢ ܢܣܒܘܢ.
ܬܠܝ ܦܘܢܫܘܢ ܦܥܒܠ ܢܒܪܬܝܢ ܠܐ ܢܬܟܝܢ.
ܢܠܐ ܠܓܫܡܐ ܠܢܒܥ ܕܟܘܬܝܢ ܟܬܡ ܐܢ ܢܟܘܢ.
ܕܥܫܘܢ ܠܝܠܐ ܐܢܟܡ ܟܡ ܢܬܣܝܘܢ.
ܘܢܠܘܢ ܠܐܬܓܪܘܢ ܕܦܘܩܒܢܝܢ ܘܬܟܡ ܢܦܝܘܢ.
ܘܢܣܕܘܢ ܒܗ ܒܬܠ ܐܢܬ ܟܠ ܦܢܫ ܘܢܣܕܘܢ ܢܕܘܟܘܢ.
ܟܢܘܡ ܢܛܠܝܢ ܕܟܠ ܐܦܝܗܘܢ ܕܡܢ ܟܒܥ ܢܬܦܩܘܢ.
ܘܢܐܠܦܘܢ ܕܐܢܫ ܦܢܕܪܬ ܥܘܢܪ ܕܠܐ ܢܬܢܒܠܘܢ.

449. ܘܐܬܦܢܝܘܗܝ AB.

451. ܘܠܢܦܫܗ A.

452, 453. ܡܢܗܘܢ in fin. l. 452. ABC.

455. ܦܚܕܬܐ AB.

465. ܢܬܣܝܘܢ. ABC.

ܦܪܚܬ ܫܡܥܘܢ ܦܓܪܐ ܠܘܬ ܒܪܗ ܗܘ ܣܡܝܟܐ.
ܘܡܬܦܫܛܐ ܠܗ ܒܫܥܐ ܘܕܡܥܐ ܘܡܝܢܗ ܟܒܫܐ.
ܘܡܬܢܓܠܠܐ ܗܘܬ ܢܦܫܗ ܒܠܒܫܐ ܢܒܙܝܐ.
ܕܐܬܠܚܡܘ ܠܗ ܓܢܒܐ ܘܠܐ ܬܗܘܐ ܠܐܫܝܢ ܢܦܪܘܫܐ.
ܘܠܐ ܬܬܕܒܠ ܡܢ ܫܢܕܐ ܕܪ̈ܡܝܐ ܠܝ ܙܒܢܢܐ.
ܘܢܬܬܕܒܪ ܠܐܫܝܢ ܘܠܡܠܟܝܢ ܦܪܟܐ ܚܒܝܒܐ.
ܘܠܐ ܬܬܟܦܪ ܒܢܡܘܣ ܡܫܝܚܐ ܢܒܝܐ ܡܕܡܝܐ.
ܘܠܐ ܬܬܢܟܦ ܒܐܠܗܝܐ ܡ̇ܢ ܘܠܐ ܬܗܘܐ ܪ̈ܡܝܐ.
ܘܐܢ ܬܘܕܐ ܢܦܩܝܢ ܒܫܠܡ ܐܘܠܨܢܐ ܩܫܝܐ.
ܚܒܝܒܐ ܠܝ ܡܢ ܘܡܫܘܪܬ ܢܓܠܘܬ ܫܟܝܢܐ.
ܘܫܐܡ ܒܪܫܝܢ ܚܠܝܠܐ ܕܢܘܗܪܐ ܒܢܘܡܐ ܐܣܝܐ.
ܘܡܢ ܫܒܥ ܗܘܐ ܗܠܝܢ ܡܢ ܦܘܡܐ ܕܐܝܡܗ ܛܠܝܐ.
ܫܦܪ ܠܡܬܒܥܘܬܐ ܘܦܩ ܠܗ ܡܢܡ ܕܢܟܐ ܥܠܝܐ.
ܘܐܡܪ ܠܐ ܡܬܬܒܥ ܐܢܫܐ ܐܘ ܛܪܘܦܐ ܕܘܟܐ.
ܠܝܒܐܬܐ ܠܐܘܠܨܢܐ ܗܠܝܢ ܣܠܩ ܫܪܪܐ ܕܒܝܬܐ.
ܘܡܢ ܝܚܒܬ ܢܦܫܗ ܒܢܝܢܬ ܗܕܐ ܘܠܐ ܡܢ ܡܠܒܢ ܦܫܝܐ.
ܕܗܢ ܕܠܐ ܦܓܥܗ ܬܐܠܝܢ ܒܐܘܠܨܢܐ ܡܥܒܕܐ.
ܬܡܝܗܐ ܣܟܠܘܬܐ ܡܥܢܝܐ ܘܬܫܒܘܚ ܐܘ ܥܢܝܢܐ.
ܘܝܐܬܐ ܚܠܝܢ ܡܫܡܫ ܒܪܫܐ ܡܢ ܡܠܟܐ ܢܠܝܐ.
ܡܢܝܐ ܕܒܝܫ ܡܢܐ ܐܘ ܦܝܫܐ ܒܥܘܦܐ ܐܢܥܝܢܐ.
ܕܡܬܠܠܘܗ ܡܠܘܬ ܒܗ ܐܡܢܝܢܐ ܦܝܢܐ.
ܝܠܐ ܡܛܠ ܕܫܡ ܡܥܒܕܢ ܠܒܪܘܬܐ.
ܘܡܬܦܪܣܝܢ ܒܢܡܘܣܗ ܒܐܝܡܡܐ ܘܠܠܝܐ.
ܘܗܕܐ ܒܐܬܪܬ ܠܐܝܡܪܐ ܘܠܐ ܠܢܒܪܐ ܥܘܡܐ.
ܝܠܟܐ ܡܛܠ ܕܐܝܬܝܢ ܦܠܫܐ ܦܛܠܝܐ.
ܡܚܘܪ ܝܢܒܝܢ" ܚܒܠ ܕܠܐ ܬܘܡܪܐ..

431. ܒܪܫܥܝܢ BC.
439. ܒܪܫܥܐ BC.

ܐܦ ܕܥܠܝܐ ܥܒܕ ܗܘ ܐܠܗܐ ܡܪܘܡܝܐ
ܗܐ ܡܬܓܕܠ ܠܝ ܒܫܘܦܝܣܘ ܫܓܝܐ ܡܢ ܟܠ ܒܘܡܐ.
ܘܗܢܝ ܠܝ ܡܢ ܢܬܠ ܬܓܪ ܟܠ ܗܕܪܐ.
ܠܡܚܕܠܐ ܚܠܦ ܐܠܗܐ ܕܠܐ ܡܠܟ ܒܫܦܝܪܐ.
ܠܓܪ ܡܫܡܥܬܗ ܠܐ ܡܟܝܠ ܕܬܫܡܫܬ ܐܘ ܛܠܘܦܝܐ.
ܡܢܝ ܟܠܠ ܒܐܝܕ ܕܐܠܗܐ ܡܬܝܡܢܐ.
ܠܠܒܢܐ ܕܘܟܪ ܠܡܪܢܐ ܟܝܠܐ ܘܒܐܝܩܪܐ.
ܗܐ ܦܫܡ ܐܢܬ ܐܘ ܟܝܢܐ ܘܙܥܝܪܐ ܘܢܗܪܐ.
ܘܗܘܝܡ ܐܫܬܠܡܘܗܝ ܚܙܘܐ ܘܝܩܪܐ ܦܬܝܢ ܝܠܕܐ.
ܘܐܥܝܠܡ ܙܘܝܗ" ܘܢܬ ܒܫܦܪܐ..
ܚܠܐ ܒܗܘܕܢܝ ܦܫܘܪܐ ܢܝܚܪܘܢ.
ܘܟܝܪܐ ܘܐܪܥܐ ܒܝ ܢܬܝܗܪܘܢ.
ܘܐܦ ܚܐܪܐ ܠܛܘܢܐ ܕܟܝܬ ܐܪܟܘܫ ܒܝ ܢܬܪܘܢ.
ܘܦܟܪܘ ܠܝܠܝܐ ܡܢ ܥܢܝܢܝ ܬܡܝܗܘܬܐ ܢܬܬܟܪܘܢ.
ܘܛܘܒܝܣܘܢ ܕܡ ܠܐܝܠܝܢ ܕܒܘܟܪܝ ܢܟܪܘܢ.
ܘܒܝܠܘܬܐ ܟܠܝܘܡ ܠܒܥܝ ܒܪܘܬܐ ܢܬܪܟܘܢ.
ܕܗܢ ܝܕܥ ܚܕܠܐ ܕܠܦܢܝ ܕܒܝܐ ܢܝܟܪܘܢ.
ܘܦܟܪ ܦܘܠܐ ܠܡܚܝܕܘܬܝ ܢܣܒܪܘܢ.
ܘܠܐܝܢܝ ܡܪܥܝܬܐ ܒܙܘܡܐ ܡܢܥܐ ܢܐܣܪܘܢ.
ܘܣܒܪܘ ܢܝܢܝ ܒܫܒܝܠܐ ܣܓܝܠܐ ܒܫܪܒ ܢܥܪܘܢ.
ܘܡܢ ܟܠ ܟܢܫ ܠܬܩܢܘܬܝ ܒܠܘܩܒܠܬܐ ܢܪܗܛܘܢ.
ܘܐܡܪܬ ܗܐ ܗܢܝ ܟܫܘܬܐ ܠܐܝܠܝܢ ܕܢܬܟܪܘܢ.
ܢܒܝܘܬܗܘܢ ܚܠܦ ܢܒܝܘܬ ܐܠܗܘܬܝ ܘܠܐ ܢܟܦܪܘܢ.
ܒܝܠܘܬܝ" ܡܫܡܫܢܐ ܢܬܟܪܘܢ..
ܘܡܢ ܒܬܪ ܕܫܒܠܗ ܪܗܛܐ ܗܘ ܦܫܘܪܐ ܘܗܢܐ.

396. ܐܦ ܕܥܠܝܘ ܥܒܕܐ ܐܠܗܐ AB.

398. ܬܓܪ BC.

399. ܡܠܟ C.

408. ܢܬܪܘܢ BC.

ܝܠܐ ܢܛܘܪ ܐܠܗܘܬܗ ܣܢܐ ܕܠܐ ܡܬܚܒܠܢܐ.
ܘܒܡ ܐܒܘܗܝ ܘܐܝܟܢܐ ܘܡܟܘܒ ܐܢܫܐ ܒܐܢܫܐ.
ܡܬܟܫܦܝܢ ܐܠܗܘܬܗ ܒܫܡܗ ܐܡܪܢܐ ܠܡܒܥܘܬܐ.
ܡܢ ܕܠܟܠܗܘܢ ܡܪܒܐ ܐܪܙܘܗܝ ܫܡܗ ܣܓܝܐܐ.
ܘܡܢܚܕܪܝܢ ܠܗ ܘܐܡܪܝܢ ܕܠܡܬܚܙܝܐ ܠܝ ܘܠܐ ܡܬܥܒܕ.
ܒܡܟܘܬ ܐܢܫܐ ܕܫܡܗ ܗܘܘ ܠܢܦܫܗܘܢ ܡܫܒܚܢܐ.
ܘܐܒܘܗܝ ܒܫܡܐ ܕܕܒܫܢܐ ܘܟܠܡܕܡ ܕܫܝܢܐ.
ܘܡܬܝܕܥ ܐܢܬ ܡܢ ܟܠܗܘܢ ܒܐܝܩܪܐ ܘܕܝܢܐ.
ܚܢܢ ܠܡܬܗܘܐ ܠܐ ܡܨܝܢܢ ܐܘ ܡܢܩܠܢܐ.
ܐܠܐ ܐܢ ܢܕܥܘܢ ܐܠܗܘܬܗ ܕܝܫܘܥ ܠܝ ܡܫܥܒܕܢܐ.
ܡܠܦܢ ܢܘܪ ܕܢܗܝܪܘܬܐ ܘܐܬܠܘ ܠܗܘܢ ܫܘܒܚܐ ܫܒܝܚܐ.
ܘܢܘܪܐ ܕܐܝܟ ܐܝܟܐ ܐܝܟܢܐ ܠܗܘܢ ܒܟܠ ܫܘܦܪܐ.
ܠܐ ܡܬܬܗܘܐ ܕܐܢܫ ܕܡܠܝܐ ܠܡܒܥܐ ܫܡܝܢܐ.
ܘܠܐ ܐܬܪܒܝ ܠܡܬܚܙܝܐ ܕܠܚܠܡ ܒܗ ܥܠܡܐ.
ܘܠܐ ܣܒܪܘ ܕܫܪܝܪܐ ܕܠܟܠ ܡܢ ܒܢܝܐ.
ܕܠܐ ܚܙܐ ܐܢܐ ܒܐܢܫ ܘܒܐܢܫܝܢ ܦܓܪܢܐ.
ܗܫܐ ܒܟܝܢ ܠܝ ܐܘ ܡܬܚܙܝܢܐ ܕܟܝܢ ܡܢ ܟܠ ܡܬܚܙܝܢܐ.
ܫܪܪܐ ܢܨܝܚܘܬܐ ܕܒܫܡܗ ܡܫܬܡܠܝ ܒܟܠ ܒܪܝܬܐ.
ܕܐܣܬܟܠܘ ܐܢܫܐ ܕܫܡܗ ܕܐܬܡܠܝܘ ܐܘ ܡܠܟܐ ܠܡܫܝܚܐ.
ܘܐܝܟܢܐ ܕܪܚܝܢ" ܠܢܦܫܗ ܫܡܗ ܫܡܝܐ..
ܒܗ ܕܝܢ ܥܒܕ ܗܠܝܢ ܠܡܥܒܕ ܕܝܠܗ.
ܘܪܒܐ ܠܥܠܡܐ ܕܐܬܝܠܕܘܗܝ ܚܠܦ ܘܠܡܥܒܕܐ.
ܡܢܛܪܐ ܒܫܡܗ ܠܦܠܚܝܐ ܕܝܠܗ ܢܦܫܗ ܒܡܪܕܘܬܐ.
ܗܘ ܕܝܢ ܐܝܬܘܗܝ ܕܐܬܐ ܡܐܢܫ ܕܟܠ ܒܪܝܬܐ.

375. ܪ̈ܙܘܗܝ C.

381. ܪ̈ܚܡܘܗܝ C.

383. ܠܟܘܢ, ex corr. ܠܗܘܢ B.

390. ܐܣܬܒܪܘ C.

395, 396. ܗܘ ܕܝܢ ܐܡܪ ܪ̈ܘܚܘܗܝ ܕܡܪܝܐ ܠܟܠܗ ܡܫܬܥܐ. C.

ܒܗܕܐ ܗܘܝ ܡܠܒܫܬܟ ܘܗܠܝܢ ܗܘܘ ܓܠܝܢ.
ܡܢܘܬܟ ܕܥܠ ܙܥ ܒܓܠܠܐ ܢܗܘܘܢ ܠܟ ܦܘܪܩܢ.
ܒܐܝܕ ܘܬܘܒ ܥܠ ܗܝ ܠܗܘܢܐ ܥܗܕܬ ܥܬܝܕܢ.
ܢܫܐ ܢܓܥܝܢ ܘܬܘܒ ܐܬܟܬܒܘ ܗܘܘ ܢܡܘܣܝܗܘܢ.
ܐܠܦܝܢ ܒܗ ܦܓܪܗ ܕܠܐ ܚܙܐ ܐܢܫ ܒܐܝܩܪܗ.
ܐܠܐ ܒܡܗܝܡܢܘ ܚܟܡܬܐ ܐܢܫܐ ܡܠܠ ܢܡܘܣܐ.
ܘܡܠܠ ܚܢܢܐ ܢܗܘܐ ܐܢܫܐ ܠܒܘܫܐ ܦܓܪܢܝܬܐ
ܘܡܢ ܙܥ ܒܓܠܠ ܢܗܘܐ ܐܢܫܐ ܡܢ ܡܢܝܐ ܦܢܝܬܐ..
ܐܓܒܪ ܗܘܐ ܢܦܩ ܘܓܢܣ ܘܐܠܒܫ.
ܘܠܒܫܝܢ ܕܥܠ ܓܐܘܐ ܗܕܐ ܕܐܦܝܢ ܦܓܪܐ ܢܛܪܬܗ.
ܡܫܡܫܢܘܬܟ ܘܦܓܪܟ ܥܠ ܥܘܡܪ ܐܬܪܘܬܗ.
ܚܕܝܢ ܒܝܠܕܘܬܟ ܐܬܦܪܩܘ ܥܠ ܚܛܗܝܢ.
ܒܓܪ ܡܫܪܐ ܘܐܬܥܒܕ ܐܬܪܐ ܢܛܘܪ.
ܝܠܕܘܬܟ ܒܬܘܠ" ܠܫܠܡܘܬܐ ܚܘܝ..
ܘܚܙܘ ܕܐܬܥܠܝ ܦܗܪܐ ܢܓܥܗ ܒܟܠ ܝܠܘܕܐ.
ܡܪܟܒ ܥܡܘܕܐ ܝܗܒ ܪܒܝܥܝܐ ܕܐܝܟ ܒܢܝܢܐ.
ܘܒܠܠܗ ܘܠܒܒܗ ܒܬܠܐ ܘܒܡܕܪܫܐ.
ܒܗ ܠܒܫ ܢܗܪ ܘܚܢܢܐ ܡܠܟܐ ܕܘܪܫܐ
ܐܬܢܨܠ ܓܒܪ ܘܗܘ ܠܐ ܬܪܝܢܐ ܡܢ ܐܘܠܝܢܐ.
ܕܓܒܠܗ ܒܠܒܢ ܗܠܝܢ ܣܓܝܐ ܘܓܠܝܢܐ.
ܘܠܐ ܬܥܒܕܘܢ ܢܚܦܘܢ ܐܒܗܝܢ ܘܕܝܢܐ ܬܡܢܐ.
ܒܬܪܟ ܡܗܝܡܢܐ ܦܠܛܠ ܗܘ ܒܓܘܪ ܥܠ ܡܢܝܢܬܐ.
ܘܣܒܪ ܓܒܪ ܒܐܢܫܝܢ ܕܐܡܪ ܐܝܠܘ ܡܓܡܪܗܘܢܐ.
ܒܕܥܠ ܝܬܝܪ ܗܢܐ ܠܚܘܕܪܐ ܗܘܘ ܡܢܓܡܪܢܐ.
ܘܐܦ ܕܥܒܕܐ ܬܫܒܚܬܘܢ ܢܦܫܐ ܡܘܕܝܬܐ.

348, 354. ܢܪܝ BC.

351. ܐܠܦܠܝܢ ABC.

[353. fors. ܣܪܩܣ (σάρκες), W. E. B.]

371. ܡܘܕܝܢܐ ܡܘܕܝܬܐ. C.

ܘܠܘ ܗܘܐ ܝܘܡܐ ܕܠܒܫܬ ܠܐܢܫܐ ܕܢܚܡܐ ܥܒܝܕܐ.
ܗܘ ܒܪ ܐܦ ܗܘ ܠܒܘܫܐ ܒܥܘܒܗ ܬܥܡܐ ܡܪܝܐ.
ܘܡܢ ܬܪܝܢ ܬܕܪܬܐ ܝܗܒ ܣܠܩܐ ܕܪܒܐ ܡܕܝܢܬܐ.
ܘܟܠ ܒܗ ܒܪ ܒܗ ܒܣܪ ܢܘܠܕ ܡܪܝܡ ܢܫܝܢܐ.
ܘܐܬܬܦܣ ܐܚܪܢ ܕܓܘܦܐ ܒܐܝܢܝ ܒܬܪ ܓܘܫܐ.
ܠܡܢܐ ܐܢܐ ܒܝܕ ܐܪܐ ܡܢ ܐܫܐ ܐܘ ܒܣܝܒܪܐ.
ܓܠܐ ܠܝ ܕܐܡܘܬ ܒܡܘܬܐ ܕܐܫܐ ܕܢܘܕܐ ܠܒܝܫܐ.
ܘܠܐ ܕܐܬܠܒܫ ܠܗܘܢ" ܐܘ ܥܡܕܐ ܢܒܝܫܐ..
ܘܒܪ ܥܡܕܗ ܗܘܘ ܗܘܘ ܣܪܝܩܝܢ.
ܡܢ ܒܘܡܒܐ ܕܓܠܝܐ ܒܪ ܬܢܝܐ ܗܠܝܢ ܬܠܝܢ.
ܐܬܚܒܠܘ ܒܝܡܡܬܐ ܘܒܪܘܟܬܐ ܘܐܬܬܒܘ ܡܬܠܝܢ.
ܦܓܪ̈ܝܗܝ ܓܢܝܢ ܘܟܪ̈ܡܐ ܘܟܠ ܦܪܕܣ̈ܝܢ.
ܘܓܢܒܘ ܠܘܡܕ ܐܝܕ̈ܝܗܘܢ ܘܬܟܠܬܗܘܢ ܡܓܥܣܝܢ ܡܓܢܘܢܝܢ.
ܐܦ ܢܦ̈ܩܬܗ ܦܪ̈ܬܒܗܘܢ ܘܢܝܒܠ̈ܬܗܘܢ ܡܦܣܩܝܢ.
ܘܥܩ̈ܐ ܕܬܟܠܬܗܘܢ ܒܗܘ ܒܡ ܡܦܩܐ ܕܒܘܪ̈ܟܬܗܘܢ ܡܬܒܪܝܢ.
ܘܒܪ ܠܐ ܝܥܡܪܘ ܕܝܚܝܕܝܘܬܗܘܢ ܒܣܪ ܡܢ ܐܡܝܢܬܝܢ.
ܡܝܕܐ ܦܘܩܕܗܘܢ ܓܠ ܒܝܬܟܠܐ ܡܓܢܓܢܢ ܦܪ̈ܕܝܢ.
ܘܒܪ ܡܬܓܦܪ ܗܘܐ ܒܚܘܪܗ ܓܢܐ ܕܐܘ ܒܝܕ ܦܬܘܪܝܢ.
ܣܡ ܓܠܠ ܢܘܠܕܝܢ ܗܕܠܝܢ ܓܠ ܒܝܬܪܝܢ.
ܐܢܬ ܕܝܢ ܡܠܠ ܢܘܥܡܝ ܕܥܒܕ ܡܢ ܓܠ ܬܘܥܡܝܢ.
ܘܡܠܠ ܩܠܝܢ ܕܕܠܐ ܦܚܠܘ ܠܝ ܗܐ ܕܠܒܪܝܢ.
ܥܢܝܐ ܡܬܢܝܐ ܕܠܐ ܡܓܥܬܪܝܢ ܘܠܐ ܡܓܥܠܠܝܢ.
ܘܒܪ ܗܠܝܢ ܐܡܪ ܐܥܠܡ ܢܘܣܗ ܒܣܝܪ ܒܦܘܪܬܝܢ.
ܘܡܢܬ ܫܢܝܐ" ܕܠܟܠܡ ܓܠܡܝܢ..
ܬܘܪ ܐܢܐ ܒܣܘܡܟܢܝ ܬܪܦܐ.
ܘܡܢ ܓܢܘܝ ܝܢܠܕ ܐܝܡܡ ܠܐ ܓܠܝܢ ܗܕܗܐ.
ܕܐܝܡ ܐܬܢܝܫܬ ܒܓܠ ܢܦܫܐ.

328. ܒܡ B.

333. ܘܢܝܒܠܬܗܘܢ ABC.

ܐܠܐ ܡܬܠܝܢ ܠܥܒܕܘܬܐ ܠܥܠܡܐ ܢܩܝܫ ܗܘܘ.
ܘܒܢ̈ܬܐ ܩܠܝܢ ܠܐܣܛܒܪܘܬܗ ܦܢܘܠܐ ܢܩܝܫ ܗܘܘ.
ܘܡܢ ܝܚ̈ܝܕܝܢ ܡܫܒܚܬܐ ܕܫܡ̈ܝܐ ܐܪܝܫ ܗܘܘ.
ܦܓܪ̈ܘܬܗܝܢ ܕܢܦܫܐ ܐܬܬܦܪܣ ܗܘܘ.
ܘܟܠ̈ܬܗܝܢ" ܒܥܡܠܐ ܡܠܝܢ ܗܘܘ..
ܘܒܬܪ ܕܥܠܡ ܗܢܐ ܡܗܘܕܐ ܘܢܒܪܬ ܢܒܝܐ.
ܡܢܟܝܬ ܫܚܠܦܝܢ ܐܝܟ ܬܠܬܘܬܐ ܗܕܝܢ ܒܡܬܝܢܐ.
ܘܐܝܟ ܐܢܫ ܕܡܬܦܢܐ ܒܡܫܬܐ ܠܗܕܐ ܠܚܒܝܒܐ.
ܘܢܬܢܒܘܢ ܘܢܫܡܥܘܢ ܒܫܘܒܚܐ ܘܒܫܘܦܪܐ.
ܚܕ ܓܒܪ ܐܬܗܕܪ ܘܠܐ ܒܬܠܬܐ ܐܢܫܘܬܐ ܕܐܢܫܐ.
ܘܒܗܕܝܢܐ ܡܢ ܙܒܢܝܢ ܗܘ ܠܐ ܝܬܠܝܒܐ.
ܦܪܝܫ ܕܐܝܟ ܡܫܒܚܐ ܘܢܬܒܢܐ ܚܝܐ ܒܝܬܐ.
ܘܐܬܕܒܪ ܠܐܒܕܢܐ ܐܒܪܗܡ ܘܐܝܣܚܩ ܒܢ̈ܝܐ.
ܘܠܐ ܬܬܠܒܐ ܢܚܘܫܐ ܕܡܘܫܐ ܒܬܒܪ ܟܠ ܠܡܢܐ.
ܘܡܛܠܐ ܕܢܫܝܢ ܡܢ ܗܕܐ ܒܢ̈ܝܢ ܗܘ ܠܐ ܢܬܠܝܒܐ.
ܒܪܡ ܓܒܪܐ ܒܗܘܢ ܘܡܢܒܪ ܕܥܒܕܬܐ ܕܐܝܟ ܬܫܒܘܚܬ ܐܝܒܐ.
ܘܒܬܪ ܕܠܓܒܘܬܗ ܫܪܒܘܗܝ ܕܐܒܗ̈ܐ ܦܬܘܚܐ.
ܘܡܘܒܠ ܠܗ ܕܢܐܚܘܠ ܘܬܒܪ ܒܬܪ̈ܝܐ ܠܡܫܐܐ ܘܕܒܢ̈ܝܐ.
ܘܚܙܡ ܗܘܘ ܡܢܗ ܡܫܝܚ̈ܐ ܕܢܐܚܘܠ ܘܢܝܚܐ.
ܘܦܝܫ ܠܗܘܢ ܕܐܦ ܒܥܠܡܐ ܒܢܫܐ ܘܡܕ̈ܝܢܐ.
ܠܡܐ ܠܗ ܚܕ ܐܒܐ ܢܘܠܕ ܠܟܠܡ ܐܘ ܡܫܝܚܐ.

299. ܡܬܩܫ C.

300. ܢܩܫ C.

301. ܐܪܝܫ C.

302. om. C.

303. ܩܠ̈ܡܢ C.

304. ܕܐܡܠܟܐ BC.

311. ܘܐܬܕܒܪ A.

ܐܪܡܝܘ ܒܝܫܬܐ ܡܪ̈ܝܡܗ ܠܚܘ̈ܪܐ ܐܪ̈ܡܠܘܬܐ.
ܘܢܛܠܘܗܝ ܠܚܫܘܟܐ ܕܪܫܗ ܒܗܡ ܕܐܦܩܘܗܝ ܡ̈ܢܬܐ.
ܠܗ̇ ܗܘܡ ܢܬܠܘܗܝ ܢܬ̈ܦܘܢ ܒܡܪ̈ܬܢܘܬܐ.
ܗܘ ܕܝܢ ܡܫܒܚܐܝܬ ܡܥܒܕ ܗܘܐ ܟܗܢܘܬܐ.
ܟܕ ܦܠܚܐ ܗܘܐ ܕܡܟܐ ܦܘܩ ܐܝܟܢܐ ܫ̇ܝ ܫܠܚܘܬܐ.
ܕܡܛܠ ܢܟܦܘܬܐ ܕܐܬ̈ܝܚܝܗ ܘܗܝܡܢܘܬܐ.
ܦܓܪܐ ܒܪܢܫܐ ܘܐܝܟܢ ܐܘ ܡܚܝܠܐ ܒܟܫܘܬܐ.
ܕܢܦܩ ܐܢܬ ܡܢ ܟܠ ܚܛ̈ܗܘܗܝ ܘܡܚܝܠܐ ܐܢܬ ܡܪܘܬܐ.
ܢܟܪ ܐܢܫ ܕܢܬܒܪ ܡܢܗ ܐܝܬܘܗܝ ܒܐܠܝܨܘܬܐ.
ܒܚܝܘܬ ܕܦܓܫ ܥܘܒܕܗ̈ܐ ܕܠܒܫܬ ܘܪܡܘܬܐ.
ܘܦܬܠܠ ܠܗܘܢ ܢܬܚܙܘܢ ܘܦܫܬ ܠܝ ܒܗܘܝܘܬܐ.
ܘܐܝܟܐ ܗ̇ܘ ܩܠܝܠ ܚܠܗ ܢܚܬܘ ܒܢܝܫܘܬܐ.
ܐܢܬ ܕܝܢ ܢܛܪ ܥܘܒ̈ܕܝܟ ܒܠܚܡ̈ܘܗܝ ܒܫܡܫܘܬܐ.
ܢܫܚܐ ܕܠܚܠܡ ܕܠܐ ܗܦܟ ܘܢܘܪܐ ܐܚܝܠܘܬܐ.
ܘܟܕ ܐܡܪ ܗܠܝܢ ܗܘܕܐ ܬܗܪ ܒܐܬܠܛܘܬܐ.
ܐܫܬܝܠܡ ܢܦܫܗ ܕܒܝܬܐ ܠܚܒܝܒ ܟܠ ܐܒܗ̈ܬܐ.
ܘܗܘܐ ܒܝܬܒܫܡ" ܒܟܪܝ ܕܒ̈ܢܝܬܐ..
ܒܙܒܢ ܕܡܟܪܙܝܢ ܐܘ ܗܘܕܐ ܡܕܝܢܐ ܒܡܩܒܠ.
ܕܐܡܠܟܐ ܚܙܝܬ ܒܐܪܥܢܐ ܘܦܘܠܚܢ ܒܝܩܒܠ.
ܐܫܘܝ ܘܐܬܚܠܝ ܡܢ ܥܕܠܐ ܕܪܕܥ ܠܗ ܢܩܫ ܗܘ̈ܘ.
ܘܟܕ ܐܬܠܒܝ ܒܗܘ ܒܝܬܠܐ ܡܥܒܕܐ ܐܬܦܪܡ ܗܘ̈ܘ.
ܘܒܬܚܒܘܢ ܒܡܟܫܦܐ ܕܠܛܒܥ ܐܬܦܫܩ ܗܘ̈ܘ.
ܘܐܦܩܘܢ ܕܪ̈ܚܡܘ ܒܠܚܡ̈ܐ ܦܪܠܐ ܐܫܬܪܡ ܗܘ̈ܘ.
ܘܦܫܘ ܠܐ ܒܚܘܬ ܘܐܝܡܪܬ ܡܢ ܡܪܡ ܗܘ ܥܘܢܫ ܦ̇ܘ.

276. ܕܪ̈ܫܘܗܝ BC.

286. ܩܰܠܝܠ C.

289. ܐܬܗܕܪ (sed ܐ del.) B.

294—303. ܐܬܦ̈ܪܡܘ ܗ̄ܘܰܘ—ܢܩܰ̈ܦܘ ܗ̄ܘܰܘ. etc. C.

298. ܠܗ] ܐ݇ܠܐ AB.

ܛܘܒܝܗܝ ܠܟܝ ܛܘܒܢܐ ܥܒܕܘ.
ܙܡܪܐ ܫܠܝܚܝܟܝ ܗܢܘܢ ܥܒܕܘ.
ܥܘܠܐ ܕܛܘܦܣܐ ܘܐܢܬ ܫܡܪܬ ܠܗܘܢ ܕܬܪܥܝܬܗ ܚܕܐ ܗܝ.
ܕܐܢ ܦܣܩܝܢ ܐܢܬܘܢ ܬܚܠ ܘܐܬܒܪܘ.
ܘܐܢ ܡܫܡܫܝܬܘܢ ܫܪܒܐ ܚܠܦܘܢ ܚܡ ܚܒܪܬ.
ܘܐܢ ܥܒܕܝܬܘܢ ܥܒܕܘ ܫܚܠ ܥܡ ܦܪܥܘ.
ܘܐܢ ܢܛܠܬܘܢ ܡܥܡܕ ܦܬܢܟܠܗ ܠܫܪܕܘܗܝ.
ܘܐܢ ܫܡܫܬܘܢ ܥܘܕܪܐ ܒܐܒܝܐ ܚܠ ܒܢܝܗ.
ܘܐܢ ܡܥܢܬܘܢ ܥܠ ܐܘܠܨܢܝ ܥܠ ܬܥܢܝܗ.
ܡܦܩܕ ܐܢܐ ܠܗܘܢ ܕܠܐ ܕܘܟܕܐ ܒܝܬܐ ܕܢܦܪܘ.
ܘܠܐ ܡܬܛܠܡ ܐܢܐ ܠܟܘܢ ܘܠܐ ܡܥܣܠܩ ܐܢܐ ܠܒܢܝܗ.
ܘܠܐ ܥܒܕ ܐܢܐ ܢܟܣ ܐܟܣܢܝܗ ܦܟܪܘ.
ܘܠܐ ܚܦܪ ܐܢܐ ܒܐܠܗܝ ܫܠܝܚܘ..
ܘܚܬܪ ܕܐܬܥܕܝܬ ܢܦܫܗ ܕܛܠܝܐ ܠܡܠܟܘܬܐ.
ܗܕܡ ܡܪܟܒ ܠܗܬ ܗܘ ܕܬܪܡ ܐܡܗܘܢ ܗܟܬܐ.
ܢܛܠܬܗ ܘܫܒܪܬܗ ܘܠܫܒܬܗ ܒܗ ܡܠܬܐ.
ܫܬܢܝܠ ܓܪܘ ܘܠܐ ܡܛܠܒܐ ܣܘܟܐ ܕܐܣܘܬܐ.
ܦܣܝܘ ܠܐܣܘܝܗ ܕܐܝܟ ܡܦܩܪ ܣܥܝܐ ܕܥܕܬܐ.
ܘܡܢܬ ܣܥܝܐ ܕܠܐ ܥܘܠܦܢܐ ܘܕܠܐ ܢܛܪܬܐ.
ܘܐܢܬ ܫܥܝܐ ܦܩܕܐ ܕܥܕܬܐ ܒܡܫܡܫܢܘܬܐ.
ܘܬܐܪܬ ܣܥܝܐ ܠܐ ܚܒܘܪܐ ܒܥܠܡܐ ܢܛܪܬܐ.
ܘܡܢ ܒܬܪ ܕܠܒܒܬܗ ܐܡܗ ܛܘܒܢܝܬܐ.
ܫܒܩܘܗܝ ܦܬܠܐܘܗܝ ܥܘܠܐ ܒܗ ܒܗܘ ܥܕܬܐ.
ܘܡܠܟܐ ܐܬܬܝܗ ܫܠܝܚܐ ܠܐܒܪܗܘܢ ܛܥܢܐܬܐ.
ܐܒܪܡ ܕܦܪܙܠܐ ܕܐܝܬ ܒܗܝܢ ܛܥܪܐ ܣܪܒܬܐ.
ܘܫܐܠܗܘܢ ܕܐܢܫܝ ܕܡܪܟܐ ܕܢܐܡܠ ܡܢ ܕܣܡܟܬܐ.
ܘܡܪ ܥܒܕܗ ܛܒܥܐ ܡܢܗ ܕܗܘܕܐ ܡܠܬܐ ܠܡܒܢܬܐ.

248. ܛܘܒܢܐ A.
258. ܡܬܛܠܡܝܢ C.

ܒܝܘܡ ܕܡܛܠ ܬܚܘܡܐ ܕܐܦܩܘܗܝ ܡܢܝܟ ܐܢܐ.
ܐܡܪܝܢ ܠܩܕܡܝܐ ܕܐܘܪܝܐ ܕܠܐ ܬܗܘܐ ܡܬܬܗܝܡܢܐ.
ܐܡܪ ܠܬܘܗܦܘܗܝ ܕܒܫܠܠܗܘܢ ܗܘ ܠܐ ܢܣܒܢܐ.
ܐܠܐ ܐܢܬܘܢ ܟܠ ܝܘܡܬܗܘܢ ܠܟܘܢ ܗܐ ܡܩܒܠ ܐܢܐ.
ܘܦܩܘܕܘ ܦܘܪܫܢ ܟܡ ܥܒܕܘܗܝ ܘܦܝܠܘ ܒܠܚܘܕܝܐ.
ܘܦܫܘ ܕܐܡܟܢܐ ܗܘ ܠܗܘܢ ܠܐ ܡܬܕܟܪܢܐ.
ܘܒܗ ܥܡܟܘ ܗܠܝܢ ܥܒܕܘ ܬܫܒܘܚܬܗܘܢ ܢܘܪܐ ܕܫܒܝܢܐ.
ܘܫܒܝܠܐ ܒܐܘܟܝܬܐ ܐܡܫܝܘ ܥܠܘܗܝ ܒܝܡܝܢܐ.
ܘܡܬܦܠܦܠܐ ܗܘܬ ܫܒܝܠܐ ܒܕܡܐ ܡܬܒܣܪܢܐ.
ܘܡܢ ܢܘܟܪܝܐ ܕܕܡܐ ܗܘܐ ܣܘܡ ܢܘܪ ܡܬܦܪܪܢܐ.
ܘܒܗ ܥܢܝܢ ܒܥܘܪܐ ܟܠ ܡܪܢܘܗܝ ܕܡܫܢܐ ܟܐܢܐ.
ܘܒܪܟܘܗܝ ܡܬܦܪܫ ܠܐ ܐܬܢܓܕ ܒܒܘܟܢܐ.
ܒܠܡܟܐ ܠܒܝܬܐ ܘܒܒܪܐ ܒܪܗ ܕܐܒܪܗܡ ܡܫܡܫܢܐ.
ܐܠܐ ܐܬܥܛܦܠܗ ܦܘܐ ܠܗ ܡܬܢܟܠܢܐ.
ܡܫܒܪ ܗܘܐ ܣܠܩܐܝܬ ܥܕܡܐ ܕܠܐ ܡܬܢܝܢܐ.
ܘܐܡܪ ܐܬܦܪܩܗ ܒܝ ܐܒܘܗ ܘܡܢ ܬܡܢ ܫܡܝܐ.
ܕܒܠ ܠܟܠܗ ܣܘܟܦܗܘܢ ܠܐ ܢܗܘܐ ܡܬܦܢܝܢܐ.
ܘܠܐ ܢܬܒܛܠܘܢ ܒܐܣܘܬܐ ܡܛܠ ܫܢܐ ܕܒܢܝܐ.
ܟܠܗܘܢ ܗܢܐ ܐܬܝܗܒ ܘܢܒܝܐܝܬ ܒܥܒܕ ܬܘܟܠܐ.
ܘܒܗ ܒܫܠܝܐܝܬ ܡܢܗ ܕܕܝܢܐ ܒܐܝܢܐ.
ܕܢܬܠܐ ܡܫܡܫ ܒܪܥܐ ܟܠ ܗܘ ܕܐܝܟܐ ܡܬܟܠܠܢܐ.
ܘܒܗ ܐܡܪ ܗܠܝܢ ܐܫܝܠܢ ܢܦܫܗ ܠܩܘܒܠܢܐ.
ܘܢܦܬ ܡܠܟܘ" ܘܢܘܗܪܐ ܘܚܘܢܢܐ..

225. ܡܛܠ ܕܢܡܘܣܐ ABC.

227. ܠܐ ܗܘ C.

240. ܘܐܡܪ B.—ܘܐܬܦܪܩܘܗܝ* ܒܝ A. ܐܬܦܪܩܘܗܝ ܒܝ B.

245. ܒܪܥܐ BC.

ܘܦܪܥܬ ܠܘܬܗ ܐܝܟܢܗ ܫܩܠܬܐ ܡܫܩܠܬܬ ܫܘܠܐ.
ܘܠܓܒܬܗ ܘܢܛܠܬܗ ܘܐܡܪܬ ܠܗ ܡܚܒܐ.
ܚܝ ܒܪܝ ܕܡܘܬܢܐ ܒܐܒܠܓܪܝ ܠܝ ܫܘܡܠܝܐ.
ܕܬܬܢܝܚ ܢܦܫ ܘܠܐ ܬܬܪܓܐ ܒܟ ܐܓܪܐ.
ܘܐܝܟ ܕܗܘܝܬ ܒܡܕܪܐ ܒܡܘܠܕܐ ܢܚܝܐ.
ܘܐܬܬܓܪܬ ܠܐܢܝܚܝ ܠܚܠܡܐ ܒܗ ܡܓܘܪܝܢܐ.
ܫܡ ܬܬܓܪ ܠܗܘܢ ܠܚܠܡܐ ܡܓܘܪܝܢܐ.
ܘܟܬܪ ܕܠܒܒܬܗ ܒܪܘܚܝ ܠܡܒܡ ܕܢܐ.
ܘܦܪܚܬ ܕܝܢ ܢܦܫܗ ܘܐܬܥܠܝܬܗ ܒܗܬܬܐ.
ܘܐܫܪܘ ܐܢܫܘܗܝ ܘܬܠܝܘܗܝ ܒܚܪܡܐ ܒܢܘܗܝ ܕܩܛܠܐ.
ܘܢܚܬܘܗܝ ܒܝܬܐ ܕܐܠܗ ܩܪܝܒ ܕܠܐ ܫܘܫܠܐ.
ܘܒܪ ܚܕ ܕܝܠܝܕܘܗܝ ܒܢܡܘܣ ܠܗܘ ܒܦܘܡܗ ܡܬܪܘܝܐ.
ܐܪܡܝܘܗܝ ܥܠ ܒܝܬܐ ܘܩܛܠܘܗܝ ܚܠܝܡ ܕܠܐ ܩܝܠܝܬܐ.
ܘܒܪ ܡܬܓܪܡ ܗܘܐ ܥܪܘܬܗ ܒܗܘ ܐܬܠܝܐ.
ܘܡܬܬܚܘܐ ܗܘܐ ܒܪܝܗܘܢ ܒܐܝܟܠܐ ܗܘ ܦܓܪܐ.
ܡܪܝܩܐ ܗܘܐ ܠܡܘܬܐ ܘܐܡܪ ܐܘ ܚܝܡܝܐ.
ܬܦܫܐ ܒܫܠܡܐ ܕܝܠܦܐ ܗܘ ܥܒܝܕܐ.
ܘܚܪܬܐ ܒܗܘܢܐ ܒܫܡܗܐ ܘܪܝܚܢܐ.
ܠܐ ܕܦܠܛܬ ܐܢܫ ܡܥܒܕܬ ܠܝ ܒܐܫܟܚܡܐ ܗܘܢܐ.
ܘܠܐ ܕܐܪܓܫܬ ܒܐܠܗܐ ܐܚܠܐ ܦܪܩ ܐܢܐ.

207. ܦܠܛܝܣ ܠܝ ܡܫܡܫܢܐ ܐܢܐ. C.

213. ܘܦܪܡܛܠ C.

214. Om. A.

217. ܫܢܝܬܐ C.

222. ܘܡܪܟܐ ܘܪܚܡܬܐ. C.

223. ܡܫܡܫܠ. ܐܢܠ ܠܝ C.

224. ܘܐܛܠܐ C.

ܘܡܫܥܒܕܝܢ ܠܗܘܢ ܚܠܦ ܢܦܫܗܘܢ ܕܠܐ ܚܝܠܐ.
ܘܠܐ ܚܦܪܝܢ ܒܢܦܫܗܘܢ ܡܘܒܥܐ ܒܥܕܐ ܕܝܠܗ.
ܘܠܐ ܡܦܪܫܝܢ ܠܙܠܝܚܐ ܚܛܝܐ ܙܕܩܐ ܩܠܐ.
ܘܐܦ ܢܛܠܩܘܢ ܐܝܟ ܗܘܐ ܠܥܝܢܝܗܝ ܘܫܡܥܝܗܝ ܕܣܒܠܐ.
ܘܢܒܝܠ ܒܝܚܕܝܗܝ ܘܡܢ ܠܘܫܚܝܗܝ ܠܐ ܗܘܐ ܢܦܠܐ.
ܘܗܘܐ ܐܝܬܘܗܝ ܗܘܐ ܢܛܝܪ ܥܝܢܐ ܘܦܬܐ ܡܣܒܠܐ.
ܐܡܪ ܚܕ ܕܐܝܬܝܗ ܚܠܝܬܐ ܘܢܒܝܪܬܗ ܢܒܝܠܐ.
ܝܬܝܪܐ ܡܢܗ ܒܝܕܥܬܗ ܥܬܝܠܐ ܙܗܝܪܐ ܦܚܠܐ.
ܚܪܘ ܗܦܟ ܬܟܠܠ ܡܬܦܪܣܝܢ ܠܦܘܩܕܝܗܝ ܢܒܠܐ.
ܚܕ ܟܝܢܐ ܠܗ ܕܢܬܒܥ ܚܠܦ ܟܪܣܐ ܕܚܠܐ.
ܘܪܫܝܡܐ ܠܗ ܕܢܐܦܪ ܒܗ ܢܘܪܐ ܕܡܬܟܘܠܐ.
ܬܒܪ ܡܢ ܕܢܬܒܥܘܢ ܠܝܚܠܬܗ ܢܦܩܝܢ ܒܣܓܠܐ.
ܘܪܚܝܡ ܕܐܦ ܡܦܝܣ ܐܢܬ ܠܗ ܙܕܩܐ ܒܝܠܗ.
ܡܦܢܐ ܠܗ ܬܘܦ ܒܡܠܟܗ ܘܦܐܡ ܠܗ ܚܠܒܠܐ.
ܘܢܦܩ ܟܠܗ ܐܘܪܚܐ ܕܢܘܗܪܐ ܬܫܘܒܚܬܐ ܣܒܝܠܐ.
ܘܡܬܢܣܒܝܢ ܒܗ ܐܪܙܘܗܝ ܡܗܝܡܢܐ ܡܦܩܠܐ.
ܘܐܢܬ ܒܥܘܠܡ ܢܘܪ ܓܢܝܐ ܬܗܘܐ ܠܚܒܠܐ ܠܚܒܠܐ.
ܘܢܦܩܝܢ ܟܡ ܥܐܪܐ ܟܠܗ ܣܥܪܐ ܢܒܥܐ ܦܬܝܠܐ.
ܒܢܘܗܪ ܬܠܝ ܡܢܪܐ ܗܘܢܐ ܘܢܦܪܟܐ ܘܗܘܦܠܐ.
ܘܐܬܬܕܡܝܬ ܠܝ” ܠܢܝܫܘܬܐ ܕܠܐ ܡܠܝܠܐ.
ܘܦܪ ܥܒܕ ܫܠܝܡ ܢܦܠܟܐ ܠܙܘܢܐ.
ܒܡܪ ܘܐܬܥܢܝܬ ܒܝܫܬܐ ܘܪܘܚܐ ܘܠܒܫ ܠܬܢܐ.
ܘܒܡܪ ܠܒܪܘܩܘܗܝ ܕܦܫܒܝܢ ܡܕܡܗܘܢ ܒܗ ܒܝܕܢܐ.
ܕܢܝܬܘܢ ܠܐܢܫܘܬܗ ܡܥܒܕܐ ܗܘ ܠܡܘܒܠܐ.

181. ܕܠܐ] ܠܐ A.

188. ܘܡܟܠܐ. BC.

202. ܘܐܦܠܣܝ C.

203. ܒܗܘ ܟܪܝܐ. C.

ܘܐܬܦܠܓܘ ܒܐܠܦܝ̈ ܩܪܒܐ ܘܦܪ̈ܫܘ ܚܫܐ.
ܘܐܬܘܕܥܘ ܒܒܘܪܐ ܒܥܡܠܬܐ ܕܓܠܝܢܘܬܐ.
ܘܐܕܪܐ ܓܦܪܘ ܒܗ ܪܘܡܐ ܢܛܘܦ ܠܛܘܦܢܐ.
ܘܐܒܝܕ ܕܬܗܘܘܢ″ ܗܢܝܐ ܠܒܪܢܫܐ..
ܗܕܡ ܟܒܪ ܟܠܗ̇ ܒܝܬܐ ܠܟܠܢܫܘ̈ܗܝ ܗܕ̈ܡܐ.
ܕܢܬܒܘܢ ܘܢܫܪܘܢ ܡܕܡܫܡܗܘܢ ܥܠ ܐܢܐ ܬܥܢܝܬܐ.
ܕܓܒܪ ܢܒܝܠ ܦܢܝܪ ܐܢܘܢ ܠܕܪ̈ܝܬܐ.
ܐܬܬܠܝܒ ܐܬܦܪܐ ܘܗܘܠܟ̈ܐ ܡܫܝܢܐ ܒܗܡ ܓܕ̈ܝܡܐ.
ܘܐܬܗܦܟܬܐ ܓܡ ܐܒܕܐ ܕܓܙܪܬܐ ܘܗܕܡܐ.
ܘܓܒܠܬܐ ܕܫܕܪܐ ܘܓܠܝܐ ܬܢܢܘܬܐ ܕܟܘܫ̈ܡܐ.
ܘܓܦܕܐ ܘܦܬܪܬܐ ܣܒܝܠ ܒܢܒܪܟܘ ܠܟܘܪ̈ܝܐ.
ܘܠܬܒܝܐ ܘܦܪܩܐ ܥܒܝܕ. ܒܒܘܪ ܓܠܝܢ ܥܘܢܩܐ.
ܗܕܡ ܒܝܐ ܠܪܘܚܐ ܒܝܬܐ ܘܐܬܟܪ ܠܗܘܢ ܠܠܬ̈ܝܐ.
ܢܥܒܕܘܢ ܠܗ ܒܢܕܪܝܢ ܡܕ̈ܡܝܐ ܘܒܬܠܝܬܐ.
ܘܐܬܪܦܗ ܢܟܦܗ ܐܒܫܡܗܘܢ ܘܕܒܝܐ ܣܓܝܡܐ.
ܘܐܬܬܒܠܠ ܓܡܪ ܘܐܬܒܕܒܕܘ ܒܓܠܡܘܬܐ ܠܠܬܝܩܐ.
ܕܠܐ ܒܟܠ ܐܘܕܝ ܢܒܢܝܗܘܢ ܒܗܠܝܢ ܕܘܢܩܐ.
ܘܠܐ ܒܟܗ ܦܪܩܐ ܗܠܝܢ ܡܠܬܠܬܝܐ ܕܬܗܘܘܢ ܐܢܝܫܐ.
ܘܓܡ ܫܘ ܟܠܟܐ″ ܕܬܗܘܘܢ ܒܓܢܝܫܐ..
ܗܕܡ ܗܫܕܪܐ ܣܒܝܟܐܝܬ ܡܟܗ ܒܫܪ ܦܠܐ.
ܘܐܝܟ ܕܓܡ ܣܪܐ ܢܓܥ ܘܓܡ ܣܪ ܟܘܟܐ ܠܗ ܣܪ ܓܡܠܠܐ.
ܕܐܬܠܬܐ ܝܬܒܝܢ ܐܘ ܠܪܘܝܐ ܒܝܬܐ ܘܟܠܗܐ.
ܘܦܓܪ ܒܕܝܢ ܦܬܒܪ ܝܠܡܟܐ ܦܓܠܐ ܝܠܝܐ.

160. ܐܕܪܐ A.
164. ܘܢܫܪܘܢ B.
168. ܘܦܬܘܪܐ A.
179. ܦܠܝܢ C.
180. ܘܠܡܟܐ C.

ܘܟܕ ܚܙܐ ܕܐܬܪܡܝܬܗ ܡܢ ܓܒܪ̈ܝܐ ܡܬܬܕܝܢܐ.
ܦܩܕ ܕܢܐܬܘܢ ܐܚܪ̈ܢܐ ܡܢ ܗܘ ܐܬܪܐ ܒܒܥܐ.
ܦܩܕܘ ܠܢܘܚܡ ܠܦܘܩܕܢܐ ܥܡܗܘܢ ܙܡܢܝܬ ܢܦܫܐ.
ܟܕ ܚܙܝܢ ܠܗ ܒܢ̈ܘܗܝ ܐܝܟ ܕܠܒܠܐ ܗܘܝܢ ܟܠ ܢܦܫܐ.
ܘܟܕ ܚܙܐ ܐܢܘܢ ܗܘ ܪܫܝܥܐ ܕܟܠܗ ܢܟܣܐ.
ܕܪܡܘܬܐ ܐܬܬܝܡ ܠܡܕܡܘܗܝ ܐܬܟܢܫ ܒܢܝܫܐ.
ܬܬܪܦ ܒܥܘܦܪܗܘܢ ܘܒܫܘܬܦܘܬܗܘܢ ܕܕܝܠܐ ܠܡܠܟܐ.
ܘܢܣܒ ܣܦܪܗ ܒܐܝܕܗ ܪܚܝܡ ܡܠܠ ܐܢܫܐ.
ܘܐܦܝܣ ܐܦܝܗܘܢ ܠܡܬܪܢܝܘܬܐ ܗܘ ܠܬܒܥܐ.
ܘܐܡܪ ܡܫܒܠ ܗܘܐ ܠܗܘܢ ܟܕ ܩܠܠܐ ܕܩܘܡܢܐ
ܕܢܡܟܟ ܕܡܘܬܒܟܘܢ ܐܢܬܘܢ ܡܢ ܟܘܪܣܐ ܝܨܝܦܐ.
ܦܘܩܕܢܗܘܢ ܟܦܪ ܫܘܠܐ ܘܢܨܚܢܐ ܦܪܘܫܐ.
ܡܟܝܠ ܐܢܐ ܠܟܘܢ ܐܘ ܟܠܢܫܐ ܟܪܝܟܐ ܕܕܠܐ ܦܘܫܐ.
ܬܐܟܠܘܢ ܡܢ ܓܘܫܡܐ ܕܣܓܝܐܐ ܘܢܟܣܐ ܡܣܬܦܩܐ.
ܦܕܠܐ ܬܬܕܡܟܘܢ ܠܟܘܢ ܠܗܘ ܫܒܥܐ ܢܗܠܟܐ.
ܕܐܘܟܝܬ ܢܝܫܗܘܢ ܒܥܕܪܐ ܩܛܝܪܐ ܘܓܘܫܡܐ ܫܬܒܥܐ.
ܘܐܦ ܠܐ ܬܬܚܪܘܢ ܘܬܬܠܚܡܘܢ ܠܟܠ ܡܢ ܗܕܐ.
ܐܫܬܠܛܬܘܢ ܟܠ ܚܕ ܡܢܟܘܢ ܥܠ ܡܕܡ ܕܨܒܐ.
ܘܐܦ ܡܢ ܟܕ ܡܬܪܝܐ ܫܒܩܬܐ ܕܠܐ ܬܬܠܒܫܘܢ ܠܟܘܫܐ.
ܬܗܘܘܢ ܡܢ ܐܚܝܠ ܒܬܘܪ ܟܝܘܪܐ ܘܟܪܝܗܐ.
ܘܐܦ ܬܬܚܒܪܘܢ ܬܬܩܦܘܢ ܒܢܝܪܐ ܕܠܡܥܐ.
ܡܢܗܘܢ ܐܢܬܐ ܟܠܟܘܢ ܐܘܠܝܢܐ ܦܩܕܬ ܟܪܣܐ.
ܘܐܚܘܕܘܡ ܗܘ ܡܢ ܟܠ ܡܐ ܒܠܒܠܐ ܘܢܦܩܐ ܠܠܒܥܐ.

138. ܠܗ ABC.

141. ܘܒܫܘܬܦܘܬܗܘܢ A.

145. ܕܡܘܬܒܟܘܢ AB.

153. ܪܡܙܐ C.

155. ܘܬܬܩܦܘܢ B.

156. ܒܪܚܡܐ. BC.

ܢܦܠܬܐ ܦܪܘܫܐ ܘܐܣܛܠܝܬܐ ܘܟܠ ܗܠܝܢ ܥܘܕܪܐ.
ܟܕ ܐܬܦܫܦܫ ܒܥܕܢܗ ܘܕܡܘ ܠܟܠ ܐܪܥܐ ܙܕܐ.
ܘܗܕܡ ܦܪܟܘܗܝ ܠܡܕܝܢܐ ܐܝܟ ܢܘܪܐ ܕܢܣܕܐ.
ܘܟܠ ܚܕ ܡܢܗܘܢ ܐܚܝܕ ܗܘܐ ܒܐܝܕܗ ܫܦܘܕܐ.
ܘܡܫܡܫܝܢ ܒܢܘܪܐ ܕܡܪܘܕܘܬܐ ܠܗ ܕܠܐ ܒܘܫܪܐ.
ܘܟܕ ܢܦܠ ܥܠ ܐܪܥܐ ܡܫܬܠܚ ܗܘܐ ܠܗ ܒܢܝܗܘܢ ܕܝܠܕܐ.
ܘܡܫܒܩ ܗܘܐ ܫܒܐ ܒܝܬܐ ܕܠܐ ܕܘܟܪܐ.
ܒܡܫܒܚܐ ܗܘܐ̈ ܠܡܠܟܗ ܕܡܠܟܘܬܐ..
ܘܟܕ ܚܙܘ ܦܠܚܝ ܦܪܘܣܐ ܠܡܠܟܐ ܕܠܐ ܒܬܘܚܡܐ.
ܐܘܫܛܘ ܟܠ ܐܘܠܨܢܗ ܦܫܛܐ ܢܛܪܐ ܒܩܛܝܐ.
ܘܐܦ ܦܪܫܘܬܐ ܒܚܝܠܘܗܝ ܢܣܒܝܢ ܗܘܘ ܢܒܠܐ.
ܘܐܬܬܝܗ ܡܠܟܐ ܣܓܝܐܐ ܒܣܪܒܘܬܐ ܘܢܨܝܚܐ.
ܘܢܚܬܘܗܝ ܘܡܪܘܗܝ ܠܗ ܢܘܪܐ ܥܠܝܡܬܐ ܦܬܝܟܐ.
ܘܟܕ ܠܡ ܢܩܕܘ ܦܓܪܗܘܢ ܘܡܛܠ ܕܡܠܟܬܐ ܗܝ ܕܢܘܪܐ.
ܗܘ ܓܒܪܐ ܦܨܝܚܐ ܒܟܠܗ ܗܘ ܙܥ ܢܦܫܐ.
ܣܝܒ ܐܦ ܐܠܗܐ ܘܦܠܚܐ ܐܝܕܝ̈ܗ ܠܐ ܦܪܥܐ.
ܘܣܘܣ ܟܠ ܐܦܝ̈ ܘܐܦܝ̈ ܠܐ ܦܬܓܡܝ̈ ܒܝܬ ܢܦܩܐ.
ܘܝܗܒ ܥܘܫܢܝ̈ ܠܦܘܠܚ ܦܠܚܝ̈ ܘܠܐ ܝܬܒܝܢܐ.
ܘܗܐ ܫܠܝܛܘܬܢ ܢܘܢ ܐܝܟܐ ܦܓܪܝ̈ ܠܟܠ ܥܘܡܩܐ.
ܦܠܛܘܪܝܣܘܢ ܝܡܐ ܐܝܟ ܢܘܩܫܐ ܝܥܬܕܐ.
ܘܟܕ ܐܡܪ ܗܠܝܢ ܦܠܝܛ ܪܘܚܗ ܘܗܘܐ ܐܢܫܐ.
ܘܢܦܩ ܫܢܐ ܗܘܝܘ ܠܐ ܦܘܩܕܐ..
ܘܡܢ ܟܠܗ ܕܢܦܫܝ ܪܘܚܗ ܕܗܘܕܐ ܡܕܝܢܐ.
ܐܫܬܡܥ ܗܘܐ ܘܐܬܬܟܠ ܒܝܫܘܬܗ ܦܪܘܣܐ ܒܝܫܐ.

125. ܙܢܥ BC.

132. ܠܐ ܗܘܝܘ.. B.

133. ܦܠܛܝ A.

134. ܐܦܠܛ C.

ܕܐܬܝܠܕ ܡܢ ܒܬܘܠܬܐ ܡܩܕܫܬܐ ܕܒܣܪܗ ܕܡܪܢܐ.
ܘܐܬܒܛܠ ܕܝܢܐ ܠܡܘܬܐ ܘܠܚܒܠܐ ܘܒܣܘܪܐ ܦܬܝܐ.
ܘܐܬܝܗܒ ܚܘܒܐ ܕܐܬܒܣܪ ܒܗ ܠܐܠܗܐ ܫܒܚܐ.
ܐܠܝܨܘ ܚܕܘܬܐ ܕܐܘܪܚܐ ܐܦ ܕܝܡܡܐ.
ܘܐܫܬܪܝܘ ܠܬܠܡܝܐ ܠܟܢܘܫܬܐ ܘܣܓܝܐܐ ܒܟܠ ܐܬܪܘܬܐ.
ܟܬܒܘ ܡܢ ܓܒܪܐ ܘܛܒܝܐ ܙܕܝܩܐ ܠܓܒܠ ܟܬܒܐ.
ܘܡܬܒܥܐ ܟܕ ܫܐܠܬܐ ܘܪܕܦܐ ܗܘ ܠܐ ܬܦܢܐ.
ܘܡܬܚܫܒ ܡܢ ܡܫܡܥܐ ܘܡܬܒܥܐ ܐܪܝܬܐ ܟܢܫܐ.
ܟܕ ܐܕܐ ܕܐܘܪܚܐ ܣܓܝܐܐ ܡܢ ܬܪܝܢ ܟܕ ܦܬܚܐ.
ܕܟܢܫܐ ܐܝܟ ܠܗܘܢ ܘܠܐ ܫܪܝ ܒܕܡܘܬ ܗܕܝܐ.
ܦܘܡܐ ܐܝܟ ܠܗܘܢ ܘܐܘܫ ܠܢܬ ܒܗܘܢ ܐܝܟ ܡܬܠܬܐ ܕܓܢܒܪܐ.
ܘܐܡܪ ܐܫܟܚܘ ܢܦܫܗ ܡܫܝܚܐ ܢܒܝܐ ܓܒܝܐ.
ܘܐܬܓܠܝ ܟܠܗ ܕܦܐܪܐ ܘܓܠܝܬ ܒܫܢܝܐ.
ܘܐܫܟܚܘ ܫܦܝܐ ܟܢܫܐ ܠܕܡܘܬܐ ܠܪܒܢܐ ܐܚܪܢܐ.
ܘܒܗܘܢ ܗܘܬ ܕܐܝܟܐ ܒܓܘܐ ܦܠܓܘܬ ܐܦ ܙܘܓܐ.
ܦܪܕ ܝܫܘܥ ܐܬܘܬܐ ܒܚܕܝ ܕܫܒܝܠܐ ܡܢܝܢܐ.
ܐܝܟ ܦܪܘܩ ܕܬܪܥܐ ܥܒܕܘ ܢܘܪܐ ܕܡܠܘܢܐ.
ܕܐܬܡܠܟܬ ܒܗ ܫܠܡ ܟܬܒ ܓܢܒܪ ܠܝ ܓܒܪܐ..
ܗܕܡ ܦܓܪ ܚܘܠܐ ܡܬܚܪܕܐ.
ܕܢܫܠܡܘܢ ܠܥܠܡܐ ܕܡܢܟܐ ܩܘܐ ܒܗܘܢ ܗܘܕܐ.
ܘܢܥܡܘܢܘܢ ܒܙܠܝܐ ܠܗܘ ܦܬܟܐ ܚܣܝܕܐ.
ܘܡܢ ܐܬܥܠܝܘܢ ܢܦܪܘ ܐܝܕܝܗܘܢ ܘܠܐ ܚܠܘܢܝܢ ܡܢ ܕܝܢܐ.
ܘܡܬܡܨܝܘܢ ܘܢܛܪܘ ܚܒܝܫ ܩܘܐ ܠܗ ܒܟܠ ܐܢܫ ܢܚܙܐ.

89. ܠܡܘ̈ܬܐ B.

91. ܐܬܠܝܨܘ C.

107. ܡܘܩܐ] ܠܥܠܡܐ B.

108. ܢܥܡܘܢܘܢ A. ܘܢܥܡܘܢܘܢ C.

109. ܦܠܚܘܢ A.

ܦ݁ܬܚܐ ܐܝܟܢ ܕܢܦܩܘܢ ܒܘܩܕܢܐ ܕܐܘܪܥܬܐ.
ܘܝܥܒܕܘܢ ܒܕܝܢܘܗܝ ܘܢܬܫܠܛܘܢ ܒܗ ܣܥܘܪܘܬܐ.
ܘܢܬܠܚܡܘܢ ܕܕܒܝܫܐ ܘܡܐܟܘܠܬܐ ܡܦܝܓܬܐ.
ܘܢܐܟܠܘܢ ܒܫܘܪܐ ܕܚܙܝܪܐ ܘܟܠܗ ܛܡܐܘܬܐ.
ܕܠܐ ܒܥܘܝܕܐ ܢܥܒܕܘܢ ܠܡܘܬܐ..
ܫܪܝ ܛܘܪܢܐ ܚܠ ܒܝܬܐ ܙܡܬܐ ܢܦܩ ܗܘܐ.
ܦ݁ܠܝܓ ܚܕ ܡܢ ܒܘܕܝܐ ܕܪܚܡܘܗܝ ܡܦܝܣ ܗܘܐ
ܘܠܘܩܒܠ ܢܝܫܘܗܝ ܠܕܪܚܡܘܗܝ ܠܚܕ ܚܙܝܐ ܩܒܠܐ.
ܕܢܥܒܕܘܢ ܠܗ ܐܠܗܐ ܕܒܗܢܐ ܡܬܛܪܐ ܗܘܐ.
ܘܟܠܗ ܗܠܝܢ ܥܒܕܐ ܠܠܒܐ ܗܘ ܐܬܝܗܘܢ ܗܘܐ.
ܘܡܢ ܟܠܗ ܒܝܬܐ ܕܡܣܪܩ ܡܬܒܥ ܗܘܐ.
ܘܥܒܕ ܗܘܐ ܕܢܗܘܐ ܕܟܘܠܐ ܘܠܗ ܐܡܪ ܗܘܐ.
ܡܢܗܠ ܥܕܬܐ ܠܒܙܝܐ ܘܠܒܝܥܘܬܐ ܒܐܬܪܐ.
ܘܥܒܕܠ ܕܕܒܝܫܐ ܘܒܫܘܪܐ ܕܚܙܝܪܐ ܡܦܝܣܐ.
ܕܠܐ ܬܗܘܘܢ ܒܦܘܫܩܐ ܕܬܘܒܐ ܘܢܘܪܐ ܕܡܬܠܗܒܐ.
ܘܐܘܟܝܕ ܢܫܝ̈ܗܝ ܒܝܫ ܒܝܫ ܒܥܘܙܪܢܐ..
ܦ݁ܒܝܐ ܒܟܠܗ ܐܠܗܐ ܚܡܝܐ ܙܢܝܐ.
ܘܥܠܠ ܠܥܒܕܐܝܬ ܥܒܕܗ ܕܐܬܢܟܦܘ ܒܗܘܢܐ.
ܕܢܐܡܪܐ ܠܗ ܡܬܬܚܝܒ ܐܢܐ ܠܬܠܝ̈ܢ ܥܠܡܐ ܠܚܝܐ.
ܘܐܟܠܐ ܕܚܠ ܐܢܐ ܡܢ ܚܛܗ̈ܝ ܒܟܠܐ ܢܘܪܐ.
ܚܠ ܟܠܗ ܘܠܐ ܫܥܫܐ ܘܕܪܦܐ ܘܐܟܠܐ ܦܓܪܐ.

67. ܦ݁ܒܕܐ A.

69. ܘܬ̈ܝܠܡܘܢ C. ܕܕܒܝܫܐ B.

70. ܛܡܐܘܬܐ. BC.

73. Om. ܫܪܝ A.

77. ܕܐܣܛܪܐܠܠ BC.

81. ܡܬܚܝܒܐ. C.

85. ܡܬܬܚܝܒܘܢ C.

ܘܡܬܠܬܗܘܢ ܡܦܝܣܬ ܠܗܘܢ ܡܐܡܪܐ ܕܡܘܪܐ.
ܘܠܡܬܠܡܕܘܗܝ ܡܦܝܣܬ ܦܘܠܘܣ ܗܘ ܢܨܝܚܐ.
ܕܟܕ ܠܘܬܗܘܢ ܒܡܠܟܝܢ ܦܘܩܕܢܐ ܠܝ ܟܪܘܙܐ.
ܘܡܢ ܦܬܘܪ ܕܡܫܝܚܘܗܝ ܢܬܠܘܢ ܠܝ ܢܗܪ ܢܬܪܐ.
ܕܢܫܠܡܝܢܘܗܝ ܠܡܗܝܡܢܬ ܒܟܠ ܡܕܝܢ ܠܗܘܢ ܟܪܘܙܐ.
ܟܕ ܐܟܪܙܘ ܐܬܘܬܗܘܢ ܗܘܘ ܘܡܢ ܗܘ ܟܝܪܐ.
ܟܪܝܟܐ ܟܠܗ ܗܘܘ ܫܠܝܚܝܢ ܥܒܕܐ ܢܘܟܪܝܐ ܕܬܗܪܐ.
ܘܡܛܠ ܗܕܐ ܐܦ ܠܝ ܬܒܥܬܗ ܕܟܝܠܕܪܐ.
ܢܠܘܬܗܘܢ ܒܠܥܕ ܦܘܩܐ ܠܝ ܥܘܪܐ..
ܟܕ ܕܝܢ ܫܠܡܘܗܝ ܥܠܡܐ ܟܠܗ ܡܢ ܡܠܟܘܬܐ.
ܘܡܠܝܢ ܒܬܪܗ ܟܘܪܗ ܐܢܫܦܘܗ ܡܠܝܐ ܒܝܫܬܐ.
ܘܥܪܩܘ ܠܣܘܬܢܐ ܒܗܘܢܐ ܡܢ ܙܒܢܬ ܒܡܘܬܬܐ.
ܘܢܦܘܩ ܫܠܡܘܗܝ ܠܐܦܝܢ ܟܐܢܐ ܕܡܠܟܘܬܐ.
ܒܐܢܫܬܘܕܝ ܠܗ ܥܘܣܪܐ ܟܢܪܐ ܢܠܩܢܐ ܗܠܝܢܬܐ.
ܘܐܥܠܝܗ ܟܠ ܚܝܠܐ ܘܫܡܝ ܠܗ ܙܟܘܬܐ.
ܗܘܐ ܒܫܠܡܐ ܠܕܘܟܪܐ ܕܩܘܪܒܘܬܐ.
ܘܥܪܐ ܠܗܡܘܣܐ ܡܨܥܝܢܐ ܘܐܘܝܠ ܠܟܒܬܐ.
ܘܢܟܒ ܝܠܘܦܬܐ ܕܡܘܟܢܐ ܘܟܠ ܒܪܘܬܐ.
ܘܒܢܝܡܘܬܗ ܐܢܫܦܘܗ ܠܐܘܪܥܠܝܡ ܟܝܬܐ.
ܘܟܪܗ ܘܒܠ ܗܘܐ ܠܡܢܠܐ ܘܫܒܩ ܟܠ ܡܢܝܢܬܐ.
ܦܬܓܡܘ ܘܡܚܒܠܢ ܐܬܠܐ ܟܡ ܕܐܪܡܠܬܐ.
ܘܟܠܬܐ ܡܒܡ ܐܘܟܕ ܬܟܝܒܐ ܙܟܘܬܐ.
ܐܪܟܝܢ ܟܠܡܝܢ ܟܥܟܝܒ ܐܝܟ ܠܐܬܪܘܬܐ.
ܘܐܪܟܝܢ ܐܠܡܝܢ ܒܛܠ ܐܝܟ ܣܪܪ ܡܕܝܢܬܐ.
ܘܥܪܟܐ ܕܦܫܐ ܗܘܘ ܟܕܥ ܐܝܟ ܠܣܪܐ ܕܘܟܬܐ.

47. ܟܦܪܐ. C.

61. ܘܢܫܩܘ AB.

65. ܐܪܟܝܢ C.

ܢܣܪܘܩ ܡܕܝܠ ܠܦܪܣܝܣ ܟܠܝܠ ܕܡܠܟܘܬܐ.
ܕܐܬܐܡܐ ܠܡܕܝܢܬܐ ܕܐܬܥܠܝܘ ܢܦܫܗܘܢ ܡܢ ܟܠ ܥܕܪܐ.
ܘܦܓܪܗ ܢܬܒܕܐ ܘܟܠ ܐܘܠܨܢܝܢ ܡܢܗܠ ܦܓܪܐ.
ܘܦܟܠܗ ܣܝܡܐ ܘܝܬܪܐ ܡܬܢܐ ܘܟܠܗ ܗܘܘ ܠܒܙܐ.
ܘܣܟܠܗ ܢܦܠܐ ܘܚܒܘܬܐ ܡܥܫܠܒܐ ܡܢ ܬܘܡܪܐ.
ܕܢܩܝܐ ܘܦܘܦܦܐ ܕܢܝܬܠܐ ܡܢ ܡܘܦܬܪܐ.
ܕܝܬܝܐ ܘܢܫܛ ܡܥܒܕ ܙܥܐ ܡܢ ܡܘܪܪܐ.
ܕܒܪܒܐ ܘܚܕܬܐ ܕܥܪܣܬܐ ܘܝܝܝܐ ܘܢܝܒܪܐ
ܘܡܬܦܐ ܠܠܒܫܐ ܡܢ ܟܠܒܬܐ ܡܢܘܬܝܬ ܒܡܪܐ..
ܡܢ ܥܢܢܬܐ ܢܬܒܦܬܐ ܘܚܝܠܠܐ ܕܫܪܪܐ.
ܘܦܕܩܐ ܟܠܝܢ ܒܕܢܝܬܐ ܡܬܬܝܢ ܒܢܣܒܘܪܐ.
ܘܡܪܟܬܝܢ ܦܦܝܢ ܠܬܢܐ ܡܢ ܣܘܦܪܐ.
ܕܢܦܘܪ ܟܪܠܐ ܡܘܡܢܝܐ ܐܝܬ ܡܘܪܟܢܐ.
ܗܠܝܢ ܟܠܗܝܢ ܦܣܪܘ ܡܢ ܗܘ ܦܓܪ ܒܬܟܪܐ.
ܒܗܝܐ ܢܦܢܚܐ ܐܬܠܟܘܗ ܟܠܒܐ ܦܣܪܐ.
ܕܢܡܟܠܬ ܗܘܐ ܙܕܝܩܘܢ ܟܠ ܢܦܫ ܦܓܪܐ.
ܘܗܘܢܦܫܗܘܢ ܡܓܠܝܢ ܟܠ ܐܒܝܕܝܢ ܕܟܠܟܐ ܒܟܦܪܐ.
ܘܟܪܗܘܢ ܒܟܠܟܐ ܙܟܬܐ ܟܝܬ ܗܘܐ ܫܘܪܐ.
ܘܟܠ ܗܕ ܕܟܗ ܠܟܠ ܐܟܬܫ ܐܢܫܐ ܕܕܘܟܪܐ.
ܐܠܒܪܝ ܐܡܪܬܐ ܠܝ ܦܓܥܐ ܡܒܣܪܐ.
ܘܥܡܟܝܢ ܦܣܪܬܐ ܡܬܚܝܒܬܐ ܟܠܝܬ ܡܓܪܐ.
ܟܠ ܢܦܫܐ ܒܬܝܗ ܠܬܠܬܐ ܗܪܝܬܐ ܦܬܝܢ ܥܒܦܪܐ.
ܕܡܬܠܬܗܘܢ ܐܬܬܟܒܝܬ ܠܝ ܠܬܘܢܐ ܒܪܝܪܐ.

23. ܠܘܡܪ̈ܐ. A.
28. ܘܡܢ̈ܥܢܬܐ C.
29. ܘܡܪ̈ܠܝܢ C.
30. ܘܡܪܟܬܝܢ AB.
37. ܗܪ̈ܐ C.

ܡܐܡܪܐ ܕܥܠ ܡܩܒܝܐ.

ܡܠܘ ܡܟܐ ܢܛܘܪܐ ܬܫܒܘܚܬ ܐܝܟܢܐ ܠܡܪܝܐ.
ܕܒܝܬ ܐܝܣܘܕܐ ܒܫܡܫ ܕܒܝܬܦܫܝܢ ܠܚܝܐ.
ܫܠܘܢ ܕܡܛܠ ܢܡܘܣܐ ܘܫܛܠ ܒܣܘܪܕܐ.
ܓܠܘ ܠܦܘܠܝܡܘܣ ܘܠܬܓܬܘܪܐ ܐܦ ܠܐܠܟܘܢܐ.
ܘܣܡܘ ܠܚܪܒܐ ܒܡܬܪܒܐ ܐܦ ܢܬܠܬܠܐ.
ܘܦܝܣܘ ܡܪܝܬܐ ܕܐܦܪܟܐ ܕܣܘܠܩܘܣ ܬܒܝܐ.
ܘܠܐ ܥܠܝ ܗܘܐ ܡܪܡܘܢ ܕܡܢ ܦܠܚܐ ܠܡܩܕܝܐ.
ܘܠܝܘܡ ܒܡܐܬܐ ܡܪܟܐ ܕܡܬܚܣܢ ܗܘܘ ܡܢܝܢܐ.
ܘܐܡܝܢܐܝܬ ܦܪܘܩܝܢ ܗܘܘ ܒܥܠ ܕܒܪܐ.
ܘܚܕ ܪܕܦ ܗܘܐ ܠܐܠܦܐ ܒܚܝܠܐ ܕܡܢ ܡܪܝܐ ܡܢܐ.
ܘܬܪܝܢ ܡܪܝܡܝܢ ܗܘܘ ܪܒܘ ܒܚܕ ܒܘܕܪܐ.
ܐܠܦܐ ܕܡܬܬܟܠܝܢ ܗܘܘ ܠܗܠܝܢ ܬܩܝܦܐ.
ܘܒܝܕܗ ܦܬܓܡܐ ܘܬܒܪܘ ܠܠܒܐ ܕܡܢ ܢܠܡܘܕܝܐ.
ܐܘܣܝܦܘ ܦܪܓܝܐ ܘܫܒܩܘ ܫܘܒܚܐ ܒܡܦܪ ܡܠܟܐ.
ܐܒܗܬܐ ܕܟܢܫ ܐܝܟ ܐܒܘܗܝܢ ܕܒܡܫܚܐ.
ܬܢܘ ܓܢܒܪܘܬܐ ܐܝܬܝܗܘܢ ܗܘܘ ܡܠܝܢ ܒܝܬܐ.
ܘܡܛܠ ܗܕܐ ܢܣܒܘ ܗܘܘ ܢܨܚܢܐ ܠܥܠ ܐܘܠܨܢܐ.
ܠܠܘܬܗܘܢ ܬܗܘܐ ܫܘܒܪܐ ܠܡܫܡܫܢܐ..

2. [illegible] C.

6. Heb. xi. 34. [illegible] C.

9. [illegible] C.

10. Deut. xxxii. 30.

12. [illegible] B.

ܡܐܡܪܐ ܕܥܠ ܡܫܝܚܐ.

29 ܛܠܝܐ ܝܘܣܦ ܐܫܟܚ ܗܘܐ.
ܫܒܝܬܐ ܕܡܠܟܐ ܐܬ̈ܘܪܝܬܐ.
ܕܢܦܠ ܠܗ ܓܕܐ ܕܡܠܟܘܬܐ.
ܒܦܘܪܫܐ ܡܫܡܫܝܢ ܗܘܘ ܠܗ.
ܒ̇ܦܘܪܫܐ ܚܕܐ ܗܘܐ ܥܡܗ ܀
30 ܬܪ̈ܝܢ ܕܐܬ̈ܟܐ ܗܕ̈ܟܐ ܫܡܫܘܗ̇.
ܠܚܕܐ ܦܪ̇ܬܐ ܒܦܪܕܝܣܐ.
ܠܓܪܡܐ ܕܐܪܡܐ ܒܬܘܒܐ.
ܚܙܐ ܓܠܝܬܐ ܘܦܫܩ ܡܪܗ̇.
ܓܪܐ ܚܢܩܗ ܘܓܒܐ ܚܦܠܗ ܀
31 ܝܘܣܦ ܗܡܙܐ ܕܟܦܢܐ.
ܘܡܫܪܝܢܐ ܕܟܬܘܢܐ.
ܡܫܪ̈ܝܢܐ ܒܪܐܫܗ ܐܘܪܝܘ.
ܝܘܣܦ ܕܝܢ ܒܪܓܠܐ ܐܣܝܪ.
ܡܫܪܝܢܐ ܒܗܪܐ ܗܘ̣ܐ ܗܘܐ ܀
32 ܒܪܘܫܠܐ ܐܦ ܢܨܚ̈ܬܐ.
ܢܦܠ ܒܐܓܘܢܐ ܘܐܬܟܠܠ.
ܕܙܟܝܐ ܗܘܐ ܕܚܠܝܨܘܬܐ.
ܒܗܠܝܢ ܡܘܫܬܐ ܐܬܚܝܣ.
ܒܗ ܕܝܢ ܫܘܦܪܐ ܡܬܚܝܣ ܀
33 ܒܬ ܦܐܪ̈ܝܗ̇ ܕܒܬܘܠܘܬܐ.
ܢܛܪ̈ܗ̇ ܗܘ̈ܝ ܠܒܬܘܠܘܬܐ.
ܬܪ̈ܝܢ ܩ̈ܠܝܠܝܢ ܐܚܪܢܝ ܘܒܢܝܢ.
ܕܪ̈ܘܦܢܐ ܘܒܬܘܠܘܬܐ.
ܗܠܝܢ ܕܝܢ ܚܙ̈ ܟܠ ܡܫܡܫܢ ܀
ܫܠܡ : ܕܟܠ : ܬ̈ܠܬ : ܥܣܪܝܢ :

29. l. 5. ܗܘ̣ܐ] lit. ܐ paene evan. A.

33. l. 2. ܗܘܐ B.

33. l. ult. ܡܫܡܠܝܢ. A.

ܗܒ ܗܘܐ ܘܫܬܩ ܒܡܝܢܗ.
ܪܚܝܡܗ ܒܒܪܐ ܗܘܐ ܠܗ ܀
24 ܐܟܠ ܐܢܫܝ ܠܚܬܢܘܬܐ.
ܠܓܗ ܠܒܗ ܐܝܟ ܕܠܒܘܪܐ.
ܚܙܘܗ ܠܬܘܒܐ ܕܡܓܠܝܟ ܠܗ.
ܘܐܦ ܒܠܒܗ ܐܫܟܚ ܗܘܐ.
ܒܫܟܐ ܐܫܟܚ ܢܝܫܢܐ ܀
25 ܐܫܠ ܬܘܒܐ ܕܡܓܠܝܟ ܠܗ.
ܕܢܝܚܐ ܕܘܟܐ ܒܡܘܪܬ ܠܗ.
ܐܫܟܚ ܨܒܝܗ ܠܬܪܘܢܐ.
ܢܦܠܐ ܒܢܫܐ ܫܘܢܩܗ.
ܘܢܬܬܪ ܬܠܒܐ ܒܥܠܠܗ ܀
26 ܠܐ ܐܬܒܥܝ ܡܢ ܨܒܝܗ.
ܕܗܘ ܕܡܓܠܝܟ ܠܗ ܐܚܘܪܐ.
ܕܡܬܒܥܝ ܐܝܟ ܒܬܘܪܬܐ.
ܘܦܠܓ ܡܢܝܢ ܕܬܘܪܬܐ.
ܥܠ ܐܚܘܪܗ ܘܬܘܪܬܗ ܀
27 ܬܪܘܢܐ ܐܠܝܨ ܒܬܘܪܬܐ.
ܬܠܠܝܐ ܕܢܐܬܐ ܠܟܗܢܘܬܐ.
ܘܬܠܝܠܘܬܐ ܕܐܦܠܐ ܦܓܪܐ.
ܚܠܡ ܠܗ ܡܢ ܒܘܪܟܬܐ.
ܒܪ ܐܠܝܨܝ ܠܗ ܠܐ ܢܦܩܬ ܀
28 ܫܡ ܕܝܢ ܗܟܠܐ ܒܪ ܡܪܝ
ܕܝܢܐ ܡܪܡ ܠܐ ܚܫܒ.
ܘܓܐ ܨܒܝܢ ܠܬܘܪܬܗ.
ܗܘ ܒܬܘܪܬܐ ܠܐ ܦܠܠ.
ܫܡ ܒܬܘܪܬܐ ܚܪܡ ܫܡ ܀

25. l. 4. ܕܢܣܪܢ B.

ܕܡܢ ܛܠܝܬܐ ܢܦܠ ܗܘܐ.
ܐܦ ܠܛܠܝܬܗ ܒܝܫܐ ܗܘܐ.
19 ܕܛܥܢܗ ܘܐ ܡܓܢܝܐ ܗܘܐ ܀
ܚܙܐ ܐܢܘܢ ܒܝܫܐ ܠܠܒܝܫܬܐ.
ܕܒܥܝܢܗ ܐܬܒܪܝܘ.
ܗܦܟ ܠܗ ܡܕܒܪ ܕܢܦܫܗ.
ܥܒܕ ܢܟܠܐ ܠܛܠܝܬܐ.
ܕܠܛܠܝܬܗ ܢܒܙܐ ܗܘܐ ܀
20 ܐܝܟ ܗܒܝܠ ܕܒܝܫܐ.
ܐܦ ܡܢܐ ܕܡܬܠܐܒ ܡܛܠܬܐ ܗܘ.
ܗܘ ܢܬܠ ܕܐܠܗܐ.
ܠܒ ܗܘ ܠܒ ܐܦ ܒܪ ܡܟܐܒ.
ܕܛܥܢܐ ܒܝܫܐ ܡܒܝܢܐ ܠܗ ܀
21 ܥܒܠ ܠܗ ܒܝܫܐ ܦܪܢܘܣܐ.
ܘܫܘܐ ܢܦܫܗ ܐܝܟ ܠܒܐ.
ܕܢܛܠܘܢ ܐܢܘܢ ܡܢ ܠܒܐ.
ܠܒܗ ܕܝܢ ܡܫܢܘܢ ܒܢܝܬܗ.
ܕܠܐ ܢܬܦܪܫܘܢ ܡܢ ܠܒܐ ܀
22 ܚܪ ܗܘܐ ܒܠܒܝܐ ܘܐܬܪܓܫܗ.
ܕܐܝܠܝܢ ܐܢܝܢ ܠܛܠܝܬܐ.
ܘܐܝܠܝܢ ܐܢܝܢ ܒܢܬܐ.
ܠܛܠܝܬܗ ܚܒܠ ܒܢܬܐ.
ܘܠܒܢܬܗ ܠܛܠܝܬܐ ܀
23 ܠܒܪ ܘܢܦܩ ܐܝܟ ܚܟܝܡܐ.
ܒܚܘܬܐ ܕܡܠܝܐ ܢܟܝܠܘܬܐ.
ܥܒܕ ܗܘܐ ܕܝܢ ܘܛܠܝܐ ܦܠܢܗ.

18. l. 3. ܛܠܝܐ A. ܛܠܝܬܗ B.

ܘܐܡܪܬ ܕܗܘܐ ܡܪܟܒܬܐ.
ܡܢ ܗܘ ܗܘܐ ܡܫܪܝܬܐ.
ܕܡܪܟܒܬܗ ܕܡܪܝܗ ܠܓܒܐ ܗܘ ܀
15 ܪܟܒܬ ܚܕܐ ܠܐܠܗܐ.
ܐܬܬܪܟܒܬ ܠܗ ܒܟܠ ܒܝܬܗ.
ܒܥܘܦܪܗ ܣܪܬ ܥܠ ܒܢ̈ܝ.
ܠܐ ܐܪܦܬ ܚܝܠܗ ܡܛܝܒ.
ܥ̈ܢܝܐ ܬܫ̈ܒܚܢ ܠܐ ܫܡܥܬܗ ܀
16 ܬ̈ܫܠܡܬܗ ܕܝܢ ܕܡܫܝܚܐ.
ܠܒܪ ܡܢ ܒܝܬܗ ܫ̈ܘܝܢ.
ܘܒܓܘ ܒܝܬܗ ܬ̈ܠܝܠ.
ܬܡܢ ܐܚ̈ܝܢ ܘܠܘ ܬܡܢ ܐܚ̈ܝܢ.
ܒܚܕܐ ܩ̈ܢܝ ܚ̈ܕܝܐ ܀
17 ܐܦ ܠܗ ܠܐܬܠܝܛܐ ܐܣܝܪܐ.
ܒܪܗ ܕܡܟܣܝܢ ܡܫܘܪܬܐ.
ܡܚܪ ܠܦܪܘܩܐ ܘܐܦܩܗ.
ܒܝܬ ܚܒܘܫܐ ܠܡܦܪܢܣܐ.
ܒܝܬ ܦܘܠܐ ܠܦܘܠܚܢܐ ܡܫܟܚ ܀
18 ܐܡܟܢ ܡܠܟ ܠܗ ܠܦܬܬܐ.
ܘܐܡܪ ܢܗܘܐ ܠܦܬܬܐ.

17. l. 1. ܟܠ ܡܘܕܝܢ ܒܝܬ ܡܠܟܐ. ܐܘ ܠܗ... B.
„ l. 4. ܠܡܦܪܢܣܘܬܐ A. ܠܡܦܪܢܣܐ B.
„ l. 5. Post ܡܫܟܚ addit B.

ܒܪܢܫܐ. ܒܪܝܫ ܗܘ ܕܠܐ ܡܟܡܠ ܠܐܬܠܝܛܐ ܡܢ ܣܒܪܘܗܝ.

18. l. 1. ܦܠܟ B.
„ l. 2. ܢܗܘܐ A. ܢܗܘܐ ܠܗ B.

ܐܝܟ ܡܫܟܚܐ ܠܡܫܟܚܢܘܬܗܝܢ ܀
9 ܢܚܘܬ ܢܦܫܗ ܒܪܬ ܢܦܬܚ.
ܟܠܬܐ ܙܩܝܦܬ ܫܒܝܠܐ.
ܐܒܘܗ̇ ܒܕܡܗ̇ ܒܗ ܗܘܐ.
ܐܦ ܠܢܫܡܐ ܡܫܡܫ ܗܘ.
ܕܒܗ̇ ܒܕܡܐ ܕܢܦܫܗ ܀
10 ܟܠܬܐ ܫܦܝܪܬ ܡܫܡܫܢܘܬܐ.
ܫܦܪ ܦܓܪܗ̇ ܕܢܫܬ ܒܕܡܗ̇.
ܦܓܪܐ ܒܕܡܗ ܡܬܚܣܪ.
ܡ̈ܘܪܒܐ ܕܡ̈ܕܢܐ ܚܝܠܐ.
ܡ̈ܘܡܐ ܒܡܫ̈ܢܐ ܗܦܟܝܢ ܒܗ. ܀
11 ܚܢܐ ܢܒܝܬܐ ܒܝܬ ܩܘܕܫܐ.
ܬܡ̈ܢܝܢ ܫ̈ܢܝܢ ܠܐ ܡܢܝܬ ܠܗ̇.
ܡܢܝܬ ܒܟܪܗ̇ ܘܩܢܬ ܡܪܗ̇.
ܢܦܫܗ̇ ܐܡܟܪܬ ܐܪܡܠܘܬܐ.
ܠܡܟܢܪܐ ܕܠܐ ܡܬܚܒܠ ܀
12 ܚܠܦ ܒܪܗ̇ ܡܪܗ̇ ܙܩܦܬ.
ܚܠܦ ܒܝܬܗ̇ ܒܝܬܗ ܪܒܬ.
ܠܡܪܗ̇ ܦܠܚܬ ܒܝܬ ܡܪܗ̇.
ܙܒܢܬ ܢܦܫܗ̇ ܚܐܪܘܬܐ.
ܠܡܪܐ ܕܥܒܕܗ̇ ܒܪܬ ܚܐܪ̈ܐ ܀
13 ܕܠܐ ܗܘܐ ܡܪܗ̇ ܒܥܠܕܪܐ.
ܒܥܒܕܬܗ ܡܪܐ ܒܝܬܢܝܗ̇.
ܟܠܗ ܕܝܗܒ ܠܝ ܚܐܪܘܬܐ.
ܕܢܪܗܡ ܠܗ ܚܐܪܘܬܟ.
ܘܢܗܘܐ ܫ̈ܪܬܐ ܒܡܠܘܬܗ ܀
14 ܒܡܫܐ ܕܚܐܪܘܬܟ ܒܪܬ ܚܐܪ̈ܐ ܗܘ.
ܗܘܝܢ ܐܬܝܗ̇ ܡܫܥܒܕܬܐ.

4 ܡܢܗܘܢ ܕܫܒ̈ܠܐ ܕܠܒܝ̈ܫܗܘܢ.
ܦܩ̈ܝܢ ܗܘܘ ܫܒ̈ܠܐ ܕܗܝܡ̈ܢܘܬܗܘܢ:
ܒܝܬ ܫܒ̈ܠܐ ܠܫܒ̈ܠܐ ܡܥܒܕܬ.
ܘܒܗ ܫܒ̈ܠܐ ܕܪܘܚܢܝܬ ܡܒܪܐ.
ܠܫܒ̈ܠܐ ܕܠܒܐ ܘܕܡܚ̣ܫܒܬܐ ∴
5 ܘܐܦ. ܠܐ ܗܘ̇ ܚܕ ܥܒܕܬ ܠܗ̇.
ܕܢܗܘܐ ܚܘܦܪܐ ܠܚܨܕܘܬܗ̇.
ܬܒܪܬܗ ܠܚܘܦܪܐ ܕܚܨܕܘܬܗ̇.
ܕܐܬܚܝܠܬ ܒܫܬܝܬܐ.
ܠܐ ܢܚܬ ܒܥܒܝܒܐ ∴
6 ܥܡܠܬ ܐܝܟܘ ܡܢ ܒܥܘܒܗ̇.
ܘܥܒܕܬ ܐܝܟܘ ܒܓܘ ܢܘܪܐ.
ܒܢܘܪܐ ܘܪܘܚܐ ܕܩܕܝܫܘܬܗ̇.
ܕܢܗܘܘܢ ܗܠܝܢ ܦܐܪ̈ܐ.
ܐܝܟ ܚܡܝܪܐ ܕܢܘܪܐ ܘܪܘܚܐ ∴
7 ܕܢܝܐ ܠܗܘܢ ܐܡܬܐ ܕܥܡ̈ܡܐ.
ܠܒ̈ܬܘܠܬ ܩܕܝܫܬܐ.
ܕܦܪܘܬ ܢܦܫܗ̇ ܡܢ ܬܠܘ̈ܫܗ̇.
ܗܝ̈ܟܠܬܐ ܚܠܦ ܠܡܦܝܕܐ.
ܗܐ ܡ̈ܬܝܒܬ ܟܠܗ ܢܘܕ̈ܥܐ ∴
8 ܒܗ ܗܘ ܒܗܝܢܐ ܕܗܘܘܐ.
ܕܘܡ̈ܝܐ ܩܪܒ ܠܐܝ̈ܠܢܐ.
ܘܡܢ ܗܠܝܢ ܒܪ̈ܝܠܐܝܬ.
ܚܒܝ̇ ܡܢܫܐ ܕܒܐܢܫܝ̈ܢ.

4. l. 4. ܡܟܪܐ B.

5. l. 1. ܠܗ̇. A. ܗܘܬ B.

5. l. 3. ܚܘܒܪܐ B.

ܬܘܒ : ܥܠ : ܬܪ̈ܝܢ ܫܒܘܩܝ : ÷
ܥܠ : ܡܠܐ : ܕܡܫܝܚܘܗܝ : ܕܡܠܟ ÷
ܕܡܪܝ : ܐܦܪܝܡ : ܡܠܦܢܐ ÷

---

1 ܐܡܐ ܕܥ̈ܒܕܐ ܢ̈ܟܣܝܢ.
ܐܝܟ ܥܢܬܐ ܕܥ̈ܒܕܐ ܡܩ̈ܪܝܢ.
ܘܡܪܬܐ ܕܥ̈ܒܕܐ ܥܒ̈ܠܝܢ.
ܘܣܡܟܐ ܕܥ̈ܒܕܐ ܒܥ̈ܘܕܝܢ.
ܘܪܘܚܐ ܕܥ̈ܒܕܐ ܫܘܒ̈ܚܝܢ ÷
ܒܥܘܬܐ ܒܪܝܟ ܗܘ ܕܩܒܠ ܫܘ̈ܥܕܘܗܝ ÷
2 ܗܕܪܐ ܗܘܬ ܐܝܟ ܦܪܣܬܐ.
ܒܫ̈ܒܒܝܗ̇ ܐܝܟ ܕܐܒܪ̈ܐ.
ܐܬܦܫܛܬ ܕܬܘܒ ܬܬܓܠܒ.
ܡܪܓܬ ܒܪ ܘܥܕܬ ܐܒܪ̈ܝܗ̇.
ܕܬܘܒܐ ܠܓ̈ܦܐ ܒܠܘܣܡܐ ÷
3 ܦܪܣܐ ܐܡܐ ܒܠܘܣܡܐ.
ܘܦܪ̈ܣܝܢ ܒܬ̇ܪܗ̇ ܫ̈ܒܒܝܗ̇.
ܠܕܬ ܐܝܟ ܡܢ ܒܪܫܐ.
ܘܓܡܪܬ ܐܝܟ ܟܠܗ ܢܘܪܐ.
ܘܢܓܕܬ ܐܝܟ ܠܡܠܘܬܐ ÷

Tit. ܕܗܕܪܐ ܒܪ ܡܠܟܘ. ܥܠ ܬ̈ܪܝܢ ܫܒܘܩܝܢ. B.

1. l. 1. ܢ̈ܟܣܝܐ B.

1. l. 3. ܕܥ̈ܒܕܐ A. ܕܥܒܛܐ B.

2. l. 2. ܕܐܒܪ̈ܐ. A. ܕܐܦ ܐܒܪ̈ܝܗ̇ B.

ܡܕܪܫܐ

ܕܡܪܝ ܐܦܪܝܡ

ܕܥܠ ܒ̈ܢܝ ܢܫܡܗܝ.

ܕܐܬܟܠܠܗ ܒܚܝ̈ ܗܘܟܢܐ ܐܘܪܚܬ ܘܥܒܕܬ ܠܐܠܗܐ. ܒܚܝ̈ ܕܐܬܬܟܠܬ ܕܐܬܩܒܠ ܩܘܪܒܢܗ ܡܕܡ ܒܟܘܪܗ. ܐܠܘܟܘܫ ܕܡ ܚܘܠܐ. ܠܐ ܐܬܟܣܕ ܡܢ ܗܝܡܢܘܬܗ. ܐܠܐ ܥܬܝܕܐ ܩ̈ܛܝܠܐ ܐܫܬܠܕ ܒܗ. ܟܕ ܕܝܢ ܩܛܠܒ ܢܕܝܐ ܗܘܬ ܒܗܕܐ. ܕܠܘ ܒܠܠܘܬܗ ܒܠܣܘܕ ܩܠܝܬ ܠܐܠܗܐ. ܐܠܐ ܘܐܦ ܒܗܝܡܢܘܬܗ. ܘܡܢ ܒܬܪ ܥܬܝܕܐ ܩ̈ܛܝܠܐ ܕܒܟܠܬ ܢܦܫܗ ܒܣܘܕܬܐ ܩܪܝܒܬ ܠܗܬ ܣܒ̈ܝܒܘܗ. ܐܦ ܒܪܘܡܬܐ ܐܒܪܡ ܥܘܕܐ ܕܗܠܝܢ ܡܬܥܝܐ. ܠܘ ܡܛܠ ܣܠܝܩܘܬܗܘܢ ܐܗܟܢ ܐܠܗܐ ܡܛܝܗܘܢ. ܐܠܐ ܕܬܬܝܕܥ ܣܕܘܬܗܘܢ ܘܗܝܡܢܘܬܗܘܢ. ܘܕܩܝܒ ܠܐܣܬܪܝܢ. ܕܢܣܘܐ ܗܘܠܐܐ ܕܠܒܘܬܗ. ܠܐ ܗܘܐ ܕܕܒܩܝܢ ܗܘܘ ܘܐܬܚܝܢ ܬ̈ܠܬܠܬܐ ܡܢ ܥܡ̈ܒܐ ܕܐܬܦܩܘܘ. ܢܦܘܩܐ ܗܘܬ ܕܕܡܘܬܗܘܢ. ܐܝܟ ܕܢܦܘܩܐ ܗܘܬ ܒܡܕܝܢܬܗܘܢ. ܐܠܐ ܚܕܡܟܐ ܐܠܗܐ ܡܢ ܒܟܪ̈ܘܗܝ ܕܝܬܒܘܪ ܥܪ̈ܝܪܘܢ ܀ ܐܬܟܠܠܗ ܕܝܢ ܡܪܥܝܐ ܒܗܘܟܢܐ ܗܘܟܢܐ ܕܐܒ ܢܝܣܢ. ܕܒܚܝ̈ ܓܠܘܬܗܘܢ ܢܒܝܬܐ ܟܠ ܕܢܣܗܐ ܠܗܘܢ ܥܩܘܬܐ ܐܡܝܢ. ܥܠܡܬ ܠܡܫܝܚܬܐ ܕܟܠ ܡܢܬ̈ܝ ܫܘܒܚ ܘܫܘ̈ܒܚܐ ܠܒܢ̈ܘܗܝ.

4. ܩܛܠܒ] Cod. ܩܛܠܒܐܐ (lit. ܐܐ eras.).

10. Cod. ܗܠܘܐܐ.

ܒܬܪ ܕܫܠܡܘܢ ܠܐ ܦܬܚ ܒܗ ܒܐܒܗ̈ܐ ܕܫܠܝܚܘܬܐ. ܐܝܟ ܗܘ̇ ܫܘܬܦܐ ܠܟܠܝܠܐ ܕܐܫܬܝܢ ܒܡܠܟܘܬ ܫܡܝܐ. ܗܢܘܢ ܒܝܢܐ ܩܕܝܫܐ ܘܐܡܪ ܠܐܚܘܗܝ. ܕܐܙܠ ܠܗ ܡܢ ܡܬܘܡܝܢܘܬܐ. ܡܢܐ ܢܦܫܐ ܐܝܬܝ ܠܗ ܡܢ ܠܘܬܐ ܕܐܫܬܝ ܬܐܘܕܪܐ ܡܫܘܪܐ. ܕܗܐ ܓܠ ܐܓܠܝܘܢ ܠܠܚܘܒܐ ܕܢܦܫܐ. ܘܐܡܪܐ ܒܪܒܝܠ ܒܝܬ ܡܫܩܘܠܐ ܦܐܡ ܐܝܟܐ. ܠܐ ܬܗܘܐ ܠܗ ܕܢܦܩܬ ܡܢ ܒܪܘܟܐ ܒܬܪ ܟܠܗܘܢ. ܐܠܐ ܘܠܡܠܟܘܬܐ ܕܫܡܝܐ ܗܘ ܐܙܠ ܐܝܟܐ ܒܬܪ ܟܠܗܘܢ. ܐܠܐ ܒܗܕܐ ܐܝܬ ܠܗ ܒܗܢܐܐ ܙܒܢܐ. ܕܐܦ ܦܠܝܐ ܐܝܟܐ ܒܝܬܘܬܐ. ܐܠܗܘܢ ܦܐܪܐ ܠܗ ܙܒܘܬܐ ܘܒܝܘܬܐ ܫܟܝܢܐ. ܐܠܐ ܡܫܝܚܘܬܐ ܘܡܟܪܐ ܦܐܪܐ. ܗܢܘܢ ܕܝܢܐ ܘܐܡܪ ܠܬܘܡܐ. ܡܢܐ ܦܝܫܝܢ ܐܝܟܘܢ ܘܟܠܗܝܢ. ܫܪܘܝܢ ܒܟܠ ܫܪܝܟ ܠܗܘܢ ܐܚܝ: ܡܛܠ ܕܠܐ ܫܟܝܢ ܐܝܟܐ ܚܝܐ ܕܫܬܝܢ. ܘܪܒܘܬܐ ܕܪܒܪܐ. ܐܠܐ ܡܢ ܗܫܐ ܦܫܛ ܒܗ ܡܠܬܘܢ ܕܐܝܪܝܢ ܘܟܠܗܘܢ ܠܬܠܡܝܕܝܢ. ܘܫܪܘܝܢ ܫܪܝ ܐܫܝܐ ܠܗܘ ܕܪܫܡ ܐܝܟܐ. ܘܗܘܝܢ ܐܘܠܝܢܐ ܕܒܗܘܢ ܡܬܕܒܪܝܢ ܩܠܝܠܐ ܒܗܘ ܐܬܪܐ. ܠܐ ܬܗܘܐ ܠܗ ܫܪܪܐ. ܕܠܐ ܢܗܘܐ ܒܪܢ ܦܘܪܫܢ ܡܢ ܕܐܚܝ. ܗܢܘܢ ܕܐܝܟܐ ܢܛܘܦܐ. ܗܒܝܐ ܥܠ ܐܡܪܐ ܬܡܝܡܐ ܒܡܦܪܘܬܗ. ܘܦܬܚ ܠܦܠܓܘܗܝ ܕܢܫܬܕܪܘܢ ܒܗ ܐܝܟܢ ܕܐܝܟܢܐ. ܗܘܝܘܢ ܕܝܢ ܗܦܟܘ ܒܗ ܐܝܟ ܫܬܘܬܐ ܒܢܫܬܐ. ܐܝܟ ܕܠܐܒܘܗܘܝ ܕܠܟܠܗܘܢ ܡܟܝܢ ܗܘܐ. ܘܐܝܟ ܕܠܐܝܕܘ̈ܗܝ ܡܠܟ ܗܘܐ. ܘܐܝܟ ܕܠܐܝܕ̈ܘܗܝ ܡܢ ܟܠܗܘܢ ܦܨܚ ܗܘܐ. ܘܐܝܟ ܕܠܟܝܢ ܦܨܚ ܗܘܐ. ܘܟܕ ܡܦܨܚܝܢ ܗܘܘ ܬܠܡܝܕܘܗܝ. ܢܦܫܗ ܒܣܝܡܘܬܐ ܦܪܝܫܬ ܠܗܘܢ ܐܚܝ̈ܘܗܝ. ܫܡܥܘܢ ܕܝܢ ܦܘܠܘܣ ܠܡܕܝܢܬܐ ܦܠܓܐ. ܟܕ ܢܦܩ ܠܫܡܥܘܢ ܒܢܝܫ.

4. Cod. ܢܫܝܐ.

15. Cod. ܘܦܪܝܫ.

21. Cod. ܕܠܐܝܕ̈ܘܗܝ.

ܒܠܚܘܕ. ܡܢܐ ܠܝܬ ܠܟ ܒ̈ܢܝܐ. ܡܢܐ ܠܗ ܕܣ̈ܓܝܐ ܐܝܬ ܠܟ ܐܝܟ ܢ̈ܟܣܐ. ܐܡܪ ܠܟ ܚܕ ܥܒ̈ܕܝܟ ܕܢܦܫܐ ܒ̈ܢܝܗܝ ܠܟ. ܐܡܪ ܠܟ ܚܕ ܐܚܪܬܐ ܒܐܣܟܡܟ. ܐܢܐ ܦܓܪ ܚܣܝܬ ܟܠ ܡܢܝܘܬܟ. ܗܐ ܚܙܝܬ ܒܚܘܒܐ ܐܚ̈ܘܬܐ ܕܒܓܪܗ̇. ܕܐܚܪܬܐ ܐܢܬܝ ܠܐܠܗܟ. ܚܙܝ ܟܠ ܗܢܐ ܚܕ ܕܦܫ ܠܟ. ܘܟܬܒܝ ܠܟ ܒܝܘܡܢܐ. ܐܦ ܕܠܝܬܐ ܠܟ ܕܒܐܦܐ ܐܝܬ ܠܟ ܘܠܐ ܡܫܪܟܐ ܐܢܬܝ. ܘܠ ܐܬܦܝܣ ܠܗܢܐ ܚܕ ܕܢܟܬܒ ܠܟ ܒܝܘܡܢܐ. ܘܦ̈ܐܠܗܐ ܒܠܘ̈ܚܐ ܢܟܪܐ ܐܝܟ ܠܟ. ܕܬܪܝܢܐ ܒܡܠܟܘܬܟ ܗ̇ܘܐ. ܢܟܕ ܐܝܟ ܕܟܬܒ ܠܟ ܒܝܘܡܢܐ ܘܠܐ ܥܒܪ ܡܬܠܟܝܢ ܘܠܐ ܢܟܕ ܗܘܐ ܟܬܠܐ ܕܠܐ ܕܫܢܐ ܥܡܘܢ ܠܐܡܗ̇ ܚܘܐ ܙܩܝܦܬܐ. ܘܒܗ ܥܒܕܬ ܢܒܥܘܬܗ ܕܒܠܚܡ ܦܘܡܝ ܐܡܙܪܬ ܠܗ ܕܐܢܐ ܡܩܒܠܐ ܐܝܟ ܠܗ. ܐܬܦܩܕܬ ܠܗܬ ܒܪܗ̇. ܒܗ ܡܟܢܫܐ ܒܪܥܝܢܐ ܘܐܡܪܬ ܠܗ ܒܠܥܝܢܐ ܕܐܝ̈ܕܗܘܬܐ. ܘܠܐ ܢܟܕ ܗܘܐ ܟܘܠܐ ܡܢܐ ܡܫܠܠܐ. ܢܒܥܬܐ ܕܦܘܫܐ ܥܡܪ ܗܘܐ ܒܠܒܗ. ܘܐܡܪܬ ܠܒܪܗ̇. ܚܙܝܐ ܐܝܟ ܡܢܝ ܒܪܝ ܐܬܪܢܝܡ ܒܠܒ. ܬܫ̈ܒܚܬܐ ܡ̈ܢܝܐ ܠܒܢܝܬܟ ܒܒܪܬܟ. ܘܡܢܕܘܝܘܬ ܦܓܠܬ ܒܡܫܡܫܬܟ ܠܒܠܚܝܐ. ܘܠܒܝܬܟ ܒܠ ܕܪ̈ܒܝ ܘܐܝܡܢܘܬܟ ܬ̈ܠܬ ܫ̈ܢܝܢ. ܘܪܒܝܬܟ ܒܕܡܐ ܠܗܝܡܢܐ. ܠܐ ܬܦܪܒܢ ܒܪܝ ܡܦܒܐܝܬ. ܚ̈ܕܒܠܐ ܕܐܘܪܦܬܟ ܬܡܢܐܝܬ. ܫܒܩ ܠܝ ܒܪܝ ܕܢܐܟܒ ܒܠܒܠܝ ܡܢ ܒܝܬ ܐܒ̈ܗܝ. ܫܒܩ ܠܝ ܐܡܪܬܐ ܕܬܦܪܘܣ ܡܢ ܚܙܪܐ ܕܐܚܝ̈ܢܝ ܘܬܬܗܘܐ ܡܐܒܘܠܬܐ ܠܐܒ̈ܢܐ. ܫܒܩ ܠܝ ܒܘܒܒ ܢܓܡܐ ܕܬܕܒܢ ܘܬܐܒܠ ܡܢ ܙܡܝܢܐ. ܫܒܩ ܠܝ ܡܪܒܬܢܐ ܕܬܬܐܒܠ ܒܡܪܒܢܐ. ܫܒܩ ܠܝ ܢܘܡܐ ܥܒܝܕܐ ܕܬܬܒܠܒܐ ܡܢ ܡܢܝܢܐ ܕܐܚܝ̈ܢܝ. ܡܛܠ ܕܒܝ ܐܬܒܪܪܬ ܢܫܘܬܐ ܠܒܪܘܢܐ ܕܠܐ ܠܒܪܐ. ܒܢܘܡܐ ܒܪܢ ܥܒܝܕܐ ܥܠܡ ܥܡܝܩܐ ܘܐܪܒܐ. ܘܒܠܗ ܫܒܠܘ̈ܗܝ. ܘܒܝ ܒܪܝ ܥܒܝܕܐ ܥܠܡ ܒܟܠܒ ܘܐܬܚܒܠܬ. ܘܦܫܩܬ ܒܪܗ ܡܢ ܢܠܕܐ ܕܒܢܝܢܐ.

ܐܢܐ ܬܪܝܢܐ ܐܢܬ ܡܬܒܥܐ ܐܢܐ ܕܐܬܚܒܒ ܥܡ ܗܢܐ ܩܕܝܫܐ ܕܐܠܗܐ. ܗܝܕܝܢ ܩܪܒ ܗܘ ܩܕܡ ܐܦܝܣܩܘܦܘܣ ܘܐܡܪ ܠܗ. ܡܢܐ ܥܠܬܐ ܐܝܬ ܙܒܢܐ ܠܒܝܬܐ. ܐܡܪ ܩܡܣܝܪܢ ܢܘܗܪܬܐ ܘܦܠܓ ܐܕܝܫܢ ܒܕܡܐ ܕܒܢܐ. ܚܒܝܐ ܐܦܝܣܩܘܦܘܣ ܘܐܡܪ ܠܗ. ܐܚܘܠ ܒܪܝ ܕܕܒܫܐ ܘܟܒܪ ܐܒܐ ܠܝ ܬܪܝܢܐ ܒܡܠܘܬܗ. ܗܝܕܝܢ ܚܣܝܢ ܩܕܝܫܐ ܘܐܡܪ ܠܗ. ܟܒܝܐ ܟܠܝܢ ܐܢܬ ܠܝ ܡܛܠ ܕܠܐ ܟܘܬܪ ܠܝ. ܐܢܐ ܠܐ ܡܫܟܚܐ ܐܢܐ ܡܢ ܫܘܠܛܢܐ ܕܐܚܝ ܘܩܪ̈ܝܒܝ. ܐܠܐ ܒܒܠܠ ܫܪܝܪܐ ܕܐܢܬ ܠܬܘܒܗܘܢ. ܐܦܝܣܩܘܦܘܣ ܐܡܪ. ܦܫܘܛ ܐܝܕܝܟ ܐܝܟ ܕܬܦܫܘܩ. ܘܦܫܛ. ܘܐܡܪ ܠܗ. ܐܚܘܕ ܠܒܢܝܟ ܕܬܦܫܘܩ ܘܐܚܕ. ܘܟܕ ܐܬܦܫܩ ܐܝܕܘ̈ܗܝ ܘܠܒܫܗ. ܡܫܚܐ ܐܚܝܕ ܢܦܫܗ ܒܫܪܘܬܐ. ܡܛܠ ܕܝܢ ܕܩܛܝܢ ܛܠܝܡܝܢ ܠܐܠܗ̈ܐ ܕܡܪ̈ܝܐ ܕܒܛܠܝܢ ܒܠܫܢܗܘܢ ܘܠܠܐܬܗ. ܡܢ ܒܪܘܬܐ ܕܒܕܢܐ ܐܝܟ ܕܐܡܪ ܫܠܝܚܐ ܩܕܝܫܐ. ܕܢܚܣܪ ܗܘ ܠܝ ܙܒܢܐ ܕܐܫܬܥܐ ܥܠ ܓܕܥܘܢ ܘܕܩܕܡܝܐ. ܐܦ ܚܢ ܒܟܪܘܙܘܬܐ ܕܟܠܠܝܢ ܫܪ̈ܒܝܗܘܢ ܕܗܠܝܢ ܐܬܝ̈ܬܐ ܐܢܫܐ ܩܕ̈ܝܫܐ ܘܬܘܒܪ ܕܝܢ ܒܟܪܘܙܘܬܐ ܠܘܬ ܗܢܐ ܫܒܝܚܐ ܩܕܝܫܐ. ܠܐ ܓܝܪ ܐܬܟܢܫ ܗܘܐ ܡܛܠܗ ܡܢ ܐܢܘܢ. ܐܬܟܢܫ ܐܦܝܣܩܘܦܘܣ ܡܢ ܗܠܝܢ ܢܨ̈ܚܐ. ܘܟܕ ܚܙܐ ܗܘܐ ܠܫܒܝܚܐ ܕܡܬܒܥܐ ܠܡܪܒܐ ܐܝܟ ܐܚ̈ܘܗܝ. ܫܡܥܗ ܘܟܒܪ ܠܘܬ ܫܡܥܘܢ ܘܐܡܪ ܠܗ. ܕܐܦܝܣ ܠܛܠܝܐ ܗܢܐ ܕܒܥܐ ܡܢ ܗܕܐ ܠܠܘܬܐ. ܘܫܘܫ ܥܠ ܡܫܒܘܬܗ. ܘܫܒܩܘ ܠܗ ܗܢܐ ܫܘܦܪܐ ܕܡܫܒܘܬܗ.. ܕܬܬܡܠܟܝܢ

9. Cod. ܫܪܝܪ.

13. Cod. ܒܠܫܢܗܢ.

15. Heb. xi. 32.

19. Ante ܐܬܟܢܫ supplend. vid. ܕ— ܐܡܝܢܐ.

21. ܕܐܦܝܣ sic in cod. cf. infra l. 22 etc.

22. Cod. ܐܠܠܘܬܐ.

ܠܒܢ̈ܝܟܝ. ܠܐ ܡܒܠܒܠ ܐܝܟ ܠܐܠܗܐ ܕܢܝܚܐ ܕܟܠ. ܒܬܫ̈ܒܘܚܬܐ ܚ̈ܕܝܐ ܘܫܘܒ̈ܚܐ. ܐܠܐ ܐܢܛܝܘܟܘܣ ܗܕܪܝܢ ܦܪ̈ܢܣ ܠܘܬ ܐܚܘܗ̈ܝ ܫܒܥܐ ܕܗܘܐ ܡܩܒܠ ܠܗ. ܗܝܕܝܢ ܐܬܡܪܡܪ ܓܠܝܐ ܘܦܩܕ ܕܢܟܘܪܘܢ ܒܢ̈ܝܗܘܢ ܕܠܐ ܚܣܐ ܒܢܘܪܐ ܕܝܩܠܬܐ. ܡܕܝܢܐ ܐܡܪ. ܥܒܝܪ ܒܐܘܪܚ ܒܢ̈ܝܢ ܕܠܐ ܐܚܪܐ ܦܪܘܦܝ ܪܥܝܢܐ. ܘܟܕ ܐܫܟܚ ܦܓܕܗ ܟܠܠܬܐ ܕܙܟܘܬܐ. ܦܩܕ ܠܪܘܚܐ ܕܢܦܩܘܢ ܒܫܘܬܐ ܐܝܟ ܐܚܘܗ̈ܝ܀ ܘܟܕ ܐܬܐ ܡܕܡܘܗܝ ܠܡܫܝܚܐ. ܬܘܒ ܡܕܝܢܐ ܕܢܐܡܪ ܠܗ. ܡܢܐ ܒܥܐ ܐܢܬ ܕܬܫܐܠܝܢ. ܡܡܠܠ ܦܘܡܟ ܒܕ ܬܐܡܪ ܠܝ. ܕܐܢܫܘ ܕܢܥܛܦ ܐܢܬ ܪܥܝܐ. ܘܡܟܝܪ ܐܢܬ ܒܢ̈ܝܢ ܘܦܩܘܣ ܐܢܬ ܐܚ̈ܝܢ ܒܗܘ ܠܥܝܢ. ܥܝܢܝ ܠܐ ܚܙܬ ܐܝܟܐ. ܘܠܒ̈ܢܝܐ ܠܐ ܦܩܕ ܐܝܟܐ. ܐܠܐ ܒܟܠ ܚܝܠܐ ܒܫܘܬܦܝ. ܘܦܪ̈ܢܣ ܠܘܬ ܐܚܘܗ̈ܝ ܕܗܘܐ ܫܡܥ ܠܗ. ܗܝܕܝܢ ܐܬܠܒܢܢܗ ܕܢܣܒܘܢܐ ܦܩܕ ܕܢܦܫܛܘܢ ܗܕܡ̈ܘܗܝ ܘܢܫܪܘܢ ܐܝܟ ܒܠܝ̈ܚܬܐ. ܚܙܝܬ ܓܒܪܐ ܗܘܐ ܕܢܚܐ ܗܘܐ ܗܢܐ ܕܢܒܠܐ ܡܪܝܪܐ. ܕܟܠܗ ܢܝܚ. ܘܟܠܗ ܡܬܦܪܓ. ܐܡܗ ܕܝܢ ܘܐܚܘܗ̈ܝ ܐܝܟ ܐܕܡܐܬܘܢ ܦܬܚܝܢ ܘܚܙܝܢ ܒܗ. ܘܡܒܝܐ ܘܐܡܪܐ ܠܪ̈ܥܝܢܐ. ܐܦ ܐܢܬ ܦܩܘܕ ܠܟܠܗܘܢ ܗܕ̈ܡܝ. ܒܬܪ ܗܘ ܐܠܗܐ ܐܝܟ ܕܐܡܪ ܚܝܘܬܐ. ܕܢܟܒܫ ܘܢܦܩ ܐܝܢܘܢ ܒܫܘܒܚܐ. ܠܚܒܪ̈ܝܟ ܕܝܢ ܘܠܒܥܝܢ ܕܠܐ ܬܫܒܘܩ ܢܦܫܟ. ܘܟܕ ܐܡܪ ܗܠܝܢ ܢܦܩܬ ܢܦܫܗ ܠܘܬ ܐܚܘܗ̈ܝ ܘܣܒܪܘܗܝ܀ ܘܡܒܝܐ ܫܡܘܢܝ ܘܐܡܪܐ ܠܒܪܗ̇ ܫܬܝܬܝܐ. ܒܪܝ ܒܪܝ. ܕܗܘܝܬ ܕܒܪܘܟܬܐ ܕܐܬܒܪܟܬ ܒܗ ܒܪܘܚܝ ܝܬܝܪ ܡܢ. ܠܐ ܬܠܒܐ ܐܝܟ ܐܚܪ ܡܕܡ. ܕܒܢܝܐ ܕܐܬܢܓܠܐ ܡܢ ܕܘܟܬܗ ܘܐܘܒܕ ܐܘܡܢܘܬܗ. ܐܦ ܐܢܬ ܐܡܕܘܪ. ܕܠܐ ܬܬܟܠܐ ܡܢ ܐܚܝܟ. ܘܬܒܥ ܫܒܘܬܐ ܒܕܘܟܬܐ ܠܫܘܒܚܐ. ܗܘ ܕܝܢ ܓܒܝܐ ܘܐܡܪ ܠܗ̇. ܠܐ ܬܕܚܠܝܢ ܐܡܝ ܡܒܪܟܬܐ. ܬܘܒ ܡܢ

6. Cod. ܦܓܪܗ.

12. Cod. ܘܦܪܢܣ.

ܠܛܘܪܐ ܕܡܫܚܐ ܒܬܟܦܗ ܥܡ ܚܒܪܗ̇ ܒܗ̇ ܦܠܚܝܢ ܒܡܫܝܚܐ ܥܒܝܕܝܬ. ܐܦ ܐܢܐ ܘܐܬܒ ܐܝܟ ܛܘܪ̈ܐ ܢܗܘܪ ܒܐܫܒܪܐ ܕܗ̈ܕܡܝ ܒܫܒܝ̈ܩܝ. ܘܒܐܝܡܡܐ ܕܡܢܚܬܐ ܢܣܝܘܕ ܡܚܒܫ ܣܬܐ ܕܠܚܠܡ. ܘܒܕ ܗܠܝܢ ܐܡܪ. ܢܦܫܗ ܒܝܕ ܠܡܚܝܢܐ ܐܫܠܡ ܠܐܠܗܘܗ ܀ ܥܒܕܘܗ ܕܝܢ ܫ̈ܠܝܚܐ. ܗܐ ܬܬ̈ܝܡ ܬܘܒ ܐܬܦܠܓ ܡܢ ܒܝܐ ܒܝܫܐ. ܘܩ̈ܠܝܢ ܠܡ̈ܠܝܗ ܠܚܒܝܐ ܀ ܐܦ ܐܢܬ ܒܪܝ ܬܠܝܬܐ. ܗܪܘܒ ܝܠ ܠܘܬ ܐܚ̈ܝܟ ܕܡܟܝܢ ܠܝ. ܘܚܒܝܐ ܐܬܦܢܝܘ ܘܐܡܪ̇ ܠܗ. ܬܐ ܒܪܝ ܗܘܝ. ܒܒܝ ܒܗܘܐ ܡܠܟܘܬܐ. ܘܠܐ ܬܕܒܪܐ ܠܐܚ̈ܝܟ ܡܢܗܘܢ ܕܗ̈ܘܝܐ. ܕܐܘܪܒܘ ܦܓ̈ܪܝܗܘܢ ܡܢܝܢ. ܐܠܐ ܒܝܓܠ ܒܝܬ ܠܗ ܝܩܝܢܐ ܘܗܘܢ ܠܩ̈ܠܝܗܘܢ. ܡܫܝܚܐ ܐܡܪ̇. ܫܠܡܘܬܟ ܗܕܐ ܕܡܫܬܡܥܐ ܐܢܬ ܒܗ̇. ܡܬܕܪܢܐ ܘܫܠܠܐ. ܘܐ̈ܠܗܐ ܕܦܓܪ ܐܢܬ ܠܗܘܢ. ܘܐܪܐ ܐܝܟ ܐܢܫ. ܫܒܠܡ ܐܢܐ ܦܓܪܐ ܠܥ̈ܕܪܐ. ܐܡܒܠܐ ܕܐܪܬ ܒܒܗܘܢ ܣܬܐ ܕܠܚܠܡ. ܗܕܝܢ ܐܬܫܒܚܬ ܐܬܦܢܝܘܗܝ ܘܦܓܪ ܕܡܫܘܗܝ ܠܥܢܐ. ܘܬܘܒܘܬܐ ܕܐܚ̈ܝܘܗܝ ܘܕ̈ܐܠܗܐ. ܘܒܕ ܒܓܪ ܠܗ ܡܒܝܢܐ ܫܒܠܡ ܢܦܫܗ ܒܫܪܘܬܐ ܠܡܪܗ ܀ ܐܡܗ ܕܝܢ ܦܓܪܗ̇ ܠܘܬ ܙܒܒܢܐ ܘܐܡܪܬ ܠܗ. ܒܪܝ ܒܪܝ ܦܘܩܕܢܐ ܕܙܒܒܢܐ ܝܪܝ ܒܝ. ܗܘ ܕܐܬܒܪܝ ܒܐܬܘܬܐ ܠܬ̈ܠܝܬܐ ܦܠܝܚܐ. ܐܦ ܐܢܬ ܒܪܝ ܙܒܢ ܠܡܣܒܗ ܕܓܘܠܐ. ܘܦܪܘܒ ܝܠ ܠܘܬ ܐܚ̈ܝܟ ܕܡܦܩܝܢ ܠܝ. ܗܕܝܢ ܒܝܐ ܐܬܦܢܝܘ ܘܐܡܪ ܠܗ. ܕܦܓܪ ܒܪܝ ܐܒܗܬܝ ܠܥ̈ܠܡܐ ܡܬܚܒܝܐ. ܘܠܐ ܬܐܒܕ ܐܝܟ ܐܚ̈ܝܟ. ܡܫܝܚܐ ܐܡܪ. ܐܢܐ ܠܐܠܗܐ ܙܒܘܢܐ ܕܡܫܝܚܐ ܘܕܐܪ̈ܒܐ ܘܥܠ ܗܢܐ ܕܐܢܬ ܒܗܘܢ ܦܓܪ ܐܒܝܐ. ܠܚܐܦܐ ܘܠܩܘܫܐ ܕܒܕܪ ܝܓܪܐ ܠܐ ܫܒܩ ܐܒܝܐ ܘܠܐ ܦܓܪ ܐܒܝܐ. ܠܐ ܫܒܩ ܐܒܝܐ ܠܒܕܘܪܐ. ܘܦܓܪ ܐܒܝܐ

21. Cod. ܠܡܣܝܒܘܗ.

ܠܐܘܪ̈ܚܐ ܕܣܓ̈ܝܐ ܀ ܘܐܡ̈ܪܬ ܠܒܪܗ̇ ܛܠܝܐ. ܒܗܠ ܒܪܝ ܐܝܟ ܗܘܠܐ ܛܠܝܐ. ܕܟܗ ܐܬܦܪܣ ܙܒܢܐ ܥܠ ܗܘ̈ܦܟܐ. ܘܦܪܫ ܒܗ ܡܢܝܐ ܕܥܠ ܠܥܠܡܐ ܕܠܛܠܝܘܬܐ. ܐܦ ܐܢܬ ܒܪܝ ܦܘܫ ܡܢ ܛܠܝܐ. ܘܐܬܛܫܝܛ ܥܡ ܐܚܝܟ ܛ̈ܠܝܐ ܀ ܘܦܓܥ ܐܢܛܝܘܟܘܣ. ܕܢܦܪܘܩ ܠܛܠܝܐ. ܘܐܡܪ ܠܗ. ܦܓܠ ܒܪܝ ܡܘܠܟܢ ܕܡܒܪܪ ܠܟ. ܘܒܪܝ ܚܙܝܗ ܕܐܚܘܟ. ܘܠܐ ܬܦܩܚܐ ܬܫܠܠ. ܐܡܪ ܠܗ ܛܘܒܢܐ. ܒܪܝ ܐܢܬ ܥܘܒܕܗ ܕܐܚܝ. ܘܠܐ ܬܦܩܚܐ ܦܘܬܟܡܪ. ܐܠܐ ܒܟܠ ܥܒܪܝܢ ܕܐܬܒܠܛ ܒܡܟܗ. ܐܢܛܝܘܟܘܣ ܐܡܪ. ܠܐ ܡܬܚܝܒܐ ܡܢ ܥܘܒܕܗ ܕܐܚܘܟ. ܐܠܐ ܦܓܪܐ ܕܡܬܠܟ ܒܡܥܡܝܐ. ܩܕܝܫܐ ܐܡܪ. ܡܛܠ ܕܥܢܝܢ ܠܒܝ ܒܚܘܒܘܬܐ. ܠܐ ܫܪܐ ܐܢܬ ܥܘܒܕܗ ܕܐܚܝ. ܐܠܐ ܓܒܪܗ. ܐܢܛܝܘܟܘܣ ܐܡܪ. ܚܘܫ ܥܠ ܢܦܫܟ ܩܕܡ ܕܬܐܟܘܠ ܠܛܠܝܐ. ܩܕܝܫܐ ܐܡܪ. ܚܘܫ ܐܢܬ ܥܠ ܢܦܫܟ ܩܕܡ ܕܬܐܟܘܠ ܒܓܗܢܐ ܕܠܐ ܕܒܟܐ. ܐܢܛܝܘܟܘܣ ܐܡܪ. ܘܠܐ ܕܚܠ ܐܢܬ ܡܢܝ ܡܪܝܐ. ܢܒܟܐ ܐܡܪ. ܠܐ ܕܚܠ ܐܢܐ ܡܢܟ ܡܛܠ ܕܠܐ ܕܚܠ ܐܢܬ ܡܢ ܐܠܗܐ. ܐܢܛܝܘܟܘܣ ܐܡܪ. ܘܐܡܒܘ ܐܠܗܟ. ܢܐܬܐ ܢܬܦܨܐ ܒܟܒ ܘܦܩܘܕܟ ܡܢ ܐܝܕܝ. ܢܝܚܐ ܐܡܪ. ܠܐ ܡܦܩܪܐ ܠܝ ܗܕܐ. ܡܛܠ ܕܐܢܬ ܛܠܝܐ ܦܘܪܩܢܟ: ܘܐܪܐ ܐܫܪܐ ܗܝܟܠܘܬܝ. ܘܦܩܕ ܢܣܒܐ ܦܓܪܘܗܝ ܕܒܟܐ ܡܫܒܪ ܠܟ. ܒܫܪܬܐ ܕܡܢ ܡܬܢܝܩ ܡܢܟ ܒܟܐܢܘܬܐ. ܘܠܝ ܘܠܐܝ̈ܢ ܡܛܠܠ ܡܛܠ ܡܟܕܢܘܬܐ. ܐܢܛܝܘܟܘܣ ܐܡܪ. ܐܢܬܘܢ ܬ̈ܠܐ ܒܠܘܣܕ ܐܬܟܝܡ ܐܢܬܘܢ. ܘܐܢܐ ܒܟܕܐ ܡܫܘܐ ܐܢܝܐ. ܘܪܘܒ ܘܢܥܒܕ ܡܟܝܠܐ ܕܥܢܝܗ ܐܝܟ ܒܪܟܐ. ܘܩܛܠܘܗܝ ܒܡܥܡܝܐ ܐܝܟ ܐܚܪ̈ܢܝܢ. ܩܕܝܫܐ ܐܡܪ. ܒܪܥܝܗ ܙܒܢ ܕܢܬܬܒܠ ܐܬܠܝܛܐ ܒܗ ܙܒܢܐ ܠܗܐܢܐ. ܐܢܛܝܘܟܘܣ ܐܡܪ. ܐܝܟ ܕܦܩܕܬ ܠܐܚܘܟ ܟܕ ܐܝܢܐ ܠܟ. ܡܛܠ ܕܐܒܘܗܝ ܫܪܝܬܝ. ܩܕܝܫܐ ܐܡܪ. ܙܒܢ

ܘܪܫܝܐ ܕܐܬܚܙܝܘ ܘܐܡܪ. ܐܢܐ ܐܝܟ ܡܠܐ ܚܙܐ ܐܢܬ. ܥܒܕܐ ܪܚܝܡܐ ܘܐܡܪ. ܚܙܝ ܡܕܡ ܫܦܝܪ ܦܐܐ ܐܢܬ. ܥܒܕܐ ܡܗܝܡܢܐ ܘܐܡܪ. ܡܕܡ ܚܕܘܬܐ ܦܨܝܚܬܐ. ܐܬܛܥܡܘܗ ܐܡܪ. ܒܐܝ̈ܕܝ ܛܥܡܬܟ ܘܫܒܝܢ. ܘܥܠܝܟ ܐܝܟ ܥܠ ܬܪܬܝܗܘܢ. ܡܗܝܡܢܐ ܐܡܪ. ܛܥܡܬ ܠܝ ܕܘܒܫܐ. ܥܠ ܦܘܪܐ ܠܫܘܕ ܓܠܝܬ ܐܢܬ ܕܬܫܒܘܚ. ܥܠ ܢܦܫܐ ܕܝܢ ܐܠܗܐ ܓܠܝܬ. ܫܠܡܐ ܐܡܪ. ܫܡܥܝܢ ܘܐܟܪܬܝܢ ܘܐܢܦܪܝܢ. ܐܝܟ ܗܠܝܢ ܕܦܩܚܝܢ ܡܕܡ ܀ ܪܒܝܐ ܐܡܪ. ܠܘ ܕܝܢ ܐܦ ܗܝܕܝܢ ܓܡܚܝܢ ܗܘܘ ܠܝ ܘܡܦܪܩܝܢ ܒܡܘܬܪܝܢ: ܗܢܐ ܕܩܘܒܠ ܠܡܬܝܗܘܢ. ܦܪܘܫܐ ܐܡܪ. ܠܡܢܐ ܦܫܐ ܐܢܬ ܢܦܫܝ. ܘܚܙܐ ܐܢܬ ܕܬܘܕܝܬܐ ܟܠܗܝܢ ܫܦܝܪܐ ܬܪ̈ܝܨܐ ܀ ܢܟܦܐ ܐܡܪ. ܠܐ ܦܫܐ ܐܝܟ ܢܦܫ. ܐܠܐ ܪܫܡ ܐܝܟ ܠܗ̇. ܘܪܫܡ ܐܝܟ ܠܗ̇ ܡܢ ܫܢܐ ܚܕܘܪܐ. ܫܢܐ ܕܠܐ ܚܕܪܝܢ. ܐܠܐ ܐܢܬ ܗܘ ܦܫܐ ܢܦܫܝ. ܕܒܢ̈ܝܫܐ ܗܠܝܢ ܚܕܘܪܐ. ܫܒܘܩܐ ܢܓ̈ܪܐ ܢܪܬ ܐܢܬ ܀ ܐܬܦܢܝܘܗ ܐܡܪ. ܫܘܫ ܕܘܒܫܐ ܥܠ ܛܠܝܘܬܟ ܘܠܐ ܐܫܟܠܝܗ̇ ܀ ܐܬܠܛܐ ܐܡܪ. ܐܦ ܐܢܬ ܠܐ ܬܫܟܠܝܗ̇. ܚܘܬܐ ܐܬܬܐ ܘܡܫܟܠ ܠܗ̇. ܡܛܠܗܢܐ ܒܝܕܝܢ ܡܦܪܕ. ܐܝܟ ܕܡܕ ܠܐܠܗܐ. ܗܕܝܢ ܪܓܙ ܛܪܘܢܐ ܘܥܒܕ ܕܢܬܓܕܘܦܝܗܝ ܒܢ̈ܓܪܐ ܕܬܘܪܐ ܒܕܡܐ ܕܢܬܠܝܢ ܦܓܪܗ ܥܠܗ. ܘܥܒܕ ܠܗ ܡܠܟܐ ܀ ܘܥܒܕܐ ܚܘܝܠܐ ܘܐܡܪ ܠܗ. ܗܐ ܐܬܚܪܬܟ ܪܫ ܓܒܪܐ. ܥܒܕ ܠܝ ܢܨܚܢܐ ܡܕܡ ܕܐܬܦܣܩ ܗܕܡ̈ܝܟ ܀ ܡܗܝܡܢܐ ܐܡܪ. ܐܢܫܘ ܕܐܝܬ ܠܝ ܓܒܪܐ ܕܡܫܝܚ ܡܢ ܗܠܝܢ ܒܟܠ ܐܬܘܬܐ ܐܝܟܢ ܥܠܝ ܀ ܗܕܝܢ ܦܩܕ ܫܪܒܠܐ ܕܢܬܒܠܠܝܢ ܒܢ̈ܓܪܐ ܡܫܝܐ ܘܢܬܪܓܪܓ. ܘܢܬܓܪܓ ܐܝܟ ܢܘܢܐ ܒܝܕ ܚܕ. ܘܥܒܕ ܢܓܡ ܪܒܝܐ ܕܢܦܩܘܢ ܕܡܫܝܐ. ܗܕܝܢ ܗܠܟ ܡܗܝܡܢܐ ܠܒܣܬܐ ܘܩܠ ܠܗ ܛܒܝܐ. ܘܥܒܕ ܢܦܩ ܦܓܪܗ. ܐܬܐܠܡ ܢܦܫܗ ܒܐܝ̈ܕܝ ܡܪܗ ܀ ܫܒܘܩ ܕܝܢ ܒܪ ܢܫܐ ܐܡܪܬ: ܗܐ ܚܙܐ ܫܠܛܢܐ ܚܠܬ

ܐܬܕܟܪܘ ܠܝܘܣܦ ܗܘ̇ ܕܓܒ̣ܠ ܒܡܬܪ̈ܘ ܕܡܪܕܘܬܐ ܀ ܘܐܢܫܘܦ ܕܐܡ̈ܪ ܠܟܘܢ ܕܠܐ ܕܢܫܠܡ ܐܢܫܬܘܢ ܡܢܢ. ܐܬܕܟܪܘ ܠܐܠܝܐ ܢܒܝܐ. ܕܐܡܛܝܐ ܠܗ ܕܢܝܠ ܡܢ ܐܝܕ ܡ̈ܠܟܐ ܓ̈ܐܠܐ ܀ ܗܘ ܐܡܪ ܠܟܘܢ ܬ̈ܠܬ. ܒܡܫܚܐ ܘܠܡܒܥܐ ܡܢ ܐܬܘ̈ܬܐ ܡܬܕܡܪܢܝܬܐ. ܘܐܬܪ ܡܢ ܟܠܡܕܡ ܠܡܫܡܥܬܗ ܕܡܕܒܪܢܐ ܡܕܝܢܬܐ ܠܟܘܢ ܀ ܥܡܗܐ ܐܝܟܐ ܕܡܢ ܡܢܝܢ ܣܓܝܐ ܒܡܕܢܚܐ ܕܟܠܗܘܢ ܐܢܫ̈ܘܗܝ. ܦܘܡܚܝܐ ܣܘܓ̈ܠܐ ܕܐܘܦܬܢܝܢ. ܘܐܝܟܢ ܕܪܚܡܬ ܠܠܘܬܟܘܢ ܡܫܟܚܢ ܐܢܬ ܠܡܚܡܠܘ. ܐܢܬ ܒܪܝ ܐܬܛܒܥܬ ܡܕܡܐܟܬ. ܒܕܐܪܐ ܘܐܚܒ. ܕܢܣܘܢܢ ܐܚܝ̈ܢ ܘܢܬܐܪܘܢ ܒܢ. ܘܐܝܟܢ ܕܢܦܫܬ ܡܕܡܝܢܘܢ ܠܟܠܡܐ ܗܢܐ. ܒܗܠ ܡܕܡܝܢܘܢ ܠܬܠܡܝܕܘܬܐ ܕܠܟܠܡ. ܡܢܐ ܐܢܬ ܠܝ ܒܪܝ ܕܐܘܪܬܢܝܢ ܠܬܪ ܡܢ ܗܪܐ. ܕܬܪܝܨ ܠܡܪܢܐ ܐܠܗܢ. ܡܢ ܟܠܗ ܫܒܝܠܝܢ. ܘܡܢ ܟܠܗ ܢܦܫܢ. ܡܢܘܢ ܗܘܝܠ ܘܐܬܬܠܬ ܕܬܗܘܐ ܒܡܕܝܢܬܐ ܕܐܚܝ̈ܢ ܒܬܪ̈ܝܗܘܢ ܟܠܗܐ. ܐܠܗ ܒܪܝ ܥܒܕܬ ܠܟܘܢ ܬܟܐ: ܕܠܝܢ ܒܢܘܢܐ ܡܕܡܝܐ ܡܢܝܚܬ ܗܘܐ. ܘܗܫܐ ܐܢܬ ܦܓܠ ܒܢܘܢܐ ܙܘܥܪܐ ܕܠܐ ܡܫܬܪܐ ܠܟܠܡ ܀ ܘܡܕܒܪܬ ܬܘܒ ܠܟܠܗܘܢ ܒܢ̈ܝܗ̇. ܛܘܒܝ ܒܢܝ ܐܡܬܝ ܕܫܪܝܐ ܐܝܟܐ ܠܟܘܢ ܛܒ̈ܝܢ ܘܒܘܬܐ. ܛܘܒܝ ܒܢܝ ܐܡܬܝ ܕܫܪܝܐ ܐܝܟܐ ܠܟܘܢ ܕܒܓܪܘܬܐ ܠܡܚܐ ܡܛܠܒܒܢܐ. ܛܘܒܝ ܒܢܝ ܐܡܬܝ ܕܬܓܠܡ ܒܢ̈ܝܟܘܢ ܠܡܕܡܪܬܐ. ܛܘܒܝ ܒܢܝ ܐܡܬܝ ܕܫܪܝܐ ܐܝܟܐ ܠܟܘܢ ܒܠܝܪܐ ܕܡܪܢܐ ܥܙܝܙܐ ܀ ܗܕܡ ܐܡܠܟ ܐܢܘܢ ܠܡܕܝܢܬܐ ܘܠܐܡܗܝܢܘܢ ܡܕܡ ܐܝܠܘܢܘܣ ܡ̈ܠܟܐ ܣܠܩܐ. ܘܦܩܕ ܗܘܘ ܡܕܡܝܢܘܢ ܕܠܐ ܡܠܟܐ ܘܕܠܐ ܘܠܒܐ. ܘܒܕ ܣܝܡ ܙܒܢܐ ܥܡܦܪܐ ܕܡܘܬܒܘܬܗܘܢ ܘܡܣܐ ܕܐܦܝ̈ܗܘܢ. ܘܠܒܝܬܘܬܐ ܕܪ̈ܚܡܝܗܘܢ. ܐܬܕܒܪ ܘܐܡܪ ܠܗܘܢ. ܕܐܝܠܘ ܡܫܝܚܐ ܕܟܠܟܘܢ. ܗܕܡ ܒܢܝܐ ܘܒܢܐ

7. Cod. ܐܣܩ̈ܘܗܝ ܐܘܪ̈ܬܒܢܝܢ.

ܒܫ̈ܒܬܐ. ܐܝܟܢܘ ܕܡܫܘܚܐ ܠܗܘܢ ܫܡ̈ܗܐ ܕܫܟܝܚܝܢ. ܐܬܕܒܪܘ ܠܗܢ̇ ܡܕܝܢܐ ܕܐܬܛܠܛܠܬ ܥܠ ܦܘܡܗ ܕܐܝܣܘܚܘܢ ܐܫܬܡܥ. ܠܐ ܗܘܐ ܓܢܝܐ ܫܝܢܐ ܐܝܟܐ ܠܗܘܢ ܒܬܪ ܕܡܓܒܝܐ ܐܝܟܐ ܠܗܘܢ ܕܬܬܒܥܘܢ. ܐܡܝܢܐ ܕܐܦ ܐܒܘܗܘܢ ܡܪܝ ܐܒܪܗܡ ܠܐ ܫܦܝܐ ܗܘܐ ܠܐܣܝܘܬܗ ܒ̣ܝ ܦܓܪܗ ܥܠ ܒܠܬܐ ܠܡܠܠܐ. ܐܝܕܝܢ ܡܦܝܣܐ ܐܝܟܐ ܠܗܘܢ ܕܬܐܣܘܢ ܒܝܕܝܐ ܗܢܐ ܚܒܘܪܐ. ܫܝܢܐ ܐܝܟܐ ܠܗܘܢ. ܘܚܠܦܐ ܐܝܟܐ ܠܗܘܢ ܡܢ ܚܝܐ ܕܠܥܠܡ. ܐܠܐ ܐܝܟܢܐ ܕܐܒܪܗܡ ܠܐ ܗܘܐ ܡܢ ܗܝܡܢܘܬܐ ܦܓܪܗ ܗܘܐ ܠܒܪܗ. ܐܠܐ ܒܝ ܚܐܣܒ ܠܗ. ܘܫܒܩ ܠܐܠܗܘܗ. ܗܟܢܐ ܐܦ ܐܢܬܐ. ܬ̈ܝܢ: ܚܫܟܐ ܐܝܟܐ ܠܗܘܢ ܘܠܐܠܗܘܗܘܢ. ܘܡܠܟܐ ܐܝܟܐ ܠܗܘܢ ܕܠܐ ܬܬܦܪܫܘܢ ܡܢ ܚܘܒܗ. ܐܝܟܢܘ ܕܡܫܘܚܐ ܠܗܘܢ ܗܢܐ ܣܘܟܐ ܢܘܪܐ ܒܝܪܬܐ. ܐܬܕܒܪܘ ܠܬܠܬܬܐ ܦܠܓܐ ܫܒܪ̈ܝܗܘܢ. ܕܐܡܝܢܐ ܐܫܠܡܘ ܦܓܪ̈ܝܗܘܢ ܠܢܘܪܐ. ܘܠܐ ܫܠܛܘ ܡܓܪܬܐ ܕܐܠܗܘܬܗܘܢ ܒ̈ܝܠܕܐ. ܘܠܐ ܕܚܠܘ ܡܢ ܓܒܘܗ ܘܫܪܠܗ. ܐܠܐ ܒܢܘ ܘܐܓܒܪܘ ܠܗ. ܕܠܐܠܗܘܬܗ ܠܐ ܦܠܚܝܢ. ܩܠܝܠܟܐ ܕܐܡܝܢܬ ܠܐ ܦܓܪܝܢ. ܘܐܦ ܗܫܐ ܬܠܝ ܚܒܢܐ ܐܝܟܐ ܡܢܗܘܢ. ܐܬܕܒܪܘ ܒܗܠܝܢ ܐܚ̈ܝܗܘܢ. ܘܫܕ̈ܘܗܝ. ܘܐܡܝܢܘ ܕܐܡܪܝܢ ܠܗܘܢ ܕܓܒܪܐ ܐܝܟܐ ܠܗܘܢ ܠܫܡܘܬܐ. ܐܬܕܒܪܘ ܠܕܢܝܐܠ ܗܘ ܕܐܫܠܡ ܦܓܪܗ ܠܐܪ̈ܝܘܬܐ. ܕܠܐ ܢܗܘܐ ܫܘܬܦܐ ܠܕܫܠܝ ܬܝ̈ܠܕܐ. ܐܝܟܢܘ ܕܐܡܪ ܕܚܢܒ ܐܝܟܐ ܠܗܘܢ ܬܪ̈ܝܢܐ ܒܡܠܟܘܬܐ. ܐܬܕܒܪܘ ܠܡܘܫܐ ܡܠܦܢܗܘܢ. ܕܚܒܝܒ ܗܘܐ ܒܪܐ ܠܒܪܬܗ ܕܦܪܥܘܢ. ܘܓܒܐ ܠܗ ܕܢܗܘܐ ܒܐܘܠܨܢܐ ܥܡ ܐܠܗܐ. ܘܠܐ ܢܬܓܥܠ ܒܫܠܝܛܬܐ ܐܝܟܢܐ ܒܠܘܪܐ ܀ ܘܐܡܝܢܘ ܕܒܘܬܪܐ ܡܫܥܒܕܘܬܐ ܠܗܘܢ.

1. Cod. ܠܗܘܢ.

5. Cod. ܫܦܝܐ ܠܐ.

ܢܬܠܘܬܗ ܕܡܘܕܒܝܢ ܦ̈ܠܚܐ ܕܒܒܝܠ. ܒܐܝܕܐ ܕܡܘܕܝܬ. ܡܛܠ ܕܐܝܬܐ ܠܘܬ ܫܪܒܗ ܕܡܪܝܢ ܐܘܟܝܬ ܫܡܘܥ ܘܕܒ̈ܝܢܗ ܕܝܠܗ ⁘ ܒܪ ܗܘܝܬ ܚܠܬ ܘܡܫܚܬ ܒܡܚܝܢܬ ܡܪܟܐ. ܘܐܝܬܝܬ ܐܢܘܢ ܠܒܢ̈ܝܗ. ܒܕܝܢܐ ܕܡܕܒ̈ܪܢܐ ܕܐܝܟ ܒܩܪܒܐ. ܦܠܛܬ ܐܢܘܢ ܡܢ ܐܘܟܐ ܠܒܢ̈ܝܗ ܘܫܪܝܬ ܕܐܬܒܥܪ ܠܗܘܢ. ܗܐ ܐܢܫܐ ܒ̈ܢܝ ܕܡܪܟܐ. ܐܬܓܠܝܘ ܘܠܐ ܬܕܚܠܘܢ. ܡܛܠ ܕܡܢ ܒܬܪ ܕܐܢܐ ܐܢܬܘܢ ܡܬܦܢܝܢ ܠܟܘܢ ܕܐܬܪ̈ܟܐ ܕܐܣܝܪܐ. ܠܐ ܬܘܒܠܘܢ ܡܢ ܫܬܝܐ ܕܚܪ̈ܘܦܐ. ܡܛܠ ܕܫܬܝܬܐ ܡܬܒܕܚܢ ܐܒ̈ܪܐ ܒܡ̈ܪܐ. ܠܐ ܬܬܪܗܒܘܢ ܒܟܠ ܡܢ ܗܢܐ ܢܒܐ ܕܢܦܩ ܟ̈ܠܘܗܝ. ܡܛܠ ܕܡܢܗ ܚܬܝܡ ܬܐܓܪܐ ܢܦܫܐܝܬ. ܠܐ ܬܬܪܦܘܢ ܢܝܪ̈ܐ ܡܠܟܐ ܠܡܫܪܐ ܠܡܫܟܚ ܐܪܥܐ ܗܢܐ. ܕܢܦܫ ܠܡܫܟܚ. ܠܐ ܬܬܕܒܒܘܢ ܥܪ̈ܒܐ ܢܘܟܪ̈ܝܐ. ܡܢ ܚܠܚܠܗ ܕܗܢܐ ܡܪܢܐ. ܠܐ ܬܬܟܬܒܘܢ ܡܟ̈ܬܒܐ ܬܘܬܒܐ. ܘܬܬܗܦܟܘܢ ܠܐܘܪܚܘܢ. ܠܐ ܬܫܬܕܠܘܢ ܢܦ̈ܫܝ ܦܘܪ̈ܫܐ ܠܡܠܟ̈ܐ ܕܗܢܐ ܥܕܢܐ ܘܬܦܫܬܘܢ ܠܥܡܠ ܒܪ ܢܫܐ. ܠܐ ܬܬܕܡܘܢ ܫܩܝܠ ܬܦܢܝܬܐ. ܡܢ ܗܢܐ ܒܝܫܐ ܡܫܒܠܢܐ. ܐܙܕܗܪܘ ܡܫܒ̈ܠܬ ܕܡܠܟ ܫܢܝܐ ܒܡܫܒܢܐ. ܡܢ ܬܚܠܐ ܥܒܕܐ ܕܠܐ ܢܦܪ ܫܠܝܬܘܢ. ܠܐ ܬܬܕܠܘܢ ܫܢ̈ܝܕܐ ܬܪܥܐ. ܡܢ ܣܘܟܡܗ ܕܗܢܐ ܡܘܟܐ ܡܢܝܐ. ܠܐ ܢܬܚܫܘܢ ܒܟܘܢ ܐܢܦܐ ܕܡܒܥܝܢ ܬܠ̈ܐ ܗܢܐ ܒܘܪܐ ܫܡܫܢܐ. ܐܢܫܘ ܕܡܬܦܠܓ ܠܟܘܢ ܠܐ ܬܬܪܦܘܢ. ܘܐܢܫܘ ܕܡܒܥܠ ܠܟܘܢ ܠܐ ܬܬܟܠܗܘܢ. ܐܠܐ ܐܬܦܠܓܘ ܠܗ ܘܐܙܕܗܪܘ ܡܢܗ. ܕܐܢܫܘ ܕܡܬܬܦܪ ܒܟܘܢ. ܚܒܝܒܘ ܚܠܘܗܝ ܘܦܝܣܘ ܒܗ. ܐܬܕܒܪܘ ܠܐܒܗ̈ܝܟܘܢ ܡܪ̈ܝܐ. ܘܠܡܠܟܘܬܐ ܕܫܦܝܘ ܠܟܘܢ

3. Cod. ܒܠܠ.

18. Cod. ܢܦ̈ܪ.

23. Cod. ܘܐܙܕܗܪܘ (in fin. lin.).

ܬܘܒ ܬܫܥܝܬܐ ܕܥܠ ܡܪܝܡ ܕܗܝ ܐܡܬܗ̇ ܫܡܘܢܝ ܘܫܒ̈ܥܐ
ܒܢ̈ܝܗ̇ ܚܣ̈ܝܐ:

ܫܒ̈ܥܐ. ܐܝܬ ܗܘܐ ܒܐܢܛܝܘܟܝܐ ܕܣܘܪܝܐ. ܐܢܬܬܐ ܚܕܐ ܡܢ ܒܢ̈ܝ ܐܝܣܪܝܠ. ܕܫܡܗ̇ ܡܪܝܡ ܘܫܒ̈ܥܐ ܒܢ̈ܝܗ̇. ܒܝܘ̈ܡܝ ܐܢܛܝܘܟܘܣ ܡܠܟܐ ܘܪܫܝܥܐ. ܗܢܘܢ ܐܬܬܚܕܘ ܠܗ ܡܢ ܦܩ̈ܘܕܘܗܝ ܦܬܓ̈ܡܘܗܝ ܡܛܠ ܗܕܐ ܐܬܬܚܕܬ : ܗܢܘ ܬܘܒ. ܘܡܛܠ ܒܢ̈ܝܗ̇ ܡܗܝ̈ܡܢܐ ܘܙܕܝ̈ܩܐ. ܕܠܡܫܝܚܐ ܦܪܘܩܐ ܕܥܠ ܕܢܛܪܝܢ ܗܘܘ. ܘܡܩܝܡܝܢ. ܩ̈ܕܡ ܐܠܗܐ ܬܠܡ̈ܝܕܐ ܥܠܝܡ̈ܝܢ ܗܘܘ ܘܡܫܪܝܢ. ܗܢܘܢ ܦܩܕ ܦ̈ܠܚܐ ܚܝ̈ܠܐ ܠܐܠܗܐ ܕܢܬܠܚܡܘܢ ܥܠܝܗܘܢ ܘܢܫܡܫܘܢ ܡܕܡ ܡܕܡܘܢ. ܗܢܘܢ ܐܬܬܚܕܘ ܘܐܬܝܘ ܠܘܬܗ ܗ̈ܢܘܢ ܫ̈ܒܥܬܝܗܘܢ ܘܐܡܗܘܢ. ܐܡܪܐ ܕܢܫܪܘܢ ܠܦܬܓܡܐ ܡܢ ܣܦܪܐ. ܘܐܡܪ ܕܐܬܚܙܝ ܗܘܐ ܕܢܦܪܘܣ ܠܐܘܪܫܠܡ ܡܢ ܒܠܥܕ. ܗܢܘܢ ܦܩܕ ܐܠܗܐ ܠܐܬܬܐ ܗܕܐ ܡܢ ܒܬܪ ܡܘܬܐ ܕܐܬܝܗܘܬ ܠܐܝܣܪܝܠ. ܘܬܦܠܐ ܠܦܬܓܡܐ ܡܢ ܦܘܡܗ ∴ ܡܢ ܕܝܢ ܗܘ ܐܠܗܐ ܕܐܝܬܝܗܘܬ ܠܐܒ̈ܗܬܐ ܒܐܘ̈ܪܝܐ ܐܠܗ̈ܐ. ܘܢܦܩܘܢ ܠܒ̈ܢܝܐ ܒܐܪ̈ܥܐ ܢ̈ܟܝܐ. ܐܡܪܐ ܕܝܢ ܠܗܘܢ ܒܥܒܕܐ ܕܒܩܘܫܬܐ. ܐܝܟ ܐܢܫ ܗܘܐ ܘܐܘܕܝ ܘܐܘܕܝ ܠܦܬܓܡܐ ܕܡܠܟܐ. ܘܠܐܘܪܫܠܡ ܢܦܩܐ ܕܡܫܬܘܕܝܢ ܗܘܘ ܒܐܪ̈ܥܬܐ ܘܦܬܓ̈ܡܐ. ܒܐܝܕܗ ܕܐܝܠܝܢ ܕܡܠܟܐ ܕܒܝܬ ܐܠܗܐ ܐܝܟܢ ∴ ܗܢܘܢ ܐܦ ܐܠܦܫܪܐ ܢܒ

1. Cod. MS. Par. 143, fol. 274, r. 1.

10. ܘܐܬܬܚܕܘ] lit. ܘ- pæn. evan.——Cod. ܐܢܫܐ ܡܫܒܚܐ: ܐܢܫܐ.

12. Cod. ܕܐܬܠܗܘܬ.

ܬܫܒܘܚܬܐ

ܕܥܠ ܡܪܬܝ

ܕܗܝ ܐܡܗܘܢ ܫܡܘܢܝ

ܘܫܒ̈ܥܐ ܒܢ̈ܝܗ ܚܣܝ̈ܐ.

ܕܡܫܝܚܐ: ܡܕܝܢܬܐ ܡܫܟܠܠܬܐ ܕܒܢܝܐ ܪܘܚܢܝܬܐ ܐܝܬ ܗܘܐ ܒܗܘܢ ܠܟܠܗܘܢ. ܐܠܐ ܣܘܟܠܐ ܗܘ ܐܝܟܢܐ ܗܘ̇ ܠܗ ܘܡܥܒܪ ܕܢܠܬܐ: ܟܕ ܚܙ ܐܢܬܘܢ ܗܘܐ ܒܗܘܢ. ܚܙ ܘܗܘ̇ ܟܕ ܗܘ̇ ܟܠܠܐ ܕܡܗܕܘܬܐ ܐܦܢ ܠܗܘܢ. ܀ [ܡܒ] ܗܠܝܢ ܟܕ ܡܢ ܡܬܕܪܘܬܐ ܗܝ ܢܡܘܣܝܬܐ ܫܩܠܘ ܣܟܦܐ. ܡܕܡ ܗܢ̈ܕܐ ܗܢܘܢ ܕܐܬܪܓܠܘ ܦܪܥܘ ܪ̈ܓܠܘ. ܐܟܢܐ ܕܥܘܕܝܢ ܡܕܡ ܡܥܡܠܐ. ܐܦ ܠܒܪ ܗܢܘܢ ܬܠܬܐ ܛ̈ܠܝܐ: ܐܦ ܕܢܐܟܠ ܠܒܪܐ ܗܘ ܕܬܠܝܬܝܬܐ ܡܫܬܪܬܐ: ܡܢ ܐܬܘܢܐ ܕܢܘܪܐ ܗܘ ܕܒܒܠ. ܘܡܢ ܠܘܒܐ ܕܐܪܝܘܬܐ ܐܬܦܨܝܘ: ܟܕ ܠܒܪ̈ܝܐ ܐܬܦܨܝܘ ܒܦܫܪܐ ܒܝܕ ܐܬܘܬܐ. ܐܝܟܢܐ ܕܢܦܩܘ ܢܦܫܗܘܢ ܗܢܘܢ ܕܡܢ ܐܝܣܪܐܝܠ: ܠܘܬ ܐܘܪܫܠܡ ܗܝ ܕܒܠ ܐܪܒܥܐ ܫܢܝܢ. ܛ̈ܠܝܐ ܕܝܢ ܗܢܘܢ ܡܬܩܕܫܝܢ. ܒܗ ܡܐܬܬܗ ܕܡܫܝܚܐ ܘܡܢܝܢܬܐ: ܘܐܘܪܫܠܡ ܗܝ ܡܬܚܕܬܢܝܬܐ: ܕܗܝ ܕܐܘܡܢܗ ܘܒܢܝܗ̇ ܐܠܗܐ ܗܘ: ܘܒܪ̈ܘܬܐ ܕܡܠܟܘܬܐ ܕܫܡܝܐ: ܗܐ ܡܢ ܟܕܘ ܟܠ ܬܪܥܐ ܐܬܦܬܚ ܗܘܬ: ܡܢ ܩܠܝܕܘܗܝ ܕܐܠܦܢܐ ܐܫܬܠܡ ܓܒܪܐ ܠܘܬ ܫܡܥܐ: ܟܕ ܩܒܪܐ ܕܫܒܐ ܕܥܒܕܝܢ ܦܩܕܢ ܕܢܢ ܘܩܠܝܠ ܠܢ: ܘܠܘܬ ܗܠܝܢ ܡܦܬܕܝܢ ܠܢ. ܘܐܢܕܝܢ ܠܟ. ܐܠܘܠܐ ܕܗܕܐ: ܗܒܐܢܐ ܦܪܝܫܬ ܐܬܦܪܫܬ ܘܐܬܦܪܫܬ. ܡܛܠ ܠܐ ܐܦܩܢ ܗܘܘ ܡܣܩܪܢܐ ܗܢܘܢ ܩܕܝܫܐ: ܟܕ ܠܐܢܫܝܢ ܡܢ ܗܢܘܢ ܕܣܠܩ ܡܥܡܘܕܝܬܐ ܐܫܦܪܘ ܚܕܝܢ ܗܘܘ ܕܒܥܝܢܐ ܩܝܡܝܢ ܗܘܘ: ܘܠܘܬ ܫܒܪܐ ܢܨܝܚܐ ܕܡܒܪܟܬܐ ܠܐ ܐܝܬ ܠܗܘܢ ܒܚܝܠܐ ܠܒܣܪ: ܗܘ ܕܒܠܝܩܘܗܝ ܚܝ ܐܬܝܗܒ: ܒܠܒܘܬܐ ܘܒܪܝܫܝܬ ܐܝܡܢܘܬܐ ܕܗܘ ܕܠܗܕܐ ܓܒܪܐ ܠܢ. ܕܠܗ ܬܫܒܘܚܬܐ ܠܥܠܡ ܥܠܡܝܢ. ܐܡܝܢ ܀

(XII.) 14. Heb. xi. 10.

ܠܡ̈ܠܐܟܐ ܚܝ̈ܠܘܗܝ ܕܦܓܪ̈ܢܝܢ ܗܘܘ ܡܫܡܫܝܢ ܘܡܢ ܢܘܪܐ ܡܬܓܠܝܢ ܥܒܕ ܢܝܚܐ. ܘܠܐܠܗܘܬܐ· ܐܘ ܐܝܟ ܕܒܪܢܫܐ ܗܘܐ· ܐܬܚܙܝܘ ܠܒܢ̈ܝܗ. ܘܐܬܬܘܣܦ ܥܠ ܚܘܕܪܐ ܡܫܡܫܢܘܬܐ ܕܐܝܩܪܗ. ܘܚܠܦ ܗܢܐ ܬܘܒ. ܐܡܪ ܫܠܝܚܐ ܗܘܬ. ܘܥܡ ܒܢܝ̈ܢܫܐ ܐܬܚܫܒܬ: ܘܒܡ̈ܫܡܫܢܐ ܡܫܡܫܢܐ ܕܓܒܪ̈ܐ ܕܢܦܫܗ ܐܬܓܠܝܬ. ܠܡܠܐܟܐ ܓܝܪ ܠܗ ܡܫܒܚ ܠܒ̈ܢܝܗ. ܒܕ ܚܝܘܬ ܒܐܪ̈ܥܝܘܗܝ ܕܠܒܘܫܗ ܕܡܫܪ̈ܝܐ. ܕܡܢ ܐܝܟܐ ܢܘܪܐ ܢܦܩ ܘܐܬܚܪܒ ܗܠܝܢ ܡܫ̈ܡܫܢܘܬܐ ܫܠܝܚ̈ܘܬܐ. ܠܐ ܗܘܐ ܡܫܒܚܬܐ ܗܝ ܕܒܡ̈ܫܡܫܢܐ ܫܪ̈ܝܢ ܡܬܗܕܪܐ ܗܘܬ: ܡܚܘܪܐ ܗܘܬ ܠܗ ܠܡܫܒܚܢܐ ܕܡܫܘܕܥܬܐ: ܐܝܟ ܕܒܐ ܗܪܟܐ ܒܥܒܕܐ ܢܗܝܪܐ ܡܠܠܐ ܕܢܦܫܗ: ܡܚܘܝܐ ܠܒܪܢܫܐ ܕܡܫܝܚܐ. [ܐܠܐ] ܠܗܠܝܢ ܥܒܕܝܢ ܐܘ ܐܚܝܕܘܬܐ. ܘܗܟܢܐ ܠܒ̈ܢܝܢܫܐ ܕܟܝܢܐ. ܘܡ̈ܕܡܝܢ ܐܢܘܢ ܕܢܐܠܘܢ ܠܒܪܬܐ. ܘܫܦܝܪܝܢ ܐܢܘܢ ܠܘܬ ܡܠܟܘܬܐ ܕܫܠܝܚܐ ܕܡܫܝܚܐ. ܘܠܐ ܡܬܚܙܝܢ ܐܢܘܢ ܒܓܫܡܢܘܬܐ ܗܠܝܢ ܠܒܪܢܫܘܬܐ. ܗܠܝܢ ܓܝܪ ܕܡܬܚܙܝܢ. ܕܙܒܢܐ ܐܝܬ ܐܢܘܢ ܐܝܬܝܗܘܢ. ܗܠܝܢ ܕܝܢ ܕܠܐ ܡܬܚܙܝܢ ܕܠܥܠܡ: ܟܕ ܡܫܡܫܝܢ ܗܘܘ ܕܒܫܠܝܚܘ ܡܫܠܠ. ܐܘ ܠܐܝܟܐ ܒܫܡܝܐ. ܐܘ ܠܢܘܗܪܐ ܕܒܪܝܬܐ ܕܒܓܙܪܐ ܢܗܝܪܐ. ܐܘ ܠܥܠܝܡܘܬܐ ܕܐܠܗܐ: ܕܫܪܐ ܬܫܒܘܚܬܐ: ܫܪܐ ܒܫܘܒܚܬܐ: ܚܙܘ ܗܘܘ ܠܝ: ܫܠܡ ܫܪ ܡܫܡܫܐ: ܫܪ ܒܡܠܟܘܬܐ ܘܒܢܘܪܐ ܒܐܝܩܪܐ. ܒܗܢܐ ܠܘܬ ܗܠܝܢ ܢܐܡܪܘܢ ܠܝ: ܗܢܘܢ ܕܫܠܝܚܐ ܡܫܪܝܢ: ܡܢ ܡܬܬܘܣܦܘܬܐ ܚܘܫܒܐ ܕܡ̈ܫܡܫܐ. ܠܐ ܓܝܪ ܒܗ ܒܪ ܒܗ ܒܫܡܫܬܐ ܒܪܘܚ: ܐܝܟܢܐ ܕܡܫܡܫܢܗ ܕܡܫܬܪܝܢ ܗܘܘ ܕܝܢ ܡܫܡܫܢܬ ܫܪܐ ܢܘܗܪܬܐ: ܫܪܬ ܐܢܘܢ ܐܡܫܡܫܘܢ. ܘܐܝܠܝܢ ܐܝܟ ܕܒܢܝ̈ܢܘܢ

(X.) 7. Cod. ܬܫܡܫܬܐ. ܕܚ̈ܠܬܗܘܢ.

(XI.) 16. 2 Cor. iv. 18.

24. In marg. ΚΕΝΤΡΟΝ.

ܐܚܪ̈ܢܐ ܠܘܬ ܐܓ̈ܘܢܐ ܡܫܝܚܝܬ: ܘܠܘܬ ܫܡܝܢܐ ܕܒܪܬ ܐܝܟ. ܐܦ ܠܒܪ ܒܗ ܡܢ ܡܘܪܒܐ ܐܝܬܝܗ̇ ܗܘܬ: ܒܕܡܘܬ ܙܥܪ ܚܝܠܐ ܓܒܪܐ ܘܚܠܝܬܐ ܕܥܠܝ̈ܡܐ ܡܬܪܒܝܬܐ ܕܡܫܪܘܬ ܕܒܠܬܐ. ܡܟܡܕܐ ܗܘܬ ܠܗܘܢ. ܒܗ ܠܒܐ ܘܠܗܠ ܡܬܒܪܟܐ ܗܘܬ ܘܡܙܪܢܝܐ. ܘܪܚܝܠܐ ܗܘܬ. ܕܕܠܡܐ ܠܡܐ ܐܢܫ ܢܦܠ ܠܗ ܘܢܣܒܪ ܡܢ ܩܢܘܡ. ܘܒܗ ܐܚܝܕܐ ܗܝ ܟܠ ܣܗ ܡܠܝܘܬ: ܐܬܠܝܡܐ ܚܕܒܐ ܗܘܬ: ܘܐܚܝܕܐ ܡܝܬܡܐ ܗܘܬ ܒܗܡ ܡܢܝܐ ܒܥܕ̈ܢܐ. ܘܪܢܝܐ ܡܫܡܪܐ ܗܘܬ. ܘܡܬܒܣܡܐ ܒܕܡܘܬ ܐܠܝܐ: ܒܗ ܗܘܒܐ ܗܠܝܢ ܩܢܝܬ ܡܢܝܢܘܬܗ ܡܬܩܢܢ. ܘܒܣܘܥܪܢܘܬܐ ܐܡܪ: ܒܗ ܗܠܝܢ ܕܦܠܛܘ ܡܚܡܐ ܗܘܬ: ܩܢܝ ܗܠܝܢ ܕܬܘܒ ܫܒܠܐ ܐܠܐ ܐܢܐ: ܒܕܡܐ ܕܐܬܬܨܝܪ ܒܟܘܢ ܡܫܝܚܐ ܀ [ܝ] ܗܠܝܢ ܟܡ ܗܒܠ· ܒܫܝܢܘܬ· ܘܠܐ ܡܬܚܫܢܝܬ. ܐܦ ܡܬܪܒܝܢܐ ܗܘܬ· ܐܦ ܪܘܬܐ ܗܘܬ ܐܦ ܦܬܪܐ ܗܘܬ. ܠܘܬ ܕܝܢ ܗ̇ܘ ܕܗܘܪܐ ܕܩܢܝܢܘܗ̇· ܒܗ ܓܒܝܠܘܬ ܡܦܩܬ· ܐܝܟ ܦܘܪܣܐ ܕܦܘܪܢܐ: ܘܒܡܬܠܠܐ ܒܒܪܝܐ ܡܠܬܘܬܐ ܣܗܐ: ܠܗ ܒܐܪܥܘܗܝ ܠܫܡܗ ܕܒܪܗ̇ ܐܪܦܬܗ̇ ܐܠܐ ܒܡܪܝܬܗ: ܘܠܐ ܐܢܫܐ ܕܐܬܦܫܐ ܡܢ ܡܬܥܢܝܢܐ ܒܗܠܐ ܗ̇ܘ ܐܒܗܢܐ ܡܠܠܬ: ܐܠܐ ܐܢܫܐ ܕܠܐܒܗ̈ܬܐ ܡܪ̈ܚܝܐ ܘܠܚܫ̈ܝܐ ܗ̇ܘܝ ܒܬܪܥܐ ܬܒܕܝܘܗܝ ܠܐܓܘܢܣܛܐ: ܘܠܘܬ ܓܒܢܐ ܥܘܫܢܐ ܬܬܦܝܣܘܢ. ܐܕܠܩܬܗ ܘܐܪܬܚܬܗ ܠܬܪܐܝܬ ܠܠܒܗ ܕܓܠܝܐ· ܘܒܗ ܐܝܟ ܗ̇ܘ ܕܬܗܘܪܐ ܗܘܐ. ܠܡܗܘܬܐ ܗ̇ܘ ܡܪܢܝ. ܐܝܟ ܕܠܝܠܝܐ ܡܗܬܪܗܒ ܗܘܐ ܠܡܓܠܒ. ܘܕܪܝܫܐܘܗ̱ܝ ܡܢ ܐܦܘܪܐ ܠܘܬ ܗ̇ܝܢ ܕܩܝܒܡ ܗܘܘ ܠܘܬܗ ܡܪܢܡ ܗܘܐ. ܘܒܗ ܐܫܬܪܝ ܡܓܠܒܢܘܬ· ܡܢ ܗ̇ܝܢ ܕܐܬܦܓܥܘ: ܐܝܟ ܗܘ ܕܡܢ ܬܪܘܬܐ ܒܒܪܝܬܐ ܐܫܬܠܛ. ܠܣܗ ܡܢ

(IX.) 5. ܘܡܙܪܢܝܐ] in marg. ܡܙܢܢܝܐ.

11. Gal. iv. 19.

ܕܡܬܢܝܚ ܒܪܘܚܘܬܐ· ܫܪܝܬ ܐܬܝܗ̇ ܕܦܠܐܓܐ. ܕܐܬܬܩ̈ܬܐ ܦܓܥܬܐ ܕܓܒܪܘܬܐ ܢܣܒܘܢ ܥܠ ܦܓܪܗܘܢ. ܘܕܠܘܬ ܫܦܐ ܕܡܬܩܪܒܐ· ܐܚܝܕܐ ܢܒܝܐ ܢܩܪܠܗܘܢ: ܘܥܠ ܒܥܠܕܒܒܐ ܘܥܠ ܟܢܘܫܐ· ܐܚܝܕܐ ܢܗܘܐ ܫܘܪܐ ܕܡܛܠܗܘܢ. ܕܐܝܟ ܗܕܐ ܐܝܬܘܗܝ ܗܘܬ ܡܚܝܢܘܬܐ ܕܬܠܡܝܕܐ ܡܢܗܘܢ ܫܠܝܚܐ ܘܥܕܢܐ: ܐܡܝܢܐ ܕܠܐ ܒܗ ܗܘ ܕܚܠ ܚܕ ܐܡܪ ܐܢܐ: ܐܬܟܬܫܘ ܒܬܘܟܢܐ. ܕܐܝܟ ܗܕܐ ܐܝܬܘܗܝ ܗܘܬ ܡܬܬܕܢܬܐ ܗܘ ܡܛܪ ܡܟܬܒܢܘܬܐ ܕܠܘܬ ܬܬܒܥܬܐ: ܕܗܕܐ ܗܘ ܠܗ ܡܬܕܚܠܐ. ܐܚܝܕܐ ܠܒܪ ܕܗܘ ܗܘ ܕܡܬܠܠܐ ܕܡܗܕܐ· ܒܐܦܐ ܡܠܝܢ ܡܩܪ̈ܒܢ ܕܪ̈ܒܢܐ ܘܡܬܠܬܠܬܐ ܦܚܝܢ: ܠܗ ܚܕ ܓܘܢܐ ܚܒܝܢ· ܐܠܐ ܡܫܠܡܐ ܘܡܬܩ̈ܒܠܐ: ܠܡܫܪܬܘܬܐ ܕܚܕ ܫܘܦܪܐ. ܒܗ ܕܝܢ ܒܗ ܒܢܝܐ ܗܠܝܢ: ܥܠ ܬܚܘܬܐ ܐܟܝܦܘܬܐ ܘܡܫܠܡܘܬܐ ܕܬ̈ܒܢܐ ܓ̈ܘܪܝܢ ܗܘܘ ܘܡܬܦܝܫܝܢ ܗܘܘ: ܒܝܕ ܠܚܠܠܐ ܕܗܘܕܝܬܐ: ܒܐܪ̈ܓܘܬܐ ܩ̈ܠܐܝ ܐܕ̈ܢܐ: ܐܝܟ ܕܒ̈ܟܐܦܐ ܡܚܪ̈ܬܐ ܡܪܓܠܝܢ ܗܘܘ ܡܬܟܐܡܝܢ. ∴ [ܠܛ] ܒܗ ܕܝܢ ܫܢܬܐ ܗܘ ܗܘܠ ܐܩܦܐ: ܪܗܛܐ ܥܡܠܝܗ: ܘܠܘܬ ܚܠܠܐ ܕܦܢܝܬܐ ܕܠܗܠ· ܪܗܛܘ· ܘܡܬܪܓܝ. ܗܘ ܐܣܝܪܐ· ܘܥܒܕܝܢܐ ܐܝܬܘܗܝ ܗܘܐ܂ ܒܗ ܒܢܝܬܐ ܬܬܒܥܬܐ ܠܗܦܟ ܗܘܐ: ܘܗܘܐ ܬܠܡܝܕܐ ܢܣܒܐ ܠܘܬ ܐܝܟ ܐܠܗܐ ܥܠ ܕܡܠܬܐ. ܗܘ ܕܒܝܬ ܗܠܠ ܡܢܗܘܢ· ܗܘ ܚܪܘܒܐ. ܡܢܗܘܢ ܗܘܐ ܕܒܥܠܕܒܒܐ ܘܒܥܠܕܒܒܐ ܢܦܫܗܘܢ. ܘܒܗ ܒܝܘܡܐ· ܕܐܦ ܠܗܠܝܢ ܥܠܝܡܐ. ܕܐܡܪܗ ܬܘܩܦ ܠܗܬܗ ܦܩܕ ܗܘܐ. ܐܡܝܢܐ ܕܢܫܘܥ ܒܠܥܗ ܐܝܟ ܕܥܠ ܐܡܪܐ ܕܡܫܟܚܬ ܘܐܡܬܐ ܕܠܐ ܚܝ̈ܐ. ܐܦ ܒܪ ܢܗܪ ܗܘܐ: ܕܫܦܩܐ ܗܘܬ ܐܦ ܒܗ ܒܡܬܚܘܝܐ· ܥܒܘܕ ܒܗ ܒܗ ܡܬܚܠܠܐ: ܕܬܪܦܘܗܝ· ܘܠܘܬ ܚܝܐ· ܬܚܘܦ ܘܬܪܒܝܗ ܠܐܬܠܝܠܟ. ܠܒܝܫܐ ܗܘܬ ܠܗ ܕܝܢ· ܠܗܘܢ ܗܦܝܣ ܗܘܐ: ܕܗܝ ܐܬܠܬܗ ܗܘܬ ܕܐܦ ܠܗܘܢ

ܘܟܠ ܚܕ ܡܢܗܘܢ܆ ܠܐ ܒܡܫܘܕܥܘܬܐ ܒܠܚܘܕܝܬܐ ܕܠܗ ܒܠܫܢܗ܇ ܡܬܬܟܬܫ ܗܘܐ܂ ܐܠܐ ܐܦ ܒܕܡܐ ܕܗܘ ܐܚܪܢܐ܂ ܗܘ ܓܝܪ ܕܦܫܡ ܐܝܠ܂ ܘܢܨܚܬܐ ܡܕܡ ܡܢܨܚܬܐ ܐܬܬܚܕܘܢ ܗܘܐ ܠܗܘ ܕܐܬܬܐ ܒܬܪܗ܂ ܘܡܢܨܚܐ ܡܕܡ ܚܕܬܐ ܕܠܒܢܝܡܘܬܐ ܕܡܢ ܥܠܡ ܒܬܘܒ ܘܚܕܝܢ ܘܡܫܡܗܘܢ܆ ܘܕܦܫܡ ܕܢܓܕܘܢܗܘܢ ܠܗܘܢ ܠܢܝܫܐ ܒܗܘܐ܂ ܗܢܘܢ ܕܝܢ ܕܒܬܪܗܢ ܒܗ ܠܗܘܢ ܡܫܐܕܝܗܘܢ ܒܚܙܘܗ܂ ܡܫܬܘܕܝܢ ܗܘܘ ܠܐܫܬܠܡܘܬܐ ܕܐܣܝܩܗܘܢ܆ ܡܛܠ ܡܢܗܘܢ ܕܠܗܘܢ ܕܗܢܘܢ ܕܫܪܝܢ ܗܘܘ܂ ܡܬܬܟܬܫܝܢ ܗܘܘ ܕܝܢ ܠܗܘܢ ܗܢܐ ܕܒܬܪܝܬܐ܂ ܒܗ ܕܫܠܝܢ ܗܘܘ܂ ܠܐ ܡܢ ܗܢܐ ܕܒܦܫܝܛܘܬܐ ܕܗܢܘܢ ܢܬܬܘܢ܆ ܐܠܐ ܡܢ ܗܢܐ ܕܠܐ ܒܗ ܒܦܓܪܗܘܢ ܢܫܘܘܢ ܐܣܘܬܐ ܘܟܘܠܗ ܬܪܥܝܬܐ ܕܡܫܡܫܢܘܬܐ܆ ܒܬܢܝܢܐ ܡܫܒܚܬܐ ܕܐܘܪܚܐ ܡܫܝܚܝܐ܂ [ܚ] ܐܚܕ ܓܝܪ ܒܪ ܡܢܗܘܢ܆ ܟܠ ܓܒܠܐ ܡܬܓܫܘܫ ܗܘܐ܂ ܘܡܫܬܪܝ ܗܘܐ ܓܝܪ ܡܢ ܐܦܪܝܐ ܕܝܬܝܪܘܬܗ܆ ܒܗ ܦܠܓܐ ܗܘܐ ܕܝܢ ܐܚܝܕܐ ܒܗ ܡܬܟܪܝܢܘܬܗ ܕܟܘܪܗܢܐ܆ ܒܗ ܠܡܪܥܐ ܕܚܘܪܐ ܫܒܩܢ ܗܘܘ ܡܢ ܠܬܚܬ܂ ܒܗ ܒܗ ܒܗ ܐܚܝܕܝ ܐܦ ܢܦܫ ܗܘܐ܂ ܐܚܪܢܐ ܕܝܢ ܒܟܐܒܐ ܕܦܪܘܩܐ܂ ܒܕܓܘܬ ܥܠܝܡܐ ܕܒܪܢܫܐ ܡܬܟܠܝܢ ܗܘܐ ܡܢ ܡܫܬܡܥ܂ ܐܚܪܢܐ ܕܝܢ ܕܢܬܓܫܡ ܠܥܝܢ ܐܬܓܠܝ܆ ܒܝܠܝܢܐ ܠܗܢܐ ܐܝܟ ܐܘܟܠܗ ܠܦܫܘܛܐ܂ ܒܗ ܡܫܘܐ ܗܘܐ܂ ܕܐܠܐ ܡܕܡ ܡܢ ܗܠܝܢ ܕܒܡܘܡܐ ܬܠܝܢ ܗܘܘ܆ ܡܬܬܟܒ ܗܘܐ ܕܠܥܒܕܐ ܢܗܘܐ܂ ܐܦ ܠܗܢܐ ܐ ܡܛܝܐ ܗܘܐ܂ ܒܝܒܫܗ ܡܫܬܪܐ ܗܘܐ܂ ܐܦ ܓܝܪ ܟܠ ܚܕ ܡܢܗܘܢ ܢܝܚ ܗܘܐ ܥܒܕܐܝܬ܂ ܕܠܗܘܢ ܕܐܚܪܢܐ ܫܪܝܬܐ ܕܡܫܡ ܒܪܢܫܐ܂ ܫܘܫܘܬܐ ܕܠܗܢ ܝܠܕܬܐ ܢܫܘܐ܂ ܘܚܘܒܐ܆ ܒܟܠܗܘܢ ܗܪܟܘܗܝ ܢܛܦܪ܂ ܘܕܘܪܫܐ ܩܦܠܐܐ ܕܫܠܡܘܬܐ ܢܫܡܠ܆ ܡܕܡ ܕܢܦܫܗ ܬܬܦܪܥ ܡܢ ܦܓܪܗ܂ ܕܢܟܝܢ ܗܘܘ ܓܒܪ܂ ܕܕܫܘܬܐ ܐܝܟ ܕܡܫܡܠܝܐ ܐܬܬܗ ܕܢܠܝܬܐ܆ ܗܢܐ ܕܟܘܫ ܦܠܓܐ ܢܬܪܚܡ܂ ܠܗܘܢ ܕܝܢ

ܘܡ̈ܠܐ ܡܡܩܝܫܬܐ ܕܠܘܬ ܐܠܗܐ. ܠܘܬ ܡ̈ܬܠܠܐ ܠܘ̈ܬܒܫܬܐ ܕܡ̈ܠܐܟܐ ܘܕܐܟܣ̈ܬܐ ܡܕܢ̈ܚܐ ܦܪܘܫ ܀ [ܐ] ܬ̈ܠܠܝܐ ܕܡܢ ܗܠܝܢ: ܒܗ ܒܕܒܓܘܬ ܡ̈ܠܦܢܐ ܒܫ̈ܝܢܐ ܦܪܠܘ ܐܝܟܢ ܠܬ̈ܠܬܝܘܬܐ ܫܝܢ ܕܡܠܦܢܐ: ܘܒܗܕܐ ܦܠܓ ܐܒܘܟܐܝܬ ܘܡܝܩܪܐܝܬ ܐܬܩ̈ܒܠܘ: ܘܐܬܪ ܡܢ ܡܕ̈ܪܫܬܐ ܢܡ̈ܘܣܝܬܐ: ܠܡܫܡܫܢܘܬܗ ܕܫܒܐ ܕܒܥ̈ܝ ܕܢܫܒ· ܐܝܠܗ ܘܦܪܢܣܗ ܢܝܫܐܝܬ: ܘܐܦܪܘ ܒܒܗܕܢܐ ܒܡ ܫܬ̈ܬܝܬܐ ܡܒܕܡ ܥܦܪܬ ܒܫܢܐ ܘܣܪܚܬܐ: ܒܗ ܠܐ ܡܒܕܡ ܒܠ ܒܠܗ ܓܪܒܘ ܐܘ ܠܒܘ. ܠܗܢ ܕܐܬܬܠܦܬ· ܠܘ ܒܗ ܠܥܢܐ ܡܐܠܠܘܢ ܠܒܘܫ ܘܐܥܠܡܘܗ. ܐܠܐ ܒܝܗ ܠܒܪܘܬܐ ܕܕܡܝܐ ܕܟܝ̈ܢܐ. ܒܠ ܚܕ ܠܦܝ ܡܫܡܘܢ ܕܬ̈ܠܠܝܐ. ܐܝܟ ܠܦܫܘܐ ܕܡܘܡܬܗ ܠܡܣܒܪܬܐ ܡܬܬ̈ܬܐ ܗܘܐ. ܒܗ ܫܦܪ ܗܘܐ ܠܗ ܠܦܘܢܝ. ܕܒܗ ܡܫܡܫ ܒܢܫܐ ܕܒܠ ܗܘ ܘܡܕܡܐ: ܡܥܠܝܠ ܗܘܐ ܠܗܘܢ ܠܗܘܢ ܐܣܝܪܐ ܠܘܬ ܕܫܠܝܘܬܐ. ܦܓܘ ܠܦܝ ܠܐ ܢܐܒܝ ܗܘܐ ܒܕܒܠܬܐ: ܒܗ ܠܦܫܪܐ ܕܐܫܘܗܝ ܫܪܐ ܗܘܐ ܕܡܕܒܪܢܝܬ ܡܫܬܪܝܢ ܗܘܘ ܘܡܬܒܫܡܝܢ. ܗܕܐ ܕܝܢ. ܠܘ ܗܟܢܐ ܢܦܫܐ ܗܘܬ. ܐܠܐ ܠܫܡܫܬܐ ܗܘ ܕܡܕܚܠܬܐ. ܡܬܚܫܚܬܐ. ܕܒܠܒܪܘܬܐ ܕܫܬܪ ܙܒܢܐ ܒܓܕܘܗ: ܡܕܝܢܐ ܗܢܝܢ ܫܠܝܬܐ ܘܙܕܝܩܐ ܕܡܫܝܪܘܬ ܕܒܠܬܐ. ܗܘ ܓܝܪ ܠܦܝ ܡܕܡܝܐ ܕܗ̈ܢܝܐ ܡܬܪ̈ܒܐ ܗܘܐ. ܕܬܫܝܬ ܫܘܒܬܐ ܐܬܬܘܗܝ ܕܡܕܒܪܢܘܬܐ ܕܡܠܦܢܐ. ܗܘ ܕܝܢ ܕܬܪܝܢ. ܒܡ ܡܫܬܪܬܐ ܗܝ ܕܡܠܦܢܐ. ܐܦ ܕܗܝ ܕܐܫܘܗܝ ܢܥܒ ܗܘܐ ܕܐܬܘܗܝ ܫܢܒܐ. ܠܗܘ ܕܝܢ ܕܬܠܬܐ· ܐܓܘܢܐ ܐܝܬ ܗܘܐ ܠܗ. ܕܐܦ ܠܗܢܘܢ ܕܦܕܒܗ ܐܬܬܥܘ ܢܒܓܪ. ܘܕܫܢܝܐ ܬܫܘܝܬܐ ܕܒܒܪܘܬܐ ܠܗܢܘܢ ܕܥܪܒܐ. ܒܠܗܘܢ ܕܡܢ ܠܫ̈ܕܕܐ ܡܥܬܘܬܩܝܢ ܗܘܘ ܒܕܐܪ̈ܐ ܘܒܬܫ̈ܬܥܝ.

(VII.) 3. ܡ̈ܠܦܢܐ ܒܫ̈ܝܢܐ] rib. del.

16. ܗܘܘ] improb. a pr. man.

ܢܦܩܠܘܢ ܠܚܠܬܢܐ ܗܠܝܢ ܕܡܢ ܠܒܪ ܘܬܘܘܕܪܒܐ: ܘܠܗܠܝܢ ܡܬܬܬܐܡܬ ܘܒܪܢܐܡܬ ܢܦܩܘܢ ܠܗܬ ܗ̇ܘܢ ܕܡܬܐܪܐܡ. ܡܬܢܚܢ ܐܝܟ ܡܢ ܡܙܐܪܘܣ ܐܘ ܒܝܬ ܡܘܟܒܐ ܕܡܟܠܠ ܠܗ ܠܪܝܫܗ ܕܟܗܢܐ: ܐܝܟ ܕܐܡܝܢܐ ܕܠܗܘܒܠ ܫܥܐ ܡܬܟܪܟ. ܙܪܬ ܐܝܟ ܡܢ ܦܛܟܐ ܕܕܗܒܐ ܗܘ ܕܟܠ ܒܝܬ ܒܢܝܢܐ: ܗ̇ܘ ܕܡܓܒܒ ܒܗܝ ܕܟܐܡܬܐ ܒܗ ܠܥܠܡܐ ܗܘ ܠܐ ܡܥܡܘܬܐ ܕܐܠܗܡܐ: ܘܗܢܝܐ ܗܝ ܒܣܡܬܐ ܡܕܡ ܕܠܐ ܡܬܟܠܠܬܐ ܟܠܝܦ: ܐܡܟܢܐ ܕܢܒܗܪ ܠܦܪܨܘܦܗ ܕܟܗܢܐ: ܘܢܫ̇ܕܪܐ ܘܠܦܘܗܝ ܕܠܐܠܗܐ ܟܠܗܘܕܘܗܝ ܢܫܕܐ. ܟܕ ܗܠܝܢ· ܘܕܡܬܚܙܝܢ ܡܢ ܗܠܝܢ ܡܬܫܒܚ ܐܢܫ. ܐܡܟܢܐ ܐܒܠܡ ܠܢܗܡܐ ܐܟܡܗܐ. ܐܡܟܢܐ ܕܝܢ ܡܢ ܫܪܐ ܡܟܐܡܠܬܐ ܠܐ ܡܬܡܠܠܬܐ ܟܐܪܒܐ. ܐܡܟܢܐ ܐܦܫܪ ܠܟܘܡܐ ܕܠܒ: ܗ̇ܘ ܕܒܕܡܐ ܠܗܕܐ ܡܟܘܬܐ ܐܬܪܟܒ. ܐܝܬ ܠܝ ܒܗܠܝܢ ܐܘ̈ ܐܬܦܠܘܡܐ ܒܡܦܩܢܐ ܕܢܦܫ. ܗܒ ܢܩܫܐ ܡܚܒܠ ܐܦ ܕܦܓܪܐ ܕܠܒ. ⁘ [ܘ] ܗ̇ܘ ܕܝܢ· ܟܕ ܒܟܠܗܐ ܗܠܝܢ ܕܦܠܚ ܐܬܬܗܡܝܢ ܗܘܘ ܕܦܠܘܡܦܢܐ· ܐܝܟ ܕܒܡܘ̈ܣܝܐ ܐܬܟܬܒ. ܒܝ̈ܕܝܐ ܦܦܪ ܗܘܐ ܕܢܬܢܟܕ. ܘܡܫܕܪܐ ܒܪ ܥܒܕܬܗ· ܡܫܩ̈ܢܐ ܐܫܝܕ ܢܝܚܐ ܗ̇ܘܝܘܢ ܡܝ̈ܢܝܗ. ܒܘܪܐ ܚܣܡ ܗܘܘ. ܒܒ̈ܠܚܬܐ ܚܬܝܡ ܗܘܘ. ܒܡܫܝܚܘܬܐ ܕܬܚܘܐ ܦܪܝܡ ܗܘܘ ܠܗ. ܠܒ̈ܢܬܗ ܚܬܝܡ ܗܘܘ. ܠܒ̈ܢܝܐ ܕܠܗ ܡܚ̇ܡܚܡܝܢ ܗܘܘ. ܟܕ ܥܒܕܐܝܬ ܕܒܗ ܪܪܐ ܗܘܐ. ܗ̇ܘ ܕܝܢ ܗܒܟܐ· ܟܕ ܒܗܒܐ ܡܓܕ ܒܢ̈ܝܗܘܢ: ܘܠܪܘܓܠܐ ܕܠܗܬ ܗܠܝܢ ܕܠܟܠ· ܟܡ ܡܣܪܗܒܘܬܐ ܡܕܡ ܪܗܛ ܗܘܐ. ܒܠܗܘܢ ܘܒܕܘܒܬܐ ܡܬܐܠܝ ܗܘܐ. ܘܠܒܝܪܬܐ· ܟܕ ܐܦܠܐ ܒܕܡܐ ܠܫܪܐ ܡܠܬܐ ܡܫܝܠܬܐ ܐܘ ܪܦܝܬܐ ܐܙܕܒ. ܠܚܘܠܬܐ ܕܢܘܪܐ ܡܫܬܠܡ ܗܘܐ. ܘܟܕ ܬܡܢ· ܫܪܒܢܐ ܕܦܓܪܗ ܐܬܦܫܪ. ܡܢ ܒܬܪ ܓܠܘܬܐ ܕܢܠܦ ܒܒܟܐ:

3. In marg. κιδαρις.

7. [ܒܣܡܘܬܐ] in marg. ܒܬܡܐ.

ܕܢܦܠܐ ܠܬܚܘܒܬܐ ܠܚܛ̈ܗܝ. ܘܕܠܐ ܢܬܕܘܕ ܒܬܪ ܗܠܝܢ ܕܡ̈ܢܝܢܐ. ܘܒܗܕܐ ܢܬܪ̈ܝ ܠܡܣܟܢܘܬܐ. ܐܬܟܫܦ ܗܟܝܠ· ܐܘ ܡܢܗ ܕܗܘܝܢ ܢܟܘܬܐ܆ ܕܐܠܗܐ ܐܬܘܗܝ. ܐܘ ܡܢܗ ܕܗܘܥܟܐ ܕܢܟܘܬܐ. ܠܫܘܬܐ ܐܦ ܟܕ ܠܐ ܫܠܠܬܝ. ܫܟܝܚ ܠܗܘܢ ܐܝܟ ܕܐܟܬܪܬ· ܕܒܡܬܪܬܚܘܬܐ ܕܥܘܟܢܗ ܕܟܝܢܐ ܒܬܫܒܝܚ. ܘܕܝܢܘܬܐ ܐܝܬ ܠܗܘܢ ܙܟܘܬܐ ܕܡ̈ܢܝܢܘܬܐ ܠܐ ܡܩܒܕܬܐ. ܠܟܪܝܗܐ ܕܝܢ ܡܠܠܝ. ܠܘ ܠܗܘܢ ܗܠܝܢ ܕܡܢ܆ ܗܠܝܢ ܐܦ ܠܡܩܒܪ ܐܘ ܒܝܬ ܠܡܐܟܠ܆ ܐܬܬܗܝܒ ܠܗ ܢܟܘܬܐ. ܡܢ ܗܠܝܢ ܟܕ ܠܐ ܫܠܐ. ܗܠܝܢ ܕܝܢ ܡܩܒܠ ܠܗ. ܡܛܠܠܬܗ ܒܝܬ ܕܗܕܐ. ܐܦ ܬ̈ܝܒܘܬܐ ܦܬܚ ܣܡ ܠܗܘܢ ܠܟܪ̈ܝܗܐ܆ ܠܟܠܗܘܢ ܗܢܘܢ ܕܠܟܠܗܝܢ ܬܫܝܢܬ ܥܒܝܕ ܫܐܝܠܝܢ܆ ܒܕ ܠܚܝܝܐ ܘܠܘ ܠܢܟܘܬܐ ܡܬܬܟܫܦܝܢ. ܗܠܝܢ ܟܕ ܗܟܝܠ· ܕܬܪܝܨܬܐ ܢܟܘܫܬܝ ܕܐܝܟ ܗܠܝܢ ܐܬܘܗܝ܆ ܐܝܟܢܐ ܕܡܢ ܩܕܝܠܐ ܗܢܘܢ ܕܐܬܘܗܝ ܫܠܝܠܐ ܘܬܪ ܠܐ ܡܬܬܠܠܝܐ ܐܢܫ. ܐܦ ܟܕ ܠܘܬ ܣܦܘܬܐ ܐܬܬܝܗ ܠܝ ܡܠܬܝ. ܘܠܘܬ ܡܥܒܕܢܘܬܐ ܕܠܐ ܡܥܘܬܒܐ ܒܪ̈ܐܢܐ. ܡܢܐ ܕܝܢ ܐܡܪ܆ ܡܛܠ ܐܣܟܡܐ ܐܘ ܐܢܫܪ ܕܪܥܘܬ ܒܢܘܡܐ. ܢܥܦ ܐܢܐ ܓܝܪ ܒܘܬܝܐ ܗܘ ܕܒܕܡܐ ܠܬܚܠܐ ܢܣܬܐ ܕܟܘ̈ܢܝܐ ܡܩ̈ܬܒܐ ܘܡܥܫ̈ܠܘܬܐ ܘܦܢܪܐ܆ ܘܡܥܘܕܒܐ ܕܙܕܩ ܠܗ ܠܬܪܥ ܒܗ̈ܢܐ܆ ܕܠܟܠܗ ܒܘܥܝܐ ܡܬܟܐ ܕܡܬܪ̈ܬܐ ܢܗܘܐ ܠܓܝܪ. ܟܕ ܗܘ ܐܢܐ ܡܢ ܦܪܣܐ ܗܘ ܕܕܒܪ̈ܐ ܘܡܢ ܡܥܒܕܢܘܬܐ ܘܥܪܪܐ܆ ܗܠܝܢ ܒܝܬ ܕܟܠ ܣܘܕܐ ܠܓܒܝܢ ܠܗܘܢ ܗܢܘܢ ܕܠܡܟܣܘܢ ܡܠܦܬ ܐܢܘܢ. ܒܕ ܠܗܘܢ ܡܘܕܥܝܢ ܟܠܢ܆ ܐܡܪܢܐ ܕܢܗܘܘܢ ܐܝܬ ܠܗܘܢ ܠܓܠܝܠܘܬܗ ܕܡܥܢܐ܆ ܕܡܫܠܬܐ ܡܐܠܠܝܢ ܐܘ ܐܘ ܒܣܓܝܬܐ ܘܒܬܚܒܘܬܐ ܗܠܝܢ ܡܫܩܠܢܘܬܐ ܡܬܕܪ̈ܫܐ܆ ܐܝܟ ܕܢܥܒܘܢ ܕܢܦܘܫܘܢ ܗܠܝܢ ܕܪ̈ܕܝܢ܆ ܘܐܝܟ ܐܠܐ ܕܡܬܚܣܢܘܬܐ

(V.) 22. ܦܪܣܐ] in marg. ܦܪܨܐ.

25. ܐܘ] in marg. ܐܠܘ.

ܕܟܠ ܐܢܫܐ ܕܐܝܟܢܐ ܚܙܐ ܗܘܐ: ܘܟܠ ܡܐܟܘܠܬܐ ܗܘ ܕܦܠܓ ܗܢܝܐ ܕܟܦܢܐ ܕܣܘܪܐ ܡܟܦܢܐ ܗܘܐ. ܟܕ ܫܘܒܚܐ ܕܒܢܝܐ܆ ܦܢܐ ܗܘܐ ܠܗ ܠܡܕܝܢ. ܘܕܫܢܝܢܘܬܐ ܕܐܢܝ ܗܘܐ ܠܗ: ܠܗܝ ܕܒܚܕܐ ܡܐܟܘܠܬܐ ܢܫܠܦ ܢܦܓܥܐ ܒܡܘܬܐ. ܐܦ ܓܒܪ ܡܫܬܪܝ ܗܘܐ ܠܗܘܢ ܠܦܬܓܡܘܗܝ. ܟܕ ܐܟܚܕܐ ܒܗ ܟܕ ܒܗ܆ ܐܦ ܡܬܬܚܝܢ ܗܘܐ ܒܗ ܒܚܒܪܝ ܐܦ ܡܕܒܠ ܗܘܐ. ܐܝܬ ܕܝܢ ܐܢܫܝ̈. ܕܐܦ ܟܕ ܕܡܕܝܢ ܘܚܙܘ ܟܠܗܘܢ ܐܡܪܝܢ ܗܘܐ: ܘܡܬܦܩܦܩ ܘܡܬܦܪܣܝܢ ܠܘܬ ܡܢܝܢܘܬܗ ܕܫܘܒܚܬܐ ܐܟܚܕܐ ܘܡܨܝܪܘܬܗ. ܠܗܢ ܕܝܢ ܟܕ ܠܗܢ ܠܬܫܒܘܚܬܐ܆ ܐܫܟܚܝܢ ܗܘܘ. ܐܦ ܡܫܬܥܝܢܐ ܗܢܘܢ ܫܦܝܠ ܫܪܒܐ ܕܢܨܚܢܘܗܝ. ܟܕ ܐܟܚܕܐ ܡܕܢܚܝܢ ܗܘܘ܆ ܘܡܬܦܫܚܝܢ ܗܘܘ܆ ܐܦ ܒܗܕܐ܆ ܠܡܠܟܝ. ܘܟܕ ܒܟܠ ܦܘܪܫܐ ܐܝܟ ܕܠܡܓܕܠܐ ܕܡܬܢܨܚܬܐ: ܢܗܪܝܢ ܗܘܘ ܠܗ ܠܫܡܥܐ ܡܬܕܪܟܬ. ܐܠܐ ܐܬܬܚܡܘܗܝ ܗܘܐ ܠܗܘܢ ܠܐ ܒܡܬܕܪܟܢܐ܆ ܘܠܐ ܒܡܫܬܡܥܢܐ ܟܠ ܟܠܗ ܘܠܐ ܒܡܬܟܒܫܢܐ. [ܗ] ܐܡܪ ܗܘܐ ܓܒܪ܆ ܕܢܟܘܫܐ ܕܠܗ ܐܘ̈ ܐܝܠܝܢܘܟܝ. ܫܪܝܪܐܝܬ ܐܬܬܘܗܝ ܢܟܘܫܐ. ܥܢܝܬܐ ܓܒܪ܆ ܘܡܟܘܡܟܬܐ ܐܬܬܘܗܝ ܕܐܠܗܐ. ܘܠܦܢܝܐ ܕܝܢ ܐܦܠܐ ܕܚܕ ܡܢ ܒܢܝ̈ܫܐ. ܐܘ ܠܐ ܥܡܒ ܐܝܬ ܡܛܠ ܡܘܫܐ: ܘܡܛܠ ܝܘܡܗ ܗܘ ܕܐܪܒܥܝܢ ܡܬܚܬܐ: ܘܢܣܒܘܬܐ ܘܕܘܒܪܐ ܕܡܢ ܗܢܐ: ܘܡܛܠ ܪܥܝܗ ܕܦܛܪܐ ܕܫܝܢ ܘܡܛܠ ܒܢܝܐ: ܘܡܛܠ ܗܘ ܕܡܢ ܬܡܢ ܢܣܒ ܗܘܐ ܠܗ ܟܠܝܠܐ: ܘܡܛܠ ܠܩܫܐ ܗܠܝܢ ܕܟ̈ܠܝܢ ܗܘܘ ܒܝܕܥܐ ܕܐܠܗܐ: ܗܠܝܢ ܕܟܦܢܐܝܬ ܒܬ̈ܪܝܢ ܗܘܘ ܡܢ ܠܒܗ ܒܗܝ ܐܦ ܡܢ ܠܒܪ: ܘܠܗܝܢ ܗ̈ܢܝܢ ܕܐܬܪ ܒܓܘ ܡܩ̈ܕܡܢ ܗܘܘ ܡܣܝܡܝܢ ܠܐܦ̈ܐ ܦ̈ܪܝܬܐ ܕܒܬܘܠܘܬܐ: ܠܗܝܢ ܕܝܢ ܕܡܬܚܫܚܝܢ ܗܘܘ ܠܘܬ ܬܐܘܪܝܐ: ܬܪ̈ܝܢ ܗܘܘ ܠܡܦ̈ܩܡܐ ܕ̈ܐܢܫܐ ܕܪܘܚܐ. ܡܢ ܬܡܢ ܐܝܬ ܠܝ ܡܫܠܡܢܘܬܐ ܕܡܐܟܘܠܬܐ ܕܟܦܢܐ ܕܣܘܪܐ. ܕܪ̈ܕܝܐ ܘܡܠܟܐ ܠܝ

ܕܡܫܘܚ ܗܘܐ ܙܢܝܐ ܡܫܬܠܛܐ. ܕܡܫܡܫ ܒܢܝܐ. ܡܬܒܥܐ ܕܝܢ ܡܢܗܘܢ ܘܠܐ ܫܡܥܝܢ. ܘܕܗܕܝܢ ܒܠܚܘܕ ܠܢܡܘܣܐ ܐܬܕܒܪܘ. ܒܠܒܗܘܢ ܕܝܢ ܒܗ ܒܕܘܒܪܬܐ: ܕܡܫܘܚܬܐ ܡܢܝܢܐ ܘܦܠܓܢܘܬܐ ܚܒܫܝܢ ܗܘܘ. ܘܕܡܬܟܢܫܐ ܕܐܬܝܢ ܦܠܝܛ ܐܢܘܢ ܡܢ ܡܒܝܢܐ ܠܡܐܡܪ: ܡܢܐܬܝܢ ܗܘܐ ܐܚܝܕܐ ܒܗ ܒܫܢܬܐ ܐܦ ܠܢܦܫܐ: ܘܒܠܒܠ ܚܠܦ ܦܘܩܕܢ ܗܘܘ ܠܗ ܡܢ ܐܦܝܐ ܗܘ ܕܡܩܝܡܘܬܐ ܕܐܚܝܕܐ. [ܕ] ܚܒܪ ܗܘܐ ܕܝܢ ܠܡܠܟܘܬܐ ܕܦܘܠܘܡܐ ܘܡܕܝܢܬܐ. ܐܠܥܙܪ ܗܘ ܒܗܢܐ: ܕܗܟܢܐ ܩܡ ܐܢܬܘܢ ܗܘܐ ܒܫܦܪܐ ܕܪܝܫܗ: ܒܠܢܩܒ ܗܘܐ ܕܝܢ ܒܐܪܒܥܬܗ. ܘܡܬܬܟܒ ܗܘܐ ܕܢܬܟܠ ܡܢ ܕܒܢܝܐ ܣܒܝܐ ܘܡܢ ܒܫܢܐ ܕܣܝܒܘܬܐ. ܘܡܟܦܪ ܒܗܘܐ: ܒܕܝܠܬܐ ܗܝ ܕܚܝܠܬܐ ܕܢܡܘܣܐ. ܦܩܕ ܗܘܐ ܠܗ ܗܘ ܡܠܟ ܠܦܘܠܝܐ: ܕܝܢ ܠܗܘܢܐ ܢܬܒ. ܠܢܡܘܣܐ ܕܝܢ ܐܦ ܠܗ ܠܡܐܢܘܬܐ: ܘܠܡܕܝܢܘܬܗ ܕܥܡܐ. ܥܒܕܐ ܕܗܠܝܢ ܡܩܝܡ ܗܘܐ. ܠܘܬ ܗܠܝܢ ܡܠܟ ܐܢܛܝܘܟܘܣ ܗܘܐ ܠܗ ܡܪܟܐ ܘܠܐ ܠܬܗܘܢ. ܥܙܪܐܝܬ ܗܝܠ. ܐܦ ܕܕܠܐ ܣܪܝܩܐ ܢܦܩܝܢ ܗܘܘ ܠܡܠܘܟܐ ܬܠܝܬܝܐ ܘܬܠܬܝܢܐ ܡܩܒܠ ܗܘܐ. ܐܠܐ ܐܬܪܓܠ ܡܢ ܗܕܪܬ ܘܡܢ ܡܩܒܠܢܘܬܗ. ܒܗ ܡܠܟ ܗܘ ܐܠܥܙܪ ܒܦܠܓܐ ܗܕܝܐ ܘܡܣܝܒܐ: ܐܬܟܠܡ ܠܘܩܒܠ ܒܢܝܬܐ ܘܡܩܝܬܐ. ܫܠ ܐܝܟ ܠܬܠܝܬܝ ܐܦ. ܒܗ ܬܘܢܝܢ ܗܘܘ ܘܡܒܣܝܢ ܒܦܠܓܘܗܝ. ܘܣܢܝܐ ܣܘܣܗ ܠܢܡܘܣܐ. ܐܦ ܠܡܕܝܢܬܐ ܡܟܠܝܬܐ ܘܪܟܒܬܐ. ܒܗ ܫܘܝ: ܕܡܦܩܐ ܡܦܣܝܐ ܐܢܬ ܒܗܘܢ: ܗܘ ܕܡܦܠܠܬܗ ܐܦ ܙܕܩ ܗܘܐ: ܠܓܒܝ. ܘܕܠܘ ܒܕܡܐ ܠܐܣܟܡܐ ܐܘ ܠܒܠܬܒܬܐ ܦܩܕܝܢ ܗܠܝܢ. ܣܦܪܐ ܡܠܟ ܐܢܛܝܘܟܘܣ ܗܘܐ ܗܘ ܐܢܛܝܘܟܘܣ. ܒܗ ܡܚܫܒ ܗܘܐ ܒܠ ܐܠܥܙܪ. ܐܝܟ

(IV.) 16. ܠܬܗܘܢ] in marg. ܠܘܬܗܘܢ.

26. In marg. ελεαζαρ.

ܡܫܬܠܡ ܗܘܘ܃ ܗܘ ܕܐܦ ܡܘܫܐ ܥܡ ܕܠܐ ܛܠܝܐ ܐܝܬܘܗܝ
ܗܘܬ܃ ܒܐܘܪܚ ܕܝܢ ܡܫܝܚܐܝܬ ܫ̈ܒܝܠܐ܃ ܗܘ ܕܐܦ ܦܘܪܫܢܬ
ܐܬܕܪܫܬ ܘܝܠܦܬ ܡܢ ܢܒܝܘܬܐ܃ ܡ̈ܠܦܢܐ ܗܘܘ ܥ̈ܒܘܪܐ
ܘܒܥܒܕܬ ܐܬܘ̈ܬܐ ܡܕܡ̈ܝܬܐ ܕܡܥܕܪܢܘܬ ܕܝܠܬܐ܃ ܗܘ
ܕܡܛܠܠܬܗ ܣܓܐ ܢܒܝܬܐ ܐܡܪܐ܃ ܕܫܒܥܬܐ ܝܠܕܬ ܥܩܪܬܐ܃
ܒܗ ܒܠܘܬܐ ܗܘ ܕܐܦ ܡܘܫܐ ܐܝܬܘܗܝ ܗܘܬ ܡܫܝܚܐܝܬܐ
ܒ̈ܬܘܠܐ ܐܬܦܫܩܬ܂ ܀ ܐܠܐ ܐܢܘܢ ܐܝܬܝܗܘܢ ܠܗܘܢ
ܠܡܪܢ ܒܢ̈ܝܐ܃ ܠܡܫܠܡܘ ܗܘ ܕܡܫܝܚܘܬܐ܃ ܠܗܘ ܕܐܦ
ܘܒܢܐ ܗܘ ܕܡܦܩܪܐ ܕܢܫܒܠ ܠܡܕܝ̈ܢܬܐ ܠܐ ܐܫܬܟܚܗ܃
ܐܠܐ ܒܗ ܡܢ ܒܠܒܫ ܡܝܬܪܢ܃ ܒܡܥ̈ܡܕܢܘܬܐ ܫ̈ܒܝܬܐ
ܘܐܢܫ ܗܘ ܕܠܐ ܠܒܫ ܠܗܘܢ ܡܢܐ ܢܩܝ܃ ܘܕܡܬܗ̈ܪܢܝܢ
ܠܒܪܘܬܐ܃ ܒܬܘܡܬܐ ܥܡ ܒܗܘܕܪܐ ܕܒ̈ܢܝܢܐ܃ ܫ̈ܒܝܬܐ
ܕܝܢ ܒܡܥܡܘܕܝܬܐ ܘܒܠܐ ܡܥܡܘܕܝܬܐ ܀ [ܠ] ܦܪܘܩ ܗܘܐ
ܥܡ ܢܛܘܪ܂ ܐܢܛܝܘܟܘܣ ܗܘ ܛܪܘܢܐ ܘܡܒܝܫܐ ܒܒܢ̈ܝܐ܂ ܟܠ
ܕܘܒܬܘܠܬܐ ܡܕܡ ܪܥܬܐ܃ ܕܐܝܟ ܗܢܐ ܓܢܐ ܡܕܡ ܐܝܬܘܗܝ
ܪ̈ܥܝܬܐ ܘܡܫܝܚܘܬ ܗܘܝܐ܃ ܕܒܪܐ ܠܗܘܢ ܕܢܗܘܘܢ ܒܗ܃
ܕܡܥܒܕܬܐ ܣܢܝܩܘܬܗ ܠܗܝ ܕܒܠܒܗ ܒܗ ܒܠܒܗ ܕܐܪܒܥܐ ܢܗܘܘܢ
ܦܫܛܝܢ ܒܗܡ ܗܘܢ ܕܥܒܕܐ܃ ܐܡܒܢܐ ܕܢܐܦܩܘܢ ܕܟܠ
ܐܝܟ ܢܦܫܗܘܢ ܘܒܕܡܗܘܢ ܘܒܠܒܗܘܢ ܕܢܗܪ ܦܓܪ̈ܝܗܘܢ
ܢܦܠܚܘܢ܃ ܘܢܬܒܥܘܢ ܒܒܢ̈ܝܐ ܘܡܬܝܢ ܢܬܬܪܝܫܘܢ
ܒܡܒܥܘܬ ܐܘܪ̈ܐ ܕܠܒܫ܃ ܗܘ ܕܐܡܪ ܒܬܒܥܐ ܐܠܗܝܐ܃
ܒܗ ܡܬܚܣܢ ܠܚܠܝܡܘܬ ܦܐܪ̈ܐ ܕܠܒܗܘܢ ܘܠܪܘܚܢܝܘܬܗܘܢ܂
ܦܬܟܐ ܗܘܬ ܕܝܢ ܚܕܪܘܗܝ ܒܗ ܡܫܪܝܐ ܩܪ̈ܝܢܐ܃ ܒܠܗ
ܡܫܝܚܘܬܐ ܕܒܝܥܐ ܕܩ̈ܠܝܣܐ ܘܕܥܩ̈ܒܠ ܢܒܥܐ܃ ܕܦܩܘܣܐ
ܗܘܬ ܕܬܒܒܪ ܕܣܠܬܐ ܒܗܘܢ ܕܫܒܝܚ܂ ܦܪܘܩܢ ܗܘܘ ܕܝܢ
ܣܒܝܟܝܢ ܐܘܪ̈ܚܬܐ ܡܫ̈ܬܠܡܐ ܘܟܠ ܒܗܘܢ ܕܒ̈ܢܝܐ܃

(II.) 5. 1 Sam. ii. 5.

8. In marg. ϹΤΑΔΙΟΝ.

(III.) 14. In marg. ΑΝΤΙΟΧΟϹ.

ܦܬ̈ܝܡ ܡܢ ܪ̈ܚܡܝܗܘܢ ܕܡܫܝܚܐ: ܘܡܬ̈ܒܥܝܢ ܘܫܦ̈ܝܢ
ܐܦ ܡܢܗ ܕܝܠܗ. ܗܘ ܓܝܪ ܕܢܣܒ ܒܠܒܗ: ܕܢܣܒܐ
ܛ̈ܠܝܐ· ܕܗܟܢܐ ܡܢ ܡܘܡܬܐ ܥܒܪܬܐ ܢܦܩܘ: ܒܗ ܒܬܪܥܐ
ܕܛܠܝܘܬܐ: ܕܐܝܟ ܕܒܪ̈ܝܬܐ ܕܡܠܬܐ ܘܠܐ ܒܝܒܝܐ
ܦܩܕܝܢ ܠܬ̈ܠܡܝܕܐ: ܛ̈ܠܝܐ ܕܝܢ ܒܢܩ ܒܩܠܗܘܢ: ܣܪ ܘܗܘܐ ܒܪ
ܗܘ ܒܗܘܬܐ ܣܠܩ ܥܡܝܪܘܬ ܕܣܝܬܐ ܗܝܒܪܘ: ܒܪ ܒܐܪ̈ܥܐ
ܡܫ̈ܠܡܐ ܕܫ̈ܒܪܐ ܫܡܥܘܗ: ܘܦܪܡܝܢܘܗܝ ܐܠܝܒܪ ܗܒܐ
ܘܡܗܝܐ: ܘܡܠܦܝܐ ܕܫ̈ܒܥܐ ܕܣܠܩ ܡܢܝܬܘܬܐ ܡܐܠܠܝܢ.
ܐܘ ܕܢܡܘܣܐ: ܘܒܬܪܗܘܢ ܐܡܢܝܢ ܕܦܫܐܒ ܗܘܐ
ܠܗ̇ ܒܪܒܝܐ: ܕܒܗ̇ ܕܓܒܪܐܝܬ ܡܫܒܪܐ ܗܘܬ ܠܬܓܪܐ
ܕܩ̈ܢܝܢܗ̇: ܐܦ ܒܗ̇ ܒܗ̇ ܕܐܝܬܝܗ̇ ܐܡܝܢܗ̇ ܒܦܪܬ̣.
ܠܐܢܫܐ ܡܫܡܠܝܬܐ ܠܐ ܡܦܬܡܐ̣. ܠܐܢܫܐ ܕܝܢ ܢܫܐ
ܠܐ ܡܦܬܗܪܐ. ܟܠ ܬܪܥܝܬܐ ܕܝܢ ܕܐܝܠܝܢ ܛ̈ܠܝܐ ܗܝܡܢ
ܩܢܘ ܗܘܝܢܐ: ܕܒܝܬܐ ܕܬܠܝܬܐ ܐܝܟ ܠܝܘܢܐ.
ܠܡܫܠܡܢܐ ܡܢ ܗܒܠ: ܗܠܝܢ ܕܡܢ ܗܘܝܢܐ ܘܡܢ ܐܘܡܢܘܬܐ
ܗܝ ܕܡܬܚܫܚܢܘܬ ܡܫܬܘܕܝܐ ܠܡܬܠܒ. ܠܬܘܬ ܒܪܘܟ
ܗܢܘܢ ܠܗܘܢ. ܦܪܫ ܕܝܢ ܠܬܘܗ ܕܝܡܝܢ. ܘܫ̈ܟܝܢܐ
ܫ̈ܒܬܐ ܕܠܗܘܢ ܡܬܦܪܫܝܢ. ܘܠܗ ܒܐܘܫ̈ܝܢܐ
ܘܡܝܢܐ. ܘܠܬܗ ܕܐܠܗܐ· ܡܫܘܡܗ ܕܐܚܝܢܐ
ܕܡܫܝܪܘܬ ܕܫܠܝܬܐ: ܒܗ ܢܝܟܐ ܡܒܝܢ. ܡܢ ܠܬܘܟ
ܐܬܘܗܝ ܘܠܝܡ ܒܒܬܐ ܪܒܬܐ. ∴ [ܒ] ܡܛܠ ܕܝܢ
ܕܠܒܬܐ ܐܬܒܣܒܬ. ܫܘܒܠܐ ܡܒܪ ܕܬܪ ܐܠܗܝ
ܘܕܓܫܐ: ܚܫܝܬ ܡܢ ܐܬܠܦܬܐ ܕܫܒܪܐ ܗܠܝܢ
ܫܠܬܝܐ. ܡܫܬܦܪܐ ܠܝ ܓܝܪ. ܕܦܫܝܛܐ ܐܢܫܝܢ.
ܫܒܝܐ ܡܢ ܐܠܗܐ. ܕܢܫܘܡܐ ܗܘ ܕܐܚܕܗ ܘܫܠܒ
ܒܬܒܥܐ. ܛ̈ܠܝܐ ܕܝܢ ܗ̇ܢܘܢ ܕܐܬܬܠܡܕܘ ܠܗ ܠܫܡܥܐ·
ܘܐܡܢܘܢ ܕܫܠܡ. ܘܫܡܥܐ ܕܒܬܐ ܗܘ ܕܡܢ ܒܟܪܝܐ

20. Ps. xxii. (LXX. xxi.) 26.

ܡܐܡܪܐ ܕܡܪܝ ܣܐܘܪܐ. (ܒ)

ܡܐܡܪܐ ܕܫܬܝܢ ܘܬܪܝܢ. ܥܠ ܡܩܒܠܢܐ.

[ܐ] ܡܘܠܡܫܘܢ ܕܛ̈ܠܝܐ ܡܩܒܠܢܐ. ܡܛܠ ܢܣܝܘܬܐ ܕܬܬܥ̈ܢܘܢ. ܡܫܬܒܪ ܗܘܐ. ܕܟ̈ܠܘܐܐ ܡܥ̈ܕܬܢܝܐ ܕܡ̈ܫܒܠܐ ܢܣܒ ܠܦܘܠܘܢ ܕܐܡ̈ܪܝܢ. ܒܗܘ ܕܝܢ ܕܐܒܐ ܠܥܠ ܥܒܝܕܘܬܐ ܡܠܠܬܐ. ܝܩ̈ܕܐ. ܘܡܩ̈ܒܠܢ ܘܕܡܒܝܢܘܬܐ ܡܛܝܐܬܐ ܦܫܝܛ ܡܢ ܥܕܪܐ: ܡܫܘܐ ܠܗܘܢ ܠܦܘܠܘܢ ܕܡܦܠܣܝܢ. ܡܛܠ ܕܐܦ ܢܣܝܪܐ: ܐܘܣܝܐ ܕܣܝܡܬܐ ܡܢܗ ܐܡܣܝܬܐ ܚܕܐ ܘܠܒܪ ܡܢ ܗܢܝܢ ܕܡ̈ܚܝܢ: ܕܥܡܦܪܐ ܕܠܐ ܗܘܐ ܡܢ ܒܢܝܐ ܐܝܬ ܠܗ: ܘܐܝܟ ܕܠܗܕܐ ܒܢܘ̈ܢܐ ܢܬܡܒ. ܝܠܕܐ ܗܘ ܥܡܢܪܐ ܡܢ ܥܠ ܦܪܘܣ. ܘܦܐܝܐ ܢܘܪ: ܕܠܘܬ ܬܦܢܝܐ ܕܗܝܟܠܐ ܐܬܝܗܘܢ ܠܓܒܝ. ܥܡܦܪܐ ܘܪܚܒܐ ܐܬܬܕܟܪ. ܢܕܒܪܐ ܕܝܢ ܒܗܘ ܕܠܐ ܡܬܝܚܒ: ܕܒܗ ܐܘܡܢܘܬܐ ܠܘܬ ܣܬܬܬܘܬܐ ܢܬܝܠܕܐ ܕܥܦܪܐ ܗܘ ܒܢܝܐ. ܗܒܢܐ ܡܗܒ ܐܦ ܚܢ. ܒܗ ܐܝܟ ܗܘ ܕܒܡ̈ܫܡܫܢܐ ܕܟ̈ܠܝܐ ܢܛܡ ܚܢ ܕܢܘܪ: ܠܥܦܪܘܬ ܦܐܝܘܬܐ ܦܪܣܝܬܐ: ܘܠܡܒܝܢܘܬܐ ܒܠܡܝܢܬܐ ܘܪܕܝܬܐ ܕܠܦ ܥܦܪܘܬ ܕܢܠܬܐ. ܕܥܒܕܐ ܛ̈ܠܝܐ. ܕܥܦ̈ܪܐ ܗܡ ܐܡ̈ܪܝܢ ܚܪ ܘܕܡܚܕ ܥܦ̈ܪܐ: ܕܐܝܟ ܗܒܢܐ ܒܢܪ ܐܬܠܬܗ. ܗܝ ܕܝܢ ܝܠܕܬܐ. ܕܡܚܕ ܕܝܢ ܒܗܝܐ ܠܪܗܘܢܐ

1. Brit. Mus. Add. MS. 12159, fol. 98, v. 2.

4. Cod. ܕܡ̈ܫܒܠܘ.

8. ܕܣܝܡ̈ܬܐ] Cod. ܕܣܝܡܬܐ.

ܡܐܡܪܐ

ܕܡܪܝ ܣܐܘܪܐ

ܕܥܠ ܡܩ̈ܒܠܐ.

ܦܘܫܩܐ ܕܒ̄.

ܐܠܗܐ ܗܘ: ܘܡܪܘܬܐ ܕܡܠܟܘܬܐ ܕܫܡܝܐ. ܡܢ ܐܣܛܪܘܢ ܕܐܬܟܢܝ ܠܘܬ ܫܡܝܐ ܥܠܘ. ܘܠܣܡܪܐ ܕܫܡܐ ܕܡܬܢܕܝܢ ܦܘܡܝܢ ܗܘܘ ܡܠܦܝܢ ܠܝ ܘܠܬܠܡܝܕܘܗܝ ܡܡܬܢܕܝܢ ܠܝ. ܘܐܢ ܕܝܢ ܠܝ. ܐܝܟܘ ܠܐ ܕܗܘܐ ܗܡܝܢܐ ܡܬܢܟܦܐ ܗܘܬ ܡܦܪܢܣܝ. ܠܐ ܐܡܪܝܢ ܗܘܘ ܡܗܘܪܝܐ ܡܫܝܚܐ: ܠܓܒܗ ܡܢ ܡܫܘܪܐ ܐܝܠܝܢ ܕܐܬܦܫܪܘ ܚܠܦ ܡܫܝܚܐ: ܢܬܦܠܛܘܢ ܕܡܫܪܪܐ ܡܢܗܘ. ܗܠܝܢ ܕܝܢ ܐܡܪܬ. ܡܛܠ ܕܠܐ ܚܙܝܢ ܠܘܬ ܡܫܪܐ ܗܘ ܡܫܝܚܐ: ܗܘ ܕܚܙܐ ܡܢ ܐܠܗܐ ܢܗܘܪܝܢ: ܟܠܢܘܬܗ ܘܡܡܪܚܡܢܘܬܗ ܕܗܘ ܕܠܗܘܐ ܦܪܝ. ܕܠܗ ܫܘܒܚܐ ܠܥܠܡܝܢ ܐܡܝܢ ܀

ܒܡܪ̈ܝܫܘܬܐ ܠܒܪ̈ܝܬܐ. ܗܠܝܢ ܓܝܪ ܡܬܚܙ̈ܝܢܝܬܐ ܙܒܢ̈ܝܬܐ ܐܢ̈ܝܢ. ܗܠܝܢ ܕܝܢ ܕܠܐ ܡܬܚܙܝܢ ܕܠܥܠܡ ܐܝܬ̈ܝܢ. ܐܡܪܢܐ ܕܒ̇ܪܝܬܢ ܡܥܒܕܢܐ ܗ̇ܘ ܕܒܟܠܗܘܢ ܡܬܠܠ. ܐܘ ܠܐܡܪܐ ܡܕܡܥܬܐ. ܐܘ ܠܢܦܫܐ ܕܒܪܢܫܘܬܐ ܕܕܦܓܪܐ ܢܒܝܐ. ܐܘ ܠܥܠܝܡܘܬܐ ܕܒܢ̈ܝܐ: ܕܫܪܐ ܒܡܫܒܪܢܘܬܐ ܘܫܪܐ ܒܡܬܪܘܬܐ: ܘܫܪܐ ܒܡܣܟܢܘܬܐ ܣܦ̇ܩ ܠܝ: ܕܐܠܘ ܚܕ ܡܢܗܝܢ ܐܘ ܚܕ ܡܘܬܐ ܒܦܘܡܐ. ܒܡܢܐ ܐܡܪܝܢ ܠܗܘܢ ܗܠܝܢ: ܗ̇ܢܘܢ ܕܐܠܗܐ ܡܪܚܡܝܢ: ܡܢ ܡܬܥܒܕܢܘܬܐ ܡܠܒܫܬܐ ܕܒܘܟܪ̈ܐ. ܠܘ ܓܝܪ ܒܡܘܡܬܐ ܕܡܬܟܪܝܢ. ܒܗ̇ ܕܝܢ ܒܗ̇ ܒܥܕܬܐ ܡܠܝܬ ܐܝܟ ܐܢܘܢ ܐܡܪܝܢܢ. ܘܐܦ ܠܐ ܒܕܡܘܬ ܥܠܡܘܬܐ ܕܚ̈ܝܝܢܐ: ܡܢ ܫܪܐ ܙܒܢܘܬܐ: ܚ̈ܝܠܘܬܐ ܡܬܚܪܬܐ ܐܝܟ ܗܘܬ ܠܟܠܗܘܢ ܒܗܘܢ. ܐܠܐ ܡܛܠ ܣܘܥܪܢܐ ܕܐܝܟܢܐ ܗܘ̣. ܠܗ ܫܪܐ ܐܬܬܘܗܝ ܗܘܐ ܒܗܘܢ. ܫܪܐ ܓܠܝܠܐ ܘܗܘ ܒܗ̇ ܗ̇ܘ ܕܡܬܩܕܡܘܬܐ ܚܝܠܗ ܠܗܘܢ. [ܡܢ] ܗܠܝܢ ܒܗ̇ ܡܢ ܣܘܟܠܐ ܢܛܘܦܝܐ ܣܘܥܒ. ܗܝܕܪܐ ܕܐܘܟܠܝܢ ܡܕܝܢܬ ܢܛܘܦ. ܐܡܪܢܐ ܕܐܦ ܡܘܫܐ ܡܕܡ ܣܥܪܐ. ܐܦ ܓܝܪ ܗܢܘܢ ܠܠܬܐ ܠܓܒ̈ܝܐ: ܘܕܫܪܐ ܠܒܪܐ ܕܓ̈ܒܝܬܐ ܡܬܪܬܐ. ܡܢ ܢܘܪܐ ܕܐܬܐܘܢܐ ܕܒܒܠ. ܘܡܢ ܠܒܟܐ ܕܐܪ̈ܝܘܬܐ ܐܬܦܩܘ. ܡܛܠ ܕܠܗܬ ܐܘܪܫܠܡ ܗܝ ܕܠܬܚܬ ܐܬܚܙܝܬ: ܗ̇ܢܘܢ ܕܡܢ ܐܡܣܪܠ ܢܦܩܘܢ ܠܒܪ̈ܝܬܐ. ܒܗ̇ ܐܬܘܬܐ ܐܬܓܠܝܘ ܡܬܪ̈ܬܐ. ܠܓܠܠܐ ܕܝܢ ܓܒ̈ܝܐ. ܒܗ̇ ܡܬܐܬܝܗ ܕܡܥܒܕܢܐ ܘܡܬܩܢܢܬܐ ܒܬܪܝܐ ܡܢܗ: ܘܐܘܪܫܠܡ ܗ̇ܝ ܡܬܒܢܝܢܘܬܐ: ܕܐܘܡܢܗ̇ ܘܒܢܝܗ̇

(XI.) 1. 2 Cor. iv. 18.

6. Cod. ܐܘ dein e corr. ܐܦ.

8. ܡܬܥܒܕܢܘܬܐ] in marg. add. ܬ ut leg. ܡܬܬܥ̇.

Cod. ܕܒ̈ܘܟܪܐ. ܡ̈ܬܥܒܕܢܘܬܐ.

12. Post ܠܗ add. in marg.: ܘܡܥܒܕ ܕܢܟܠܐ.

15. ܣܘܥܒ. improb. in marg. script. ∴ ܘܥܠܗ ܣܥܪܐ.

22. Heb. xi. 10.

ܕܒܢܝ̈ܗ: ܗܐ ܓܠܝܐܝܬ ܡܚܘܐ ܐܝܟ ܦܘܩܕܢܗ ܕܡܪܗ ܠܦܘܠܘܣ. ܒܡܟܠܠܐ ܒܒܢܝܐ ܡܠܬܐ ܚܕܐ. ܠܘ ܒܠܚܘܕ ܒܟܐܢܘܬܗܘܢ ܕܒܢܝ̈ܗ. ܐܠܐ ܒܬܪܥܝܬܗ ܐܪܥܢܝܬ ܘܠܘ ܡܟܝܠ ܕܬܬܓܠܐ ܡܢ ܡܫ̈ܡܫܢܐ ܒܡܠܐ ܐܟܡܐ ܓܠܝܠܝܬ. ܐܠܐ ܡܟܝܠ ܕܬܬܕܒܪܘܢ ܠܐܓܘܢܣܛܐ: ܢܘܗܪܐ ܕܐܒܗ̈ܬܐ ܡܕܒܪ̈ܢܐ ܘܪ̈ܥܝܐ: ܘܠܘܬ ܠܦܢܝܐ ܚܒܘܫܐ ܬܬܦܫܩܘܢ. ܘܐܪܬܝܚܘܬܗ ܬܬܪܐܝܬ ܠܠܒܗ ܕܓܠܝܢ. ܘܐܝܟ ܗܘ ܕܬܚܘܬܗ ܗܘܐ ܠܒܘܠܬܐ ܡܕܢܚܝ ܐܝܟ ܕܠܝܠܝܐ ܡܣܬܪܗܒ ܗܘܐ ܠܡܓܠܐ. ܘܡܬܕܒܪ ܗܘܐ ܠܘܬ ܗܘܢܗ ܕܡܢܚܡ. ܥܪܩܘܢ ܡܢ ܦܓܪܐ. ܘܗܐ ܕܠܝܠܝܐܝܬ ܐܫܬܪܝ ܡܢ ܗܘܢܗ ܕܦܓܪܗ. ܕܐܝܟ ܗܘ ܕܡܢ ܬܪܥܝܬܐ ܒܒܪܢܝܬܐ ܐܫܬܘܚܠܦ. ܐܝܟ ܚܕ ܡܢ ܢܒܝ̈ܐ ܕܫܡܝܢ ܘܗܘ ܢܘܪܐ ܡܫܬܠܗܒܝܢ ܥܘܪ ܘܠܒܟ ܠܒܟ ܡܚܪ ܡܢ ܗܘ ܕܢܒܥܐ ܗܘܐ ܐܚܣܢܗ. ܠܬܠܡܝܕܗ. ܘܟܠ ܒܗܕܐ ܫܡܫܘܬܐ ܕܐܫܬܡܫ ܐܬܬܘܣܦ. ܘܗܝ ܗܟܝܠ ܬܘܒ. ܐܡܗ ܫܠܝܚܐܝܬ ܡܢܟܐ ܗܘܬ. ܘܒܫܘܒܚܐ ܕܫܡܝܐ ܐܬܒܣܡܬ. ܘܒܗ ܒܥܕܢܐ ܐܟܚܕܐ ܕܒܢܝ̈ܗ ܐܬܓܠܠܬ. ܓܠܝܠܐ ܡܚܘܬ ܗܝ ܠܒܢܝ̈ܗ. ܘܢܚܘܬ ܒܐܝ̈ܕܝܗܘܢ ܕܡܫܒ̈ܚܢܐ. ܕܗܡ ܐܝܟܢܐ ܚܡܪܐ ܢܓܕ ܘܐܬܪܟܒ ܗܠܝܢ ܡܗ̈ܘܢܐ ܒܒܪ̈ܬܐ. ܠܘ ܡܚܒܢܐ ܡܢܝܬܐ ܗܝ ܕܒܥܕ̈ܢܐ ܥܬܝܩ̈ܐ: ܕܡܗܕܪܐ ܗܘܬ ܠܗ ܠܥܡܡ ܘܟܢܐ ܡܢܗܪܐ ܗܘܬ. ܐܝܟ ܕܗܕܐ ܒܥܕ̈ܢܐ ܢܗܝܪܐ ܬܠ̈ܝܠܐ ܕܒܢܝ̈ܗ: ܡܢܗܪܐ ܠܒܝܬܗ ܕܡܫܝܚܐ ○ ○ ⁘ ○ ○

[ܝܐ] ܠܗܠܝܢ ܫܒ̈ܝܚܝܢ ܐܘ ܢܡܘܣܬܐ. ܘܡܗܝܡܢܐ ܙ̈ܒܢܝܢ ܠܒ̈ܢܝܢ. ܘܡܫ̈ܡܝܢ ܐܢܘܢ ܕܢܐܙܠܘܢ ܠܒܝܬܐ. ܘܫܦܠܝܢ ܐܢܘܢ ܠܘܬ ܡܩ̈ܠܣܢܐ ܕܬܠܐ ܡܙܡܪܬܐ. ܘܠܐ ܡܫܬܡܥ ܐܢܘܢ

(X.) 6. ܘܪ̈ܥܝܐ܀] ras. inter lit. ܘ et ܪ̈.

10. Ab ܐܫܬܪܝ (l. 10) ad ܐܚܣܢܗ. (l. 13) in ras.

16. Post ܗܝ add. in marg. ܠܗ̇

ܕܣܪ ܥܘܦܪܐ. ܒܗ ܒܫܥܐ ܗܠܝܢ: ܟܠ ܥܡܘܪܬܐ ܢܘܟܪܝܬܐ ܘܡܫܬܠܡܬܐ ܕܥܒ̈ܕܐ ܥܒܘܪܝܢ ܗܘܘ. ܘܪܕܝܦܝܢ ܗܘܘ ܠܟܠܢܫܐ ܕܣܗܕܘܬܐ ܕܡܫ̈ܝܚܝܐ ܕܟܠ ܙܒܢ: ܕܐܝܟ ܕܡܒ̈ܛܠܐ ܡܣܪ̈ܬܐ ܦܬܓܡܘܗܝ. [ܠܐ] ܒܗ ܗܟܝܠ ܥܕ̈ܬܐ ܐܢ̈ܫܐ ܪܗܠܝܐ ܠܓܠܐ ܥܠܡܗ: ܘܠܘܬ ܟܠܠܐ ܕܦܪܝܬܐ ܕܠܟܠ ܡܢܚܝ. ܗܘ ܘܒܗܘܪܐ ܘܥܒܕܒܕܐ ܓܫ ܗܘܐ. ܒܗ ܠܓܒܫ ܗܘܐ ܒܥ̈ܬܐ ܬܒܘܬܥܡ. ܘܬܬܪܐܬ ܣܪܦ ܗܘܐ ܠܘܬ ܒܗܡܫܐ ܕܕܚܠܬ ܐܠܗܐ. ܗܘ ܕܒܗ ܕܚܠ ܡܢܗ ܗܘ ܠܦܘܪܢܝ. ܡܢܦܫܐ ܗܘܝ. ܕܒܥ̈ܠܕܒܒܐ ܘܒܥܘܕ̈ܪܢܐ ܢܦ̈ܫܬܗܘܢ. ܘܒܗ ܒܝܘܡܐ ܕܐܦ ܠܗܠܝܢ ܕܓܠ ܪ̈ܒܝܢ. ܦܓܕ ܗܘܝ. ܕܐܟܡܗ ܬܘܗܡ ܠܘܬܗ. ܕܐܝܟ ܕܟܠ ܡܟܬܐ ܘܕܠܐ ܒܬܝܢ ܢܗܘܘ. ܐܦ ܡܕܪ ܗܘܐ ܚܒܪ. ܕܡܣܟܐ ܒܗ ܡܬܚܝܐ ܥܒܘܡ ܒܗ ܡܟܠܠܐ: ܕܬܦܢܝܬܗܘܢ ܘܠܘܬ ܒܝܫܐ ܬܬܚܝܬܗܘܢ ܠܗܘ ܐܬܠܝܠܐ. ܠܒܝܐ ܗܘܬ ܠܗ ܕܝܢ ܠܗܘ ܡܦܝܡ ܗܘܝܐ: ܕܗܢܘ ܐܢܬܬܗ ܗܘܬ ܗܝ ܕܒܣܝܡܬ ܗܘܬ ܠܗܠܝܢ ܐܣܝ̈ܪܐ ܠܘܬ ܐܠܗܐ: ܘܠܡܚܒܐ ܒܪ̈ܬܗ. ܒܗ ܓܒܪ ܡܢ ܡܘܪܒܐ ܐܬܬܗ ܗܘܬ. ܒܕܓܘܬ ܪܫ ܣܠܩܐ ܡܬܬܪܝ. ܠܗܠܝܢ ܡܠܦܢܘܬܐ ܕܕܚܠܬ ܐܠܗܐ ܡܣܗܕܐ ܗܘܬ ܠܗܘܢ. ܒܗ ܠܒܐ ܘܠܗܠ ܡܬܓܪܒܐ ܗܘܬ ܘܡܬܒܣܡܐ. ܘܪܒܠܐ ܕܕܠܒܐ ܐܝܟ ܡܢ ܒܢ̈ܝܗ: ܢܓܪܒ ܘܢܓܠ ܡܢ ܕܚܠܬ ܐܠܗܐ. ܒܗ ܡܣܗܕܐ ܗܘܬ ܒܗܡ ܟܠ ܚܕ ܡܢܗܘܢ. ܘܡܒܣܡܐ ܐܬܬܗ ܗܘܬ ܒܥܕ̈ܬܐ. ܘܕܐܝܟܢ ܢܦܕܐ ܡܕܪܐ ܗܘܬ. ܘܕܡܬܦܣܩܘ ܡܬܦܣܩܐ: ܒܕܓܘܬ ܐܠܝܐ ܕܡܘ̈ܒܐ ܒܢܬ ܡܗܒܝܢܬܗ ܡܬܦܣܩܡ. ܘܐܝܟ ܕܠܡܐܡܪ. ܗܠܝܢ ܕܦܘܠܘܣ ܟܪܝܙܐ ܗܘܬ. ܒ̈ܢܝ. ܠܗܠܝܢ ܕܬܘܒ ܚܒܠܐ ܐܢܝ. ܒܕܡܐ ܕܢܬܬܨܪ ܒܗܘܢ ܡܫܝܚܐ. [ܕ] ܗܠܝܢ ܟܡ ܡܚܒܠ. ܡܠܝܢܐܝܬ ܘܠܐ ܡܬܚܫܚܐܝܬ. ܡܬܥܒܕܐ ܗܘܬ ܘܟܠܦܐ ܘܦܟܪܐ. ܠܘܬ ܗܘ ܒܗܘܪܐ ܕܝܢ

(IX.) 24. Gal. iv. 19.

ܕܡܣܟܢܘܬܐ: ܒܥ̈ܒܕܐ ܡܫܡܠܝܐ ܕܐܘܪ̈ܚܬܐ ܡܫܝܚܝܐ. [ܚ] ܚܕ ܡܢܗܘܢ ܓܒܪ ܚܠ ܓܒܠܝܐ ܡܬܟܬܫ ܗܘܐ. ܘܐܦ̈ܪܝܐ ܕܢܝܫܘܗܝ ܡܫܬܪܝܐ ܗܘܐ. ܒܪ ܦܠܓܐ ܗܘܐ ܕܝܢ ܒܗ ܒܙܒܢܗ ܕܣܘܪܝܐ. ܟܕ ܒܥܕܢ ܐܦ ܡܦܪ ܗܘܐ. ܡܛܠ ܕܒܡܪܥܝܬܐ ܕܢܘܪܐ ܗܫܟ ܗܘܐ ܡܢ ܠܬܚܬ. ܐܚܪܢܐ ܕܝܢ ܒܦܬܪܐ ܕܦܪܙܠܐ. ܒܥܒܕܗ ܥܠܝܐ ܕܒܪܟܐ ܡܫܬܠܚ ܗܘܐ ܡܢ ܡܥܒܕܗ. ܐܚܪܢܐ ܕܝܢ ܠܥܝܢܗ ܐܬܓܡܕ ܕܢܬܦܫܩ. ܒܚܝܝܗ. ܐܝܟܢ ܗܘ ܠܗܢܐ ܠܦܫܩܐ. ܒܪ ܚܡܫܐ. ܕܐܦ ܡܕܡ ܡܢ ܗܠܝܢ ܕܒܡܘܡܐ ܡܬܚܡܝܢ: ܗܢܘ ܕܝܢ ܡܨܛܝܢ ܒܗܘܢ: ܡܬܬܒܥ ܗܘܐ ܠܥܒܕܐ ܢܛܠ: ܘܗܕܐ ܐܝܟ ܕܝܢܐ ܗܘܬ. ܒܝܫܐܝܬ ܕܝܢ ܗܘܐ. ܥܠ ܚܕ ܡܢܗܘܢ ܓܒܪ ܡܬܪܘܪܒ ܗܘܐ ܠܗܘܬ ܕܓܠܐ ܢܨܝܚܬܐ ܕܥܒܕܐ: ܕܠܗܘܢ ܒܝܫܐ ܢܨܝܚܬܐ ܢܘܗܪ. ܘܕܒܠܠܗܘܢ ܗܕܡܘܗܝ ܢܬܒܣܪ: ܘܕܒܣܘܝܐ ܗܘܝܐ ܕܪܘܪܘܬܐ ܢܫܒܘܠ: ܘܡܢ ܕܬܦܪܘܫ ܢܥܒܕ ܡܢ ܦܓܪܗ. ܕܢܚܫ ܗܘܐ ܓܒܪ. ܕܐܣܘܦܬܐ ܐܝܟ ܕܡܘܟܐܐ ܐܬܬܫܝ: ܗܢܘ ܕܒܝܫ ܡܛܠܐ ܢܦܠܘܢ. ܠܗܢܘܢ ܕܝܢ ܕܡܬܟܬܒܝܢ ܬܚܝܬ ܦܘܡܐ: ܕܐܬܬܘܬܐ ܡܟܝܢܬܐ ܕܒܥܒܪܘܬܐ: ܢܣܒܘܢ ܠܒܝܫܝ ܥܠ ܦܓܪܝܗܘܢ. ܘܠܘܬ ܗܢܘܢ ܕܒܠܥܕܝܐ ܐܣܝܪܐ ܒܢܪܟܘ. ܘܥܠ ܒܥܠܕܒܒܐ ܘܥܠ ܡܪܕܝܢ ܢܦܩ ܗܘܐ ܕܒܗܘܢ. ܕܐܝܟ ܗܕܐ ܡܒܝܫܘܬܐ ܐܬܢܣܝ ܗܘܬ ܕܒܗܘܢ ܐܠܨܐ ܒܟܪܝܐ: ܕܠܐ ܐܬܟܢܫ ܠܗ ܒܡܟܣܬܐ: ܒܪ ܥܠ ܚܕ ܡܢ ܬܫܥܝܬܗܘܢ ܕܠܐ ܐܝܟ. ܕܐܝܟ ܗܕܐ ܗܘܬ ܡܬܠܒܟܢܘܬܐ: ܕܠܘܬ ܬܫܥܝܬܗܘܢ ܕܗܠܝܢ ܗܕܐ ܠܐ ܡܬܢܝܐ. ܐܡܝܢܐ ܓܒܪ ܕܐܚܪܝܢ ܕܒܬܠܬܠܐ ܕܗܕܡܐ: ܠܟܐܦܐ ܗܠܝܢ ܡܥܪܬܐ ܡܟܝܢ: ܠܘ ܚܕ ܓܒܪܐ ܟܠܝܢ: ܐܠܐ ܡܫܠܡܐ ܠܡܫܢܝܘܬܗ

(VIII.) 20. Post ܡܪ̈ܕܝܐ add. in marg. ܐܚܪ̈ܝܢ.

21. E corr. man. rec. ܘܠܐ .· ܝܚܕܝܪ.

ܓܪܘܣܝ. ܕܒܗ ܡܫܡܥ ܒܪܢܫܐ ܕܟܠ ܡܕܡܝ. ܠܗܠܝܢ ܐܚܪ̈ܢܝ ܠܥܠܘܬܐ ܬܚܝܬܐ. ܓܒܗ ܓܝܪ ܕܠܐ ܡܬܥ ܗܘܐ ܡܢ ܕܥܠܝܬܐ: ܕܠܒܣܪܐ ܕܐܢܫ̈ܘܗܝ ܡܪ̈ܢܝܬܐ ܫܦܪ ܐܢܐ ܗܘܐ ܕܡܬܟܫܦܘ. ܗܕܐ ܕܝܢ ܠܘ ܗܘܝܐ ܢܦܫܗ. ܐܠܐ ܕܠܝܚܒܬܐ ܕܥܩܠܘܬܐ. ܗܠܝܢ ܡܪ̈ܢܝܐ ܚܠܝ̈ܨܐ ܕܕܫܠܝܬ ܐܠܗܐ. ܫܪܬܐ ܕܓܒܪܘܬܐ ܣܘܣܘܗ̇. ܗܘ ܓܝܪ ܕܢܫܐ ܕܐܢ̈ܫܐ ܡܬܒܪܢܐ ܗܘܐ. ܕܝܢܐ ܐܝܬܘܗܝ ܕܡܕܒܪܢܘܬܐ ܕܟܠܗܘܢ. ܗܘ ܕܝܢ ܕܬܪ̈ܝܢ. ܒܡ ܡܢܬܪܬܐ ܕܪܒܗ. ܘܐܦ ܠܗܝ ܕܐܢܫܘܗܝ. ܢܒܐ ܫܓܪ ܗܘܐ ܢܦܫܗ. ܠܗܘ ܕܝܢ ܕܬܠܬܐ. ܬܒܬܘܬܐ ܐܝܬ ܗܘܐ ܠܗ. ܕܐܦ ܠܗܘܢ ܕܦܪܕܘ ܐܬܬܘܬܒܘ ܢܒܪ. ܘܕܠܗܘܢ ܕܥܪ̈ܒܐ: ܬܘܣܦܬܐ ܕܓܒܪܘܬܐ ܢܗܘܐ. ܒܠܗܘܢ ܕܝܢ ܠܣܘ̈ܕܪܐ ܡܫܬܘܕܥܝܢ ܗܘܘ ܒܬܘ̈ܬܒܐ. ܘܒܠ ܚܕ. ܡܢܗܘܢ. ܠܐ ܒܡܗܕܘܬܐ ܕܠܗ ܒܠܚܘܕ ܡܬܝܚܕ ܗܘܐ. ܐܠܐ ܘܒܗܘܢ ܕܥܒܪܘܗ. ܗܘ ܓܝܪ ܕܦܕܦ. ܘܢܡܬܐ ܡܕܡ ܡܬܥܒܕܬܐ ܐܝܬܘܗܝ ܗܘܐ ܠܗܘ ܕܒܬܪܗ. ܘܦܠܦܣܐ ܒܕܬܐ ܕܠܘܒܒܐ. ܘܕܡ ܒܕܗ. ܘܕܓܒܪܐ ܕܢܓܕܘܗܝ ܠܘܬ ܓܒܪܐ ܥܦܝܐ. ܗܢܘܢ ܕܝܢ ܕܒܬܪܗ ܕܠܘܬ ܐܦܦܪܢܘܢ ܐܬܦܪܒܘ. ܡܣܬܟܠܝܢ ܗܘܘ ܡܢ ܒܬܒܘܬܐ ܕܐܚܪ̈ܢܝܢ. ܬܘܢ ܡܫܒܚܝܢ ܕܗܢܘܢ ܕܫܟܝܢ ܗܘܘ. ܠܘܬ ܕܝܢ ܗܢܘ ܕܒܬܘܕܐ ܡܬܦܠܓܝܢ ܗܘܘ. ܒܗ ܕܫܠܝܢ ܕܠܐ ܢܬܒܪܘܢ. ܐܠܐ ܕܒܗ ܒܦܓܪܐ ܢܫܘܢ ܥܣܘܩܬ ܬܪܒܝܬܐ ܐܢܫܝܬܐ

17. Lit. ܕ in ܕܠܘܬ post. add. ut vid.

21. ܐܢܫܝܬܐ] in cod. ras. ut vid. supra lin. inter lit. ܝ et ܬ (leg. ܐܢܫܝܝܬܐ ?).

Cod. .... ܦܠܫܬܐ ܘܡܣܢܥܐ ܒܟܕ. ܐܢܫܬܐ.

In marg. fol. 143. r. a man. rec. script.

ܗܠܝܢ ܡܩܕܡ (sic) ܕܚܬܝܢ ܡܡܘܢ. ܡܚܒܒ. ܠܙܗܒ.

ܡܚܙܘ. ܡܚܘܙ. ܕܝܗ. (ut vid.) ܡܘܠܒ. ܒܟܒ.

ܕܐܠܐܗܐ ܠܫܘܕܘܗܝ ܢܝܚܐ. ܟܕ ܗܠܝܢ ܘܕܩܦܠܐ ܡܢ ܗܠܝܢ ܡܬܘܪܐ ܐܢܝ. ܐܡܪܢܐ ܐܥܠܡ ܢܦܘܫܐ ܐܒܘܫܐ. ܐܡܪܢܐ ܕܝܢ ܡܢ ܚܕܐ ܡܦܘܠܬܐ ܠܐ ܡܠܠܬܐ ܐܙܕܒܐ. ܐܡܪܢܐ ܐܦܠܓܐ ܦܘܡܝ: ܗܘ ܕܒܕܡܐ ܠܗܕܐ ܫܒܘܬܐ ܐܬܕܒܝ. ܐܝܬ ܠܝ ܐܦܠܓܐ ܒܗܠܝܢ ܒܦܘܡܗ̇ ܕܡܫܘ. ܢܫܐ ܡܚܝܠ ܐܦ ܠܡܦܪܓ... [ܘ] ܗܘ ܕܝܢ ܒܡ̈ܠܐ ܗܠܝܢ ܕܐܦ ܐܬܚܙܝܢ ܕܦܝܠܣܘܦܘܬܐ. ܐܝܟ ܕܒܡܘܩܫܐ ܟܠܒ. ܘܒܥܘܕܪܐ ܡܚܝܠ ܦܓܪ ܕܢܬܚܣܪ. ܘܡܚܝܕܐ ܡܫܬܥܒܕܢܐ ܕܥܪ̈ܩܢ. ܒܥܘܪܐ ܚܝܝܢ ܗܘܘ ܠܗ. ܘܒܡܬܚܦܛܬܐ ܡܢܬܝܢ ܗܘܘ ܒܠܒܗܘܢ. ܘܒܡܫܬܘܕܝܢ ܕܬܟܒܪܝ. ܡܢܬܥܝܢ ܗܘܘ ܠܕܘܟܬܗ ܘܡܦܠܓܝܢ ܗܘܘ. ܘܠܚܡܪܗ ܡܚܡܨܡܨܝܢ ܗܘܘ. ܘܕܡܗ ܥܫܝܢܐܝܬ ܙܪܐ ܗܘܐ. ܗܘ ܕܝܢ ܗܟܢ ܒܥܡܠܐ ܐܦܝܬ ܒܢܩܫܗ. ܘܟܕ ܪܗܛܐ ܕܠܒܠ ܒܢ ܪܗܒܘܬܐ ܪܗܛ ܗܘܐ. ܡܢ ܕܗܘܬܐ ܘܡܢ ܠܗܘܬܐ ܡܬܐܠܝܢ ܗܘܐ. ܘܠܫܪܬܐ. ܟܕ ܐܦ ܠܐ ܕܒܡܐ ܒܚܕܐ ܡܠܬܐ ܠܐ ܫܠܝܡܬܐ ܐܙܕܒܢ. ܠܢܘܪܐ ܡܬܬܠܝܢ ܗܘܐ. ܘܟܕ ܬܡܢ ܙܪܝܢܐ ܕܦܓܪܗ ܐܬܦܫܪ. ܡܢ ܒܬܪ ܡܠܘܬܐ ܕܫܠܦ ܒܡܝܐ: ܘܡ̈ܠܐ ܕܡܩܒܠܬܐ ܕܠܘܬ ܐܠܗܐ. ܠܘܬ ܡ̈ܠܠܐ ܕܦܘܩܕܢܐ ܕܡܠܐܟܐ ܘܕܐܬܓ̈ܠܝܬܐ ܡܫܝܚܐ ܦܢܝ. [ܙ] ܗܠܝܢ ܕܝܢ ܥܒܪ̈ܝ. ܒܕܡܘܬ ܡܠܐܟܐ ܐܠܗܝ. ܡܟܠܗ ܬܬܒܥܘܗܝ ܕܡܠܦܢܐ. ܘܒܗܘܢ ܦܠܓ ܐܒܝܫܘܬ ܘܫܘܐܝܬ ܐܬܗܦܟܘ. ܘܐܬܦܪ ܡܢ ܦܘܠܚܢܐ ܠܡܬܦܫܩܢܐ. ܠܡܫܡܫܢܘܬܗ ܕܫܡܝܐ: ܗܘ ܕܟܕ ܚܙܐ ܢܠܗ ܘܦܪܓܠܗ. ܒܒܗܘܢܐ ܢܦܪܘܩ ܒܢ ܚܬܝܬܘܬܐ ܡܕܡ ܚܪܝܬܐ. ܘܡܕܡܡ ܫܢ ܠܐ ܐܫܟܚ ܒܗ ܕܐܬܠܩܛ. ܠܘ ܟܕ ܠܥܝܢܐ ܡܬܪܐܝܐ. ܐܠܐ ܟܕ ܒܥܘܪܬܐ ܕܕܚܠܐ ܕܥܝܢܐ ܐܘܕܒܘ ܘܦܪܓܠܗ. ܒܠ ܒܪ ܚܕ ܡܢ ܫ̈ܠܝܚܐ. ܐܝܟ ܠܦܣܐ ܕܘܡܒܬܗ ܠܡܝܢܬܐ ܐܬܪܐ ܗܘܐ. ܟܕ ܫܦܪ ܗܘܐ ܗܘ

(VII.) 21. ܠܡܬܦܫܩܢܐ] ras. ante ܢ.

ܐܬܬܣܝܡ ܢܡܘܣܐ: ܡܢܗܘܢ ܩܕܡ ܥܒܪ ܟܠܝ. ܗܠܝܢ ܕܝܢ ܐܣ̈ܝܪܘܬܐ ܢ̈ܦܩܢ ܠܗ. ܡܠܠܬܗ̇ ܕܗܕܐ. ܘܫܘ̈ܬܐ ܩܕܡ ܣܡ ܠܗܘܢ ܠܒܪ̈ܝܬܐ: ܫܝܒܘ ܕܚܠܗܝܢ ܬܫܝܬ ܥܕܢܐ ܡܬܬܝ. ܕܠܒܢܐ ܡܬܦܠܓܝܢ ܘܠܐ ܠܢܡܘܣܐ. ܗܠܝܢ ܗܟܝܠ ܕܬܪܬܝܢܐ ܢܡܘܣܘܬܐ ܕܕܐܝܟ ܫܒܝܢ ܐܬܚܙܝܘ. ܡܛܠ ܕܐܪܝܟܘ ܡܢ ܫܘ̈ܟܠܗܘܢ ܠܐ ܡܬܬܟܠܠܐ. ܐܦ ܚܢܢ ܠܘܬ ܡܥܡܪܬܐ ܠܐ ܡܬܪܥܝܬܐ ܘܫܦܝܘܬܐ ܕܐܠܗܘ̄ ܡܫܡܠܠ ܐܢܐ. ܡܢܐ ܕܝܢ ܐܡܪ: ܡܛܠ ܐܣܟܡܐ ܐܘ ܕܣܠܬܐ ܕܪܒܘܬ ܒܡܪܘܬܐ. ܢܦܩ ܐܢܐ ܡܢ ܒܗܬܢܐ ܡܢ ܟܬܬܐ: ܕܡܢ ܒܢ̈ܝܢܐ ܢ̈ܦܩܬܐ ܘܡܢܐ: ܕܡܘܕܒܐ ܕܕܪܡ ܠܗ ܠܒܗܢܐ: ܕܠܒܘܠܗ ܒܢܫܐ ܡܫܠܡܬܐ ܕܡܫܠܡܘ̈ܬܐ ܢܣܒ ܠܗܘܢ ܠܒܢܫ. ܢܦܩ ܐܢܐ ܡܢ ܦܘܬܐ ܕܕܝܢܐ: ܘܡܢ ܡܥܡܕܢܘܬܐ ܘܥܕܪܐ: ܗܠܝܢ ܕܟܠ ܫܢܝܢ ܠܚܒܝܫ ܚܝ: ܫܘܒܩ ܕܥܘܩ ܠܢܦܫܗܘܢ: ܒܗ ܠܚܝܬ ܡܕܥ ܘܡܙ̈ܥܐ ܒܟܠܝܢ ܚܝ. ܕܡܠܠܠܘܬܐ ܕܢܦܫܐ ܢܒܝܐ. ܘܡܡܠܠܬܐ ܡܬܪܐܝܬ ܘܠܐ ܒܡܡܠܬܐ ܘܒܪ̈ܝܬܐ ܕܠܡܘܥܠܐ ܢܬܗܦܟ. ܐܡܢܐ ܕܢܬܓܠܐ ܠܓܒܝܢ ܗܠܝܢ ܕܕ̈ܝܢ. ܘܐܝܟ ܕܒܡܚܫܘܬܐ. ܟ̈ܠܝܢܐ ܕܡܢ ܠܟܠ ܘܥ̈ܘܕܪܐ ܕܥܙܪܐ ܢܦܥܠ. ܘܠܗܠܝܢ ܕܠܐ ܝܕܥܐ ܠܘܬ ܫܘܒܩ ܕܡܬܬܕܪܥܝܢ ܢܦܪܫ. ܢܦܩ ܐܢܐ ܡܢ ܒܠܗܘ ܕܡܬܠܠܐ ܪܥܝܗ ܕܒܗܢܐ: ܐܝܟ ܕܐܡܪܐ ܕܟܠ ܫܢܝܐ ܐܬܓܒܪ. ܘܐܦ ܐܢܐ ܡܢ ܦܠܓܐ ܕܗܕܐ ܗܘ̇ ܕܡܓܒܥ: ܒܫܘ ܕܦܠܝܢ ܒܗ ܠܥܡܟܐ ܠܐ ܒܡܣܬܐ ܕܐܠܗܐ. ܕܗ̣ܘ ܗܢܝ ܦܠܚܬܐ ܡܕܡ ܕܠܐ ܡܬܬܟܠܠܢܬܐ ܚܠܦ: ܕܢܗܘܐ ܡܒܝܪ ܠܥܦ̈ܪܐ: ܘܢܬܪܐ

6. Ante ܡܛܠ add. in marg. lit. ܘ.

7. ܘܫܦܝܘܬܐ] e corr. ܘܫܦܝܪܘܬܐ.—ܐܠܐ ܡܫܡܠܠ improb. in marg. script. ܐܠܗܘ̇ ܟܠ ܡܫܡܠܝܐ.

11. ܕܡܫܠܡܘ̈ܬܐ] lit. ܘ eras.

19. ܒܠܗܘ] in marg. ܣܡܪܢ

ܗܘܐ ܒܗ ܒܠܒܪܝ ܘܡܚܒܠ. ܐܝܟ ܗܘܐ ܕܝܢ ܐܡܒ݂ ܘܕܣܐܗ ܐܡܪ ܗܘܐ ܘܕܡܬܒܥܝܢ: ܡܛܠ ܡܣܝܒܪܢܘܬܐ ܘܡܫܒܚܘܬܐ ܘܡܫܪܪܘܬܐ ܠܗܘܢ ܕܝܢ ܒܗ ܠܗܘܢ ܠܢܨܚܢܘܬܐ ܐܣܝܪܝܢ ܗܘܘ ܘܡܫܬܥܒܕܝܢ. ܒܗ ܐܦ ܒܗܕܐ ܡܕܝܢ ܒܗ ܢܦܠܢ ܘܡܬܒܪܝܢ ܘܒܒܠ ܦܘܪܫܢ. ܐܝܟ ܕܠܡܓܕܠܐ ܕܡܬܦܪܬܐ ܣܕܝܩܝܢ ܗܘܘ ܠܗ ܠܫܡܥܐ. ܐܠܐ ܐܝܬܘܗܝ ܗܘܐ ܠܗܘܢ. ܠܐ ܡܬܠܒܒܢܐ ܘܠܐ ܡܬܕܒܢܢܐ ܘܠܐ ܡܬܒܒܢܢܐ. [ܗ] ܐܡܪ ܗܘܐ ܠܒܪ. ܕܢܬܟܫܐ ܕܝܠܗ ܐܘ ܐܬܠܒܒ. ܫܪܪܐܝܬ ܐܝܬܘܗܝ ܢܬܟܫܐ. ܥܡܫܬܐ ܒܪ ܘܡܣܟܢܘܬܐ ܕܐܠܗܐ ܐܝܬܘܗܝ. ܡܠܟܢܐ ܕܝܢ ܘܠܐ ܕܢܫ ܡܢ ܒܢܝܢܫܐ. ܐܘ ܠܐ ܥܦܪ ܐܝܟ ܡܛܠ ܡܢܫܐ ܘܡܟܡܗ ܕܐܬܒܥܝܢ ܫܘܬܦܬܐ: ܘܢܝܕܘܬܐ ܘܕܒܝܫܘܬܐ ܕܡܢ ܗܢܝܢ. ܘܠܒܪ ܠܦܘܪܢܐ ܕܚܣܝܢ ܘܠܚܝܢܐ: ܘܠܗܘܢ ܕܡܢ ܬܡܢ ܡܛܠܠ ܗܘܐ ܠܗ: ܘܠܠܘܬܐ ܕܠܒܫ ܗܘܘ ܒܓܘܗ ܕܐܠܗܐ: ܕܡܢ ܬܪܝܢܘܗܝ ܒܒܢܝܢ ܒܬܪܝܢ ܗܘܘ ܡܢ ܠܚܘ ܘܡܢ ܠܒܪ. ܘܠܗܘܢ ܗܢܘܢ ܕܒܒܝܢ ܒܗܘܢܘܢ: ܠܒܪܢܘܬܗ ܕܡܠܟܘܬܐ ܗܢܘܢ ܗܘܘ: ܠܗܘܢ ܕܝܢ ܕܡܠܝܢ ܗܘܘ: ܠܬܐܘܪܝܐ ܬܪܬܝܢ ܕܝܢܐܝܬ ܕܒܢܝܢܘܗܝ ܕܪܘܚܐ. ܡܢ ܬܡܢ ܐܝܟ ܠܡ ܡܫܝܚܘܬܐ ܕܡܒܠܬܐ ܕܒܫܪܐ ܕܣܝܢܐ: ܕܡܠܦܐ ܕܠܬܪܝܢܘܬܐ ܠܬܚܬܐ ܢܦܠܐ: ܘܠܐ ܢܪܕܦ ܒܬܪ ܗܝܡܢܘܬܐ: ܘܕܒܗܕܐ ܢܦܠ ܠܡܫܡܫܢܘܬܐ. ܒܝܬ ܗܒܠ. ܐܘ ܡܢ ܗܠܝܢ ܢܡܘܣܐ ܕܐܝܬܘܗܝ ܐܠܗܝ. ܐܘ ܡܢ ܫܘܒܚܗ ܕܢܡܘܣܐ. ܠܫܡܥܬܐ ܗܢ ܒܪ ܠܐ ܡܠܬܠܬܐ. ܐܝܟ ܠܗܘܢ ܐܝܟ ܕܐܡܪܬ: ܕܐܬܢܨܚ ܒܡܫܪܪܢܘܬܗ ܕܒܢܝܐ: ܘܠܬܪܬܐ ܕܡܫܝܚܘܬܐ ܠܐ ܡܦܪܫܬܐ ܢܩܝܢ. ܠܒܪ ܐܢܫܐ ܕܝܢ ܡܠܠܐ. ܠܘ ܠܟܠܗܘܢ ܕܡܢܗܘܢ: ܐܘ ܠܡܫܡܪ ܐܘ ܠܡܐܟܠ

7. ܡܬܠܒܒܢܐ] pr. man. sed e corr. effict. ܡܬܕܒܢܢܐ.

(V.) 24. ܒܡܫܪܪܢܘܬܗ] lit. ante ܫ evan. in marg. script. ܒ.

ܡܪܢܐ ܘܡܠܟܐ ܥܒܕܝܢ ܗܘܘ. ܘܡܛܠܗܕܐ ܕܠܐ ܡܬܦܝܣܝܢ ܐܢܘܢ ܡܫܡܫܐ ܐܝܟ ܕܠܡܐܡܪ: ܕܡܬܬܦܝܣܝܢ ܗܘܘ ܒܗ ܦܓܪܐ ܐܦ ܠܢܦܫܐ: ܘܡܛܠ ܗܠܝܢ ܦܩܕ ܠܗ̇: ܡܢ ܐܦܪܟܐ ܕܗܘ̇ ܒܪ ܫܘܬܦ ܡܠܟܘܬܗ̇. [ܕ.] ܐܬܐ ܗܘܐ ܕܝܢ ܠܡܕܝܢܬܐ ܒܦܘܪܡܝܐ. ܐܠܘܪ ܗܘ̇ ܒܗܘܢܐ. ܕܓܒܘܪ ܦܬ ܗܪܛܝܩ. ܡܓܠܝܐ ܕܝܢ ܒܪܬܐܒܘܬܗ. ܘܡܬܬܚܒܒ ܗܘܐ ܕܢܐܒܘܠ ܡܢ ܕܟܘܠܐ ܫܘܦܢܐ ܘܒܣܪܐ ܕܚܝܪܐ. ܘܒܗܕܐ. ܕܒܕܚܠܬܐ ܕܚܝܠܬܐ ܕܢܡܘܣܗ̇ ܢܦܘܪ. ܡܛܪ ܗܘܐ ܒܪ ܗܘ̇ ܦܘܪܥܢܐ. ܕܐܢ ܠܗܘܢܐ ܢܦܟܐ. ܘܠܗܘܢܐ ܕܝܢܐ ܗܘܐ ܐܦ ܠܗ̇ ܠܗܝܡܢܘܬܐ. ܘܠܚܕܝܢܘܬܗ ܕܗܟܢܐ. ܥܙܝܙܘܬ ܕܗܠܝܢ ܡܛܪ ܗܘܐ. ܠܘܬ ܗܠܝܢ ܒܪ ܐܬܘܗܝ ܗܘܐ ܡܪܝܢ ܘܠܐ ܠܘܬ ܒܢܝܢܫܐ. ܡܩܒܪ ܗܘܐ ܕܝܢ ܬܘܒ. ܕܗܠܝܢ ܫܪܝܢ ܢܦܩܝܢ ܗܘܘ ܠܕܒܪ. ܐܦ ܬܠܬܐ ܐܠܐ ܬܠܬܝܢܘܗܝ. ܐܠܐ ܕܟܠ ܒܗ ܗܟܢ ܘܡܩܒܪܢܘܬܗ. ܒܦܓܪܐ ܒܪ ܗܟܝܐ ܘܡܬܚܠܐ ܐܬܚܫܠ ܒܠ ܥܬܕܐ: ܘܫܠ ܠܬܠܬܐ ܒܪ ܚܠܬܝܢ ܒܦܓܪܐ. ܘܪܘܚܐ ܫܘܝܢ ܠܡܗܘܐ. ܘܠܗܝܡܢܘܬܐ ܡܚܠܬܐ ܫܘܝ. ܘܐܘܪܒ ܕܐܝܬ ܒܗܘܢ ܗܟܢܐ ܠܦܬܐ ܘܡܠܦܢܐ: ܗܘ ܕܡܠܠܬܗ ܐܦ ܠܓܒܫ ܙܪܥ. ܘܕܗܠܝܢ ܠܗ ܒܪܕܟܐ ܠܐܗܡܡܐ ܘܠܬܠܬܐ ܡܢܓܝܢ. ܗܟܢ ܒܪ ܚܒܝܒ ܗܘܐ ܐܠܐ ܡܫܠܡܘܗܝ. ܐܝܟ ܦܬ ܕܐܢܫܐ ܠܡ ܫܟܪ ܗܘܐ: ܘܠܡܫܒܚܬܐ ܗܘ ܒܡܫܒܚܬܐ ܡܗܝܠܐ ܕܒܣܪܐ ܕܚܝܪܐ. ܘܡܥܡܥܢܐ ܕܚܝܒܐ ܠܗܘܢܐ ܦܪܐ ܗܘܐ. ܘܗܡܠܐ ܫܥܒ ܗܘܐ ܠܗ̇. ܕܚܝܪܐ ܡܚܘܠܬܐ ܡܚܘܬܐ ܡܫܠܟ ܗܘܐ. ܡܦܩܕ ܗܘܐ ܠܗܘܢ ܒܪ ܠܟܬܒܘܗܝ ܘܐܚܝܕܐ ܦܬܚܝܢ

4. ܡܢܗ' ܗܘ' ܒܪ] pr. man. sed e corr. effict. ܗܘܐ ܒܫܘܬܦܘܬܗ̇.

(IV.) 7. Ras. ante ܫܒ'

8. ܕܢܡܘܣܗ̇] ras. inter lit. ܕ et ܢ.

ܐܬܒܠܥܬ ܡܢ ܢܨܚܢܐ: ܘܩ̈ܠܝܢܐ ܙ̈ܘܥܙܥܢܐ ܕܕܒܝܠܬ ܐܠܗܐ. ܗܝ ܕܡܬܠܠܬܗ ܣܓܝܐ ܒܢܝܢܐ ܐܬܡܚܠܬ: ܕܥܩܪܬܐ ܝܠܕܬ ܫܒܥܐ. ܡܛܠ ܕܥܩܪܘܬܐ ܗܝ ܕܡܢ ܩܕܡ ܩܘܝܡܐ ܗܘܘ ܒܢ̈ܝܗ̇ ܐܬܡܚܝܠܬ. ܐܠܐ ܐܡܬܝܢܐ ܠܗܝܡܢܘܬܐ ܗܘ̣ ܕܡܫܝܚܘܬܐ ܐܬܦܫܛܘ ܘܩܕܡ ܒܢ̈ܝܗ̇. ܠܗܘ ܕܠܐ ܐܬܝܠܕ ܒܢܐ ܗܘ: ܗܘ ܕܡܬܚܙܐ ܕܠܡܥܒܕܢܘܬܐ ܕܟܠ. ܐܠܐ ܕܡܢ ܟܠܢܫ ܡܬܕܟܪ. ܟܕ ܐܝܟ ܗܘ ܕܒܐ̈ܕܢܐ ܝܕܥܬܐ ܘܠܐ ܡܬܥܠܬܐ ܢܦܫ. ܕܫܠܛܢ ܢܨܚܐ ܠܡܫܪܝܘܬܐ ܗܘ ܕܟܬܝܒ ܗܘ ܡܢ ܒܣܘܪܐ ܕܫ̈ܠܝܚܐ: ܝܕܥܬܐ ܕܝܢ ܒܣܒܝܒܘܬܐ ܘܟܠܐ ܡܫܒܘܚܬܐ. . . . [ܠ] ܘܫܪܒ ܗܘܐ ܡܢ ܐܢܫܒܘܗ ܗܘ ܠܦܘܪܣܐ ܘܫܟܐ ܟܬܒܝܗ. ܒܕܘܒܬܐ ܡܕܡ ܪܡܙܬܐ ܗܟܝܠ ܚܢ ܐܢܬܬܗ̇ ܪܚܡܬ ܪܘܚܐ. ܕܚܫܚܬܐ ܚܒܪܐ ܠܗܘܢ ܕܒܪܝܫܝܢ ܒܗ̇: ܗܝ ܕܟܠ ܐܪܒܥܐ ܢܘܡ̈ܣܘܗܝ ܟܡ ܩܕܡܘܗܝ ܐܙܠܐ. ܐܠܐ ܕܢܫܒܩܘܢ ܕܟܐܐܪ ܡܫܬܒܚܝܢ. ܟܕ ܟܠ ܪܫ ܠܓܘܫܡܘܗܝ ܡܫܠܛܝܢ: ܘܠܚܘܒܫܘܗܝ ܡܟܪܙܝܢ: ܘܡܬܪܥܡܝܢ ܐܝܟ ܐܪ̈ܙܐ ܕܠܒܢܢ: ܐܝܟ ܕܐܡܪ ܒܬܟܐ ܡܕܥܐ: ܟܕ ܚܙܝܬܗ ܠܚܠܝܡܬ ܦܐܪ̈ܘܗܝ ܘܠܡܫܠܡܘܬܗܘܢ. ܦܪܩ ܗܘܐ ܕܝܢ ܡܕܡܢܘܗܝ ܟܕ ܚܙܝܘ ܒܪܚܡ̈ܐ ܟܠܗ ܒܢܝܐ ܕܗܘܡܢܐ. ܘܕܡܥܒܕܢܢܐ ܠܚܝܠ ܪ̈ܡܘܫܐ: ܕܫܦܫ ܗܘܐ ܠܓܒܒܗ ܬܡܗܐ ܚܢܝܢܐ. ܫܒܩܝܢ ܗܘܘ ܕܝܢ ܒܟܪܝܟܘܬܐ. ܡܫܝܢܐ ܕܟܠ ܚܫܐ ܕܥܒܕܐ: ܕܝܠܢܐ ܡܫܬܠܡܐ ܕܡܫܒܚ ܒܪܝܟܐ ܚܣܝܢ ܗܘܘ. ܡܬܝܠܕܝܢ ܕܝܢ ܘܠܐ ܡܬܒܪܝܢ ܘܡܬܝܕܥܝܢ ܟܠܗܘܢ ܒܢܝܫܐ ܐܬܪܒܝܘ: ܕܒܗ̇ ܒܕܘܒܬܐ ܡܫܬܐ

2. 1 Sam. ii. 5.

4. Post ܐܬܡܚܝܠܬ. add. sed rurs. improb.

ܘܣܝܡܬ ܒܝܬ ܢܟܪ ܐܬܡܚܝܠܬ.

(III.) 13. Ante ܒܪܘܚܗ add. in marg. ܒܗ̇

16. Ps. xxxvii. (LXX. xxxvi) 35.

ܕܪܒܘܬܗܘܢ ܕܡܘܫܒܚܐ ܦܘܠܚܢ ܣܓܝ. ܘܡܫܬܒܚܝܢ ܘܐܦ ܡܢܗ ܕܚܝܠܐ. ܗܘ ܓܝܪ ܕܐܫܬܒܚ ܒܫܡܗ: ܕܐܫܬܒܚܐ ܓܠܝܐ ܕܗܢܐ ܐܦ ܡܢ ܡܘܬܒܐ ܥܒܪܢܝܬܐ ܢܦܩܘ ܒܗ ܒܬܪܥܐ ܕܒܠܝܡܘܬܐ: ܕܐܝܟ ܕܒܬܪܟܐ ܕܫܠܡܘܬܐ ܡܠܠ ܒܪܒܝܐ ܒܢܝܢ ܠܣܗܕܐ: ܓܠܝܐ ܕܝܢ ܒܬܪ ܒܠܗܘܢ: ܕܝܫ ܡܗܘܬܐ ܘܗܘ ܒܗ ܗܘ ܣܠܩ ܕܝܠܗ ܐܠܗܐ ܗܒܠܗ: ܘܒܪܝܬܐ ܡܫܬܠܛܐ ܕܥܬܕܐ ܣܚܦܘܗ: ܘܡܕܡܝܗܘܢ ܐܠܝܨܝܢ ܗܒܐ ܘܒܗܝܐ: ܘܡܠܦܢܐ ܬܬܐܪܬ ܕܫܒܐ ܕܣܠܩ ܕܝܠܗ ܐܠܗܐ ܐܘ ܕܢܒܘܗܐ: ܘܠܐܡܗܘܢ ܡܥܢܬ ܒܪܒܝܐ. ܕܡܫܝܒܐ ܗܘܬ ܠܒܪܐܝܬ ܬܠܕܐ ܕܒܬܝܗ: ܘܓܒܪܬ ܒܗܝ ܕܐܬܬܝܗ ܐܡܟܢ. ܠܐܝܕܐ ܕܐܬܪܐ ܠܐ ܡܫܬܡܥܬܐ ܠܗ ܚܘܝܕܐ. ܠܐܝܕܐ ܕܝܢ ܢܦܫܐ ܠܐ ܡܬܚܙܝܐ. ܟܠ ܐܝܕܐ ܕܝܢ ܬܪܥܝܬܐ ܕܫܠܝܐ ܗܢܘܢ ܗܘܒܐܝܢ: ܕܡܛܠ ܕܬܕܘܠܐ ܐܝܟ ܠܢܘܗܪܐ. ܠܗܘ ܐܦ ܗܟܢ ܕܡܢ ܕܦܪܫܐ ܘܐܡܟܢܘܬܐ ܣܝܓܐܝܬ ܡܬܚܘܝܐ ܕܬܬܒܬܒ ܦܠܚܝܢ. ܠܬܚܬ ܗܦܟܐ. ܦܪܝܫܐ ܕܝܢ ܠܬܘܗ ܕܫܡܝܐ. ܘܒܓܝܐ ܕܠܗ. ܘܠܘ ܒܐܘܣܝܐ ܘܒܪܝܐ ܡܬܐܪܓܪܓܐ ܘܠܐܠܗܐ ܗܘ ܡܠܠܝܢ ܕܐܓܘܢܐ ܕܕܝܠܗ ܐܠܗܐ ܒܬ ܢܒܝܐ ܡܫܒܚܝܢ. ܡܢܝ ܗܘ ܦܘܠܚܢ ܒܥܕܬܐ ܪܒܬܐ. [ܒ] ܡܛܠ ܕܝܢ ܕܠܥܕܬܐ ܐܬܩܒܠܬ. ܬܪܝܢܘܬܐ ܡܕܡ ܕܠܒ ܐܠܗܝܐ ܘܒܫܝܢܐ: ܟܢܫܬ ܡܢ ܬܚܬܝܬܝܗܘܢ ܕܫܘܕܐ ܗܠܝܢ ܚܝܠܘܬܐ. ܡܫܬܒܪܐ ܠܝ ܓܝܪ. ܕܗܘ ܡܢ ܗܒܐ. ܦܘܩܕܢܐ ܐܚܝܕ ܕܢܚܡܘܕܐ ܗܘ ܕܐܒܬܪ ܒܬܫܡܫܬܐ. ܓܠܝܐ ܕܝܢ ܗܘܝܘ ܕܐܬܬܠܡܕܘ ܠܗ ܠܫܒܥܐ ܘܐܡܪܝܢ ܕܗܠܝܢ. ܘܡܘܫܐ ܡܡܠܠ ܕܒܪܬܐ ܗܘ ܕܡܢ ܒܡܫܟܢܐ: ܗܘ ܕܡܢ ܩܕܡ ܐܦ ܐܬܬܝܗ ܗܘܬ ܕܠܐ ܡܠܬܐ: ܒܬܪܡ ܕܝܢ ܦܓܥܬ ܒܢܝܐ. ܗܘ ܕܦܓܥܬ

18. Ps. xxii. (LXX. xxi). 26.

(II.) 22. ܗܒܐ] add. in marg. ܠܣܒܪ.

ܡܐܡܪܐ ܕܡܪܝ ܣܐܘܝܪܐ. (ܐ)

ܢܒ̄ (ܕܝܠܗ ܒܗ ܕܝܠܗ) ܡܐܡܪܐ ܕܣܡܟܝܢ ܘܐܬ̈ܝܢ ܡܛܠ ܡܗܝܡܢܐ.

[ܐ] ܩܘܠܣܝܗܘܢ ܡ̇ܢ ܕܡ̈ܠܐܟܐ ܡܩ̈ܕܫܢܐ: ܕܡܛܠ ܫܒܝܚܘܬܐ ܕܬܫܒ̈ܘܚܬܗܘܢ. ܡܫܬܡܥܢ ܗ̇ܢ. ܕܗ̈ܘܠܝܢ ܒܬ̈ܪܬܐ ܕܗ̈ܘܢܐ ܗܢܝ ܠܗܘܢ ܕܐܡܪܢ. ܒܗ̇ܢ ܕܝܢ ܕܙܒܢܐ ܠܟܠ ܥܒܝܕܬܐ ܡܠܠܬܐ. ܡܫܒܚܢܐ ܩܕܝܫܐ ܠܗܘܢ ܕܩܠܝܠܝܢ. ܘܡܛܠ ܒܗ̇ܢ ܕܒܡܥܒܕܢܘܬܐ ܣܓܝܐܢ ܡܢ ܗ̇ܢ ܕܙܒܢܐ. ܡܛܠ ܕܐܦ ܙܒܢܐ: ܐܢ̱ ܗܘ ܕܫܪܝܐ ܣܝܡܬܐ ܡܕܡ ܢܘܟܪܝܘܬܐ ܘܕܠܒܪ ܡܢ ܟܝܢܐ: ܕܫܦܝܪܐ ܕܠܝܬ ܠܗ ܗܟܐ ܡܢ ܒܝܢܐ ܓܢܝܐ: ܘܐܝܟ ܕܠܗܕܐ ܒܫܘ̈ܚܠܦܐ ܢܦ̇ܩ. ܠܫܡܝܐ ܡ̇ܢ ܥܣܪܐ ܘܕܡܛܠ ܦܐܝܐ ܐܝܟ: ܠܦܘܬ ܦܐܪܐ ܗܢܐ ܥܣܪܐ ܘܕܚܝܠܐ. ܡܕܪܓܐ ܕܝܢ. ܒܗܢ ܕܠܐ ܡܬܦܢܝܐ ܕܠܦܘܬ ܣܘܬܘܬܐ: ܒܗ̇ ܐܘܡܢܘܬܐ ܢܬܩܛܠ ܠܦܘܪܐ ܗܘ ܒܝܢܐ. ܗܟܢܐ ܐܦ ܣܓܝ. ܒܗ ܓܢܝܢ ܣܢܝܢ ܠܓܢܝ ܒܫܒ̈ܚܬܐ ܕܡ̈ܠܐ ܠܦܐܝܘܬܐ ܘܪܘܚܢܝܘܬܐ: ܘܠܬܘܬܒܐ ܒܪܘܚܐ ܕܝܠܗ ܕܝܠܗ ܐܠܗܐ ܕܗܠܝܢ ܥܒ̈ܕܐ ܕܠܝܢ. ܕܥܒܪܝܢ ܡ̇ܢ ܐܡܪܝܢ ܣܓܝ ܘܕܡܛܠ ܥܒܪܝܢ. ܕܕܐܝܟ ܗܕܐ ܒܪ ܐܠܗܘܬܗ ܓܒܝܘܬܐ. ܒܪܘܚܐ ܕܝܢ ܡܢ ܒܪܢܗ

1. Brit. Mus. Add. MS. 14599, fol. 138, r. 2.

10. ܢܘܟܪܝܘܬܐ] in marg. ܟܣܝܘܬܐ.

ܡܬܐܡܪܐ

ܕܡܪܝ ܬܐܘܕܘܪܐ

ܕܥܠ ܡܦ̈ܩܬܐ.

ܦܘܣܩܐ ܕ̄ܐ.

ܘܡܒܪܟܐ ܗ̇ܘ ܕܡܫܬܐܪܐ ܗܘܐ ܀ ܗ̇ܘܝܘ ܕܝܢ ܒܐܡܐ ܕܙܢܝܬܐ: ܟܕ ܥܒܪܐܝܬ ܕܦܨܚܬ ܒܢܝܐ ܡܬܚܣܝܢ: ܘܦܨܚ ܡܫܝܚܐ ܠܥܡܗ̱ ܕܡܢܗܘܢ ܦܪܝܩܝܢ: ܐܡܬܝ ܕܐܦ ܗܘܘ ܠܚܡܐ ܦܬܝܪܐ ܟܕ ܕܟܝܢܐ ܕܐܝܟ ܗܢܐ ܀ ܗܠܝܢ ܕܝܢ ܟܕ ܡܢ ܬܠܬܐ ܒܗ̈ܘܢܝܐ ܡܬܚܫܒܝܢ ܘܠܛܠܠܘܬܐ ܡܬܛܠܠܝܢ: ܠܗ ܒܢ̈ܝܐ ܥܡܡ̈ܐ: ܐܠܐ ܒܬܫ̈ܒܚܬܐ ܕܠܥܠܡ ܫܢ̈ܝܐ: ܘܠܘܬ ܐܠܗܝܗܘܢ ܕܟܠܗܘܢ ܫܠܝܛܘܬܐ ܡܬܚܪܒܢ: ܕܟܠܗܘ̱ܢ ܗܕ̈ܡܐ ܡܒܝܪ: ܘܡܫܠܡܢܘܬ ܪ̈ܒܐ ܀ ܚܙܝ ܐܢܐ ܠܟ ܕܗܘ̣ܝܐ ܐܝܬ ܠܝ ܐܬܠܝܛܐ ܒܟܠ ܙܒܢܐ ܘܙܢܐ: ܘܠܒܫܐ ܒܠܗ ܘܡܘܡܬܐ ܒܠܫ: ܘܕܓܠܝܐܝܬ ܡܬܬܦܪܫܐ ܘܠܐ ܡܬܚܣܢܝܬ ܡܬܬܠܝܐ: ܘܕܢܬܒܪ ܡܢ ܒܬܘ̈ܠܝܐ ܬܬܚܡܐ: ܠܬܒܪ ܕܝܢ ܘܒܫ̈ܕܬܐ: ܘܡܢ ܒܠܗܘܢ ܐܝܟ ܕܒܘ̈ܪܬܐ ܢܚܒ: ܗܠܝܢ ܕܬܪܝܢ ܡܢ ܚܘܠ ܣܥܘܪ ܠܙܒܢܝܬ ܐܘܡܢܘܬܐ ܘܫܠܡܘܬܐ ܕܫܘܪܐ ܒܒܪܬܐ ܀ ܐܡܬܝ ܕܐܦ ܟܕ ܒܬܫܡܫܬܐ ܘܫܒܬܐ. ܢܛܠܚ ܐܠܗܐ ܒܝ: ܗܘ ܕܒܒܪܐ ܘܒܪܘܚܐ ܡܫܝܚܐ ܡܫܬܒܚ: ܘܦܪܩ ܠܥܡܗ̱ ܕܠܗ ܘܡܬܡܕܒܪ ܡܢ ܗܘܐ̱ ܕܠܗ: ܟܕ ܡܬܬܘܕܐ ܘܡܫܒܚܐ: ܘܡܫܬܒܚ ܘܡܫܒܚ: ܒܗ ܒܡܫܝܚܐ ܡܪܢ̱. ܕܠܗ ܫܘܒܚܐ ܘܐܝܩܪܐ ܗܫܐ ܘܒܟܠܙܒܢ ܘܠܥܠܡ ܥܠܡܝܢ ܐܡܝܢ.

ܫܠܡ ܡܐܡܪܐ ܕܥܠ ܦܨܚܐ. ܕܐܬܟܬܒܬ. ܕܒܫܢܬ ܘܫܬܐ. ܕܐܝܬ ܒܗ ܦ̈ܘܠܡܘܣܐ ܐܪ̈ܒܥܡܐܐ ܘܐܪܒܥܝܢ.

(XII.) 7. ܐܠܗܝܗܘܢ] in marg. ܐܒܠܗܐ D.

9. ܐܬܠܝܛܐ] ܐܬܠܝܛܬܐ C. in marg. ܐܝܘܢܩܝܬܐ ABCD.

10. ܡܬܦܪܫܐ C.

ܡܠܐܟܐ ܒܢܘܗܪܐ: ܒܕܠܝܬܘܗܝ ܐܟܘܬܗ ܠܐ ܚܙܘ: ܐܦܠܐ ܦܓܠܘ ܬܐܘܪܝܐ ܡܫܒܚܐ ܘܠܐ ܡܕܡܐ. ܗܕܐ ܡܢ ܕܟ̈ܝܢܐ ܕܠܝܬܐ ܕܢܠܦ ܡܫܝܚܐ ܠܐ ܡܨܝܪܐ ܒܬܫܒܘܚܬܐ. ܗܠܝܢ ܕܝܢ ܒܢܝ ܗܘ ܕܐܦ ܒܗ ܕܟܪܐ ܐܢܐ. ܒܡܐܡܪܐ ܐܡܪܬ. ܒܬܪ ܕܒܗ ܕܡܫܝܚܐ ܢܦܩ. ܘܐܠܗܐ ܐܬܬܘܗܝ ܗܘܐ ܡܗܕܝܢܐ ܕܐܬܠܒܫܘܬܐ ܕܐܝܟ ܗܠܝܢ: ܗܘ ܕܡܕܐܬܐ ܕܐܝܟ ܗܕܐ ܒܠܗ ܘܡܕܝܢܐ ܬܫܒܘܚܬܐ ܣܠܩ ܐܓܠ. ܠܗܠܝܢ ܕܝܢ ܠܗ ܡܫܡ̈ܫܢܘܬܐ. ܐܦ ܠܐ ܕܐܝܟ ܗܟܢ ܬܫܘܒܚܬܐ ܕܡܫܬܪܥܬܐ ⁘ ܒܡܫܒܪܢܘܬܗܘܢ ܕܗܠܝܢ ܐܬܕܡܪܬ ܡܢ ܒܠܗ ܫܘܕܝ: ܘܐܝܟ ܗܘ ܕܝܫܘ ܐܬܓܠܠܬ ܙܘܪܐ ܗܘܬ ܘܦܫܡܐ: ܐܦ ܒܬܪ ܐܓܘܢܐ ܐܢܬܘܢ ܗܘܐ ܗܢܐ: ܘܕܒܪ ܡܢ ܒܠܗܘܢ ܐܓܘܢܐ ܗܢܘܢ ܕܒܝܫܢ ܐܫܝܕܘܗܝ ܠܡܕܝܢܬܐ: ܕܐܝܟ ܕܢܫܬܪܐ ܢܚܘܫܐ ܒܘܡܐ ܗܘ ܐܘ ܕܢܫܬܟܚ: ܘܐܝܟ ܕܒܠ ܡܕܒܪܐ ܦܢܝܢ ܗܘܘ ܗܕܝܢ ܫܘܒ̈ܚܐ ܕܐܬܠܒܫܘܬܗܘܢ ܕܗܢܘܢ ܠܟܠܗ ܒܢܦܫܗܘܢ ܕܒܒ̈ܢܝܢ. ܐܬܕܒܪ ܕܝܢ ܐܦ ܐܢܫܘܬܗ ܗܟܢܐ: ܒܗ ܠܡܫܡܗ ܠܬܕܒܘܪܬܐ ܐܡܝܢ. ܘܡܢ ܐܢܘܢ ܒܬܪ ܐܦ ܡܢܒ̈ܝܐ ܠܬܕܒܘܪܗ ܒܡܫܬܪܥܬܐ ܕܒܒܪܐ: ܐܡܬܝ ܕܒܕ ܡܦܫܐ ܫܒܬܐ: ܫܘܒ̈ܚܐ ܡܢܗ ܘܠܗ ܡܬܟܫܦܐ. ܐܡܢܐ ܕܐܦ ܐܢܫ ܘܕܠܐ ܫܘܒܪܐܬܐ: ܒܕ ܡܫܡ̈ܫܢܘܬܐ ܡܢ ܠܐܡܫܘܢ ܘܠܐܦܘܣ ܘܠܐ ܡܠܠ ܐܡܝܪܗ ܕܠܘܬ ܒܢܝܐ: ܘܒܠ ܙܒܢܬ ܢܦܫܗ ܕܠܘܬ ܗܡܢܐ: ܡܫܡ̈ܫܢܘܬܐ ܕܝܢ ܓܒܠ ܠܦܫܝܡܘܢ ܗܘ ܕܐܬܢܝܚ: ܐܝܟ ܓܒܠܬܐ ܘܕܫܪܒܬܗ ܘܕܡܬܬܫܝܠܘܬܗ ⁘

[ܢܕ] ܒܗܠܝܢ ܬܕܒܪܐ ܘܡܫܢܐ ܘܐܬܡܨ̈ܝܬܐ ܘܩ̈ܢܝܢܐ. ܗܢܘܢ ܡܢ ܠܐܡܝܪܗ ܕܐܠܗܝܪ ܐܟܢܐ ܙܘܢܐ: ܘܕܡܬܠܬܐ

1. ܕܢܘܗܪܐ .· D.

7. ܕܡܕ̈ܐܬܐ] AB. ܕܡܕܐ̈ܬܐ CD.

13. ܢܫܬܪܐ C.

ܒܡܦܩܬܐ ܢܦܫܗ̇. ܡܢ ܗܘ̇ ܠܚܡ ܘܡܫܬܝܐ ܕܡ̈ܠܟܐ. ܒܕܡܘܬܐ ܠܗܘܢ ܐܚܪܢܐ ܗܠܝܢ ܕܐܬܠܒܫܘܬܐ. ܘܐܡܬܝܢܐ ܕܒܪܢܫܘܬܐ ܕ̈ܡܠܟܐ. ܐܚܪܢܐ ܥܠ ܐܚܪܢܐ ܡܝܬܪܬܐ ܚܫܝܒܐ ܗܘܐ. ܘܐܬܠܘܠܝܬܐ ܐܬܚܙܝܘ ܗܘܐ ܕܝܬܝܪ ܠܒܢܝܟܝ: ܘܠܦܘܪܣ ܕܝܒܝܫ ܐܬܚܙܝܘ ܗܘܐ ܝܬܝܪ ܫܘܫܢܐ. ܗܘ ܕܒܩܛܘܦܘ ܕܗܘ̇ ܕܡܕܡܘܗܝ ܡܓܠܓܠ ܗܘܐ. ܐܡܝܢܐ ܕܢܣܒ ܦܘܪܢܐ ܕܠܐ ܗܘܬ ܐܝܟܢܐ ܕܝܬܝܪ ܡܢ ܗܢܘܢ. ܝܬܝܪ ܠܚܡ ܒܗ ܒܫܡܝܬ ܘܡܢܐ ܐܝܟ ܗܘܐ. ܘܗܘܝܢ ܡܕܡܝܢܬ ܝܗܒ ܕܠܗ ܠܒܥܒܕ ܒܪ̈ܢܫܐ ܡܓܢܐ ܚܠܝܐ. ܐܡܬܝ ܕܠܘܬ ܕ̈ܡܠܟܐ ܠܐ ܡ̈ܪܢܫܐ ܐܬܡܪܒ: ܘܒܥܒܕ ܒܠܫܢܗ ܒܡܦܪܢܘܬ ܕܫܠܝܐ ܡ̈ܫܝܚܝ. ܘܒܥܒܕ ܕܝܬܝܪ ܫܘܫܢܬܐ ܫܒܝܚ: ܐܘ ܕܢܗܡܪܘܢ ܗܘ ܡܬܦܠܒ ܗܘܐ.

[ܝܐ] ܗܕܐ ܦܠ ܡܢ ܕܚܫܒܐ ܕܢܦܫܗ ܝܬܝܪ ܘܗܕܪܐ ܘܝܬܝܪ ܦܐܝܐ ܒܪܘܚܬܐ. ܠܗ ܠܚܡ ܡܢ ܐܠܗ̈ܐ ܟܒܕܐ ܠܗ̇ ܠܡܗܝܡܢܘܬܐ ܐܡܝܢܐ ܕܠܗܠ ܫܡܥܗܘܬܗ ܕܥܒܘܕܝܐ: ܘܪܚܡܬܐ ܕܒܘܬܐ ܕܦܫܝܩ ܗܘܐ ܡܒܪܐ ܒܠܒܗ. ܐܠܐ ܟܢܝܫܝܢܐ ܗܘ ܦܘܠܚܢ ܒܝܘܡܬܐ. ܘܕܐܟܪܐ ܐܝܬ ܠܗ ܗܠܝܢ ܕܡܦܬܚܝܢ ܒܠܫܘܕܝܢ. ܗܕܐ ܡܢ ܐܬܠܒܫܘܬܗ ܕܕܝܢܐ ܠܗ ܥܢܝܐ: ܕܐܥܢܝܠܡ ܡܟܘܠܬܐ ܠܟܘܪܗܢܬܐ: ܘܒܥܢܐ ܐܝܬܘܗܝ ܠܫܘܬ ܥܠܝܐ ܐܝܟܐ. ܗܕܐ ܡܢ ܕܠܚܢܐ ܗܘܢܝ ܕܒܐܬܪ ܠܐ ܡܫܝܚܐ: ܠܫܘܢܝ ܕܢܦܫܟ ܗܘܐ

1. Om. ܢܦܫܗ C.

6. ܕܢܣܒ] in marg. ܢܘܕܐ D.

7. ܕܠܚܡ] in marg. ܕܩ̈ܘܡܢܝܐ ABC.

8. ܡܕܡܝܢܬ D.

11. Om. ܗܘ C.

(XI.) 15. ܕܥܒܘܕܐ. D.

20. Om. ܡܢ A. supra lin. script. B.

ܒܢܝܐ ܢܗܘܐ ܠܝ ܬܫܒܘܚܬܐ. ܠܗ ܗܘ ܘܒܢܝ̈ ܟܠܗܘܢ
ܥ̈ܕܬܐ ܐܬܬܐ. ܐܡܝܢܐ ܕܐܫܠܡܬ ܬܘܕܝܬܐ ܕܝܠܗ ܒܬ̈ܘܕܝܬܐ
ܕܗܠܝܢ: ܘܒܗܢ ܒܡܦܪܫܗܘܢ ܠܡܦܪܫ ܦܪܝܫܐ. ܚܝܒܐ ܐܢܐ
ܡܛܠ ܬܪ̈ܝܢ ܘܠܗܘܢ ܠܩ̈ܢܘܡܐ. ܐܝܟܢ ܗܘܐ ܠܗ.
ܐܠܐ ܐܦ ܕܝܢܝܐ ܒܕܝܢܝܐ. ܘܡܒܪܐ ܚܕ ܢܦܠ ܠܝ. ܠܐ
ܬܫܡܫ ܒܗ̈ܘܢ ܕܕܝܢ ܒܡܫܬܪܝܘܬܐ: ܒܠ ܒܡܘܠܕܗܘܢ
ܓܘܐ ܒܐܢܫܘܬܐ. ܝܕܥܝܢ ܐܘ: ܐܬܒܣܝܡܬܐ. ܝܕܥ ܐܘ:
ܬ̈ܠܝܐ.. ܗܟܢܐ ܕ̈ܟܝܢ ܠܗܠܝܢ ܕܡܟܢܝܢ ܢܦܫܗ. ܗܟܢܐ
ܐܬܪܟܒ. ܬܫܘܬܐ ܥܒܪܬܐ ܡܗܝܡ ܠܒܗ. ܐܬܚܬܥܒ.
[ܝ] ܗܠܝܢ ܐܡܪܬܐ ܗܘܬ. ܘܡܩܒܠܢܘܬܐ ܗܘܬ ܗܝ ܠܗ̇
ܒܠ ܬ̈ܠܝܬ. ܒܐܢܫܐ ܗܘܐ. ܒܪ ܐܢܫ ܕܠܐܠܗܘܬܐ ܠܗܘܬ
ܢܘܪܐ ܕܢܘܗܪܐ ܕܝܠܗ̇: ܗܘܐ ܒܪ ܐܢܫܘܬܢ. ܘܠܐ ܩܘܡܢ.
ܘܠܐ ܠܦܪܘܩܢ ܕܡܫܝܚܝܢ: ܕܠܐ ܐܦ ܦܪܘܩܐ ܠܐ ܕܝܢܐ
ܢܥܒܕ ܒܦܪ̈ܘܩܗ ܕܝܢܐ ܘܫܠܝܛܐ. ܗܟܢܐ ܐܬܚܫܒ
ܐܠܗܐ ܒܒܣܪܗ: ܒܪ ܐܬܐܪܐܪ ܘܐܪܐܪ ܗܠܝܢ ܥܬܝܕܬܐ:
ܘܠܐ ܒܦܪ̈ܨܘܦܐ ܕܝܢ ܠܒܪ ܠܐܘܣܝܐ ܦܫܝܛ: ܐܠܐ ܒܦܪ̈ܨܘܦܐ
ܒܬ̈ܠܬܐ: ܘܝܠܝܕ ܒܡܘܠܕܗ ܐܪܐܪ ܐܪܝܢܐ. ܗܟܢܐ
ܒܛܠܝܘܬܗܘܢ ܛ̈ܠܝܐ ܒܪ ܠܗ ܠܬ̈ܪܥܝܬܐ ܕܢܠܘ: ܐܠܐ ܒܪ
ܒܠ ܫ̈ܢܝܐ ܐܬܛܠܠܘ ܘܦܓ̈ܪܝܗܘܢ ܕܟܝܢ: ܘܠܘܬ ܫ̈ܢܝܐ ܠܐ
ܡܫ̈ܢܝܐ ܒܓܘܗ. ܗܟܢܐ ܒܦܓܪܢܘܬ ܒܝ̈ܢܝܐ ܐܢܫܐ. ܡܟܝܠ
ܕܐܦ ܘܒܪ ܝܚܝܕ ܒܗܘܢ ܐܝܟܢܐܝܬ. ܘܒܪ ܐܝܠܗ ܒܒܗܘܢ
ܐܬܚܫܒܬ. ܒܪ ܠܗܘܢ ܕܠܒܪ ܠܢܦܫܐ ܕܐܠܗܐ ܡܝܬܪ:
ܘܠܬ̈ܓܡܐ ܕܠܗ ܒܬܫ̈ܒܚܬܐ ܡܝܬܪ: ܘܠܢܦܫܘܬܗ ܕܠܗ

4. ܠܩ̈ܢܘܡܐ] in marg. ܠܬܪ̈ܝܢ ܩܢ̈ܘܡܐ ABC.

6. ܒܡܘܠܕܗܘܢ] ܒܡܘܠܕܝܗܘܢ A.

(X.) 15. ܘܐܪܐܪ BCD.

17. ܒܡܘܠܕܗ] ܒܡܘܠܕܝܗ C.

20. ܡܟܝܠ] in marg. ܐܦ ܗܝܕܝܢ ABC. (ܕܐܦ in marg. ܗܝܕܝܢ D.)

ܒܪܘܚܐ ܥܒܪܘܢ܀ ܠܐ ܩܪܒܐ ܢܩܪܒܘܢ. ܘܠܐ ܡܕܡ ܐܚܪܝܢ ܐܘ ܠܒܘܪܐ ܐܘ ܕܝܬܝܪ ܪܒ ܡܢ ܐܢܫܘܬܐ. ܡ̈ܠܐܟܐ ܗܘܝܬ ܘܫܦܪ ܬܫܒܘܚܬܐ܆ ܐܠܐ ܡܕܡ ܡܢ ܗܠܝܢ ܠܒܢܝ̈ܗܘܢ. ܗܕܝܢ ܡܬܚܙܝܢܐ ܗܘܝܬ ܒܕܡܘܬܐ ܐܢܫܝܬ ܒܢ̈ܝܐ. ܐܝܟܢܐ ܕܗܘܝܐ ܒܗܘ ܕܠܐ ܡܬܚܙܝܢܐ ܐܝܢܐ. ܒܕܝܠ ܐܦ ܗܠܝܢ ܠܒܘܢ. ܐܝܟ ܕܒܥܪܪܐ ܕܟܝܢܐ ܗܘܝܬ ܠܗܘܢ. ܐܠܐ ܒܝܕܝܬ ܐܫܬܘܕܥܘܬܗܘܢ. ܐܠܐ ܡܢ ܥܒܕܐ ܐܕܪܟܘܬܗܘܢ. ܐܠܐ ܐܝܟ ܡܢܗܘܢ ܐܬܝ܆ ܐܝܟܢܐ ܕܐܬܕܪܟܘ ܗܟܢܐ ܗܠܝܢ ܕܪ̈ܕܝܢ. ܗܠܝܢ ܕܝܢ ܕܗܟܢܐ. ܘܠܗܒܐ. ܚܕܘܬܐ. ܬܫܒܘܚܬܐ. ܘܩܝܡ ܠܟ̈ܘܪܐ. ܦܪ̈ܝܫܘܬܐ ܠܗܠܝܢ ܕܒܫܡܘ. ܐܝܟܐ ܠܒܪ ܠܬܪܥܘܢ ܡܬܝܕܥܐ ܐܝܟܐ. ܡܢ ܦܘܫܩܐ ܡܬܦܠܓܝܢ. ܡܢ ܫܝܐ ܢܛܪܘܢ. ܒܢܘ ܒܝܬܐ ܕܗܘ ܫܡ ܫܡ܆ ܫܡ ܕܝܢ ܒܠܗܘܢ ܗܠܝܢ ܨܠܝܒܐ ܩܠܠ ܐܬܝܐ܆ ܠܘ ܐܝܩܘܬܐ ܕܦܪ̈ܒܐ܆ ܐܠܐ ܒܝ ܕܢܩܕܫܬܐ ܕܒܪܡ܆ ܘܗܘ ܫܡ ܫܡ ܫܘܚܠܦ ܡܢ ܐܠܗܐ ܐܦ ܗܢܐ ܥܒܕܐ܆ ܐܝܟܐ ܕܝܢ ܥܒܕܐ ܠܒܪܐ܆ ܘܠܗܠܝܢ ܒܝ ܢܣܒ ܠܐܠܗܐ ܚܕܝܬ. ܢܦܠܠܗܘܢ ܒܟܠ ܐܦ ܐܘܪܚܐ ܠܒܘܫܐ ܕܒܠ ܒܦܘܫܩܐ. ܠܘ ܒܝ ܡܠܐ܆ ܐܠܐ ܒܝ ܡܠܐ ܒܟܕܢܐ ܫܡܝܐ. ܝܬܝܪ ܡܢ ܬܠܝܐ ܐܝܬܘܗܝ. ܝܬܝܪ ܡܢ ܫܠܝܐ ܡܬܪܘܢ. ܝܬܝܪ ܡܢ ܒܐܦܐ ܕܥܡܠܐ ܗܘ ܬܚܘܒܘܢ܆ ܒܕܐܠܗܐ ܐܬܒܠܕܘܢ ܘܐܬܡܫܒܚܘܢ܀ ܡܢܐ ܬܘܒ. ܐܘܫܥܝܢ ܐܘ ܦܘܪܫܢܐ ܐܦ ܠܝ ܠܟ ܟܠܢ܆ ܐܢ ܦܝܫܘܬܐ ܡܕܡ ܐܝܬ ܡܢ ܬܠܡܝ̈ܕܝ. ܐܝܟܢܐ ܕܝܬܝܪ

4. ܗܘܬ D.

11. ܡܬܦܠܓܝܢ.] in marg. ܢܬܦܠܓܘܢ. ABC.

15. ܐܝܟܐ] ܐܝܟܐ C.—ܘܠܗܠܝܢ D.

16. ܢܦܠܠܗܘܢ] ܢܦܠܠܠܗܘܢ C.

17. ܐܠܐ.] ܡܢ ܐܠܐ. C.

20. ܗܘ] ܗܘ̣ܐ C.

ܢܨܘܚܐ: ܘܠܢ ܐܝܟܢ ܐܠܝܨܪ: ܘܚܫ ܐܬܐܘܠܘܓܝܐ ܕܒܢܝܐ ܕܠܢ: ܕܦܐܪܐ ܕܢܓܠ ܦܠܛܘܢ. ܕܗܘܝܬ ܐܚܕܐ ܕܡܬܪ ܡܢ ܟܠܗܘܢ ܐܪ̈ܗܛܘܬܐ ܕܒܗܝܢܐ. ܘܠܐ ܡܕܡ ܓܒܠܬ ܠܟܠܒܐ. ܟܠܗ ܗܝܡܢܘܬܐ ܕܠܝ ܠܐܠܗܐ ܐܓܠܝܬ. ܠܗܒܪܐ ܢ̈ܦܫܐ ܡܬܪܗܝܢ ܗܝܡܢܘܬܐ. ܡܢܐ ܙܒܢܬ ܒܐܝܕܝܬ ܡܗܝܪܐ ܐܝܟܐ. ܡܢܐ ܡܚܝܠܐܝܬ ܚܝܠܐ ܗܝܡܢܘܬܐ. ܡܫܟܠ ܠܝ ܬܪܝܨܘܬܗܘܢ ܐܘ ܟܝܢ܀ ܚܘܝܬܗܘܢ ܡܢ ܫܠܡ ܡܬܬܪܬܐ ܡܬܬܚܡܢ ܐܝܬܘܗܝ. ܠܟܠܗܘܢ ܡ̈ܠܠܐ ܚܪܝܬ. ܐܝܟܢ ܡܕܪܫܐ ܠܡܬܟܪܝܢܐ ܚܕܐ ܐܝܟܐ. ܡܢ ܟܠܠ ܘܠܦܪܘܫܝ. ܠܗܝܡܢܘܬܐ ܫܪܝܪܐ ܐܝܟܐ ܡܛܠ ܠܚܫܟܐ: ܕܐܫܬܪܪܬܐ ܠܦܪܘܫ ܠܩܕܝܫܘܬܐ: ܐܝܟܢܐ ܕܡܢ ܠܗܘܢ ܠܟܠܗ ܕܠܐ ܣܘܦܐ ܠܟܠܢ ܚܙܝܐ ܐܝܟܐ ܐܦܪܝܣܘܣ ܠܐܠܗܐ: ܘܡܢ ܒܟܠܝܢ ܡܢ ܟܝܢ ܐܬܬܟܬܒ: ܗܟܢܐ ܐܝܟ ܒܦܘܪܫܢܐ ܡܫܡܠܝܬܐ: ܒܬܪ ܕܟܝܢܐ ܡܫܡܠܝܐ. ܠܐ ܡܬܬܢܐ ܐܝܟܐ ܗܟܢ. ܠܐ ܗܕܡܐ ܐܝܟܐ ܒܗܬܝܢ. ܠܐ ܚܫܝܦܐ ܐܝܟܐ ܒܗܦܝ ܒܦܬܝ. ܠܐ ܡܫܡܫܐ ܐܝܟܐ ܐܝܠܝܐ. ܠܐ ܦܪܝܐ ܐܝܟܐ ܠܐܝܠܝܢ ܕܟܠܝܢ ܒܟܢ. ܠܐ ܫܒܥܐ ܐܝܟܐ ܣܒܥܐ ܐܡܝܢܐ ܕܐܦ ܐܝܟ ܢܐܠܐ ܒܟܢ. ܠܐ ܡܬܒܪܐ ܐܝܟܐ ܠܬܚܒܝܢܐ. ܠܐ ܓܬܡ ܠܫܡܥܐ ܐܟܠܝܢܐ. ܗܠܝܢ ܕܐܝܬܝܗܘܢ ܡܫܬܠܛܢܐ: ܐܝܠܝܢ ܕܕܒܫܪܐ ܒܠܫܘܢ ܐܢܬܘܢ ܐܬܝܬܘܢ. ܗܠܝܢ ܕܐܝܟܐ ܒܢ̈ܦܫܝܢ ܗܦܟ ܡܢ ܬܘܢܝܐ ܡܕܡ ܒܢܝܐ. ܠܐ ܕܝܢ ܠܐ ܡܝܬܘܢ ܬܫܡܫ ܡܢ ܟܠ ܒܢܝܢ. ܐܠܐ ܦܐܪܐ ܐܬܬܪܒܝܘܢ. ܠܐ ܐܘܦܝܬܘܢ. ܐܠܐ ܒܓܢܬܘܢ. ܠܐ ܐܣܬܪܩܘܢ. ܐܠܐ ܐܚܝܕܐ ܐܬܒܪܟܬܘܢ. ܠܐ ܫܡܘܬ ܥܒܕܐ ܐܝܟ ܫܠܛܢܟܘܢ. ܠܐ ܚܠܠܐ ܢܦܫܟܘܢ. ܠܐ ܠܗܦܟܐ ܢܟܠܟܘܢ. ܠܐ

1. ܢܨܘܚܘܬܐ܀ D.
5. ܙܒܢܬ . . . ܡܗܝܢ D.
6. ܡܚܝܢܐ D.
18. ܢܠܐ] D. ܢܟܠܐ ABC.

ܐܡܝܢܐ ܡܬܬܟܬܫܐ ܗܘܬ. ܒܪ ܡܢܝܢܐ ܓܝܪ ܠܐ ܐܚܪܢܐ ܗܘܬ: ܡܢܝܢܐ ܕܝܢ ܠܐ ܦܣܝܩܐ ܗܘܬ: ܡܢ ܗܠܝܢ ܕܠܘܬ ܐܠܗܘܬܐ ܡܩܪ̈ܒܝܢ. ܫܘܦܪܐ ܗܘܬ ܠܦܘܩܕܢܐ ܕܕܝܢܐ. ܫܘܡܠܝܐ ܗܘܬ ܣܘܥܪܢܐ ܕܩ̈ܕܝܫܐ. ܦܘܪܩܢܐ ܗܘܬ ܠܚ̈ܛܝܐ. ܠܗܘܢ ܕܝܢ ܡܫܒܚܢܐ ܗܘܬ. ܠܗܢܐ ܕܝܢ ܡܓܕܦܢܐ ܗܘܬ. ܠܗܢܐ ܕܝܢ ܡܫܠܡܢܐ ܗܘܬ. ܡܚܝܢܐ ܗܘܬ ܠܡ̈ܝܬܐ. ܐܚܪܢܐ ܗܘܬ ܠܟܠܗܘܢ. ܐܝܟܢܐ ܐܘ ܒ̈ܢܝ.. ܐܝܟܢܐ ܐܡܪܢܐ ܠܟ ܐܝܟܢܐ ܠܐ ܡܦ̈ܪܫܢܐ ܐܝܟ ܕܠܡܐܡܪ ܒܡ̈ܠܐ. ܐܝܟܢܐ ܡܛܠ ܒܬ̈ܘܠܬܐ ܕܡܪܝܡ ܘܕܒܝܬ̈ܗ: ܘܕܡܫܝܚܘܬܐ ܕܐܝܬܘܗܝ ܠܘܬܗ ܡܬܚܙܝܢܐ ܐܝܬܘܬܗܘܢ. ܗܘܝܬ ܡܠܟܐ ܘܚܒܝܒ. ܠܐܠܗܐ ܠܗܘܢ ܡܫܬܒܚܢܐ. ܗܕܐ ܕܫܠܡܐ ܐܢܐ ܒܠܚܘܕ. ܗܘܝܬ ܡܠܟܐ ܘܡܬܚܫܒܢܘܬܐ ܓܝܪ ܐܢܐ ܒܡܣ̈ܟܢܘܬܐ. ܡܫܒ̈ܚܢܐ ܕܝܢ ܐܝܬܝܗܘܢ ܩ̈ܠܝܠܐ. ܐܠܐ ܫܡܥܢ ܐܝܬܝܗܘܢ ܠܐܡ̈ܪܝܢ: ܠܐ ܦܫܝܩܐ ܐܢܐ. ܗܕܐ ܡܫܬܘܕܝܐ ܐܢܐ ܠܟܘܢ. ܠܐ ܗܟܢܐ ܐܢܐ ܦܝܫܬ ܩܕܡܝܟ܀

[ܛ] ܒܬܪ ܕܝܢ ܕܫܠܡܬ ܐܢܘܢ ܕܐܫܬܡܠܝܘ: ܘܗܝܡܢܘܬܐ ܐܝܬ ܗܘܐ ܠܗ ܡܢ ܫܡܥܬܗܘܢ. ܒܪ ܬܠܬ ܫܢܝܢ ܦܠܓ ܦܪܝܫܘܬܐ ܐܝܟ ܐܝܢ ܚܕ ܒܐܠܗܝܘܬܐ ܒܬܪ̈ܝܢܘܬܐ ܡܠܠܘܬܐ ܘܩ̈ܕܝܫܘܬܗ ܒܫܠܡܬ. ܒܟܠܗ ܪܘܚܐ ܘܢܦܫܐ ܫܘܕܥܐ ܐܝܟܢܐ ܗܘܬ ܐܚܪܢܐ ܠܟܝ ܐܝܟܐ ܕܝܢܐ: ܘܠܟܝ ܪܕܘܦܐ

1. Om. ܓܶܝܪ C.

3. ܡܩ̈ܕܫܝܢ.] ܡܩ̈ܕܫܢ. D.

4. ܣܘܪ̈ܩܐ D.

6. ܡܦܫܩܢܐ C. ܡܦܫܢܐ (ut vid.) D.

10. ܐܢܫܚܘܢ. BC (in B tamen ܐ supra ܒ add.).—ܘܟܠܗܘܢ D.

11. ܐܢܐ ܕܝܢܐ] ܕܝܚܝܕܐ D.

12. ܐܢܐ ܓܶܝܪ ܐܢܐ D.

(IX.) 17. Om. ܗܘܐ C.—ܠܫܠܝܛ D.

18. Om. ܚܕ D.—Om. ܒܬܪ̈ ܡܠܠ̈ ܒ D.

20. Om. ܐܗܘ A.

ܟܠ ܗܕܐ ܐܬܬܥܝܕ ܒܗ ܒܕܡܘܬܐ ܕܒܡܟܠܝܢܬ ܒܝܬܐ ܠܬܚܠܠ. ܘܠܐ ܫܒܩܬܐ ܡܕܡ ܡܢ ܢܦܫ ܙܕܘܩܝܐ: ܐܡܪܝܢ ܕܐܝܟ ܕܟܠܡ ܠܬܩܢܘܪ ܒܗܘ ܚܕ ܒܗ ܡܬܦܣܚ ܒܦܫܩܘܬܗ. ܬܬܚܙܐ ܐܢܫܐ ܕܫܒܪܐ ܘܟܠܝܕܘܬܐ ܘܚܘܒܐ. ܘܟܠ ܐܚܝܕ ܡܝܬܘܬܐ ܢܓܕܪ. ܘܝܠܦ ܟܠ ܚܕ ܚܕ ܡܢ ܀ ܐܠܟܣܢܕܪ ܦܓܠ ܠܗ. ܐܡܪ ܗܟܢ. ܐܘܪܫܠܡ ܡܟܘܪ ܬܫܒܘܚܬ ܪܒܘܬ ܦܐܝܘܬ: ܐܢܫܘ ܕܡܕܡ ܢܬܦܪ ܠܡܠܟܐ. ܗܘ ܗܟܝܠ ܕܝܠܝ. ܘܠܗܘܢ ܕܠܚܪܬܐ. ܚܘܝ ܠܬܚܘܒܝܢ ܡܠܟܐ ܥܒܪ ܕܚܠܬܐ ܕܚܝܐ ܪܘܚܐ ܀

[ܚ] ܗܘܝܘ ܕܝܢ ܗܟܝܠ ܒܗ ܗܟܝܠ ܘܐܒܪܗ ܘܟܢܫܗ: ܘܐܝܟ ܥܡܐ ܕܚܝܠܐ ܒܢܐ ܠܒܝܬܐ ܠܡܠܟܐ. ܒܠܒܘܫܐ ܕܡܘܟܬܐ ܘܒܥܒܝܘܬܐ ܕܚܝܘܬܐ ܡܦܪܣܝܢ ܗܘܘ: ܗܝܡܢܘܬܐ ܘܕܘܟܪܢܐ ܠܒܢܝ ܥܢܬܗܘܢ: ܕܢܛܠܐ ܘܫܘܬܦܐ ܠܬܘܒܬܗܘܢ: ܗܘܝܘ ܕܒܗ ܟܠ ܟܠܗ ܐܘܟܠܬܐ ܐܘܕܝܘ: ܗܝܟ ܟܠܗ ܡܢ ܥܒܕܘܬ ܢܦܫܐ ܕܥܒܕܐ ܫܡܝܐ ܐܘܕܝܘ. ܐܡܪܝܢ ܕܐܦܠܐ ܡܛܠ ܗܘܝܘ ܐܝܬܝܐ ܬܘܒ ܢܗܘܐ ܐܝܬ ܠܗܘܢ ܗܒܪܐ ܠܚܒܪܐ ܀ ܐܡܪܐ ܕܝܢ ܙܪܝܬܐ: ܘܐܝܟ ܕܒܥܪܪܐ ܕܗܝܘܢ ܕܐܝܟ ܗܟܢ ܘܕܗܘܝܐ ܟܠܗ ܡܬܘܪܝܢ: ܢܦܫܐ ܪܒܬܐ ܘܪܒܬ ܢܦܫܐ ܕܢܟܗܐ. ܕܥܒܬܐ ܡܢ ܡܝܬܝܬܐ ܒܝܕܘܬܐ ܘܒܪܝܬܐ ܐܬܬܢܝܚ ܗܘܬ. ܘܒܡܚܝܒܘܬܐ ܕܬܪܝܢ ܫܥܝܢ. ܒܝܕܘܬܐ ܡܛܠ ܒܒܪܘܬܐ ܘܗܠܝܢ ܕܬܬܚܝܡ. ܒܝܕܘܬܐ ܡܛܠ ܗܝ ܕܒܬܪܗ. ܘܡܛܠ ܗܕܟܐ ܘܗܟܢܐ ܗܘܟܢܐ ܕܬܫܒܘܚܬܐ. ܘܐܝܟ ܦܬܓܡܐ ܟܠ ܦܘܠܚܢܗ ܐܡܪܬ ܕܗܘܝܐ ܙܕܩ ܐܘ ܡܕܡ ܐܚܪܢܐ ܡܢ ܡܚܫܒܢ. ܦܪܝܫܐ ܗܘܬ. ܡܫܡܫܢܐ ܗܘܬ. ܡܫܡܫܐ ܗܘܬ.

2. Om. ܡܟܠ D.—ܕܙܕܘܩܐ.· D.

5. ܡܣܪܘܩܝܬܐ] AD. ܡܣܪܘܩܘܬܐ BC.

6. ܡܟܘܪܝ] BC. ܡܟܘܪ AD.

8. ܚܘܝ AD.—post ܚܘܝ add. ܐܦ a man. rec. B.

(VIII.) 24. ܡܫܡܫܢܐ. C.

ܠܬܫܥܐ ܐܠܦܐ ܀ ܗܘ ܕܝܢ ܐܢܐ ܗܢܝܐܘܬܐ ܡܬܓܠܝܐ ܐܢܐ ܡܢܐ ܕܡܬܒܥܐ ܐܢܐ. ܘܒܗ ܫܥܬܐ ܕܡܬܟܬܫܝܢ ܐܢܬܘܢ ܠܬܪܒܝܬܝ. ܘܡܬܬܘܚܕܝܢ ܒܡܪܕܘܬܐ ܐܢܐ. ܡܣܟܝܢ ܗܘܘ ܠܫܪܪܐ. ܡܫܒܚܝܢ ܗܘܘ. ܣܓܕܐ ܐܝܬܘܗܝ ܗܘܐ ܐܝܟ ܕܥܠ ܐܟܪܘܬܐ ܕܡܫܡܠܝܢ. ܢܬܐܠ ܠܗܘܢ ܡܫܪܪܘܬܐ ܐܫܝܢ ܡܪܚܡܝܢ ܗܘܘ ܢܬܐܠ. ܢܫܬܪܘܢ ܒܗ ܪܬܚܐ ܟܠܝܢ ܦܪܘܩܝ. ܕܕܠܡܐ ܒܡܕܡ ܢܬܪܦܐ ܘܢܫܬܪܐ ܡܘܪܝܐ. ܥܪܘܬܐ ܬܡܝܗܝ ܠܐ ܢܦܩܥ. ܥܦܪܐ ܡܢ ܘܡܢܐ ܕܐܢܫܐ ܡܕܡܝܢ ܒܗ ܣܘܪܕܐ: ܘܡܢܐ ܕܐܢܫܐ ܥܬܝܕ. ܘܕܒܢܪܘܗܝ ܠܫܪܪܐ. ܬܘܒ ܕܝܢ ܥܦܪܐ. ܡܢܐ ܕܐܝܟ ܡܬܬܪܡܬܐ ܐܢܫܐ ܡܫܬܪܪܘܬܐ ܡܕܡ. ܐܝܟ ܡܢ ܡܕܡܐ ܗܘܬ. ܐܦ ܒܦܓܪܝܢ ܡܬܬܟܝܢ ܗܘܝܢ ܣܓܝ ܐܟܝܠܘܬ. ܐܬܬܘܗܝ ܐܦ ܗܢܐ ܡܕܡܘܬܐ ܡܢ ܡܩܠܣܐ. ܡܛܠ ܕܝܢ ܕܠܐ ܕܟܝܐ ܗܘ ܕܗܢܐ. ܗܒܘ ܦܓܪܝܢ ܢܟܠ. ܡܢܐ ܕܝܢ. ܐܦܢ ܗܟܢܐ ܠܐ ܡܬܬܟܝܢ: ܠܘ ܡܢ ܒܠܦܪܘܣ ܠܫܪܬܐ ܡܬܬܟܝܢ. ܠܘ ܗܟܠܝܢ ܕܡܬܬܪܝܨܝܢ ܠܠܝܕܘܬܐ ܡܬܬܟܝܢ. ܢܒܕܘܩ ܠܐܢܫܝ ܡܘܒܠܐ. ܢܬܓܠܐ ܠܥܘܬܪܐ. ܠܗܘ ܕܟܕܝ ܕܠܝܢ ܢܒܕܘܩܘܢ. ܒܡܟܝܟܘܬܐ ܪܘܚܐ ܢܕܡ. ܠܐ ܐܝܟ ܗܟܝܠ ܡܢ ܢܗܘܐ ܪܘܡ ܢܦܫܝ. ܐܦܠܐ ܠܐ ܡܣܟܢܐ. ܢܦܣܘܩ ܡܢܗ ܦܪܘܩܐ ܘܡܢ ܐܣܝܪܐ ܒܗ ܒܝ ܦܓܪܐ. ܠܡܫܪܪܘܬܐ ܡܢ ܦܬܟܪܐ ܗܘ ܢܦܩ. ܐܝܟ ܕܝܢ ܢܦܩ ܥܘܠܡܐ ܠܒܢܘܗܝ ܕܡܬܪܕܝܢ. ܘܠܐ ܒܡܕܡ ܡܛܠ ܗܢܐ ܢܬܒܣܪܐ ܒܡܟܝܟܘܬܗ ܕܢܘܚܝܬܐ. ܘܡܕܟܝܢܐ ܢܗܘܐ ܠܫܝܢܘܗܝ ܐܣܝܪܐ ܐܘܪܝܐ. ܘܐܣܝܪܐ ܦܬܟܪܐ ܕܐܬܠܒܫܘܬܐ. ܒܢ ܕܝܢ

(VII.) 6. Om. ܟܠܝܢ C.

10. ܡܫܬܪܘܪܘܬܐ BC. ܡܫܬܪܪܘܬܐ D.

11. ܒܦܓܪܝܢ] in marg. ܒܡܘܪܐ (pro ܒܡܪܐ ?) C.

15. ܗܟܠܝܢ] ܗܟܠܗ D.

18. Om. ܠܐ D.—ܡܣܟܢܐ in marg. ܠܡܣܟܢܐ C.

23. ܐܪ̈ܝܐ] D. ܐܪܝܐ ABC.

ܡܬܡܪܝܐ ܗܘܬ. ܘܫܠܛܢܐ ܐܝܠܝܢ ܗܘܘ ܒܗ ܡܬܕܒܪܝܢ ܒܫܠܝܛܘܬܗܘܢ ⁘ ܢܐܡܪ ܗܟܝܠ ܘܡܢ ܗܠܝܢ ܕܠܘܬ ܡܕܝ̈ܢ. ܕܐܠܟܣܢܕܪ ܚܕ ܡܢ ܡܬܐܡܪܢܐ: ܕܗܘ ܕܡܕܝܢܬ ܠܒܪܬܗ. ܦܕܡ ܐܬܠܒܫ ܐܝܟ. ܢܬܠܒܫܘܢ ܠܬܪܗ ܒܢ̈ܝܐ. ܐܝܟ ܕܡܢܝ ܢܦܫܗ ܕܒܢܝܐ. ܡܫܠܡܢܘܬܐ ܕܒܫܠ ܐܝܟ. ܠܕܘܟܬ ܦܠܚ̈ܐ ܦܠܚܝܢ. ܡܛܠ ܘܬܒܕ ܠܗ ܦܬܓܡ ܒܫܪܪܐ.. ܡܛܠ ܘܢܒܥ. ܠܟܠ ܡܕܡ ܕܟܬܒ ܫܠܝܚܐ ܡܢ ܗܢܘܢ ܕܠܡܚܫ ܥܠ ܡܕܡ ܡܠܒܝܢ. ܐܘ ܡܫܠܡܢ̈ܝ. ܡܛܠ ܡܬܬܗܡ ܐܝܟܘ ܡܛܠ ܕܝܢ ܡܫܬܘܕܥ ܐܝܟܘ: ܠܡܛܠ ܠܫܘܕܥܐ ܒܫܒܝܚ ܦܘܡܝ ܐܝܟܘ. ܐܦܝܐ ܫܦܝܐ. ܐܦܝܐ ܐܫܘܪܐ. ܘܠܠܘܬܐ ܦܬܐ ܐܝܟ. ܡܛܠ ܬܬܠܒܫ ܢܘܪܐ. ܫܡܘܬ ܥܢܝ ܡܛܠ ܡܬܒܕܢܝܬܐ. ܥܒܕܝ ܡܛܠ ܬܫܠܚܝܐ. ܚܠܡܝ ܫ̈ܘܝ ܐܬܡܗܝܢ ܬ̈ܠܚܬܝ ܘܡܛܠ ܬ̈ܚܠܬܐ. ܐܝܟ ܒܡܕܪܐ ܐܬܬܝ ܘܕܡܝܐ ܒܡܢܝܢ. ܐܝܟ ܐܫܪܝ. ܢܬܠܠ ܠܦܘܡܐ. ܢܦܘܩ ܐܢܫ ܘܡܢ ܡܬܦܪܢܐ ܡܕܡܝܢ. ܕܢܬܡܪ ܒܥܘܩܬ ܦܬܬܐ. ܚܐܪܐ ܐܝܟ. ܦܬܓܡܐ ܐܝܟ ܡܕܡ ܒܟܪ ܘܡܢ ܗܠܝܢ ܕܠܡܘܠܐ. ܬܘܒ ܘܐܟܝܢ ܦ̈ܠܚܝܐ ܐܦܪܝܢ ܗ̈ܘ ܒܗ ܗ̈ܘ ܡܠܬܐ. ܠܐ ܐܦܠܝܢ ܠܡܬܪ̈ܬܐ. ܠܐ ܡܒܥܝܢ. ܦܥܝܐ ܗܘ ܕܐܝܟ ܬܦܠܘܕ ܠܗܠܝܢ ܕܒܠ. ܐܘ ܕܠܗܠܝܢ ܕܠܝ ܚܢ ܢܦܩ. ܗܘܡܐ ܕܡܠܬܐ. ܐܘ ܬܫܒܘܚܐ ܕܡܛܠ ܚܕܬܝܢ ܐܫܟܚܢ. ܐܘ ܕܒ ܕܗܠܝܢ ܕܦܪܡܝܢ ܡܬܒܥܝܢ.

[ܐ] ܘܗܠܝܢ ܓܝܪ ܠܘܬ ܦܪܘܣܐ. ܗܠܝܢ ܕܝܢ ܕܠܒ̈ܝܕܐ ܦܩܕܝܢ ܗܘܘ: ܒܗ ܦܪܘܩܝܢ ܗܘܘ ܐܝܟ ܕܒܡܕܝܢܬ ܦܪܣܐ: ܗܠܝܢ ܕܝܢ ܕܠܡܚܘܐ ܢܗܒܝܢ ܗܘܘ. ܓܒܐ ܦܠܓ ܥܡܡ̈ܐ ܘܚܡܝܢ: ܘܡܢ ܥܠ ܚܘܒܐ ܐܚܪܢܐ ܘܡܥܒܕܐ: ܡܛܠ ܗ̈ܘܢܝܐ

4. ܘܢܠܒܫܘܢ (sic.) D.

5. ܠܒܝܫ C.

14. ܠܒܘܫܐ ܢܫܝ̈ CD.

16. ܡܫܘܠܠܐ] ܡܫܘܠܐ D.

ܘܦܠܓܗܘܢ ܕܡܫܝܚܗܘܢ ܗܘ ܠܝ ܠܦܘܡܐ ܕܫܡܝܢܘܬ ܕܥܠܬܐ. ܟ̈ܠ ܡܘܡܬܐ ܕܝܢ ܦܠܓܗܘܢ ܕܗܘܡ ܒܗܡ ܡܢܗܘܢܫܐ ܟܒܕܝܢ: ܘܡܫܡܫܢܘܬܐ ܦ̈ܘܫ ܒܒܢܝܐ. ܠܒ ܡܢ ܗܡܠܐ ܕܝܢ ܫܡܥܐ ܦܐܐ ܒܐܘܪܚܬܐ. ܣܓܝܐ ܕܝܢ. ܡܘܡܚܬ ܟ̈ܘܪܐ ܕܩ̈ܠܐܒܐ. ܘܪܐܘܪܐ ܣܪ ܪܒܐ ܘܪܕܒ ܡܢ ܒܘܠ ܘܬܠܡܝܕ̈ܐ ܡܠܒܫܐ ܗܘ. ܐܠܗܐ: ܕܠܬܗ ܫܢܝܢ ܘܪ̈ܐܘܪܐ ܕܗܪܒܐ ܀

[ܘ] ܢܘܫ ܗܡܝܠ ܡܢ ܕܠܡܫܬܘܕܝܘ ܠܝ ܐܚܪ̈ܢܘܬܐ ܘܠܡܚܕܕ ܠܐ ܦ̈ܘܫ. ܠܐ ܓܝܪ ܡܬܦܪܫܝܢ ܒܠܐ ܡܫܘܚܬ̈ܐ. ܘܠܐ ܬܪ̈ܝܢ ܡܫܘܚܬܐ. ܠܐ ܗܘܐ ܡܚܝܠܐ ܕܐܝܬܘܗܝ ܡܬܬܚܡܢ. ܢܘܫ ܘܡܢ ܕܢܦܩ ܐܝܬ. ܘܐܠܝܢ ܦܓܥܝܢ ܒܪ̈ܫܢ. ܕܢܓܫ ܠܡܫܠܘܬܗ. ܒܡ ܗܕܐ ܬܘܒ ܘܒܝܬ ܕܢ̈ܒܝܐ ܕܠܝ. ܐܝܬ ܗܘ ܐܦ ܠܝ ܢܘܪܐ ܕܒܗ ܠܬܪ̈ܘܦܐ ܡܥܢܝܢ. ܦܪܢ ܐܝܬ: ܕܠܘܬ ܒܟ̈ܒܐ ܘܡܫ̈ܡܫܢܘܬܐ ܐܬܘܬܗܝ ܠܝ ܐܚܝܢܐ. ܘܦ̈ܠܓܐ ܦܠܓܗ ܕܡܢ ܒܠ ܦܠܓܝ: ܕܡܫܝܚܗܘܢ ܗܢܘܢ ܦܢ ܢܓܘܢܝ: ܦܠܓܗ ܕܝܢ ܒܒܪ ܢܘܒܗܘܢ: ܐܦ ܠܐ ܓܝܪ ܡܠܠ ܕܕܐܢܝ ܗܠܝܢ ܗܘ ܠܗܘܢ ܡܢܗܘܢܫ. ܠܘܬ ܢܡܘܣܐ ܕܐܠܗܐ ܦܪܕ. ܐܝܬ. ܠܘܬ ܠܢܦܫܐ ܒܕܝܒܬ ܡܢ ܐܠܗܐ. ܠܘܬ ܐܒܗ̈ܬܐ ܘܕܡܠܬܐ ܘܒܒܢܐ ܡܢܦܪ̈ܢ. ܠܘܬ ܫܡܥܐ ܦ̈ܐܫ ܕܒܫܪܐ ܢܦܫܐ ܐܒܫܕܐ ܐܫܝܢ: ܘܕܫܡܫܐ ܢܦ̈ܫܐ ܕܒܗܬܐ ܦܟܪܝܫ ܒܝ. ܕܠܗܘܢ ܬܘܓܐ ܦܢ ܠܐ ܪܒܐ. ܕܬܘܕܝܐ ܕܝܢ ܐܦ ܦܓܕ ܦܫܒܪܐ ܀ ܕܦܠܓܗ ܐܝܬܝܢ ܒܢܦ̈ܫܐ ܘܬܠܡܝܕ̈ܐ. ܕܦܠܓܗ ܕܒܡܕܪܐ ܕܢܘܪܐ ܘܕܝܢܐ ܦܗܕܝܢ ܗܘܘ ܠܗܘܢ. ܠܦܢܝܗ ܕܢܡܐ ܐܬܓܠܝ: ܘܢܘܗܪ̈ܬܐ ܦܡܝܢ ܗܘܘ: ܘܡܓܕܐ ܡܬܓܠܐ ܗܘܐ: ܘܠܫܡܐ ܡܬܓܢܝܢ ܗܘܐ: ܘܦܓܠܐ ܕܐܕ̈ܢܝܐ ܪ̈ܒܘܬܐ ܘܦܐ ܗܘܐ: ܒܕ ܒܪ ܢܠܘܬܐ ܪܦܐ ܗܘܐ. ܡܢ ܗܢܘܢ ܕܫܘܬ ܥܒܐ ܦ̈ܪܕܝܢ ܦܘܫ: ܘܢܘܪܐ ܠܗܘܢ ܠܐ

4. ܒܟܐ C.

(VI.) 21. ܢܘܗܐ BD.

ܐܘ ܐܦܝܣܩܘܦܐ: ܘܟܠܗܘܢ ܗܢܘܢ ܕܡܢܟܘܢ ܐܬܝܢ ܒܫܘܕܪ: ܚܕ ܗܘ ܫܠܝܛ ܐܠܗܐ: ܗܘ ܕܒܝܕܗ ܗܝܡܢ ܘܠܘܬܗ ܦܢܝܢ. ܚܕ ܕܝܢ ܦܐܪܐ ܠܡܗܘܐ ܡܗܝܡܢܐ. ܗܘ ܕܠܐ ܡܬܠܡܕܝܢ ܠܗ ܘܠܐ ܢܟܪܘܢܘܢ. ܠܐ ܩ̈ܢܘܡܘܗܝ ܕܒ̈ܪܝܐ ܕܝܠܗ ܡܬܪܓܡܢܘܬܐ ܘܬܫܒܘܚܬܗ ܡܫܒ̈ܚܬܐ. ܐܦ ܠܐ ܐܢ ܐܢ ܐܦܝܣܩܘܦܐ ܐܚܪܢܐ ܠܝ ܢܗܘܐ ܕܐܬܪ ܡܢܝ ܩܕܡܐ܀ ܚܕܐ ܕܝܢ ܗܝ ܗܢܝܘܬܐ ܠܡܪܘܬܗ ܕܦܘܩܕܢܐ. ܘܗܝ ܕܠܐ ܢܬܦܪܫ ܡܗܝܡܢܐ ܕܒܗ ܡܗܢܝܢ. ܚܕܐ ܕܝܢ ܬܫܡܫܬܐ ܗܝ ܕܟܠ ܟܠ ܬܫܡܫܬܐ ܢܒܗܡܐ ܒܗܠܝܢ ܕܐܝܟ ܗܟܢ. ܚܕ ܕܝܢ ܒܬܘܪܐ ܗܠܝܢ ܕܡܫܬܚܠܦܝܢ. ܕܚܝܠ ܕܝܢ ܘܠܐ ܡܕܡ: ܐܠܐ ܐܢ ܕܕܚܝܠ ܡܢ ܡܕܡ ܗܘ ܐܠܗܐ. ܟܡ ܗܠܝܢ ܡܫܬܥܒ̈ܕܬܐ ܡܫܬܪܝܢ. ܘܡܚܒܐ ܠܡܚܝܢ. ܠܘܬ ܒܠܚܘܕܝܗ ܕܐܝܟ ܗܟܢ ܗܘ ܠܝ ܡܠܬܐ܀ ܗܘ ܕܝܢ ܘܡܠܟܐ ܗܢܐ: ܘܐܪܟܐ ܐܒܗܘܬܐ: ܘܬ̈ܫܒܚܬܐ ܘܩ̈ܕܝܫ ܠܒܫܐ ܘܩ̈ܕܝܫ ܡܘܡܬܐ: ܘܡܠܟܐ ܗܢܐ ܥܡܟܐ ܪܒܐ ܘܦܠܚܢܐ: ܘܡܪ̈ܐܟܐ ܐܒ̈ܗܬܐ ܘܪ̈ܐܟܐ: ܘܟܠܗܘܢ ܐܝܠܝܢ ܕܒܗܘܢ ܚܝܢ ܡܢ ܐܚܪܢܐ ܡܫܬܦܪܓܝܢ ܕܡܫܬܠܚܝܢ. ܠܐ ܕܝܢ ܗܘܝܢ ܠܟ ܡܢ ܐܠܗܐ: ܘܩܢܘܡܘ ܕܝܠܦ ܠܒܬܐ. ܠܐ ܗܕܐ ܬܫܒܘܪ. ܒܠܒܐ ܒܪ ܠܝ ܐܚܪܢܐ ܕܢܦܩ ܡܢ ܗܠܝܢ ܕܡ̈ܬܚܫܒܢ ܢܛܪ ܐܝܟ ܘܢܛܪ ܡܬܒܘܝܢ. ܘܐܬܪܝ ܐܘܪܫܠܡ ܕܠܟܠ: ܠܗܝ ܕܐܦܠܐ ܚܕ ܐܦܝܣܩܘܦܘܣ ܢܣܒܘܢ: ܘܠܐ ܢܦܩܐ ܕܢܟܒܫ: ܗܝ ܡܣܝܒܪܢܘܬܐ ܘܠܐ ܡܬܬܚܝܕܢܘܬܐ. ܚܝܝܢܘܬܐ ܕܝܢ ܡܡܫܝܚܘܬܐ ܘܗܢܝܢ ܕܟܡܬܪܬܐ ܐܬܝܠܕܘ. ܪ̈ܚܡܐ ܕܝܢ. ܢܒܝ̈ܐ ܘܪ̈ܥܝܐ ܐܟܡܗܬܐ.

4. ܕܒ̈ܪܝܐ] in marg. ܡܩܘܡܐ C.

17. ܕܡܫܬܠܚܝܢ. C in marg. ܕܡܫܬܠܡܝܢ ABCD.

18. ܒܟ̇ ܠܝ ܗܘܝܢ C.

22. ܚܝܝܢܘܬܐ AC. ܐܚܝܢܘܬܐ BD n.

ib. ܡܡܫܝܚܘܬܐ D.

ܕܠܚܝܐ ܐܬܚܠܒ: ܘܒܡܪܬܐ ܕܝܢ ܡܣܟܢܘܬܐ ܠܘܬ ܫܒܠܘܠܬܐ. ܕܬܒܠܐ ܕܗܘܢ. ܐܝܟܢܐ ܕܕܠܡܘܢ ܒܗ ܕܠܡܘܢ ܘܒܠܚܘܕܝܗܘܢ ܬܗܘܐ ܗܘܬ ܘܕܢܝܚܘܢ ܗܟܢܐ. ܘܕܦܝܠܘܣܘܦܣܐ ܢܕܥܘܢ ܒܗܘܢ ܦܬܓܡܐ ܠܘܬ ܓܪ̈ܬܗܘܢ ܕܙܕܘܩܐ ܘܕܬܒܠܐ ܕܒܬܘܠܝܢ. ܕܡܢ ܗܠܝܢ. ܘܠܐ ܡܢ ܡܕܡ ܡܓܕܡܝܢ ܗܘܘ ܬܠܝܐ ܙܗܝܐ: ܘܠܬܗܘܢ ܗ̇ܝ ܕܗܘܬ ܙܗܝܐ܀ ܒܗ ܕܝܢ ܠܟܠ ܡܢ ܒܠܗܘܢ ܗܝ ܠܗ̇ ܦܫܛܬ: ܘܡܢܚܬܐ ܒܡܢܚܬܗ̇ ܦܓܪܬ: ܒܦܘܢܐ ܥܦܝܪܐ ܫܘܒܐ ܠܬܠܝܐ ܗܝ ܠܗ̇. ܒܗ ܒܬܪ ܫܢܝܢ ܕܦܕܚܘ ܒܝܠܗ̇. ܘܗܕܝ ܐܢܚܢܐ. ܒܗ ܒܪܚܝܫ ܠܘܬ ܩܢܘܡܗ ܥܒܪܬ: ܐܝܟܢܐ ܕܐܦ ܠܐ ܦܓܪܐ ܠܐ ܕܚܝܠܐ: ܢܥܒܘܪ ܒܦܓܪܗ ܕܚܝܠܐ ܘܙܗܝܐ. ܘܒܗ ܕܐܝܟ ܐܝܠܝܢ ܡܩܠܣܐ ܕܟܠ ܒܦܘܠܐ܀ ܥܦܝ̈ܪܢ ܗܢ ܓܝܪ ܬ̈ܠܝܗܘܢ ܘܕܬܠܝܬܐ ܕܠܘܬ ܦܓܪܘܢܐ: ܘܡܢ ܟܠ ܥܦܝܪܬܐ ܥܦܝܪܝܢ: ܐܝܟ ܓܝܪ ܠܐ: ܗܢ ܗܠܝܢ ܕܐܬܦܬܕܘ ܘܒܗܘܢ ܐܬܪܚܡܘ ܠܦܓܪܘܢܐ. ܡܛܠ ܕܝܢ ܥܦܝ̈ܪܝܢ ܗܠܝܢ ܕܐܬܚܡܘܢ: ܘܡܬܒܢܝܢܘܬܐ ܠܗܘܕܡ: ܘܠܝܬܪܘܬܐ ܡܬܟܝܢܘܬܐ. ܐܝܠܝܢ ܗܟܠ ܐܝܢ ܬ̈ܠܝܗܘܢ ܕܬܠܝܐ. ܥܦܝܪܐ ܓܝܪ ܕܢܬܗܕܒܘܢ ܐܦ ܗܠܝܢ. ܕܗܘܐ ܐܝܟ ܠܒܗܘܢ ܦܓܘܫܐ ܐܝܟܢܐ ܕܕܐܬܠܣܘܬܐ. ܗܟܢܐ ܒܝܬ ܘܕܬܒܠܐ ܫܘܕܥܬܐ ܒܥܕܢܐ ܕܐܝܟ ܗܠܝܢ. ܕܐܝܬܝܐ ܟܡ ܐܝܬܝܘܬܐ. ܘܐܝܟܢܐ ܕܠܟܠ ܚܕ ܡܢܗܘܢ ܐܘ ܬܠܡܝܕ ܕܙܕܘܩܐ ܐܘ ܦܓܘܫܐ ܕܩܢܘܢܘ: ܐܘ ܪܘܚܢܬ ܐܝܪܐ ܕܢܦܫܗ ܡܕܝܢܐ ܗܘܬ. ܐܝܟܢܐ ܕܝܢ ܕܦܠܘܣܐ ܢܐܚܘܕ. ܕܐܝܟ ܗܠܝܢ ܐܬܚܡܝܢ ܗܘܘ܀ ܠܝ

(V.) 1. ܐܬܚܠܒܝܢ܆] C. ܐܬܚܠܒܢ܆ (in fin. lin.) A. ܐܬܚܠܒܘܢ܆ BD.
ܠܡܣܟܢܘܬܐ ܕܝܢ D.

4. ܠܘܬ] ܕܠܘܬ AD (in A. ܕ ut vid. improb.).

10. ܩܢܘܡܗ] in marg. ܩܘܝܠܐ ABD.
ܥܒܪܬ܆] in marg. ܩܘܝܠ C.

23. ܢܐܚܘܕ] in marg. ܢܦܩ ABC.

ܕܡܬܢܟܪܝܐ. ܠܐ ܓܪܘܫܐ ܕܡܬܠܚܡ. ܠܐ ܓܢ̈ܒܐ ܢܝܚܐ. ܠܐ ܚܒܠܐ ܕܚܪܘܒ. ܠܐ ܓܘܫܡܐ ܕܡܬܚܙܐ. ܠܐ ܗ̈ܕܡܐ ܕܡܬܦܫܚܝܢ. ܠܐ ܚܘܪܐ ܕܡܬܚܫ̈ܒܝܢ. ܠܐ ܢ̈ܛܦܐ ܕܕܡܐ ܕܪ̈ܕܝܢ. ܠܐ ܓܠܝܘܬܐ ܕܡܬܓܠܝܐ. ܠܐ ܡܫܘܚܬܐ ܕܡܬ̈ܬܚܡ. ܠܐ ܕܫ̈ܠܝܬܐ ܕܡܬܚܫܚܢ. ܗܘܝ ܕܠܐܣܪܝܐ ܢܬܝܪ ܡܢ ܟܠ ܐܝܬܘ̇ܗܝ ܡܫܝܚܐ ܒܗܠܝܢ ܕܐܡܪܢ ܗܫܐ: ܡܬܠܝܐ ܕܡܨܝܘܬܐ. ܗܕܐ ܠܡܗܝܢ ܗܘ ܕܝܬܝܪ ܡܢ ܟܠ ܡܠܠܐ ܐܝܬܘ̇ܗܝ ܗܘܬ. ܡܬܒܥܝܐ ܗܘܬ ܓܝܪ ܒܚܘܒܐ. ܐܝܟ ܗܘ ܓܝܪ ܕܬܫܒܘܚܬܐ ܕܦܫܝܐ ܢܟܝܐ ܗܘܬ: ܠܘ ܒܠܚܘܕ ܒܫܘܒܚܬܐ ܕܟ̈ܠܝܐ ܕܡܬܦܪ̈ܫܝܢ ܗܘܘ ܕܒܠ ܒܠܚܘܕܝܗܘܢ ܡܬܟܫܪܐ ܗܘܬ: ܐܝܟ ܡܐ ܕܒܠ ܚܕ ܘܠܐ ܐܢܫ. ܐܠܐ ܘܬ̈ܠܡܝܕܘܗܝ ܕܪܕܘܦܝܐ: ܕܗܝ̈ܟܠܬܐ ܕ̈ܐܢܫܐ ܐܝܬܝܗܘܢ ܗ̈ܘܝ: ܟܕ ܡܫܝ̈ܟܝܢ ܗܘܐ: ܓܒܪ ܗܘܐ: ܡ̈ܫܬܐܠܢ ܗܘܐ: ܟܠܗ̈ܘܢ ܓܒܪ ܠܐ ܡܫܟܚ ܗܘܐ: ܠܘܬ ܗܘ ܕܢܚܙܐ ܗܠܝܢ ܕܡܬܩܦܠܐ ܗܘܐ ܀

[ܗ] ܐܦ ܦܘܠܘܣ ܦܬ̈ܓܡܐ ܕܡܢ ܫ̈ܠܝܚܐ ܕܠܘܬ ܓܪܘܢܐ: ܕܗܢܐ ܟܠܗ ܐܝܬ ܠܗܘܢ ܣܘܟܠܐ ܐܝܟ ܚܕܐ ܘܣܘܥܪܢܘܬܐ: ܐܝܟܢܐ ܕܡܬܕܪܫܢܐ ܡܢ ܢܫ̈ܘܗܝ ܠܘܬ ܟܣܝܘܬܗܘܢ ܕܠܥܠ. ܟܠܗܝܢ ܥܒ̈ܕܬܐ ܕܐܝܬܝܐ

1. ܠܓܢ̈ܒܐ ܢܝܚܐ] ܓ̈ܢܒܐ ܢܝܚ̈ܐ m.

2. ܕܡܬܚܙܝܐ]. ܕܡܬܚܙܝܐ m.

3. ܚܘܪܐ] ܚܘܪ̈ܐ m.—ܬ̈ܠܦܐ m.—ܕܕܡ̈ܐ AB.

5. ܡܢ ܟܠ] ܡܢ m.

6, 7. ܐܝܬܘܗܝ ܡܫܝܚܐ ܒܗܠܝܢ ܕܐܡܪܢ ܗܫܐ. ܐܝܟ ܗ' ܕܡ' ܦ' ܕܡܨ' ܗ' m.

8. ܐܝܟ ܗܘ ܓܝܪ] in marg. ܐܦ ܓܝܪ ABC.

ܕܬܫܒܘܚܬܐ] in marg. ܕܬܫܒܘܚܬܐ ABC.

10. ܡܬܟܫܪܐ ܗܘܬ.] in marg. ܡܬܟܫܪܝܢ ܗܘܘ. ABC.

12. Om. ܓܒ' ܗ' ܡܫ' ܗ' D.

ܒܪܝܫܝܬܐ ܒܦܓܪܐ ܢܣܒܐ. ܐܘ ܠܦܘܪܩܢܐ ܬܚܒܘܫܬܐ ܘܪܒ ܢܦܫܐ. ܐܘ ܠܒܣܝܡܘܬܐ ܗܝ ܐܒܪܗܡܝܬܐ: ܐܝܟܢܐ ܕܠܐ ܡܒܪܝܫ ܐܝܟ ܕܒܝܬ ܪܒܐ. ܗܘ ܟܡ ܒܪ ܚܕ ܟܦܪܒ ܗܘܐ ܫܘܫܐܢܝܬ. ܐܦ ܡܣܕܪܐ ܘܗܘ ܕܒܟ ܡܘܠܒܢܐ ܘܒܢܘܢ ܡܘܠܒܢܐ. ܘܗܘ ܕܒܝܬ ܪܒܝ. ܕܠܘ ܕܒܝܫܐ ܒܠܫܢܗ. ܐܠܐ ܕܒܬܫܡܫܬܐ ܕܐܝܟܢ ܡܠܟ. ܪܓܝܫܬܐ ܘܡܣܪܐ ܡܬܘܡܝܢ. ܗܕܐ ܕܝܢ ܒܢܫܐ ܒܗܠܝܢ ܕܩܕܝܫܐ ܒܓܢܒ ܠܐܠܗܐ. ܒܪ ܝܘܡ ܠܐܡܘܪܘܬܐ ܘܠܥܡܠܐ ܒܪܝܫܐ ܫܘܝܚ ܠܒܣܝܡܘܬܐ: ܒܢܝܕܐ ܢܠܦܐ ܛܠܠܐ: ܒܪܝܫܐ ܡܣܪܗܒܐ. ܗܝ ܕܬܘܪܝܐ ܫܘܒܚܐ ܗܘܬ ܘܬܘܕܝܬܐ ܡܫܒܚܢܐ ܗܘܬ: ܘܩܘܪܒܬܐ ܡܫܒܚܢܐ ܗܘܬ: ܘܡܫܒܚܢܘܬܐ ܚܠܦ ܒܝܬܘܬܐ ܡܫܒܚܢܐ ܗܘܬ. ܠܘ ܒܪ ܦܘܪܫܢܐ ܐܚܪܢܐ ܗܘܬ. ܗܝ ܕܝܢ ܕܢܦܫܗ ܡܫܪܥܬܐ ܗܘܬ. ܘܡܢܕܢܕܐ ܢܫܒܐ ܗܘܬ ܠܬܡܢܘܬܐ ܠܘ ܠܡܫܝܚܘܬܐ. ܠܗܝ ܕܠܐ ܗܘܐ ܡܕܡ ܘܠܐ ܪܓܝܫ. ܘܠܐ ܥܒܕ ܡܫܝܚܘܬܐ ܠܐ ܒܚܕܗ. ܠܐ ܒܩܦܐ ܩܕܡܐ ܕܢܦܫܗ ܡܫܝܚ. ܠܐ ܒܬܐܠܐ ܕܡܬܬܬܩܢ. ܘܠܐ ܩܕܠܐ ܡܫܝܚܐ. ܘܠܐ ܒܠܥܐ. ܠܐ ܫܘܚܠܦܐ ܕܦܓܪܐ ܕܒܥܠܐ. ܠܐ ܡܫܘܐܐ ܕܡܬܠܒܫ ܘܠܐ ܫܘܚܬ ܥܠܡܐ. ܠܐ ܩܕܡܐ ܕܬܪܝܢ. ܠܐ ܢܘܪܐ

1. ܠܦܘܩܕܢܐ D.

3. Om. ܚܕ C.

4. ܐܦ] ܐܦܢ C.

6. ܘܕܬܫܡܫܬܐ] in marg. ܘܕܒܝܪܐ ABC.

15. ܒܩܦܐ ܩܕܡܐ] in marg. ܩܕܡܐ ܡܫܝܚܐ AC.

ܩܕ' ܡܫܝܚܬܐ B.

16. ܕܡܬܬܬܩܢ] ܕܡܬܩܢ. m.

ܠܐ ܩܕܠܐ ܕܡܫܝܚܐ. m.

ܠܐ ܩܕܠܐ ܠܒܠܥܐ. m.

18. ܠܐ ܫܘܚܬ ܥܠܐ ܕܡܬܥܒܪܐ. m.

ܐܠܗܐ. ܕܠܐ ܡܬܪܐܡܬ ܐܢܫܐ ܒܢܦܫܬܐ ܐܘ ܒܡܠܬܐ. ܕܟܠܝܢ ܗܘܘ ܒܫܘܕܪܐ ܒܡܘܬܐ. ܐܘ ܠܬܕܡܘܪܬܐ. ܒܪܡ ܗܘܘ ܫܠܝܛܝܢ ܐܝܟ ܡܫܒܚܬܐ ܠܬܕܐ. ܕܠܐ ܢܬܡܣܐ ܬܪܐܝܬ ܡܫܬܘܕܝܢܘܬܐ ܚܕܡ ܗܘܘ. ܕܠܐ ܡܢ ܓܕܫܐ ܕܡܬܬܪܡܝܢ ܗܘܘ ܕܫܠܝܢ ܗܘܘ ܡܠܘܗܝ̈. ܐܠܐ ܠܗܠܝܢ ܕܡܫܬܪܝܢ ܚܕܡ ܗܘܘ. ܕܗܕܐ ܣܕܐ ܡܣܬܠܝܢ ܗܘܘ ܠܡܘܕ. ܕܠܐ ܢܬܗܦܟ ܠܦܘܢܝܐ ܒܗ ܦܠܚܘ: ܘܢܐܙܠܘܢ ܐܬܪܝܢ ܡܢܗܘܢ ܠܐ ܡܩܠܠܐ: ܘܢܬܦܪܫܘܢ ܡܢ ܐܢܫܘܢ ܒܗ ܠܐ ܢܟܡ: ܘܐܚܘܬܐ ܒܝܬܐ ܢܟܦ̈ܝ ܒܗ ܡܫܬܘܕܝܢܘܬܐ ܚܕܕܐ ܗܘ ܕܠܐ ܢܒܥܘܢ.

[ܕ] ܐܡܬܝ ܬܡܢ ܢܫܬܐ ܘܫܠܝܛܢܘܬܐ. ܢܦܫܬ ܬܢܝܢܐ ܐܒܝܕܐ ܘܢܦܫܬ ܐܠܗܐ. ܘܕܡܬܦܪܢܝܢ ܗܘܘ ܬܚܢܬ ܐܚܘܬܗ ܠܒܪ ܡܢ ܦܠܚܬܐ ܕܒܝܬܐ. ܠܗ ܒܪ ܒܠ ܕܢܦܫܝܢ ܒܢ̈ܝ ܡܬܪܢܝܬܐ ܗܘܬ. ܐܠܐ ܕܠܐ ܢܒܥܘܢ ܡܫܬܠܐ ܗܘܬ. ܘܠܐ ܠܗܘܢ ܕܐܘܠܘ ܢܦܫܬܐ ܗܘܬ ܡܠܘܗܝ̈. ܐܠܐ ܠܗܘܢ ܕܬܪܥܘܢ ܕܢܬܦܣܩܘܢ ܡܬܪܢܝܬܐ ܗܘܬ. ܘܕܢܦܩܘܢ ܐܝܬ ܗܘܐ ܠܗ ܡܠܬܐ ܡܠܬܐ ܐܘ ܕܢܦܩܘܢ ܕܓܒܪܘ. ܕܗܠܝܢ ܦܝ ܒܪ ܡܩܒܠܐ ܗܘ ܕܢܐ. ܕܗܘܢ ܕܝܢ ܗܘܢܐ ܗܘ ܓܒܪܐ. ܘܠܗܠܝܢ ܦܝ ܡܢ ܒܪܝ ܠܐܠܗܐ ܦܬܓܠܐ ܗܘܬ. ܠܗܠܝܢ ܕܝܢ ܕܐܚܝܢܐ ܢܦܫܝ ܐܠܗܐ ܚܝܘܬܐ ܗܘܬ. ܐܘ ܠܢܦܫܐ

6. ܡܬܠܝܢ D.

7. ܡܕܿܢ ܠܐ] A. ܡܕܿܢ ܠܐ ܡܢ BCD.

(IV.) 10. In marg. ܘܢܣܒܬܐ ܡܢܟܘ ܗܟܝܠ ܣܠܩܠܩܘܣ ܕܟܝܢܘܣܐ C.

13. ܡܬܢܦܩܢܘܬܐ] in marg. ܡܬܢܣܩܢܐ ABC.

15. ܐܝܬ ܗܘܬ] ras. post ܬ A. lit. ܐܘ pæne evan. C.

16. ܐܘ] in marg. ܘܠܐ C.—ܦܝ ܦܝ C.

17. ܗܘ (post ܡܩܒܠܐ) B. (lit. post ܘ del.) ܗܘܬ ACD. (in A. ܬ in ras. lit. ܬ eras.)

ܐܣܝܪܘܬܐ ܕܠܐ ܐܒܘܗܝ ܐܬܚܫܒ. ܐܦ ܚܢܢ ܘܒܐܬܠܝܫܘܬܐ ܕܗܠܝܢ. ܠܢ ܕܝܢ ܗܕܐ ܒܠܚܘܕ ܠܡܐܡܪ ܬܡܨܝܢ.. ܀

[ܓ] ܐܠܝܢ ܗܪܟܐ ܡܘܡܠܠܐ ܕܫܡܥܘܢ ܕܗܘܐ ܡܫܝܚܐ ܣܒܗ. ܐܝܟܢܐ ܕܫܡܥܘܢ ܕܡܢ ܒܬܪ ܡܫܝܚܐ ܙܒܢܬܐ ܗܘ ܩܒܠܘܗܝ. ܟܕ ܙܥܘܪܐ ܒܥܘܒܗ ܘܥܒܕܐ. ܡܪܐ ܫܘܪܬܐ ܠܥܒܕܐ. ܡܪܐ ܫܪܝܬ ܒܚܘܒܬܐ. ܡܕܡܝܢܬ ܦܓܪ ܘܡܕܡ ܒܒܝܐ ܡܕܒܚ ܗܘܐ ܘܡܩܪܒ ܗܘܐ. ܗܫܐ ܕܝܢ ܘܕܒܚܐ ܕܬܘܪܐ ܡܢ ܟܠ ܡܥܒܕ ܢܦܩ ܗܘ ܠܗ ܠܐܠܗܐ. ܬܕܒܝܬܐ ܕܒܠܗ ܒܒܝܐ. ܘܟܐ ܦܓܪܐ ܕܐܬܠܒܫܘܬܐ. ܡܬܘܒܬܐ ܕܡܫܠܠܐ ܘܒܙ ܐܬܒܝܐ ܀ ܦܓܪ ܕܝܢ ܘܡܒܒܒܐ ܬܠܝܐ ܦܘܫܠܐ ܕܡܬܕܘܬܗ: ܕܒܣܐ ܚܝܐ ܘܡܒܐ ܕܦܓܪ ܠܐܠܗܐ: ܕܬܘܪ ܢܦܫ ܘܬܘܪ ܕܒܐ ܡܢ ܟܠ ܦܘܠܚ ܒܡܘܬܐ ܢܡܘܣܝܐ. ܕܗܠܝܢ ܟܢ ܕܩܒܝܐ ܠܐܠܗܐ ܢܦܩܥܢ. ܡܢ ܗܠܝܢ ܕܦܓܪ ܢܡܘܣܝܢ ܘܦܓܪ ܩܐܡܝܢ ܀ ܬܠܝܐ ܬܘܡ ܘܙܒܢ ܘܪܒܐ ܢܦܫܐ. ܡܬܒܥܝܢ ܥܒܕܬ ܦܘܠܚܢܐ ܕܐܠܗܐ ܥܒܕܬ ܦܘܠܚܢܐ. ܬܫܡܫܬܐ ܠܬܢܝܢܐ ܕܥܒܕܐ. ܕܡܢ ܒܪܝܬܐ ܕܐܬܦܢܝܘ ܠܘܬ ܦܢܝܐ. ܬܠܬܢܐ ܥܒܕܐ ܕܢܡܘܣܐ ܕܡܫܝܚܐ. ܠܦܪܐ ܫܬܘܬܐ ܕܬܒܝܐ ܐܬܩܝܡܐ. ܡܫܝܚܐ ܕܡܬܦܠܚ ܡܢ ܫܡܥܘܢ ܕܠܘܬ ܒܒܪܬܐ. ܒܙ ܒܪܐܝܐ ܕܢܝܫܐ ܫܒܝܚܬܐ ܡܬܩܢܐ. ܕܣܒܐ ܗܢܘܢ. ܠܘܬ ܣܒܐ ܫܒܪܐ. ܕܣܒܐ ܐܘܪܚܐ ܕܫܝܐ ܢܕܒܝܢ. ܡܘܬܐ ܕܣܠܦ

1. ܘܒܐܠܝܫܘܬܐ A.

2. ܠܢ ܕܝܢ C.

(III.) 3. ܡܘܡܠܠܐ] ܦܬܓܡܐ n.

6. ܕܡܦܩܬ ܦܓܪ A.

13. ܕܩܒܝܐ ܠܐܠܗܐ] in marg. ܕܠܩܒܝܐ ܠܡܠܠܘܬܐ ABCD.

21. ܢܕܒܝܢ.] in marg. ܣܘܡܢ ABCD (ܢܘܡܢ ܣܘܡܢ C).

ܗܘܬ ܠܫܪܪܬܗ̇ ܒܪ̈ܝܬܐ ܕܠܗ̇. ܐܬܡܢܝܢܬ ܕܝܢ ܘܡܢ ܡܕܡ ܠܗܠܝܢ ܕܕܟܝܢ ܗܘܘ ܒܛܘܪܣܬܗܘܢ. ܐܡܝܢܐ ܕܡܢ ܡܫܬܚܠܦܐ ܡܕܡܐ ܡܢ ܗܢܘܢ ܕܡܕܡ ܗܘ ܐܚܪܝܢ܀

[ܒ] ܠܐ ܗܟܝܠ ܡܛܠ ܕܡܢ ܡܕܡ ܡܬܒܥܐ ܕܐܝܟ ܗܢܘܢ ܐܝܢܘܢ ܗܘ ܕܢܬܒܣܡܘܢ. ܐܠܐ ܡܛܠ ܕܐܝܟ ܡܬܒܥܝܢ ܠܗܘܢ ܕܗܘ ܕܢܬܠܘܫܘܢ. ܘܠܐܡܪܐ ܕܡܢ ܡܐܡܪܐ ܥܡܪ: ܠܘ ܡܛܠ ܕܬܘܣܦܬܐ ܐܘ ܬܬܒܣܡܘܬܐ ܢܣܒܘܢ: ܐܝܕܐ ܠܒܪ ܗܢܘܢ ܕܡܫܒܪܘܬܗܘܢ ܐܝܬ ܠܗ̇ ܗ̇ܝ ܕܥܒܣܝܢ. ܐܠܐ ܡܛܠ ܕܢܬܒܣܡܘܢ ܗܢܘܢ ܕܡܬܠܫܝܢ. ܘܢܛܠܘܢ ܒܡܬܪܘܬܗܘܢ ܗܢܘܢ ܕܥܒܣܝܢ ܒܗ ܐܝܟ ܕܒܝܘܬܐ ܒܡܗܕܝܢܘܬܗܘܢ ܠܘܬ ܗܠܝܢ ܕܥܒܣܝܢ ܡܬܬܒܣܝܢ܀ ܗܠܝܢ ܕܒܗ̇ ܚܝܘ ܐܦ ܐܬܒܣܡܘܢ ܘܕܡܢ ܐܡܝܢܐ ܗܘܘ ܘܡܢ ܐܝܠܝܢ ܕܒܪܝܐ ܘܪܕܝܘܬܐ ܡܢ ܥܘܪܒܐ. ܠܟܠܗ̇ ܗܕܐ ܡܫܪܝܬܐ ܘܬܒܣܝܡܘܬܐ ܐܫܬܘܬܦܬ: ܐܡܝܢܐ ܕܐܦ ܒ̈ܘܣܡܐ ܘܫ̈ܘܚܠܦܐ ܗܠܝܢ ܕܟܠ ܥܕܢܐ ܬܡܝܢܘܢ: ܘܕܬܒܣܝܡܘܬܐ ܕܐܝܬ ܐܪܥܐ ܡܢ ܗܠܝܢ ܕܡܬܒܣܡܝܢ: ܗܘܬ ܫܒܝܚܐ ܡܛܠܠܬܗܘܢ ܒܒܢ̈ܝܬܐ ܕܠܒܢ. ܚܘܬܐ ܕܡܛܠܠܬܗܘܢ ܢܦܩ ܠܪ̈ܘܚܐ ܘܠܗܘܝܐ ܘܪ̈ܘܚܐ ܒܟܠܐ: ܗܘ ܕܦܝܠܘܣܘܦܘܣܐ ܐܡܪܝܢ: ܕܐܐܪ ܡܥܠܝܐ ܕܫܡܝܐ ܐܬܝܠܕܘܢ ܫܘܚܡ: ܘܐܐܪ ܕܡܬܦܠܓܐ ܕܠܘܬ ܬܪܬܝܗܘܢ: ܒܡܨܥܬܐ ܐܬܪܐ ܐܝܢܐ ܘܡܚܝܠܬܐ. ܗܘ ܕܐܦ ܒܡܘܣܬܘܬܐ

2. ܒܛܘܪܚܬܗܘܢ. C.

(II.) 5. ܕܢܬܒܣܡܘܢ. [ܕܢܬܒܣܡܘܢ: C.

7. ܐܘ ܕܬܒܣܝܡܘܬܐ C.

10. ܠܘܬ] ܠܗ C.

18. ܕܦܝܠܘܣܘܦܘܣܐ BC.

19. ܫܘܚܡ:] lit. ܢ a man. rec. add. B.

(ܐܡܪ ܕܝܢ ܕܒܝܬ ܡܪܐ ܗܘ ܡܫܬܠܛܐ ܥܠ ܢܘܪܐ. n.)

ܕܩܕܝܫܐ ܓܪܝܓܘܪܝܘܣ ܡܐܡܪܐ ܕܥܠ ܡܩ̈ܒܠܢܐ.
ܕܐܬܘܗܝ ܕܚܣܝܪ̈ܝܢ ܘܩܢ̈ܬܐ.

[ܐ] ܡܠܟܐ ܚܕ ܡܩ̈ܒܠܢܐ. ܕܫܠܝܛ ܗܘܐ ܥܠ ܚܝܠܐ ܕܩܣܛܪ. ܕܠܐ ܠܐ ܠܗܘܬ ܦܬܓܡܐ ܡܢ ܡܬܬܩܢ: ܡܛܠ ܕܠܐ ܒܬܪ ܡܫܝܚܐ ܗܘ ܐܬܠܒܫܘܗܝ: ܡܢ ܒܠܒܢ ܕܝܢ ܥܒܘܪ ܕܬܘܩܢܗ. ܒܠ ܕܡܛܠ ܐܬܡ̈ܬܐ ܗܘ ܡܫܡܫܢܘܬܗܘܢ. ܘܥܠܘܗܝ ܕܗܕܐ ܫ̈ܢܐ ܕܡܫܝܚܐ ܐܬܗܕܝ. ܡܠܟܐ ܚܕ ܠܡܠܟܐ ܒܬܕܝܢ ܗܘܐ ܒܪ ܒܬܪ ܡܫܝܚܐ ܡܬܪ̈ܕܝܢ ܗܘܐ: ܘܡܡܠܬܐ ܕܫܠܝܢ ܕܗܘ ܩܪܒܢܝܢ ܗܘܐ. ܗܢܘܢ ܚܝܪ ܕܫܦܪ ܡܢ ܬܫܘܒܬܐ ܕܐܝܟ ܗܕܐ ܕܐܝܟ ܗܠܝܢ ܒܡܬܪ̈ܘܬܐ. ܐܡܠܟܐ ܠܐ ܡܬܚܝܝܢ ܗܘܐ ܒܬܪ ܙ̈ܢܝܐ ܒܪ ܒܢ ܬܫܘܒܬܐ ܦܠܝܢ ܗܘܐ ܡܫܕܘܠܘܣ. ܘܐܡܝܕܐ ܐܪ̈ܕܚܬܐ ܗܘ ܡܕܝܢ ܘܠܐ ܡܬܡܠܠܝܢܬܐ ܡܠܬܐ ܗܕܐ: ܘܕܦܩܚ ܡܦܢܝܢܬܐ ܠܒ ܘܠܒܠܗܘܢ ܙ̈ܢܝܢ ܐܠܗܐ. ܕܠܐ ܐܝܟ ܡܢ ܗܢܘܢ ܕܐܬܡܟܠܘ ܡܕܝܢ ܡܐܬܬܗ ܕܡܫܝܚܐ. ܫܦܪ ܡܢ ܗܝܡܢܘܬܐ ܕܡܫܝܚܐ ܐܬܥܒܕ ܠܗܕܐ. ܠܡܠܬܐ ܚܝܪ ܦܘܪܣܐ ܡܢ

Tit. ܕܝܠܗ ܡܢ ܕܝܠܗ ܡܐܡܪܐ... AC (om. ܕܐܠܗܘܢ C).

Tit. in p. ܦܘ BD (ܕܝܠܗ ܕܡܪ̈ܝ ܕܟܠ... D.

ܕܝܠܗ ܡܢ ܕܝܠܗ ܕܟܠ... B).

(I.) l. 4. Om. ܡܢ D.

15. ܡܠܠܗ D.

16. ܠܡܠܠܬܐ] BCDn. ܡܠܠܬܐ A.

ib. ܦܪܝܣܐ C.

ܕܗܢܝܐ ܠܦܛܪܘܣ

ܕܥܠ ܫܡܥܘܢ.

ܡܐܡܪܐ ܕܒܫܝܡ ܘܫܪܬܐ.

ܟܠ ܩ̈ܕܡܝܐ ܕܡܫܐܠܢܘܬ ܥܡ̈ܠܝܢ ܘܒܒܒܕܐ ܣܡܡܢܬܐ
ܒܩ̈ܦܘܕܐ ܘܒܥܢ̈ܕܐ. ܗܠܝܢ ܕܥܠ ܫܒܥܐ ܒ̈ܢܝܗ ܕܒܪܬ
21 ܐܒܪܗܡ ܚܠܦ ܗܘܐ. ܘܒܒ̈ܒܬܐ ܕܥ̈ܝܢܐ ܫܪܐ ܗܘܐ. ܘܠܫ̈ܢܐ
22 ܦܣܩ ܗܘܐ. ܘܒܫ̈ܢܕܐ ܡܢ̈ܘܪܐ ܦܠܓ ܗܘܐ. ܕܡܛܠ ܗܠܝܢ
ܕܝܢܐ ܐܠܗܝܐ ܪܕܦܗ. ܘܥܬܝܕ ܗܘ ܕܢܪܕܦܝܘܗܝ ܠܛܘܪܢܐ
23 ܕܗܘܐ ܐܝܟ ܕܗܘܐ ܚܒܠܐ. ܒܢ̈ܘܗܝ ܕܝܢ ܕܐܒܪܗܡ. ܥܡ
ܐܡܗܘܢ ܠܟܢܫܬ ܕܐܒ̈ܗܬܐ. ܡܬܟܢܫܝܢ ܒܕܟܝܘܬܐ ܕܢܦܫܐ.
24 ܘܡܠܐ ܡܫܘܬܦܘܬܐ ܕܡܢ ܐܠܗܐ ܢܣܒܘ. ܕܠܗ ܫܘܒܚܐ
ܘܐܝܩܪܐ. ܗܫܐ ܘܒܟܠܙܒܢ ܠܥܠܡܝܢ. ܐܡܝܢ.

ܫܠܡ ܡܐܡܪܐ ܕܥܠ ܡܩ̈ܒܝܐ ܘܐܡܗܘܢ.

20. ܘܒܒܒܕܐ] ܘܒܒܒܕܐ C a–ce (B**d**).
ܣܡܡܢܬܐ] .ܕܣܡܡܢܬܐ a–ce (B**d**).
21. ܕܥ̈ܝܢܐ] ܕܥ̈ܝܢܝܗܘܢ BC a–e.—ܦܠܓ ܗܘܐ C.
22. ܗܘ] ܠܗܘܢ A. ܗܘܝܘ C.—ܕܝܢܐ] lit. ...ܕܝ in ras. A.
Col. in B a–e. ܫܠܡ ܡܐܡܪܐ ܕܝܘܣܝܦܘܣ. ܕܥܠ ܐܠܥܙܪ ܘܥܠ
ܫܡܘܢܝ ܘܒ̈ܢܝܗ. (......e.) ܘܫܒܥܐ ܒ̈ܢܝܗ. ܨܠܘܬܗܘܢ ܥܡܢ).
Col. in C. ܫܠܡܬ ܠܡܩܒܝܐ ܕܝܘܣܝܦܘܣ.
ܕܥܠ ܡܩ̈ܒܝܐ ܘܥܠ ܫܡܘܢܝ
ܘܫܒܥܐ ܒ̈ܢܝܗ ܘܐܠܥܙܪ ܟܗܢܐ.

11 ܢܡܘܣܐ ܘܢܒܝܐ. ܘܡܠܦ ܗܘܐ ܠܟܘܢ ܥܠ ܗܒܝܠ ܕܡܢ XVIII.
ܩܐܝܢ ܐܬܩܛܠ. ܘܩܪܐ ܗܘܐ ܡܕܒܪܢܟܘܢ ܠܡܕܐ ܥܠܬܐ
12 ܠܐܝܣܚܩ. ܘܠܝܘܣܦ ܕܒܒܝܬ ܐܣܝܪܐ. ܘܐܡܪ ܗܘܐ ܠܟܘܢ
ܥܠ ܦܝܢܚܣ ܛܢܢܐ. ܘܡܫܬܥܐ ܗܘܐ ܠܟܘܢ ܥܠ ܚܢܢܝܐ
13 ܘܥܙܪܝܐ ܘܡܝܫܐܝܠ ܕܒܢܘܪܐ. ܡܫܒܚ ܗܘܐ ܕܝܢ ܐܦ
14 ܠܕܢܝܐܝܠ ܕܒܓܘܒܐ ܕܐܪ̈ܝܘܬܐ. ܘܡܥܗܕ ܗܘܐ ܠܟܘܢ ܥܠ
ܟܬܒܗ ܕܐܫܥܝܐ. ܗܘ ܕܐܡܪ. ܕܐܦ ܒܢܘܪܐ ܬܥܒܪ.
15 ܘܫܠܗܒܝܬܐ ܠܐ ܬܘܩܕܟ. ܙܡܪ ܗܘܐ ܡܕܒܪܢܟܘܢ ܠܕܘܝܕ.
ܡܫܒܚܢܐ ܕܡܙܡܘܪ̈ܬܐ. ܟܕ ܐܡܪ. ܕܣ̈ܓܝܐܢ ܒܝ̈ܫܬܗ
16 ܕܙܕܝܩܐ. ܘܦܡ ܫܠܝܡܘܢ ܡܬܠܐ ܐܡܪ ܗܘܐ ܠܟܘܢ.
17 ܕܐܝܠܢܐ ܗܘ ܕܚܝܐ ܠܥܒ̈ܕܝ ܨܒܝܢܗ. ܘܡܠܬܗ ܕܚܙܩܝܐܝܠ
ܡܫܪܪ ܗܘܐ ܗܘ ܕܐܡܪ. ܕܐܢ ܚܝܝܢ ܓܪ̈ܡܐ ܗܠܝܢ ܝܒܝ̈ܫܐ.
18 ܬܫܒܘܚܬܐ ܕܝܢ ܗܝ ܕܡܠܦ ܗܘܐ ܡܘܫܐ ܠܐ ܛܥܐ.
ܟܕ ܡܠܦ ܗܘܐ ܠܟܘܢ ܗܝ ܕܐܡܪܐ. ܐܢܐ ܡܡܝܬ ܐܢܐ
19 ܘܡܚܐ ܡܚܝܐ ܐܢܐ. ܗܠܝܢ ܐܢܘܢ ܚܝܝܟܘܢ ܘܣܘܓܐܐ ܕܝܘܡ̈ܝܟܘܢ.
20 ܐܘ ܠܝܘܡܐ ܗܘ ܡܪܝܪܐ ܘܠܐ ܡܪܝܪܐ. ܟܕ ܛܠܘܡܐ
ܕܝܘ̈ܢܝܐ ܢܘܪܐ ܒܢܘܪܐ ܐܚܡܝ. ܟܕ ܡܫܠܛܐ ܠܗܘܢ ܠܛܠܝ̈ܐ

11. ܘܡܠܦ] A. ܘܡܠܠܗܕ B a–e.
ܡܕܒܪܢܟܘܢ] AB. ܡܕܒܪܢܗܘܢ a–c (d**).

13. Om. ܐܦ] B a–e.

14. ܥܠ ܟܠܗ ܟܬܒܗ BC a–e.——ܕܐܡ̣ܪ. BC a–e.——ܬܥܒܪ] a.

15. ܕܣ̈ܓܝܐܢ a–e.

16. ܫܠܝܡܘܢ C.——ܚ̈ܕܝܢ C.

17. ܡܫܪܪ] ܡܫܪ B a–e.——Om. ܗܘ B* a–e.
ܗܠܝܢ ܓܪ̈ܡܐ. a.

18. ܕܐܢܐ ܡܡܝܬ ܐܢܐ. C.

19. ܚܝܝܟܘܢ] A. ܚܝ̈ܐ C a–ce (B**d**).

20. ܕܢܚܡ ܗܘܐ. C.

ܗܘܐ ܒܠܚܘܕ ܒܢ̈ܝ ܐܢܫܐ ܒܗܘܢ ܬܗܪܘ. ܐܠܐ ܐܦ
4 ܠܡܠܐܟܐ ܐܠܗܝܬܐ ܐܬܕܡܪܘ. ܘܡܛܠܬܗܘܢ ܕܥܡܐ ܫܝܢܐ ܝܗܒ
ܥܡܢ. ܘܚܕܬ ܒܐܬܪܗ ܠܦܘܠܚܢܐ ܕܢܡ̈ܘܣܘܗܝ. ܘܠܒܥܠܕܒܒ̈ܝܗܘܢ
5 ܐܒܕܐ. ܦܪܥܘܢܐ ܕܝܢ ܐܢܛܝܟܘܣ. ܐܦ ܗܪܟܐ ܥܠ ܐܪܥܐ.
ܡܫܬܢܩ ܗܫܐ ܡܝܬ. ܘܕܡܚܒܠ ܐܬܘܬܗܘܢ ܒܡܘܡܐ. ܟܕ ܓܝܪ
ܠܐ ܐܫܟܚ ܕܢܥܒܕ ܢܟܦܐ ܠܒܢ̈ܝ ܐܘܪܫܠܡ. ܕܢܥܒܕ
ܐܣܝܪ ܢܡ̈ܘܣܘܢ: ܟܕ ܡܫܚܠܦ ܡܢ ܥܝ̈ܕܐ ܕܐܒܗ̈ܝܗܘܢ.
6 ܫܢܝ ܐܢܛܝܟܘܣ ܡܢ ܐܘܪܫܠܡ. ܘܥܠ ܦܪ̈ܣܝܐ ܒܚܝܠܗ ܐܙܠ.
7 ܐܡܪܐ ܗܘܬ ܕܝܢ ܐܡܐ ܕܫ̈ܒܥܐ ܛܠܝ̈ܐ ܠܒ̈ܢܝܗ̇. ܕܐܢܐ
ܗܘܝܬ ܒܬܘܠܬܐ ܕܟܝܬܐ. ܘܡܢ ܒܝܬ ܐܒܐ ܠܐ ܢܦܩܬ.
8 ܐܠܐ ܢܛܪܐ ܗܘܝܬ ܒܬܘܠܘܬܝ ܡܢ ܟܠ ܢܟܝܢ. ܘܡܣܚܦܢܐ
ܐܝܟ ܕܡܚܒܠܢܐ ܒܡܕܒܪܬܐ ܠܐ ܠܐ ܚܒܠ. ܘܠܐ ܢܓܫ
ܠܒܬܘܠܘܬܝ. ܚܒܠܐ ܢܟܠܐ ܕܚܘܝܐ. ܗܘܝܬ ܕܝܢ ܒܢܟܦܘܬܐ
9 ܕܥܠܝܡܘܬܝ ܥܡ ܓܒܪܐ. ܘܟܕ ܕܪܒܝܘ ܒ̈ܢܝ ܐܒܘܗܘܢ ܡܝܬ
ܘܐܬܝܬܡܘ ܠܡܣܟܢܘܬܐ ܡܛܠ ܐܒܝ̈ܠܘܬܗܘܢ. ܠܗܘ ܕܝܢ ܛܘܒ.
ܓܒܪܐ ܓܝܪ ܕܒܚܝܐ ܗܘܐ ܚ̈ܝܐ ܕܒܢ̈ܘܗܝ ܒܢ̈ܝܐ ܦܠܓܝܢܐ
ܢܚܘܘܢ ܠܗ. ܥܠ ܡܫܝܚܘܬܐ ܕܡܢ ܒ̈ܢܘܗܝ ܠܐ ܐܬܚܙܝ.
10 ܗܘ ܕܡܠܦ ܗܘܐ ܠܟܘܢ ܟܕ ܥܕܟܝܠ ܥܡܟܘܢ ܗܘܐ.

3. ܦܠܚܘܢ.] A. ܦܠܚܝܢܘ. B a–e.

4. ܫܝܢܐ] ܘܫܝܢܐ e.

5. ܕܢܥܒܕ ܐܣܝܪ] ܕܢܥܒܕ ܐܣܝ' (eras. ܒ) A.
ܡܢ ܥܝܕܐ A. ܡܢ ܥܝ̈ܕܬܐ B a–e.

6. ܦܫܢܝ] ܫܢܝ ab.—ܐܘܪܫܠܡ. ܡܢ ܩܕܡ A.
ܦܪ̈ܣܝܐ] A. ܕܦܪ̈ܣܝܐ B a–e.

9. ܗܘܐ ܓܒܪܐ A. ܗܘܐ ܕܓܒܪܐ B a–e.
ܐܒܝܠܘܬܐ] lit. ...ܝܠܘ... in ras. A.
ܕܡܢ ܒ̈ܢܘܗܝ] A. ܕܒܢ̈ܘܗܝ B a–e.

20 ܩ̈ܕܝܫܐ ܬܫܬ ܐܒ̈ܗܝܟ ܐܬܒܣܡܘ. ܘܩ̇ܢܝܘ ܗܘܕܝܠ
XVII. ܐܬܡܕܝܘ. ܘܡܛܠ ܐܠܗܐ ܐܬܡܣܪܘ. ܘܠܐ ܗܘܐ ܒܠܚܘܕ
ܒܗܢܐ ܐܣܬܪܐ ܐܠܐ ܐܦ ܕܡܛܠܬܗܘܢ ܚܠܦ ܠܒ̈ܥܠܕܒܒܝܗܘܢ
21 ܪܚܒ. ܘܦܪܘܢܐ ܕܗܣܡ ܒܪܝܐ ܦܪܠ. ܘܐܬܪ̈ܝܢ ܐܬܕܒܪ.
22 ܐܝܟ ܗܘ ܓܝܪ ܕܕܡܒܗܘܢ ܕܦܠ̈ܚܝܐ ܡܠܝܢ ܚܠܦ ܚܘܫܒܗܘܢ
ܕܡܥܐ ܐܬܐܝܕ. ܘܡܬܬܒܗܘܢ ܐܬܡܬܗܘܢ ܗܘܐ ܬܪܒܘܬܐ.
ܒܦܠܚܘܬܐ ܕܐܠܗܐ ܠܐܣܪܐܝܠ ܕܡܢܚܝ ܗܘܐ ܦܪܘܩ.
23 ܦܪܘܢܐ ܓܝܪ ܐܦܠܛܘܢ ܕܝܢ ܒܡܕܒܪܘܬܐ ܕܡܬܦܪܬܘܬܗܘܢ
ܘܒܡܣܒܠܢܘܬܗܘܢ ܕܒ̈ܢܘܠܝܐ. ܐܦܝܢ ܠܚܠܝ̈ܨܘܗܝ.
24 ܕܒܡܫܒܪܢܘܬܐ ܕܡܠܝܢ ܢܣܒܘܢ ܡܬܕܒܪܝܢ. ܘܐܝܟ ܐܢܘܢ
ܡܢ ܕܒܗܬܐ ܗܕܐ. ܕܢܗܘܘܢ ܚܢܝ̈ܬܐ ܘܠܒ̈ܝܫܐ ܒܪܝܟܘܬܐ
ܘܒܦܪܝܫܘܬܐ. ܘܕܗܘܘ ܫܡܫܝܢ ܠܡ̈ܕܒܚܐ ܒܫ̈ܒܝܐ. ܘܒܪܝܟܘ
1XVIII. ܗܕܐ ܘܒܬܪ ܠܚܠܡܘܢ ܒܥܠܕܒ̈ܒܝܗܘܢ. ܐܘ ܩ̈ܢܝܐ ܕܡܢ ܐܘܪܚܐ
ܕܝܡܐ ܕܐܒܪܗܡ. ܐܝܬܝܘ ܕܡ ܒ̈ܢܝ ܐܣܪܐܝܠ ܐܬܦܩܣܘ
2 ܠܡܨܪܝܐ ܗܘܢ. ܘܡܛܠ ܐܣܩܝܢ ܡܪܘܪܝܗܘܢ. ܐܝܟ ܐܢܫܐ
ܕܡܦܩܝܢ ܕܡܥܠܛ ܥܠ ܥܡܐ ܐܝܬܝܗܘܢ ܐܝܟܢܐ ܕܢܣܒ ܠܕܝܠܗ
ܐܠܗܐ. ܘܠܐ ܗܘܐ ܒܠܚܘܕ ܠܥܡܐ ܕܡܢ ܠܟܘ. ܐܠܐ ܐܦ
3 ܥܠ ܒܢ̈ܝܐ ܕܡܢ ܠܒܪ ܡܫܝܚܐ. ܩܘܝܘ ܓܝܪ ܢܬ̈ܝܚܐ.
ܥܠ ܕܡܛܠ ܥܒܪܐ ܡܢܗ ܠܗܫ̈ܡܝܗܘܢ ܠܐܘܠܨܢܐ. ܠܐ

19. ܐܬܝܢܐ] A. ܬܝܢܬ B·a–e.—ܐܬܪܝܡ] sic leg. Codd. tamen ܐܬܪܝܡܘܢ

20. ܘܩܢܝܘ A. ܘܩܢܘܢ B a–e.

23. ܠܡܨܝܪ] A. ܕܝܢ B a–e.—ܕܝܢ a.—ܕܡܬܦܪܬܘܬܐ A.

24. ܡܢ] ܕܡܢ (et mox ܕܗܘܘܢ) A.

ܒܪܝܟܘܬܐ] in text. ܒܫܡܝܟܘܬܐ in marg. ܒܪܝܟܘܬܐ. ܓ e.

XVIII. 1. ܗܕܐ.] A. ܡܠܟܐ. a–d. ܕܡܠܟܐ. e (B**).

2. ܕܡܦܩܝܢ] ܕܡܦܩܩܝܢ c.

10 ܠܦܘܩܕܢܐ ܕܢܡܘܣܐ ܘܕܘܒܪ̈ܐ ܕܕܒܪ̈ܝܐ. ܗܢܘܢ ܬܟܒܘ
ܓܒܪܗ ܕܢܡܘܣܐ ܘܕܟܝܟܐ ܕܫܪܘ ܒܐܠܗܐ. ܘܒܕܒܪܐ
11 ܠܡܘܬܐ ܛ̈ܒܐ ܣܒܩܘ. ܫܪܝܪܐܝܬ ܟܕ ܐܦ ܐܢܘܢܐ
ܕܟܐܢܝܢܗܘܢ ܗܘܬ. ܐܝܟܢܐ ܗܘܐ ܕܡܛܠ ܐܠܗܐ.
12 ܡܛܘܪܬܐ ܟܕ ܐܦ ܡܫܡܫܬܗ ܗܘܬ ܠܐܝܟܢܐ ܗܢܘܢ. ܟܕ
ܟܢ ܡܣܬܒܪܢܘܬܐ ܚܙܐ ܗܘܬ ܠܗ ܠܡܘܬܐ. ܘܗܘܒܐ
13 ܗܘܬ ܠܐ ܡܬܚܫܚܢܘܬܐ ܒܢ̈ܝܐ ܕܠܐ ܚܛܝܬܝܢ. ܐܠܐ ܕܝܢ
ܕܝܢ ܠܗܘܢܝ ܠܐܝܟܢܐ ܢܦܫܬ ܗܘܐ. ܘܡܟܒܫܐ ܠܠܒ̈ܝܢ
14 ܘܐܚܝܗܘܢ ܒܬܪܗ ܡܬܬܚܝܢ ܗܘܘ. ܘܦܪܘܢܐ ܒܠܒܪܐ
ܐܬܬܗܝܒ ܗܘܐ. ܘܠܒܢܐ ܕܝܢ ܐܬܬܗܝܒ ܗܘܐ ܫܘܝܐ.
15 ܕܒܠܥܬ ܐܠܗܐ ܕܝܢ ܙܟܝܐ ܗܘܬ. ܟܕ ܡܚܠܠܐ ܠܬ̈ܠܬܝܢ.
16 ܡܢܗ ܗܢ ܕܠܐ ܬܗܘܪ ܒܬ̈ܠܬܝܢ ܕܡܫܬܘܪܬܐ ܐܠܗܝܬܐ.
17 ܐܘ ܡܢܗ ܕܠܐ ܐܬܕܟܪ. ܗܘ ܦܪܘܢܐ ܘܢܡܘܣܗ ܘܡܠܘܗܝ
18 ܬ̈ܢܝܢ ܡܠܟܗ ܬܫܘܪ ܗܘܘ ܒܡܫܡܫܢܘܬܗܘܢ. ܕܡܛܠܬܗ
ܟܠ ܟܢܝܢ ܒܦܘܪܫܢܐ ܐܠܗܝܐ ܡܢܗܝܢ. ܘܒܐܬܪܐ ܕܡܠܟܐ
19 ܢܫܝܐ ܘܦܪܘܩܢܐ ܡܕܢܚ. ܐܦ ܟܕ ܡܟܝܐ ܐܡܪ. ܕܡܠܟܘܢ

9. ܠܦܘܩܕܢܐ B a–e.——ܘܕܘܒܪ̈ܐ B a–e.

10. ܗܢܘܢ A. ܗܢܘܢ B a–e.——ܘܡܢܗ. ܘܕܟܝܟܐ. B a–e.

12. ܗܘܬ ܡܫܡܫܬܗ sed infra ܗܘܬ ܚܙܝܐ (ܬ in ras.) A.

ܗܢܘܢ. B a–e.

13. ܒܠܒ ܟܢ (in fin. lin. in spat. ampl.) A. ܒܠܒ ܟܢ a.

16. ܡܢܗ A. ܡܢܗ B e. ܡܢܗ cd. ܡܢܗ ab.——ܬܗܘܪ B a–e.

.ܐܠܗܝܬܐ ܕܡܫܬܘܪܬܐ] in marg. a pr. man. ut vid. script. B.

ܐܠܗܝܬܐ] add. .ܐܠܗܐ ܕܡܫܬܘܪܬ B a–e.

17. Om. ܗܘ ab.

18. ܕܡܛܠܬܗ A.——ܬ̈ܢܝܢ, dein (eras. ܢ) ܬ̈ܢܝܢ A.

XVII ܐܦ ܐ̈ܢܫܝܢ ܡܢ ܩܠܝܠܐ. ܕܒܪ ܚܛܝܬܐ ܗܘܬ ܕܐܬܬܐܝܫ. ܐܦ
ܗܝ ܠܡܘܬܐ. ܕܠܐ ܐܢܫ ܢܦܘܩ ܠܡܥܒܕܗ̇. ܗܝ ܡܢ
2 ܓܒܝܗ̇ ܢܦܫܗ̇ ܥܠ ܢܘܪܐ ܫܕܬ. ܐܘ ܐܡܟܐ ܕܗܟܢ ܩ̈ܒܥܝܢ.
ܥܒܕܐ ܡܠܝܢܗ ܕܦܘܠܚܢܐ ܡܫܒܚܝܢ. ܘܝ̈ܬܒܬܗ ܦ̈ܠܛܝܢ.
3 ܘܫܠܝܛܘܬܐ ܕܡܫܡܫܢܘܬܗܝܢ ܫܦܝܪܝܢ. ܐܡܪܝܢܐ ܓܒܪ ܕܐܬܬܠܠܐ
ܐܫܬܡܥ ܡܦܝܢ. ܘܥܠ ܒ̈ܢܝܢ ܐܝܟ ܕܥܠ ܚ̈ܫܘܕܐ
ܡܫܪܪܐܝܬ ܡܫܡܥܐ ܡܦܝܢ. ܘܕܠܐ ܢܘܕܐ ܡܫܪܪܝܢ ܘܡܥܐ
4 ܕܒܝܫ ܥܪ̈ܝܐ. ܐܬܬܚܠܦ ܗܒܠ ܡܚܠ ܐܘ ܐܡܟܐ ܘܗܝܬܐ.
5 ܕܡܒܪܐ ܕܫܘܡܫܡܝܢ ܐܫܬܪܪ ܠܒܝ ܠܘܬ ܐܠܗܐ. ܠܐ
ܗܟܢܐ ܡܗܪܐ ܒܥܡܟܐ ܗܘܪܝ: ܐܝܟ ܡܢܐ ܕܐܢܬܝܢ ܡܢܪܝܢ
ܘܗܡ ܐܠܗܐ ܕܠܥܡܟܐ ܬ̈ܒܥܐ ܢ̈ܝܫܐ ܐܝܕܝܢ ܒܐ̈ܪܚܬܗܘܢ:
ܘܢܗܪܝܢ ܐܢܘܢ ܕܢܐܬܘܢ ܠܘܬ ܥܪ̈ܝܐ. ܘܐܫܬܡܥ ܒܥܡܟܐ
6 ܒܡܫܘܢ. ܐܫܬܘܫܢ ܗܘܐ ܓܒܪ ܛܠܝܐ ܕܒ̈ܢܝܢ. ܡܢ ܐܟܘܢ
7 ܐܟܘܪܗܡ. ܘܐܠܐ ܦܥܫ ܗܘܐ ܠܗ ܕܥܠ ܡܪܘܡ ܬܫܡܫܬܐ
ܕܐܫܟܚܬ ܥܪ̈ܝܒ ܠܡܝܢܝ. ܐܫܬܪܪܘ ܫܘ̈ܠܐ ܕܫܡܝܢ ܗܘܘ:
ܕܐܡܟܐ ܕܥܡܟܐ ܬ̈ܒܥܝܢ ܡܛܠ ܥܪ̈ܝܐ ܬ̈ܘܕܝܐ ܡܫܬܠܦܐ
8 ܦܚܠܐ. ܐܦ ܓܒܪ ܙܕܩ ܗܘܐ ܕܒܡܘܠܫܐ ܕܡܫܬܘܬܒ
ܠܡܥܬܒ ܗܠܝܢ ܥܠ ܡܒܪܟ. ܕܗ̈ܘܝ ܡܬ̈ܠܠ ܘܡ̈ܟܬܒܢ
9 ܠܡܥܟܐ. ܕܬܠܝܢ ܒܡܘܢܐ ܗܒܠܐ ܘܐܬܬܢܬܐ ܘܥܒܕܐ
ܒܢܝܗ̇ ܥܦܝܪ ܡܥܡܝܢ. ܡܛܠ ܦܘܪܢܐ ܕܐܝܟܢܐ ܗܘܐ ܠܡܫܬܪ

XVII. 1. ܕܐܬܬܐܝܫ] A. ܕܐܬܐܝܫ B a–d. ܕܐܬܐܝܫܝܢ e.

ܕܠܐ] ܕܕܠܐ A.—Om. ܐܢܫ a lit. ܐܢܫ in ras. A.

3. ܢܘܕܐ] sic leg. Codd. tamen ܢܘܪܐ.

4. ܐܬܬܚܠܦ A. ܐܬܚܠܦܝܢ a.

5. Om. a ܠܐ ܗܟܢܐ usque ad ܐܡܪ ܠܗܘܢ B a–e.—ܕܐܢܬܝܢ A.

ܐܝܕܝܢ AB a–e.—ܢܗܪܝܢ A a–e (B**).

16 ܟܡܗ. ܘܐܡܪܐ ܗܘܬ ܠܟܢܫܐ ܟܠܗ ܚܕܪܝܗ. ܐܘ ܒܢܝ̈.
ܫܦܝܪ ܗܘ ܐܓܘܢܐ: ܕܠܗ ܡܛܠ ܣܗܕܘܬܐ ܕܒܗ ܐܬܩܪܝܢ:
ܕܒܪܢܫܐ ܚܝܠܬܐ ܢܬܟܬܫ. ܘܫܠܡ ܢܡܘܣܐ ܕܐܒ̈ܗܝܢ:
17 ܐܦ ܓܝܪ ܕܣܒܪܐ ܗܝ ܕܗܟܢܐ ܗܘܐ ܠܡܣܒܪ ܫ̈ܢܝܐ ܕܡܛܠ
ܕܚܠܬ ܐܠܗܐ: ܘܐܢܬܘܢ ܕܒܢܝ̈ܢ ܐܢܬܘܢ ܬܟܒܪܘܢ ܡܢ
18 ܩܫܝܐ. ܐܬܕܟܪܘ ܕܡܛܠ ܐܠܗܐ ܐܬܝܬܘܢ ܠܒܪܝܬܐ.
19 ܘܣܝܒܪܬܘܢ ܒܫܢ̈ܝܐ ܗܠܝܢ. ܘܥܠ ܗܕܐ ܚܝܒܝܢ ܐܢܬܘܢ. ܕܟܠ
20 ܚܫ̈ܠܝܢ ܬܣܝܒܪܘܢ ܡܛܠ ܐܠܗܐ. ܕܡܛܠܬܗ ܐܦ ܐܒܪܗܡ
ܐܒܘܢ ܐܣܬܪܗܒ: ܕܠܡܕܒܚܐ ܕܒܚ ܐܝܣܚܩ ܒܪܗ ܢܟܣܘ.
ܗܿܘ ܓܝܪ ܐܝܣܚܩ: ܟܕ ܚܙܐ ܗܘܐ ܠܐܝܕܐ ܕܐܒܘܗܝ
21 ܕܐܚܝܕܐ ܒܣܟܝܢܐ ܘܢܚܬܐ ܥܠܘܗܝ ܠܐ ܙܥ. ܘܕܢܝܐܝܠ ܙܕܝܩܐ
ܠܐܪ̈ܘܬܐ ܢܦܠ. ܘܚܢܢܝܐ ܘܥܙܪܝܐ ܘܡܝܫܐܝܠ ܠܓܘ ܐܬܘܢܐ
22 ܐܝܟ ܕܡܠܟܐ ܐܫܬܕܝܘ ܘܣܝܒܪܘ ܡܛܠ ܐܠܗܐ. ܐܢܬܘܢ
ܗܟܝܠ ܕܗܘ ܟܕ ܗܝ ܗܝܡܢܘܬܐ ܕܗܠܝܢ ܠܘܬ ܐܠܗܐ ܐܝܬ
23 ܠܟܘܢ. ܠܐ ܬܬܪܗܒܘܢ. ܡܛܠܐ ܗܝ ܓܝܪ ܕܟܕ ܝܕܥܝܢ
ܐܢܬܘܢ ܕܚܝܠܬ ܐܠܗܐ ܡܚܝܐ ܗܝ. ܠܐ ܬܬܓܙܪܘܢ ܡܢ ܥܩ̈ܪܐ.
24 ܒܗܢ ܗܠܝܢ ܡ̈ܠܐ ܐܡܗܘܢ ܕܪܚܡܬܐ. ܡܢ ܟܠ ܚܕ ܚܕ ܡܢ
ܒ̈ܢܝܗ ܡܬܟܬܫܐ ܗܘܬ ܕܢܡܘܬܘܢ: ܐܘ ܕܢܣܝܒܪܘܢ ܥܠ
25 ܒܢܡܘܣܗ ܕܐܠܗܐ. ܦܠܐ ܠܗܘܢ ܕܝܢ ܠܡܕܥ ܕܕܡܝܬܝܢ ܡܛܠ
ܐܠܗܐ. ܚܝܝܢ ܐܢܘܢ ܠܐܠܗܐ. ܐܝܟ ܗܢܐ ܕܐܦ ܐܒܪܗܡ
XVII. 1 ܘܐܢܫܝܢ ܡܢܗܘܢ ܘܡܠܘܗܝ ܐܒܝ̈ܫܬܐ. ܐܡܪܝܢ ܗܘܘ ܕܟܕ

16. ܒܢܝܚܐ] ܢܝܚܐ a.

17. ܠܟܘܢ] ܕܟܘܢ a–c.—ܩܫܝܐ.] ܣܒܐ. A.

19. ܕܟܠ] ܒܟܠ a–e.

20. ܣܟܝܢܐ A.

22. Om. ܟܕ ܗܝ B a–e.—ܠܘܬ] A. ܕܠܘܬ B a–e.

25. Om. ܕܝܢ B a–e.—ܚܝܝܢ] A. ܚܝܝܢ B b–e. ܚܝܢ a.

XVI 8 ܡܪܡܣܐܝܬ ܒܠܒܗܘܢ ܐܦ ܬܠ̈ܠܐ ܣܓ̈ܠܐ ܦܓ̈ܪܝܐ ܦܟܠܬ.
9 ܘܡܦܩܬܐ ܡܢܝܢܐ ܕܬܪܥܝܬܗܘܢ. ܕܗܢܘܢ ܠܐ ܐܬܕܟܪܘ.
ܕܐܬܕܟܪܘ ܕܡ ܕܠܐ ܡܬܪ. ܠܐ ܫܘܝܐ ܐܝܟ ܐܢܫ ܒܢܫ̈ܩܘܢ
ܘܠܐ ܗܘ ܡܬܦܢܝܐ ܐܝܟ ܐܡܪܐ ܕܐܡܪܐ ܢܩܫܝܢ ܠܗ ܠܛܒܚܐ.
10 ܐܦ ܩܝܡܬ ܫܡܝܐ ܘܡܬܦܢܝܬ ܩܕܝܫܐ. ܐܠܐ ܐܬܬܝܐ
11 ܐܬܚܠܬܐ. ܕܠܐ ܒܠܫܘܕܝ ܩܛܠܗ ܐܦܠܐ. ܘܐܦ ܠܐ ܐܢ
ܐܬܒܘܬ ܐܝܬ ܠܝ ܕܫܕ ܡܢ ܩܕܡ ܢܡܒܪܢ. ܐܠܐ ܒܡܠܝ
ܐܘܠܨܢܬܐ. ܘܠܐ ܠܫܕ ܡܢܗܘܢ ܐܦܢܬ ܐܡܪܐ ܠܡܬܒܬܢܘܬܐ.
12 ܘܕܫܠܬ ܡܢ ܐܠܗܐ. ܘܠܐ ܕܕܠܐ ܢܬܗܘܢ ܡܬܒܪܐ ܗܘܬ
13 ܠܫܕ ܡܢܗܘܢ. ܘܠܐ ܒܪ ܫܠܡܝܢ ܐܬܬܚܫܒܬ. ܐܠܐ ܐܝܟ
ܗܘ ܕܪܚܝܩܐ ܕܐܬܕܟܪܘ ܐܝܬ ܗܘܐ ܠܗ. ܘܠܠܐ ܡܬܝܬܝܐ
ܡܢܪܝܢ ܠܪܚܝܩܐ ܕܩܢܝܢ ܡܫܒܠܐ ܗܘܬ ܠܡܐܠ. ܡܬܪܐܝܬ
ܠ ܡܬܘܬܐ ܕܒܠ ܬܚܘ ܥܪܪܐ ܡܫܦܠܐ ܗܘܬ ܠܗܘܢ. ܒܪ
14 ܚܕܝܐ ܡܢܗܘܢ ܡܬܡܟܟܐ. ܐܘ ܐܡܪܐ ܕܡܫܠܠ ܥܪܪܐ
ܒܡܫܘܬܐ ܐܦܠܝܬ. ܘܐܬܬܐ ܡܚܬܐ ܕܒܝܕ ܣܘܡܣܡܐ
ܠܦܪܘܣܐ ܕܝܢܬܐ. ܘܡܬܦܪܫܐ ܡܬܠܠܐ ܐܬܡܫܚܬܐ ܕܡܢ ܒܪܝܐ
15 ܫܠܬܢܝܐ ܐܝܬܐ. ܐܦܓܪ ܒܪ ܐܬܬܝܕܥܬ ܒܡܢ ܒܢܝ̈ܟ.
ܦܩܕܐ ܩܘܡܬܐ ܘܡܬܡܢܝܐ ܩܘܡܬܐ ܒܐܠܒܪܝ ܒܪ ܡܬܝܕܥܝܢ

9. ܘܐܬܕܟܪܘܢ] A. ܘܐܬܕܟܪܘܢ B a–e.——ܕܐܬܐ] ܕܩܕܝܫܐ A.

11. ܢܡܒܪܢܝܢ A.——ܒܡܠܝ] AB. ܒܡ a–e.

12. ܒܗܘܢ .] ܒܡܠܝ ܡܬܒܪܘܢ A.

13. ܪܚܝܩܐ] ܕܪܚܝܩܐ A.——ܕܐܬܕܟܪܘܢ] A. ܕܐܬܕܟܪܘܢ B a–e.

ܡܬܪܐܝܬ et ante ܡܫܒܠܐ script. B a–e.——ܠܡܐܠ .] A.

ܠܡܐܠ B a–d. ܠܡܐܠܝ e.——ܒܪ] A. ܘܒܪ B a–e.

ܚܕܝܐ] add. ܗܘܬ a–d (in d autem punctis improb.).

14. ܕܝܢܬ. B de.——ܡܬܠܠܐ a (pr.) e. ܡܬܠܠܐ á (e corr.) b.

15. ܩܘܡܬܐ ܘܡܬܡܢܝܐ] A. Om. ܩܘܡܬܐ B a–e.

ܕܢܦܩ ܒܡܡܠܠ ܫܓܝܐ ܡܬܢܟܪܐ ܗܘܝܬܝ. ܘܒܘܣܡܐ ܚ̈ܕܝܬܐ
ܥܘܕܪ̈ܢܗܘܢ ܕܟܢ̈ܫܝ. ܡܛܠܐ ܘܡܚܒܐ ܒܟܠ ܢ̈ܦܫܡ ܗ̈ܘܘ.
1 XVI. ܫܠܝܚܘܬ ܦܛܪܬܝ ܡܫܬܘܠܐ ܕܟܠ ܥܒܕ ܥܕܪܐ. ܐܝܟܢ
ܡܛܠ ܕܐܝܬܝܬܐ ܗܟܘܬܐ ܘܐܡܝܢܐ ܕܥܒܕܐ ܦ̈ܠܚܝܢ: ܦܛܪܬ
ܒܗ ܚܝܠܐ ܥܕܪܐ ܕܦ̈ܠܚܝܢ ܕܒܥܕܐ ܠܡܗܘܬܝ. ܚܠܝܐ ܗܘ
ܕܡܠܟܬ ܗܘ ܒܠ ܫܓܝܐ ܢܟܝܠܐ ܕܡܚܠܝܐ ܕܢܠܬܗ ܐܠܗܐ ܀ [ܢܒ]
2 ܢܩܘܬ ܡܛܠ ܕܠܐ ܗܘܐ ܒܠܫܢ ܟܒܪܐ ܕܥܘ ܠܫ̈ܢܐ. ܐܠܐ
3 ܐܦ ܐܢܬܬܐ ܐܚܝܕܬ ܒܠ ܥ̈ܒܕܐ ܕܡ̈ܪܢܐ. ܘܠܐ ܗܝܟܢܐ
ܐܪ̈ܥܬܗ ܕܕܢܚܐܠ ܒܪ̈ܢܫ ܗܘܘ. ܘܠܐ ܐܬܘܢ ܕܡܫܡܫܐ
ܚܝ ܗܘܐ ܒܗ ܡܬܠܡܕ ܗܘܐ ܒܢܘܪܐ ܬܚܒܝܬܐ: ܐܝܟ
ܕܒܢܘܗ ܗܘܐ ܠܗ ܚܢܢܐ ܕܪܚܡܬܐ ܕܦ̈ܢܝܐ: ܒܗ ܫܢܝܐ
ܗܘܬ ܕܡܢܝܢܐ ܒܡܫܠܡܢܘܬ ܥܕܒܐ ܦ̈ܢܝܢ ܡܬܦܠܓܝܢ ܗܘܘ.
4 ܐܠܐ ܒܪܚܝܢܐ ܕܕܢܠܬܗ ܐܠܗܐ: ܕܒܟܢܬ ܐܡܝܢܐ: ܗܠܝܢ
5 ܘܕܐܡܝܢ ܗܠܝܢ ܫܓܝܐ. ܐܬܪܒܘ ܠܒܪ ܐܦ ܗܕܐ. ܕܐܠܦ
ܐܝܬܝܬܐ ܗܘܬ ܕܡܠܟܐ ܗܘܬ ܒܢܦܫܗ̇. ܬܘܪܝܐܬ ܕܐܦ ܐܡܝܢܐ
ܐܬܝܬܗ̇ ܗܘܬ. ܡܬܐܟܠܐ ܗܘܬ ܒܠܒܗܘܢ: ܘܕܝܢܐ ܕܗܠܝܢ
6 ܐܡܪܐ ܗܘܬ. ܐܘ ܫܠܝܛܬܐ ܐܝܟܐ ܘܕܦܩܕ ܕܗܘܝܐ. ܥܒܕܐ
7 ܒܢ̈ܝܢ ܢܟܠܬ. ܘܕܝܢ ܡܢܗܘܢ ܐܡܪܐ ܠܗ ܦܘܩܕܬ. ܐܘ ܦ̈ܠܚܐ
ܥܒܕܐ ܕܗܘܘ ܦ̈ܠܚܝܢ. ܘܡܠܟܐ ܕܫܘܝܐ ܒܥܕܪܐ ܕܕܠܐ
ܘܬܪܘܢ ܘܠܐ ܦܐܪ̈ܝܢ ܗܘܘ. ܘܬܪܒܝܬܐ ܕܗܘܬܐ ܕܢܠܒܫܐ.

32. ܒܡܥܡܘ̈ܬܐ A. ܡܥܡܘܬܐ B a–e.

XVI. 1. ܦܠܚܝܢ. b.

2. ܐܚܝܪ̈ܢ] A. ܓ̣ܡܪ̈ܢ B a–e.

3. ܒܢܝܐ] A. ܒܢܝܐ B a–e.——.ܕܒ̈ܢܝܐ] .ܒ̈ܢܝܐ a.

5. .ܠܐܪܥܐ ܒܢܒܥܘ̇ B a–e.

6. ܐܡܪܐ] A. ܐܡܪܗܘܢ B a–e.

7. ܒܥܙܪܐ ܒܥܙܪܐ A.——.ܗܘܘ] .ܗܘ̣ܐ ut vid. deinde .ܗܘ̣ܘ B.

ܕܢܘܠܐ] ex emend. restit. ܕܒܘܠܐ AB a–e.

22 XV. ܥܠܐ ܕܟ̈ܢܫܐ ܕܡܢ ܥ̈ܡܡܐ ܠܐܠܗܐ ܦܢܝܢ ܗܘܘ. ܐܝܠܝܢ ܘܡܢܐ.
ܗܕܝܢ ܐܡܪܐ ܒܗ ܒܒ̈ܬܝ ܡܬܟܢܫܝܢ ܗܘܘ. ܘܩ̈ܝܣܛܠܐ
23 ܘܒܡܕ̈ܝܢܬܐ ܡܬܩܢܝܢ ܗܘܘ. ܥ̈ܕܬܐ ܩܕܠܐ ܗܘܬ. ܐܠܐ
ܠܥ̈ܒܕܘܗܝ ܪ̈ܚܡܐ ܕܐܬܝܠܕ ܐܠܗܐ ܒܗ ܫܥܐ ܒܪ ܗܘܠ.
24 ܕܢܨܚܬܐ ܚܒܘܪܬܐ ܕܟ̈ܢܫܐ ܬܫܡܫ. ܒܗ ܦܠܓ ܐܒܗܬܐ
ܕܚܒܝܒܐ ܟ̈ܢܫܐ ܫܪܝܐ ܗܘܬ. ܘܒ̈ܢܝܬܐ ܡܬܩ̈ܢܝܬܐ
ܕܥ̈ܕܝܢܗܘܢ. ܘܡܢ ܬܪܬܗ̇ ܐܡܪܐ ܢܨܝܚܬܐ ܘܒܝܬܗ̇. ܡܛܠ
25 ܗܝܡܢܘܬܐ ܕܒܐܠܗܐ. ܐܝܟ ܗܘ ܕܒܪ ܕܒܟܝܢ ܬܘܒ ܒܗܘܢܝܐ
ܕܫ̈ܠܝܚܐ: ܫܪܝܐ ܗܘܬ ܫ̈ܠܝܚܐ ܩ̈ܢܝܐ ܕܠܗ̇ ܕܥܘܒܐ:
ܕܐܬܝܘܗܝ ܒܢܝܐ ܘܒܠܕܐ: ܘܢܨܚܬ ܟ̈ܢܫܐ ܘܥ̈ܕܝܐ ܕܟ̈ܢܫܐ.
26 ܘܬܪܝܢ ܕܒ̈ܢܝܢ ܐܡܪܐ ܢܒܝܬ. ܕܡܘܬܐ ܘܕܝܢܐ. ܘܝܠܦ ܟ̈ܢܫܗ̇.
27, 28 ܠܗܘܢ ܕܡܫܐ ܥܡܪܐ ܒܒ̈ܬܝ ܒܡܠܝܐ ܘܟܪܙܐ ܠܗ ܒܟܠܗ̇. ܐܠܐ
29 ܒܟܠܗ̇ ܐܬܪܘܬ ܠܡܗܝܡܢܘܬܐ ܕܒܐܠܗܐ ܡܬܕܪܫܐ ܗܘܬ. ܐܦ
ܐܡܪܐ ܕܝܡܐ. ܘܬܒܥܬ ܒܪܢܫܐ ܕܝܡܗ̈ܝܢܐ. ܘܡܬܬܠܬܬܐ
ܒܠ ܐܦ̈ܝ ܥܢܝܐ. ܕܡܢ ܐܒܗܬܐ ܕܐܬܩܪܝ ܥܡܠܝ ܘܬܘܒܘܬܐ.
30, 31 ܐܦ ܕܡܢ ܕ̈ܝܪܐ ܒܡܫܡܫܢܘܬܐ ܒܒܪܬܐ. ܐܟܢܐ ܒܪ
ܕܒܗܘܢ ܕܥܢ ܒܦܘܩܕܢܐ ܕܠܟܘܢ ܒܠܒܐ ܫܦܠ ܒܟܘܢ
ܠܒܢܝܬܐ ܡܬܦܪܫܐ ܗܘܬ ܘܡܬܢܨܚܢܐ. ܘܡܠܬܐ ܕܬܐ ܡܬܩ̈ܢܝܬܐ
32 ܡܦܠܬ. ܗܕܐ ܐܦ ܐܝܟܢ ܢܦܘܠܬܗ ܕܥܡ̈ܡܐ. ܡܢ ܒܠ

21. Om. ܐܘܡܟܐ A.

22. ܗܘܢ ܕܝܢ ܐܡܟܐ A.

23. ܒܫܝܢ e.—Om. ܚܒܘܪܬܐ B a–e.—ܠܫܘܬܦܢ. e.

24. ܘܡܬܩܪܒܬܗ A.—ܘܦܬܗ. A.

26. ܕܠܟܢ. A.

28. ܠܡܘܡܣܘܢܝ A a–c.

29. ܡܦܠܠ B a–e.

31. ܒܩܘܡܗ: B a–e.—ܡܩܠܠܢ. ܡܡܘܡܐ A.

32. ܐܝܠ B.

ܕܪ̈ܒܢܐ ܗܘܐ ܒܥ̈ܕܬܐ ܘܢܫܐ. ܠܐ ܡܬܬܠܝܐ ܗܘܬ ܡܛܠ
15 ܚܪ̈ܒܐ. ܒܟܦܢܐ ܕܒ̈ܝܫܬ ܫܢܝܐ ܗܘܬ ܕܟܠ ܦܐܪܐ ܥܒܐܫ
ܗܘܐ. ܘܬܘ̈ܚܠܬܐ ܕܐܬܒܕܪܐ ܘܕܙܠܓܠܐ ܕܟܠ ܐܘܪܚܐ
ܡܬܚ̈ܪܒܝܢ ܗ̈ܘܘ. ܘܡܣܟܢܐ ܕܙ̈ܒܢܘܗܝ ܕܒܕܡܐ ܠܡܦܪܐ
ܕܕܡܐ ܢܦܠ ܗܘܐ. ܘܐܝܟ ܬ̈ܘܒܐ ܢܗܪ̈ܘܬܐ ܥܠ ܪܫܐ
16 ܡܠܟܐ. ܐܘ ܠܫܢܐ ܡܪ̈ܝܪܐ ܕܐܢܫܐ ܠܗܘܢ ܗܫܐ ܟܠܠܐ
17 ܗܘܬ. ܠܒ ܡܢ ܕܟܕ ܒܫ̈ܟܠܢܘܗܝ ܙܒܢܐ ܗܘܬ. ܐܘ
ܐܢܬܬܐ ܕܟܠܗܘܢ ܒܕܒܠܬ ܐܠܗܐ ܡܫܟܠܢܐ ܗܘܬ̈ܝ.
18 ܠܐ ܚܠܦܟܝ ܒܡܪܢܐ: ܟܕ ܢܦܫ ܡܢܗ ܦܠܓܐ ܗܘܬ. ܘܠܐ
ܕܬܪܬܝܢ ܕܗܘܢܐ ܘܒܡܟܐ ܡܢ ܠܗ ܥ̈ܕܬܐ ܒܟܠ ܫܢܬܐ ܗܘܐ.
19 ܘܠܐ ܕܬܠܬܐ ܟܕ ܙܠܦ ܡܢ ܫ̈ܢܐ. ܐܢܬܝ ܕܝܢ ܟܕ ܫܢ̈ܬܐ
ܗܘܬ̈ܝ ܒ̈ܢܝܐ ܕܟܠ ܚܕ ܚܕ ܡܢܗܘܢ ܕܣܘܪܗܝܢ ܡܢ ܐܘܠܨܢܐ
ܡܫܝܚ ܗܘܐ. ܘܒܚܣ̈ܝܪܘܬܗܘܢ ܕܦܪܚܝܢ ܡܕܒܪܝܢ ܥܠ ܡܘܬܐ
20 ܠܐ ܒܥܒܕܝ. ܘܕܫܝܢܐ ܗܘ̈ܘܬܝ ܕܟܠ ܒܟܦܢܐ ܘܕܡܝܐ ܕܒ̈ܢܝܟܝ.
ܒܟܦܢܐ ܐܚܪܢܐ ܕܒ̈ܢܝܟܝ ܡܬܦܫܩ ܗܘܐ. ܘܡܢ ܟܬܪ ܐܬܒܕܪܬ.
ܬܘܒ ܐܬܒܕܪܐ ܕܬ̈ܫܬܡܫܢ. ܘܡܢ ܟܬܪ ܡܬܩܦܬܝ. ܡܬܩܦܬܐ
ܕܡܬܢ̈ܟܦܢ. ܘܟܠ ܬ̈ܫܥܬܐ ܬܘܒ ܕܢܦܠܝܢ ܡܢܬܐ. ܘܟܕ ܫܢܝܐ
ܗܘܬ̈ܝ ܕܐܝܟ ܟܠܟܠܐ ܦܠܣܘܬܗ̈ܝ ܕܐܠܦܘܢܐ ܒܒ̈ܢܝܟܝ ܢܦܠܝܢ
21 ܗܘܘ. ܠܐ ܕܡܬܟ̈ܢܫܝ. ܠܐ ܗܘܢܐ ܢܡܟܬܐ ܕܡܬܝܠܝܢܐ ܕܫܝܢܘܣ
ܘܡܠܟܐ ܕܦܘ̈ܠܘܣ ܠܐܣܓܘܬ ܥܡܟܐ ܠܚܠܝܡ ܕܝ̈ܘܢܝܐ ܢܬܦܫ: ܐܝܟ

15. ܕܒ̈ܝܫܐ B a–e.

17. ܐܘ ܐܢܬܬܐ a–e.——ܗܘܬ. B cd.

18. ܠܚܒܠ B a–e.

19. ܐܢܬܝ] e. ܐܢܬ AB a–d.——ܫܢܝܐ ܗܘܬ B a–d.——ܒܚܝ̈ܠܐ A.

ܘܒܚܣܝܪܘܬܗܘܢ A.——ܗܦܟܝܢ a.——ܡܕܒܪܝܢ A.

20. ܘܕܫܝܢܐ ܗܘܬ AB a–d (txt. e.).——ܘܡܢ ܫܢܝܐ ܗܘܬ B a–d.

21. ܕܦܘܠܘܣ B a–e.——ܕܝܘܢܝܐ] ܕܦܠܟܝܢ B a–e.

XV. ܐܬܪܚܡܬ ܡܬܦܠܓܢܐ. ܘܟܠ ܗܕܐ ܡܛܠ ܫܒܥܐ ܡܬܪܦܝܐ
5 ܠܘܬ ܪ̈ܚܡܐ. ܒܗܢܐ ܓܝܪ ܕܡܚܝܠܢ ܢܩ̈ܒܬܗܝܢ: ܘܣܓܝ̈ܐܢ
ܝ̈ܠܕܝܗܝܢ ܕܐܡܗ̈ܬܐ. ܗܟܢܐ ܡܬܪܚܡܢ ܠܒ̈ܢܝܗܝܢ ܝ̈ܬܝܪ.
6 ܡܢ ܟܠܗܝܢ ܕܝܢ ܐܡܗ̈ܬܐ. ܐܡܗܘܢ ܕܫܒܥܐ ܠܒ̈ܢܝܗ̇
ܪ̈ܚܡܐ ܗܘܬ. ܗ̇ܝ ܕܒܫܒܥܐ ܚ̈ܒܠܝܢ ܣܘܟܠܐ ܕܝܠܕܗܘܢ ܒܗ̇
7 ܐܬܒܝܬ. ܘܡܛܠ ܚ̈ܒܠܐ ܕܥܠ ܚܕ ܚܕ ܡܢܗܘܢ ܡܬܚܝܒܐ
8 ܗܘܬ ܕܪܚܡܬܐ ܠܘܬܗܘܢ ܬܗܘܐ ܠܗ̇. ܘܡܛܠ ܕܚܠܬ
9 ܐܠܗܐ. ܥܠܝܗ̇ ܚܘܒܐ ܕܪ̈ܚܡܐ ܕܒ̈ܢܝܗ̇. ܗܘܐ ܕܝܢ ܐܦ
ܡܛܠ ܟܐܢܘܬܗܘܢ ܘܡܬܦܝܣܢܘܬܗܘܢ ܕܠܢܡܘܣܐ.
10 ܪ̈ܚܡܬܐ ܡܬܝܪܬܐ ܠܘܬܗܘܢ ܡܣܝܒܐ ܗܘܬ. ܙܕܝܩܝܢ ܗܘܘ
ܓܝܪ ܘܢܟܦܝܢ ܘܓܢܒܪ̈ܝܢ. ܘܠܒܝܒܝܢ ܘܠܚ̈ܕܕܐ ܪ̈ܚܡܝܢ ܗܘܘ.
ܘܠܐܡܗܘܢ ܡܫ̈ܬܡܥܝܢ ܗܘܘ. ܘܢܡܘܣܐ ܢܛܪܝܢ ܗܘܘ. ܐܝܟ
ܕܙܕܩܐ ܠܡܘܬܐ ܟܕ ܢܛܪܝܢ ܗܘܘ ܢܡܘܣܐ ܢܬܦܝܣܘܢ ܠܗ̇.
11 ܐܠܐ ܘܟܕ ܛܒ ܗܠܝܢ ܟܠܗܝܢ ܗܟܢܐ ܐܝܬܝܗܝܢ ܗ̈ܘܝ:
ܕܡܛܠ ܪܚܡܬ ܒ̈ܢܝܐ ܬܟ̈ܢ ܗ̈ܘܝ ܠܗ̇ ܠܐܡܐ ܠܬ̈ܫܢܝܩܐ.
ܘܠܐ ܒܚܕ ܡܢܗܘܢ ܠܪ̈ܚܡܘܗ̇: ܬ̈ܘܪܐ ܡܫ̈ܚܠܦܐ ܐܫܢܝܘ
12 ܕܢܫܠܡܘܢ: ܐܠܐ ܐܦ ܠܚܕ ܚܕ ܡܢܗܘܢ ܒܝܘܡܐ ܘܠܗ.
ܘܠܟܠܗܘܢ ܬܘܒ ܐܟܚܕܐ. ܠܡܘܬܐ ܕܟܠ ܫ̈ܥܐ ܫܪܪܐ
13 ܩܪ̈ܝܒܐ ܗܘܬ. ܐܘ ܪܚܡܐ ܗܢܝܐ. ܘܪ̈ܚܡܬܐ ܕܗܠܝܢ
ܐ̈ܡܗܬܐ. ܘܝܠܕܐ ܘܡܪܒܝܢܘܬܐ ܕܝܠܕܐ ܣܘܓܐܐ. ܘܪ̈ܚܡܐ
14 ܕܐܡܗܬܐ ܕܠܐ ܡܬܦܪܩܢ. ܟܕ ܚܙܝܐ ܠܟܠ ܚܕ ܚܕ ܡܢܗܘܢ

4. ܢܚܫܐ B a–e.

6. ܐܡܗܘܢ] ܐܡܗ̇ B a–e.——ܒܚ̈ܢܝ: c.
ܕܝܠܕܗܘܢ] ܕܝܠܕܬܗܘܢ B a–e.

9. Om. ܐܦ a–e.——ܘܡܬܦܝܣܢܘ́ܬܗܘܢ (arcte script.) A.
ܘܡܬܦܝܣܢܘܬܗܘܢ ab.

10. ܗܘܘ] ܐܝܟ e.——ܐܝܟ. ܡܣܝܒܝܢ (om. ܗܘܘ) ab.

12. ܘܠܗ] A. ܘܠܗ̇ B a–e.

13. ܡܬܦܪܩܝܢ. abc (e*).

15 ܕܡܚܝܢܝܢ ܐܬܒܠܥܘ. ܐܦ ܓܝܪ ܡܢ ܦܪܚܬܐ. ܗܢܝ ܕܒܝܬܝܐ
ܘܒܓܘ ܒܬܐ ܐܝܬ ܠܗܝܢ ܡܛܠܠܐ ܫܐܠܢ. ܡܬܬܥܝܢܐ ܚܠܦ
16 ܦܪ̈ܘܓܝܗܝܢ. ܐܝܟܢܐ ܕܐܦ ܕܒ̈ܪܝܐ ܠܦܘܪܐ ܘܡܥ̈ܫܢܬܐ ܕܩ̈ܢܘܢܐ
ܘܩܘܪ̈ܢܐ ܕܐܬܠܝܐ: ܘܒܪ̈ܝܫܝܗܘܢ ܦܢܝܐ ܚܙܝܐ ܘܥܦܝܐ
17 ܦܪ̈ܘܓܝܗܝܢ. ܠܐܝܠܝܢ ܕܡܬܩܪܒܝܢ ܥܠܝܗܝܢ. ܟܕ ܠܘܬ ܡܢ ܦܘܫܐ ܟܠܝܗܝܢ
ܘܡܬܒܥܝܐ. ܘܛܐܒ ܠܗ ܡܢ ܕܢܚܡܘܢ. ܘܟܕ ܠܗ ܦܘܫܐ
18 ܠܗܘܢ. ܘܡܢܗܝܢ ܕܡܬܩܪܒܐ ܡܢܗܝܢ ܠܒܢܝ̈ܗܝ. ܘܡܢܐ ܡܬܬܒܥܐ
ܕܪܚܡܐ ܕܟܝܢܘܬܐ ܕܠܐ ܡܠܬܐ ܐܝܬ ܠܗܝܢ ܒܢ̈ܝܗܝܢ
19 ܠܡܚܘܝܘ. ܐܝܟܢܐ ܕܐܦ ܕܒ̈ܪܝܬܐ ܒܪܒܝܐ ܕܚ̈ܬܝܬܐ ܦܠܛ̈ܝܢ
ܚܠܦ ܡܬܚܪ̈ܡܢܝܗܝܢ ܥܠ ܗܠܝܢ ܕܢܦܩܝܢ ܕܢܥܒ̈ܕܘܢ ܠܗܝܢ.
ܘܐܝܟ ܕܡܬܢܛܪܐ ܟܕ ܒܡܣܬ̈ܝܗܝܢ ܠܐ ܝܗܒܝܢ ܠܐܝܠܝܢ ܕܡܬܦܪܣܝܢ
20 ܠܒ̈ܢܝܗܝܢ. ܘܡܕܡܐ ܠܡܘܬܐ ܡܬܥܘܩܝܢ. ܐܠܐ ܠܘܬܗ
ܕܐܝܟ ܕܐܒܪܗܡ ܐܬܬܘܬ ܗܘܬ ܕܐܝܬܝܗܘܢ ܕܛܠܝ̈ܐ. ܠܐ
1 XV. ܐܬܝܒ ܣܘܟܠܐ ܕܒ̈ܢܝܐ. ܐܘ ܠܢܦܫܐ ܫܪܝܪܬܐ ܕܥܠ ܫܢܐ
ܕܒ̈ܢܝܐ. ܐܘ ܫܪܪܐ ܕܐܬܘܪܝܬܐ ܥܠ ܐܡܗܐ ܡܢ ܒܢ̈ܝܐ.
2 ܐܡܗܐ ܟܕ ܣܝܡܢ ܗܘܐ ܩܕܡ ܬ̈ܪܬܝܢ ܬܪ̈ܬܝܢ. ܘܢܣܒܬ ܫܪܪܐ.
ܘܫܒܩܬ ܕܚܝܐ ܙܒܢܝܐ. ܕܫܒܥܐ ܒ̈ܢܝܗ ܐܝܟ ܫܘܕܝܗ
3 ܕܦܘܪܩܢܐ. ܓܒܬ ܠܗ ܢܣܒܬ ܫܪܪܐ. ܕܡܚܝܐ ܚܝ̈ܐ ܕܠܥܠܡ
4 ܒܐܠܗܐ. ܐܘ ܐܡܗܬܐ ܐܬܬܐ ܐܠܝܐ ܕܫܒܥܐ ܕܢܣܒܬ
ܒ̈ܢܝܐ. ܕܡܘܬܐ ܓܝܪ ܕܦܪܘܩܐ ܒܫܡܝܐ ܘܚܝ̈ܘܬܐ ܕܬܠܠܝܐ.

15. ܕܒܡܚܝܢܐ] ܡܚܝܢܐ ܕܒܪܝܗ e.——In cod. C. exciderunt folia II
(XIV. 15 ܡܬܠܬܠܘܬܐ——XVIII. 11 ܐܬܩܛܠܘ).

16. ܘܡܥܫܢܝܬܐ B a–e.

19. ܕܒܪ̈ܝܬܐ B a–e.——ܡܬܠܝܩܝ̈ܢ.] lit. ܢܩ in ras. script. B.

XV. 1. ܕܐܬܪܒܝܬ B a–e.

2. ܩܪ̈ܐ] ܩܝܪܐ A.——ܩ̈ܘܫܬܗ] ܩ̈ܫܬܐ B a–e.

4. ܢܩܝܢ in ras. a pr. man. ut vid. script. A.——ܕܦܪ̈ܘܓܐ. B a–e.

XIV. ܐܦܪܝܐ. ܐܝܟܢܐ ܠܒܪ ܕܝܘܡܐ ܥܒܕܐ ܕܐܒܗܘܬܐ
8 ܐܬܬܣܝܡܘܢ ܡܬܒܪܟܝܢ ܥܠ ܢܦܪܬܐ ܕܩܡܘܣܐ. ܗܟܢܐ ܐܦ
ܒܠܫܢܐ ܗܠܝܢ ܒܗ ܕܢܦܩܝܢ ܒܥܒܝܕܘܬܗܘܢ ܡܬܒܪܟܝܢ ܗܘܘ.
9 ܒܗ ܕܡܠܟܐ ܕܒܢܝܐ ܢܦܩܝܢ ܗܘܘ. ܗܟܢܐ ܚܢܢ ܕܡܫܒܚܝܢ
ܐܘܠܨܢܗܘܢ ܕܒܠܫܢܐ ܫܒܚܘܢ ܡܬܦܪܣܝܢ. ܫܒܚܘܢ ܕܝܢ ܠܐ
ܗܘܐ ܒܠܚܘܕ ܕܫܡܝܢ ܗܘܘ ܐܦ ܡܚܙܝܢ. ܘܠܐ ܒܠܚܘܕ
ܕܫܡܥܝܢ ܗܘܘ ܡܠܬܐ ܕܠܘܚܡܐ ܡܢ ܥܠܝ. ܐܠܐ ܐܦ ܒܗ
ܫܡܥܝܢ ܗܘܘ: ܚܙܝܢ ܗܘܘ. ܘܗܠܝܢ ܠܡܐܬܝܐ ܫܪܝܐ ܕܒܘܪܟ
10 ܕܡܫܝܚܘܢ ܡܢܗܘܢ ܕܡܫܐ ܠܗ. ܒܪܫܝܬ ܗܘܐ ܕܝܢ ܘܡܠܟ
11 ܫܠܝܛ ܕܒܘܪܟ. ܒܟܠ ܥܕܢܐ ܗܘܬ ܠܡܬܪܚܡܢܘܬܗܘܢ: ܘܠܐ
ܬܫܒܚܬܗܘܢ ܕܒܘܪܟܬܐ ܗܘ: ܐܢ ܗܘ ܕܪܚܡܝܢܗܘܢ ܫܒܚܝܢ
ܕܒܪܝܐ ܫܒܚܘܢ ܒܟܘ ܥܕܢܐ: ܐܝܟܢܐ ܕܐܦ ܠܒܢ ܕܐܬܬܐ
12 ܗܕܪ ܥܠ ܥܠܡܐ ܕܒܢܝܢ ܡܢ ܗܠܝܢ ܐܡܝܢ. ܐܝܟܢܐ ܠܒܪ
ܕܥܒܕܐ ܒܠܫܢܐ ܗܠܝܢ. ܡܫܒܚܝܢ ܒܠܒܗ ܥܕܢܐ. ܕܥܠ ܟܠ
13 ܚܕ ܚܕ ܡܢܗܘܢ ܒܠܡ ܗܘܘ. ܐܬܒܚܢܘ ܠܒܪ ܡܢܐ ܦܠܓܐܝܢ
ܒܡܪܟܢ ܥܒܕܗܘܢ ܕܫܘܒܚܐ ܕܠܗ ܒܢܝܐ. ܢܟܪ ܠܒܪ ܒܥܠܡܝܢ
14 ܕܢܒܠܘܢ ܙܒܢܐ. ܐܝܟ ܕܐܦ ܫܘܠܚܬܐ ܕܠܐ ܡܠܬܐ.
ܐܣܬܪܬ ܫܘܒܚܐ ܕܠܒܢܝܢܫܐ ܕܒܢܝܐ: ܦܝܫ ܠܗ ܗܠܝܢ

7. ܕܪ̈ܘܚܐ] ܡܫܒܚܐ C.—ܢܦܪܬܐ C.

8. ܒܥܒܝܕܘܬܗ a.

9. ܘܐܘܠܨܢܗܘܢ A.—ܫܒܚܘܢ ܕܒܠܫܢܐ] ܕܡܠܟܐ ܘܗܠܝܢ C.
ܘܗܠܝܢ ܕܝܢ] ܫܒܚܘܢ ܕܝܢ a–e (B**).—ܘܠܐ] ܗܘܐ ܠܐ C.
ܡܚܙܝܢ C.

11. ܗܘ A.—ܕܪܚܡܝܢܗܘܢ ܫܒܚܘܢ A. ܫܒܚܘܢ C.
ܕܒܪܝ ܗܠܝܢ ܒܟܘܠ A.

13. ܒܥܒܕܗܘܢ] ܥܒܕܗܘܢ a–e.—ܢܟܪ C.

14. ܕܠܒܢܝܢܫܐ] lit. ܕܠܒ in ras. (pr. ut vid. script. 'ܕܠܒܢ) A.
ܕܒܢܝܐ] ܕܒܢܝ A.

24 ܬܬܐܪܬ ܠܫܐܕܐ ܕܡܣܟܟܝܢ ܗܘܘ. ܠܒܝܫܐ ܕܝܢ ܕܡܫܬܪܝܬܐ
ܕܒܠܒܗܘܢ ܐܝܬ ܗܘܐ. ܬܬܐܪܬ ܠܣܘܟܠܗܘܢ ܘܠܐܣܘܬܗܘܢ
25 ܐܬܐܣܝ. ܡܢ ܕܫܠܛܐ ܐܠܗܐ ܕܝܢ. ܐܦ ܗܘ ܗܢܐ ܠܒܝܫܐ
26 ܠܐܣܘܬܗܘܢ ܟܠܗܘܢ ܙܘܪܚܐܝܬ ܡܪܝܡ ܗܘܐ. ܐܠܐ
ܘܟܕ ܠܒ ܐܦ ܚܢܐ ܘܚܙܐ ܘܕܝܢܐ ܕܐܘܟܪ̈ܢܐ ܡܢܬܐ
ܫܘܒܚܐ ܕܐܣܘܬܗܘܢ ܡܫܡܫ ܗܘܐ. ܦܓܠ ܟܠܗܘܢ
ܒܟܠ ܥܕܢܐ: ܗܠܝܢ ܕܡܫܬܚܪܝܢ ܕܢܣܒܘܢ ܠܐܣܝܘܬܗܘܢ
1 XIV. ܕܣܓܝܐܐ ܡܬܐܠܨܝܢ. ܘܠܐ ܗܘܐ ܟܠܢܫ ܗܕܐ. ܐܠܐ ܐܦ
ܡܬܪܥܝܢ ܗܘܘ ܠܗܘܢ ܠܡܬܠ ܢܦܫܗܘܢ ܠܐܘܠܨܢܐ. ܐܝܟܢܐ
ܕܠܐ ܗܘܐ ܟܠܢܫ ܥܠ ܐܘܠܨܢܐ ܢܬܦܢܘܢ. ܐܠܐ ܐܦ
2 ܠܣܓܝܐܐ ܕܢܛܪܬ ܐܣܝܘܬܐ ܢܦܩܘܢ. [ܗܢܐ] ܐܘ ܣܓܝܐܐ
ܕܐܬܝܢ ܡܢ ܐܬܪ̈ܘܬܐ ܟܠܗܝܢ. ܘܡܢ ܚܐܪܐ ܚܐܪܝܢ ܗܘܘ.
3 ܐܘ ܠܐܣܝܘܬܐ ܕܪܘܒܒܐ ܕܥܠܡܐ ܕܛܠܠܝܐ ܥܒܕܐ ܕܟܠ
4 ܐܦ ܥܕܢܐ. ܘܠܐ ܚܕ ܡܢ ܥܒܕܐ ܛܠܠܝܢ ܩܒܠܘ. ܘܠܐ ܡܢ
5 ܡܢܬܐ ܕܒܠܘ. ܐܠܐ ܐܝܟ ܗܘ ܕܠܐܘܪܚܐ ܕܠܐ ܡܫܘܬܬܐ
ܢܦܠܝܢ ܗܘܘ. ܒܗܠܝܢ ܠܡܘܬܐ ܕܟܢ ܥܕܐ ܐܫܬܪܗܒܘ.
6 ܐܝܟܢܐ ܕܝܢ ܕܐܬܕܢܐ ܘܛܠܠܐ ܥܒܝܬܐ ܟܢ ܘܗܒܐ ܕܢܦܫܐ
ܡܬܝܬܐ. ܗܟܢܐ ܐܦ ܛܠܠܐ ܗܢܘܢ ܘܗܒܐ. ܐܝܟ ܕܡܢ
ܢܦܫܐ ܠܗ ܡܫܬܬܐ ܡܢ ܕܫܠܛܐ ܐܠܗܐ. ܟܠ ܡܘܬܐ
7 ܕܫܠܛܢ ܠܫܐܕܐ ܥܠܝܗܘܢ. ܐܘ ܥܒܕܐ ܡܕܫܬܐ ܕܐܚܝܐ

23. ܡܣܟܟܝܢ] ܡܣܟܟܝܢ ab.

24. ܠܐܣܘܬܗܘܢ] C.

25. Om. ܕܝܢ. B a–e.—ܡܫܬܒܫ ܗܘܐ ܙܘܪܚܐܝܬ B a–e.
Om. ܙܘܪܚܐܝܬ C.

26. ܘܡܢ] ܡܢ B a–e.—Om. ܡܢܬܐ C.

XIV. 2. ܚܐܪܐ] ܚܐܪܝܢ B a–e.

4. ܛܠܠܝܢ] AC. ܛܠܠܝ B a–e.

6. ܟܢ] ܟܠܗ BC a–e.

16 XIII. ܫܢܝܐ: ܕܐܝܬ ܠܪܚܝܩܐ ܕܕܢܠ ܡܢ ܐܠܗܐ. ܗܢ ܓܝܪ ܗܘܒܐ
ܢܡܘܬ. ܐܒܪܗܡ ܘܐܝܣܚܩ ܘܝܥܩܘܒ ܢܩܒܠܘܢܢ. ܘܟܠܗܘܢ
17 ܐܒܗ̈ܝܢ ܢܫܒܚܘܢܢ. ܘܠܟܠ ܚܕ ܚܕ ܡܢܗܘܢ ܕܡܬܢܬܦ ܗܘܐ
ܡܢ ܐܚܘܗܝ. ܐܡܪܝܢ ܗܘܘ ܠܗ ܗܠܝܢ ܕܡܫܬܚܪܝܢ: ܠܐ
18 ܬܒܗܬܢ ܐܚܘܢ: ܠܐ ܬܬܕܓܠ ܒܐܚ̈ܝܢ ܗܠܝܢ ܕܐܙܠܘ. ܠܐ
ܕܝܢ ܒܚܫܐ ܡܛܝܒܘܢ ܙܒܢܬܐ ܕܚܝܠܐ ܕܐܚܘܬܐ. ܗܘ
ܕܒܛܝܠܘܬܐ ܐܠܗܝܬܐ. ܕܟܠ ܚܟܝܡܐ. ܒܝܕ ܐܒܗ̈ܬܐ
ܠܗܘܢ ܕܡܬܝܠܕܝܢ ܦܠܓܬ. ܘܒܝܕ ܟܪܣ ܐܡܗܐ ܒܗܘܢ
19 ܢܨܒܬ. ܕܒܗ ܕܒ̈ܢܝܐ ܫܩܝܐ ܐܢܫܐ ܒܓܒܪܘ. ܘܒܗ ܗܢ ܒܗ
ܐܬܓܒܠܘ. ܘܡܢܗ ܗܢ ܡܢܗ ܕܕܡܐ ܪܒܘ. ܘܡܢܗ ܬܘܒ
20 ܕܢܦܫܐ ܚܘܒܐ ܘܐܬܪܒܝܘ ܠܡܫܟܠܠܘܬܐ. ܘܒܪܘܝܐ ܥ̈ܘܠܐ
ܐܬܝܠܕܘ. ܘܡܢܗܘܢ ܗܢ ܡܢܗܘܢ ܕܡ̈ܢܝܢܐ ܕܢܠܝܐ ܐܬܪܒܝܘ.
ܘܒܗܘܢ ܒܢܡ̈ܘܣܐ ܐܬܕܠܩܘ: ܘܡܢ ܗܠܝܢ ܚܘܒܐ ܕܫܪ̈ܪܐ
21 ܒܢܦܫܬܗܘܢ ܗܘܐ. ܘܒܕܝܐܝܬ ܢܦܫ: ܡܛܠ ܚܕ ܚܕ ܒܢܝܢܐ
ܕܬܪܒܝܬܐ: ܘܡܛܠ ܕܟܠ ܚܕ ܕܥܡ ܫܪܪܐ. ܘܒܡܪܕܘܬܐ
22 ܕܫܦܝܪܐ ܘܒܡܘܪ̈ܒܐ ܕܒܠ ܕܒܢܡܘܣܐ ܐܠܗܝܐ. ܗܢ ܗܒܠ
ܗܘܒܐ ܐܬܬܘܒ ܚܒܝܒܘܬ ܕܒܪܬܐ ܕܐܚܐ. ܗܠܝܢ ܥܒܕܐ
23 ܐܚ̈ܝܢ ܛܘܒܬܐ ܒܢܦܫܐ ܕܫܪܪܐ ܐܚܝܕܝܢ ܗܘܘ. ܡܛܠ
ܓܝܪ ܕܒܗ ܒܢܡܘܣܐ ܐܬܕܪܫܘ. ܘܒܗ ܗܢ ܒܗ ܒܡܬܕܪܫܢܘܬܐ
ܐܬܠܡܕܘ. ܘܒܢܝܐ ܕܙܕܝܩܘܬܐ ܒܗ ܫܪܪܐ ܐܬܪܒܝܘ.

17. ܗܠܝܢ] BC a–e. ܗܢܘܢ A.—ܒܐܚ̈ܝܢ ab.

19. ܓܒܪܘ.] Codd. omnes. sed reponend. videtur ܥܒܪܘ. = κατοικήσαν-τες.—Om. ܕܕܡܐ C.

20. ܚܘܒܐ] ܦܪܝܫܐ ܚܘܒܐ C.

21. ܚܕ] ܕܚܕ C.—ܒܢ̈ܝܢܐ] A. ܒܢ̈ܝܢܐ BC a–e.—ܕܦܘܪ̈ܫܐ a. ܕܦܘܪܫܐ bde.—Om. ܕܝܠܗ BC a–e.
ܕܒܢܝܡܘܬܐ] ܕܢܝܡܘܬܐ B a–e.

22. ܐܢ̈ܬܐ ܡܩܕ̈ܡܐ ܗܠܝܢ B a–e.—ܠܠܝܐ ܠܝܠܝܐ ܕܢܬܪܐ ܒܣܘܡܐ C.

ܘܒܗܬܐ ܕܥܠ ܫܡܝܐ ܒܒܘܢܝܐ. ܫܘܥ ܕܝܢ ܥܒ̈ܕܐ ܕܢܘܪܐ
6 ܠܐ ܐܫܬܐܠܘ. ܐܝܟܢܐ ܓܝܪ ܕܫ̈ܒܝܠܬܐ ܕܒܒܢܝܢ ܐܝܟ
ܡܛܪܐ ܘܛܠ ܠܡܫܪܝܐ: ܠܠܘܫܡܐ ܕ̈ܫܒܠܠܐ ܡܫܒܠܝܢ:
ܘܢܗܡܝܢ ܠܗܠܝܢ ܕܝܢ ܡܢܗܪܬܐ ܐܬܝܢ: ܕܠܠܡܫܪܝܐ ܚܝܐ
7 ܢܥܒܕܘܢ. ܗܟܢܐ ܐܦ ܚܟܡܬܐ ܕܥܒܕ̈ܝܗ ܕ̈ܫܒܠܬܐ ܕܠܒܢ̈ܝܐ
ܗܠܝܢ: ܠܠܡܫܪܝܐ ܕܕܒܝܩܐ ܐܠܗܐ: ܐܝܟ ܕܠܗܘ ܡܢ ܫܡܝܐ
8 ܢܚܬܬ. ܘܠܥܡܐ ܕܝܢ ܥܒ̈ܕܐ ܘܓܒܬ. ܠܡܕܐ ܓܝܪ ܘܗܘܬܐ
ܕܕܒܝܩܐ ܐܠܗܐ ܐܡܝܢܘ. ܘܠܚ̈ܕܕܐ ܝܗܒܘ ܒܗ ܐܚܪܢ.
9 ܐܫܬܐܢܝܬ ܢܒܘܥ ܡ̈ܝܐ ܥܠ ܐܦ̈ܝ ܢܒܘܥܐ. ܕܬܕܒܪܐ
ܒܬܠܬܐ ܬ̈ܠܠܝܐ ܕܒܐܬܘܪ. ܫܘܥ ܕܝܢ ܕܥܠ ܢܘܪܐ ܐܡܝܢܘ.
10, 11 ܠܐ ܢܦܠ ܡܢ ܕܠܡܫܘܚܘ ܒܪܝ. ܘܗܘܝܐ ܐܬܠܒܒܘ ܐܢ̈ܫ
12 ܐܚܪ̈ܢ ܗܘܐ. ܗܘܝܐ ܕܝܢ ܣܠܝܩܐܝܬ ܢܗܒܪ. ܐܢܫܝܐ ܕܝܢ ܒܗ
ܡܬܒܗܪ ܐܚܪ̈ܢ ܗܘܐ. ܐܬܕܒܪܘ ܡܢ ܐܝܟܢܐ ܐܬܚܒܒܘܢ
13 ܘܡܢ ܐܝܕܐ ܕܐܢܫܐ ܐܟܢܐ ܗܒܪ ܐܢܫܘܗ ܕܢܛܘܪܬܗ. ܚܕ
ܚܕ ܚܕ ܡܢܗܘܢ ܕܝܢ ܐܚܪܢܐ. ܒܗ ܙܒܢܝܢ ܘܠܒܢܝܢ ܐܚܪ̈ܢܝܢ
ܗܘܘ. ܕܠܐܠܗܐ ܢܦܩ ܢܬܒܠ ܡܢ ܟܠܗ ܠܒܢ. ܠܗܘ ܕܢܦܫ
14 ܢܦܫܬܐ. ܘܬܠ ܡܛܠ ܢܛܘܪܬܗ ܕܢܒܘܥܐ ܒܒܝܬܢ. ܠܐ
15 ܢܕܥܠ ܡܢ ܦܡ ܕܡܫܬܒܪ ܕܦܠܠ. ܡܢܕܝܘܢ ܓܝܪ ܙܒܢܐ
ܕܢܦܫܐ ܗܘ. ܕܒܘܢܝܐ ܕܠܟܠܢ ܗܒܪ. ܒܠ ܫܘܥ ܕܟܢ̈ܝܢ
ܒܠ ܦܘ̈ܩܕܢܘܗܝ ܕܐܠܗܐ. ܢܕܝܢ ܗܒܠ ܒܡܫܠܡܢܘܬܐ ܕܒܠ

6. ܕܫ̈ܒܝܠܬܐ] ܕܫܒܝܠܬܐ BC a–e.

9. ܢܘܪܐ] ܢܗܪ̈ܐ A.

11. ܢܦ̈ܫܟܘ. C.

12. ܗܘܐ ܐܢܫܐ. ܕܐܢܫܐ B a–e.

13. ܕܝܢ ܡܢܗܘܢ] ܡܢܗܘܢ ܕܝܢ B a–e.—ܕܢܗܘܒ C.
ܢܛܘܪܬܗ] A. ܢܛܘܪܬܗ B a–e. ܢܛܘܪܬܐ C.

14. ܦܡ ܦܡ] ܦܡ a–e.

15. ܗܘ] ܗܝ (in ras.) ab.

XII. ܕܐܦܠܛܘܢܝܩܐ ܗܘܘ ܡܢ ܗܠܝܢ ܕܐܟ ܐܢܬ. ܕܬܬܦܫܩ
ܠܬܪܝܗܘܢ. ܘܐܝܟܢܐ ܗܘܝܐ ܬܬܝܕܥ ܘܬܘܕܥ ܐܢܘܢ.
14, 15 ܐܠܐ ܗܢܘܢ ܕܫܠܬܐ ܕܐܠܗܐ ܥܒܕܝܢ. ܐܢܬ ܕܝܢ ܒܡܬܚܫܒܬܐ
ܒܥܝܬܐ ܬܗܘܐ. ܕܠܐܬܬܠܝܗܘܢ. ܕܥܒܪܐ ܕܠܐ ܒܠܐ
16 ܡܠܠܬ. ܐܦ ܐܢܐ ܕܝܢ ܕܚܙܝܬ ܐܝܟܢܐ ܕܐܬܚܫܒܬ ܐܡܪ ܐܝܟܢܐ
17, 18 ܠܝ. ܕܠܐ ܚܙܘ ܐܝܟܢܐ ܡܢ ܠܣܘܥܪܢܘܬܐ ܕܐܢܫ. ܦܪܐ
19 ܐܝܟܢܐ ܕܝܢ ܠܐܠܗܐ ܕܐܟܣܝ ܕܢܬܪܥܐ ܠܚܡ. ܠܝ ܕܝܢ ܐܦ
20 ܒܠܒܢܐ ܗܢܐ ܐܦ ܒܬܪ ܡܬܘܟ ܢܦܫܝ.. ܟܕ ܕܝܢ ܝܠܕ
ܕܢܬܬܝܡ ܗܠܝܢ ܟܠ ܦܬܘܓܡܐ. ܟܕܐ ܢܦܫܗ ܟܠ ܦܬܓܡܐ.
1 XIII. ܘܗܟܢܐ ܪܘܫܗ ܐܒܠܡ.— ܐܢ ܗܘ ܗܟܝܠ ܕܟܕܒܐ
ܠܫܥܐ ܕܡܘܬܐ: ܥܒܕܐ ܦܠܓܘܬܐ ܚܣܝܪ. ܡܢ ܟܘܠ ܕܗܘܝ
2 ܡܕܡܢ. ܕܡܥܠܦ ܗܘ ܙܒܢܐ ܟܠ ܫܢܐ. ܐܡܢܐ ܐܢܐ ܚܙ
ܕܐܠܘ ܐܫܬܒܩܘ ܠܫܥܐ: ܘܐܟܠܘ ܕܡܫܝܚ. ܐܡܪܝܢ ܗܘܝܢ
3 ܕܐܙܕܩܘ ܠܫܘܐ ܗܠܝܢ. ܗܫܐ ܕܝܢ ܕܠܐ ܗܘܐ ܗܟܢܐ.
4 ܐܠܐ ܒܪܢܫܐ ܕܒܠ ܐܠܗܐ ܡܡܠܠ ܘܓܒ ܠܒܥܕܒ. ܠܗܘ
ܠܡܚܡܣܘ ܒܠ ܐܘܣܝܐ ܕܪܒܢܐ. ܣܦܝܩܘ ܚܙ ܠܫܥܐ
5 ܘܠܒܢܝܒܐ. ܐܢܚܢܐ ܗܟܝܠ ܠܐ ܢܕܥܐ ܕܗܘܬ ܠܗܘܢ

14. ܗܘܢ AB a–e. ܗܘܢ C.

15. ܒܡܐܬܚܫܒܬܐ] ܒܡܬܚܫܒܬܐ BC a–e.—ܕܠܐ] ܕܠܐ BC a–e.

16. Om. ܕܝܢ B a–e.

17. ܠܣܘܥܪܢܘܬܐ a–e. (B**).

19. ܠܚܡ ܐܦ] ܠܚܡ ܗܘܐ A.

XIII. 1. ܐܚܣܝܪ.] ܐܚܣܝܪ. C.

ܟܕܒܐ infra lin. a pr. man. B. ܗܘ ܟܠ ܫܥܐ ܟܕܒܐ. C.

2. ܐܢܐ] ܐܢܬܐ BC a–e.—ܗܘܝܢ] ܗܘܘ A.

4. ܠܡܚܡܣܘ] ܠܡܚܡܣܘܢ A.—ܒܠ ܐܘܣܝܐ. ܠܫܥܐ A.

4 ܦܪ̈ܨܘܗ̇. ܘܐܡܪ ܠܗ̇. ܫܠܡܐ ܕܢܦܫܟ ܣܦܪܬ ܐܚܪܢܐ
ܕܐܫܬܝܟ. ܗܐ ܫܢܐ ܐܝܬ. ܡܛܠ ܕܢܪ ܠܐ ܡܬܦܠܣܦܘܬܗܘܢ
ܡܣܡܟ ܟܢܫܐ ܡܓܠܐ ܘܡܚܝܬܐ. ܐܦ ܐܝܬ ܐܢܫܘ ܕܠܐ
ܬܬܦܠܣܦܘܢ ܐܘ ܕܗܘܝܐ ܠܐܪ̈ܥܠܝܐ ܚܫܠ ܐܝܬ. ܘܡܛܘܠܗܘܢ
5 ܬܗܘܐ ܐܝܬ ܡܕܡ ܙܒܢܐ. ܐܠܐ ܕܝܢ ܬܬܦܠܣܦܘܢ ܙܒܢܐ ܠܟ
6 ܬܗܘܐ. ܘܟܠ ܝܘܡܬܐ ܒܫܠܡܘܬܐ ܬܫܬܠܛ. ܘܒܗ ܗܟܢܐ
ܡܢܗ ܚܟܡܐ ܗܘܐ. ܠܐܡܗܘܢ ܕܛܠܝܐ ܥܕܪ ܐܢܬܝ. ܕܒܗ
ܫܟܢܐ ܟܠ ܢܦܫܗ: ܕܡܢ ܟܠܗܘܢ ܗܠܝܢ ܬܩܢܐ ܐܬܬܟܝܢܬ:
7 ܬܬܟܪܟܘܗ ܠܗܘ ܕܐܫܬܘܕܝ ܕܠܬܦܠܣܦ ܘܚܣܐ. ܗܘ ܕܝܢ ܒܗ
ܐܡܗܘ ܒܠܥܝܐ ܒܢܘܫܐ ܒܪܟܬܗ: ܐܝܟ ܡܢܐ ܕܟܬܪ
8 ܘܠܠ ܒܬܕܝܢ ܠܡܐܡܪ. ܒܢܐ ܘܐܡܪ ܠܫܠܝܐ ܘܠܟܠܗܘܢ
9 ܕܫܡܥܘܗܝ ܕܒܝܬܗ. ܕܥܪܘܩܝܢ. ܗܢܘܢ ܕܝܢ ܒܒܥܝܢܘ
10 ܬܬܪܐܝܬ ܡܛܠ ܥܒܕܘܗܝ ܕܛܠܝܐ. ܒܥܠ ܠܗ ܥܢܘ. ܗܘ
ܕܝܢ ܪܗܛ ܥܠ ܒܝܬ ܚܕ ܡܢ ܬܠܡܝܕܐ ܕܠܗ ܡܢܚܡܝܢ ܗܘܘ
11 ܘܐܡܪ. ܐܘ ܛܘܒܢܐ ܪܥܝܐ ܕܡܢ ܟܠ ܬܥܝܢ ܪܥܝ.
ܠܐ ܬܬܟܫܪ: ܕܢܦܫܟ ܡܢ ܐܠܗܐ ܛܠܝܬܐ ܘܫܠܡܘܬܐ:
12 ܕܠܒܫܝܗܘܢ ܬܢܚܡ ܘܬܫܬܪܝܢ ܒܐܬܘܠܝܐ ܕܥܪܒܐ. ܟܠ ܗܠܝܢ
ܕܝܗܒ ܕܐܠܗܐ ܢܛܪ ܠܟ. ܠܡܪܐ ܕܒܝܬܐ ܡܢ ܗܕܐ
13 ܘܡܘܕܐ. ܠܟܠܗ. ܘܥܒ̈ܕܐ ܠܟ ܠܐ ܢܦܩܘܢ ܠܟܠܗ. ܠܐ
ܢܗܘܐ ܐܝܬ ܕܟܕ ܐܢܬܝܢ ܐܦ ܐܝܬ ܟܢܫܐ. ܐܝܟ ܣܡܘܬܐ
ܠܥܝܢܐ ܫܒ̈ܩܐ ܕܐܚܘܬܟ. ܕܡܟܣܝܢ ܗܘܘ ܒܗ ܡܟܣܝܢ

4. ܘܡܠܟܬܐ a–e.—ܣܦܪܬܐ a–d.

5. Om. ܕܝܢ B a–e.—ܕܡܬܠܟܘܬܐ B a–e.

9. ܒܥܝܢܘ] ܒ supra lin. a pr. man. B. ܒ ܕܝ' a–e.

10. ܥܠܝܗ, sed ex ras. ܥܠܗ A.

11. ܐܬܒܥܐ A.

12. ܕܠܒܫܝܗ] ܕܠܗ BC a–e.—ܕܝܗܒܗ] ܕܝܗܒ A.—ܡܘܪܐ e.

13. ܣܬܘܪܬܐ A.

XI. ܘܟܣܝܗ ܡܢܘܬܝ ܗܘܘ ܠܗ. ܘܐ̈ܠܗܘܗܝ ܦܩܕܝܢ ܗܘܘ.
20 ܘܡܫ̈ܡܫܝܢ ܠܗܘܢ ܡܬܩܕܡܝܢ ܗܘܘ. ܗܘ ܕܝܢ ܟܕ ܐܬܚܘܝܘܗܝ ܗܘܐ
ܒܐܘܠܨܢܐ ܗܢܝܢ. ܐܘ ܠܐܠܗܘܬܐ ܗܢܐ ܥܒܕܝܢܐ ܐܚܪ̈ܢ
ܗܘܐ. ܕܠܗ ܡܛܠ ܥܙܝܙܐ ܒܡܘܪܝܢܐ ܕܒܥ̈ܒܕܐ ܗܠܝܢ ܒܗܠܝܢ
21 ܐܢ̈ܫܐ ܐܬܦܢܝܘ ܘܠܐ ܐܙܕܗܪܘ. ܠܐ ܡܬܕܟܪܢܐ ܗܘ ܠܒܪ ܐܘ
ܠܦܘܠܝܒ. ܐܝܢܐ ܕܐܬܬܘܗܝ ܒܡܬܕܪܘܬܐ ܕܡܠܟܘܬܐ ܕܐܪܥܐ.
22 ܘܡܢܗܘܢ ܒܢܘܫܒܬ ܥܡܘ̈ܪܬܐ. ܫܪܝܬ ܐܝܟܐ ܐܦ ܐܢܐ ܒܗ
23 ܐܫܝ. ܟܕ ܚܙܝܬ ܐܝܟܐ ܐܦ ܐܢܐ ܚܠܝܢ ܫܘܒܚܐ ܪܒܐ:
ܐܘ ܥܐܕܐ ܫ̈ܒܠܐ: ܘܡܥܡܘܕܝܬܐ ܕܥ̈ܕܬܐ ܫ̈ܪܬܐ. ܘܒܠܒܒܐ
24 ܕܦ̈ܠܓܘܬܐ ܥܙܝܙܐ. ܥܠܬܐ ܚ̈ܠܝܡܝܢ ܠܦܘܪܢܘܬܟ ܦܬܪ.
25 ܕܠܐ ܠܒܪ ܐܥܒܝܬ ܕܬܟܒܫ ܠܪܚܝܢ. ܠܐ ܗܘܐ ܕܡܘܒܒܝܢ
26 ܗܘ ܗܕܐ. ܢܦܪܢ ܠܝ ܡܘܬܪܐ ܗܘ. ܘܕܠܐ ܟܐܒ ܐܬܬܘܗܝ
27 ܦܬ̈ܓܡܝ. ܘܕܠܐ ܚܠܦ ܡܦܩܬ̈ܝ. ܠܐ ܗܘܐ ܠܒܪ ܐܫ̈ܬܝ
ܙ̈ܘܥܝܐ ܕܦܘܪܢܘܬܐ. ܐܠܐ ܐܫ̈ܬܝ ܙ̈ܘܥܝܐ ܕܢܦܫܐ
ܐܠܗܝܐ ܚܙܝܬ ܠܝ. ܘܟܠ ܗܕܐ ܪܒܝܢܐ ܠܐ ܡܬܕܟܪܢܐ
XII. 1 ܐܝܬ ܠܝ ܀ [ܠܝ] ܟܕ ܕܝܢ ܐܦ ܗܢܐ ܠܦܘܠܝܛܝܐܝܬ ܡܢܗ:
ܡܢ ܟܬܒܐ ܕܢܒܠ ܒܡܕܡ̈ܝ. ܗܘ ܕܐܡܒܠܐ ܐܘܪܚܐ ܗܘܐ. ܕܡܢ
2 ܒܗܠܝܢ ܡܠܝܐ ܗܘܐ. ܟܠܗܘܢ ܟܠ ܗܢܐ ܠܦܘܠܝܒ ܐܝܟ
ܕܟܘܫܦܢܐ ܚܙܝܬ ܠܗ. ܟܕ ܠܟ ܡܥܢܝܬ ܐܙܓܪ̈ܐ ܡܢ
3 ܐܫܘܗܝ. ܘܟܕ ܣܝܡܝܢ ܕܡܟܠ ܒܐܘܪܝܐ ܐܬܬܐܘܪ. ܥܕܪ
ܚܬܪܗ. ܘܡܢ ܕܘܟܬܐ ܕܒܗ ܦܐܡ ܗܘܐ ܡܬܪܢܝܐ ܠܬܗܘ

19. Ante ܦܩܕܝܢ in marg. charact. min. a pr. man. script. ܓ/ܐ A.

20. ܗܘܐ ܐܬܚܘܝܘܗܝ] ܐܬܚܘܝܘܗܝ B a-e.——ܗܢܐ ܠܐܠܗܘܬܐ] ܗܢܐ supra lin. sed a pr. man. A.

21. Om. ܠܒܪ B a-e.——ܒܡܬܕܪܘܬܐ (sed nunc eras. pr. ܘ) A.

23. ܦܙܝܪܐ. AB.

XII. 1. ܘܡܢ ܐܦ ܗܢܐ B a-e.——ܠܦܘܠܝܛܝܐܝܬ B a-e.

2. ܐܙܓܪ A. ܠܐܙܓܒܪ ab.

ܗܕܐ ܠܐܣܬܝܪ. ܘܠܐ ܗܘܐ ܠܥܝ̈ܢܘܗܝ ܫܘܝܐ ܗܘܬ.
9 ܟܕ ܕܝܢ ܡܬܟܠܠ ܗܘܐ ܗܝܓܝ ܐܫܪܗ̇ ܦܠܛ̈ܝܗ̇ ܘܠܘܬ ܡܫܚܐ
10 ܐܝܬܝܗܝ. ܘܟܠܗܝ ܟܠ ܡܘ̈ܒܗܝ ܡܢܬܗܝ. ܘܐܟܠܘ
ܦܬ̈ܓܡܐ ܒܡܘ̈ܒܗܝ. ܘܠܢܝ̈ܫܗܝ ܟܠ ܐܦ̈ܝܐ ܒܥܘ.
ܘܟܠܗܝ ܟܠ ܡܫܚܐ ܗܝܟ. ܒܗܠܝܢ ܡܢ ܡܕܠܗ ܡܬܒܥܐ
ܗܘܐ ܒܕܡܘܬ ܒܡܢܝܢܐ. ܘܡܬܦܪܫܝܢ ܗܘܘ ܡܕ̈ܡܘܗܝ.
11 ܟܕ ܕܝܢ ܢܘܩܦ ܒܘܠܐ ܗܘܠܐ ܕܥܕ̈ܝܐ ܡܬܐܠܦܐ ܗܘܬ.
12 ܘܦܓܪܗ ܡܬܚܡܠܐ ܗܘܐ ܠܡܬܦܩܕܘ ܐܝܟ. ܠܝܘ̈ܡܬܐ
ܥܣ̈ܪܬܐ ܟܕ ܠܐ ܢܟܠܐ ܐܝܬ ܢܗܘܐ ܐܝܬ ܠܗ ܐܘ ܠܝܘܡܐ.
ܕܟܝܢ ܒܬ̈ܘܠܐ ܩܢܝܐ ܚܡܕ ܐܝܬ ܠܗ ܠܡܣܟܢܘ ܣܘܡܟܢܝܢ ܕܡܛܠ
13 ܢܡܘܣܐ. ܟܕ ܕܝܢ ܡܛܬ ܐܦ ܗܝܕܐ. ܠܡܠܟܐ ܗܘ ܕܥܬܐ
ܥܠܬܗ ܡܢܝܬܝܢ ܗܘܘ. ܟܕ ܕܝܢ ܡܥܐܠ ܠܗ ܠܝܘܡܐ: ܕܐܝܟ
ܗܘ ܕܢܦܩܐ ܕܢܐܟܘܠ ܘܢܬܬܒܝܢ. ܚܕܐ ܗܘ ܘܐܡܪ ܠܗ.
14 ܐܝܟ ܒܪ̈ܚܡܐ ܡܢ ܐܚܝ ܦܠܓܐ ܐܝܟܢ. ܒܥܕܢܐ ܕܝܢ ܣܠܩܬܐ
15 ܒܪ ܚܢܘ̈ܗܝ ܐܝܟܢ. ܘܒܗܝܢ ܟܕ ܒܗܝܢ ܗܘܠ ܒܬܪ̈ܡܘܬܐ
ܐܬܬܠܕܝ ܘܒܗܝܢ ܐܬܪ̈ܘܢ. ܡܬܠܬܗܝܢ ܕܠܗܝܢ ܐܦ ܕܢܚܡܬ
16 ܙܢܗ ܠܝ ܢܘܐܝܬ. ܐܝܟ ܗܘܠ ܡܬܒܝܐ ܡܕܡܝܢ ܕܬܫܬܢ
17 ܟܢ: ܐܝܟ ܗܘ ܕܠܐ ܐܬܟܠ ܕܡܫܚܒ ܐܫܬܢ. ܟܕ ܕܝܢ
18 ܐܡܪ ܗܠܝܢ. ܐܬܬܝܗܝ ܟܠ ܒܝܠܐ. ܘܟܕ ܟܠܗ̇ ܡܬܝܢ
ܗܘܐ. ܗܕ̈ܢܝܗܝ ܘܣܡܡ̈ܘܗܝ ܡܬܦܪܫܝܢ ܗ̈ܘܘ. ܡܫܬܪܝܐ
19 ܕܝܢ ܬܘܬܒܘܗܝ ܢܘܪܐ. ܘܦ̈ܘܕܐ ܣ̈ܪܩܐ ܡܣܝܡܝܢ ܗܘܘ.

10. Om. ܘܟܠܗܘܢ ܟܠ ܡܘ'...ܒܥܘ. A.

12. ܠܝܘܡܬܐ ܥܣܪܬܐ B a–e.—Om. ܠܗ B a–e.

13. ܕܐܦܠܐ B a–d.

15. ܐܬܪܘܢ e.

17. ܗܢܝܢ ܐܠܝܗܘܢ A.

18. ܗܘ̈ܢ] ܗܘܘ B a–e.

X. 16 ܐܢܐ ܒܐܘܣܝܘܬܐ ܦܐܝܘܬܐ ܕܐܚܝ. ܟܕ ܗܘܠ ܒܪ̈ܝܟܘܬܟ ܐܘ
ܦܪܘܢܝܐ ܚ̈ܝܕܐ ܡܬ̈ܚܬܐ. ܕܐܦ ܒܗܘܢ ܬܐܠܠ ܕܐܘܣܝܗܘܢ
17 ܐܢܐ ܕܫܘܢܗ ܕܦܘܪܩܢܗ ܥܒ̈ܕܝܟ. ܟܕ ܕܝܢ ܥܒܕ ܗܠܝܢ ܗܘ̣
ܠܥܠ ܕܡܢܐ ܘܡܝܬܐ ܠܡܠܠܐ. ܘܦܠܚܐ ܦܬܟܪܐ ܐܦܠܚܘܗܝ.
18 ܦܩܕ ܕܠܥܡܗ ܢܦܩܘܢ. ܗܘ̣ ܕܝܢ ܐܡܪ. ܕܐܝܟ ܬܦܩܘܢ
19 ܡܐܝܗ ܕܠܒ. ܐܦ ܕܥܠܝܐ ܓܒܪ ܗܘ ܐܠܗܐ. ܗܘܐ ܡܬܪܥܠ
ܗܘ ܠܟ ܠܥܡܐ ܦܩܘܣܘܢ. ܠܐ ܓܝܪ ܡܢ ܗܕܐ ܐܦ ܠܡ
20 ܡܬܥܒܕܬ ܦܩܘܣ ܐܢܬ. ܟܕ ܗܘܝܬ ܠ ܡܠܠ ܐܠܗܐ: ܥܡ̈ܐ
21 ܗܕܡܐ ܦܓܪ̈ܐ ܠܫܚܠܦܐ ܢܗܘܝܢ ܚܝ. ܡܛܠ ܕܝܢ ܒܟܠܠ ܐܠܗܐ
ܬܢܣܒ. ܠܠܥܡܐ ܓܝܪ ܕܡܬܩ̈ܪܒܬܐ ܐܠܗܝܬܐ ܝܩܪ ܗܘܐ ܦܩܘܣ
XI. 1 ܐܢܬ. ܟܕ ܕܝܢ ܐܦ ܗܢܐ ܗܒܠ ܥܒܕ̈ܐ ܘܡܫܒܚ. ܗܘ̣
2 ܕܫܡܥܐ ܥܘܪ ܠܡܬܟܪܬܐ ܘܐܡܪ. ܠܐ ܡܬܬܟܪܬ ܐܢܐ
3 ܐܘ ܦܪܘܢܝܐ ܠܟܐܪܬܐ ܠܐܩ̈ܠܝܢܐ ܡܛܠ ܥܙ̈ܝܙܐ. ܐܢܐ
ܕܝܢ ܡܢ ܝܕܥܬ ܢܦܫܟ ܒܟܪ̈ܝܬ ܠܡܬܟܪܬܐ. ܕܟܕ ܐܠܝ
ܐܢܬ ܐܦ ܠܝ ܟܠ ܬܘܒ ܬܠܡܘܐ ܩܒܝܠܐ ܬܥܒܕ
4 ܡܥܦܝܢ ܒܙܥܐ ܠܕܒܝܚܐ ܥܒܕܝܢܐ: ܐܘ ܦܓܪܐ ܠܡܬܟܪܬܐ
ܘܦܓܪܐ ܠܟܠܗ ܐܢܫܐ. ܡܛܠ ܗܕܐ ܕܡܬܠܠܬܗ ܒܗܢܐ
5 ܐܦܫܪܐ ܫܢܒ ܐܢܬ ܠܝ. ܡܛܠ ܕܠܒܘܪܢܐ ܦܓܥܬ
6 ܚܝ. ܘܒܬܘܠܘܣܗ ܥܒܝܕܐ ܡܬܦܩܦܝܢ ܚܝ. ܐܠܐ

16. ܒܥܬ̈ܪܐ a–e.—ܢܣ̈ܬܐ] ܢܣܬ̈ܐ B b–e. (add. ܪ supra lin. in Bd. in b. autem ܪ in text. eras.)

17. ܠܐܢܫ B a–e.

18. ܐܦ ܐܠܐ B a–e. (d*).

19. Om. ܗܘ A.—ܡܬܥܒܕܬ A.

20. ܦܓܪ̈ܐ B a–e. (d*).

XI. 1. ܘܐܦ B a–e.—ܗܕܐ A.

3. . . . ܐܢܬ ܠܟ. ܐܦ ܟܠܐ . . . B a–e.—Om. ܒܪܘܐ b. ܠܓܢܒܐ B a–e.

4. ܠܡܬܟܪܬܐ B a–e.

ܘܗܘܝ ܒܗ̇ ܗܘ ܐܡܒܐ ܐܦ ܠܐ ܡܠܝܬ. ܘܒܗ ܒܗ̇ ܒܗ
3 ܒܥܠܡܐ ܐܬܪܒܝܬ. ܠܐ ܚܦܪ ܐܢܐ ܒܫܪܪܘܗܝ ܫܒܝܚܐ
5 ܕܐܫܝ. ܡܢܝܐܬ ܕܝܢ ܠܦܘܪܣܢܐ ܕܠܗ ܡܠܬܗ. ܘܡܬܟܐܢܐ
ܡܦܪܡ ܥܪܒܬܐ. ܐܢܫܘܗܝ ܘܪܓܠܘܗܝ ܦܫܛܘ ܘܦܪܣܘ.
6 ܘܚܙܝܢ ܗܘܘ ܘܡܫܡܫܢ ܚܒܝܬܗ ܘܕܒܪܘܗܝ ܘܩܦܣܐ
7 ܕܒܥܘܕܢܘܗܝ ܘܣܒܠܘܗܝ ܡܬܚܙܝܢ ܗܘܘ. ܘܟܕ ܠܐ ܚܙܝܢ
ܗܘܘ ܕܒܫܪ ܡܢ ܐܣܝܪ ܢܒܠܢܗܝ. ܫܪܘ ܬܟܐܢܐ ܕܒܗܘܢ
ܙܟܝ ܗܘܐ. ܘܡܫܬܒܩܬܗ ܡܬܠܝܢ ܗܘܘ ܠܗ ܠܗ ܟܠ ܚܝܠܐ.
8 ܘܟܠܗ̇ ܫܘܒܪܘܗܝ ܡܬܦܪܝܢ ܗ̇ܘܝ. ܘܡܕܡܬܘܗܝ ܡܟܬܒܝܢ
ܗܘܘ. ܘܫܬܐ ܗܘܐ ܠܒܣܪܗ ܕܡܬܒܣܡ. ܘܢܦܩܬܐ ܕܕܡܐ
9 ܕܡܢ ܒܣܘܗ ܙܕܝܢ ܗ̇ܘܝ. ܟܕ ܕܝܢ ܡܢܝ ܗܘܐ ܠܡܒܣܬ
10 ܐܡܪ. ܣܡ ܐܘ ܦܬܘܪܐ ܦܩܥܐ: ܡܦܩܠ ܘܠܥܠܡܐ ܘܥܙܪܐ
11 ܕܐܠܗܐ ܗܠܝܢ ܗܟܠܝܢ ܣܡ. ܐܝܟ ܕܝܢ ܡܦܠܠ ܙܘܥܝܗ̈
ܘܦܓܥܬܐ ܕܡܠܠܝ. ܫܪܪܐ ܕܠܐ ܡܬܚܙܝܢ ܒܚܝܪ ܐܝܟ
12 ܠܡܫܝܚܘ. ܟܕ ܕܝܢ ܐܦ ܗܢܐ ܡܒܥܬ ܐܝܟ ܕܦܐܐ ܗܘܐ
ܠܡܒܥܬ. ܠܐܢܫܐ ܕܐܬܘܬܗܘܢ ܗܘܐ ܐܝܟ ܕܗܠܝܢ ܩܪܒܐ:
13 ܠܗ̇ܘ ܕܐܪܥܟܐ ܢܚܕܘܢ ܟܕ ܐܚܙܝܢ ܠܗ. ܠܐ ܬܒܥܐ
14 ܐܦ ܐܝܬ. ܗ̇ܝ ܫܒܝܚܬܐ ܕܒܝܬ ܒܗ̇ ܐܝܬܝܗ̈. ܗܘ ܕܝܢ
ܐܡܪ ܠܗܘܢ. ܠܐ ܗܘܐ ܡܟܢܐ ܐܝܬ ܠܟܘܢ ܢܘܪܐ ܕܐܦܠ
15 ܡܢ ܗ̇ܝ ܡܕܡܬܗ ܕܐܫܝ ܫܡܫܬܐ ܐܝܟ ܕܬܚܘܪܘܢ. ܠܐ
ܡܬܬܗܘܢ ܕܐܫܝ ܕܡܠܝܢ ܦܩܘܕܐ. ܘܠܐ ܐܒܕܢܗ ܕܦܪܘܢܐ
ܕܠܥܠܡ. ܘܠܐ ܫܬܩܘܢ ܕܥܬܝܕܐ ܕܠܐ ܥܠܡܝܢ. ܕܠܐ ܚܦܪ

2. ܘܒܗ] ܒܗ abe.

5. ܠܦܘܪܣܢܐ Be. ܠܦܪܘܣܢܐ a–d.

7. Om. ܗܘܐ. A.

10. ܐܘ ܦܬܘܪܐ ܦܩܥܐ:] add. infra lin. يا قاسى نجس b.

12. Om. ܗܘܐ (post ܕܐܬܘܬܗܘܢ) A.

14. ܕܬܚܘܪܘܢ. (om. ܐܝܟ) sed literæ ܘܢ.—arcte in ras. script. A.

28 IX. ܢܦܠ ܫܢܝܐ: ܘܢܬܒܘ ܒܕܡܗ ܡܠܬܐ ܠܒܣܪܬܐ. ܐܬܒܪܝܐ
ܕܦܪܙܠܐ ܐܝܬܘܗܝ ܒܣܬܪ ܩܕܠܗ. ܘܢܓܕܘܗܝ ܠܒܣܪܐ ܒܗܠܡ
ܒܕܡܐ ܠܪܘܚܗ. ܘܠܡܣܒܪܢܐ ܕܪܫܗ ܗܘ ܡܗܝܡܢܐ ܢܓܠܘ ܦܘܩ
ܫܘܬܐ ܢܚܬܘܬܐ. ܗܘ ܕܝܢ ܟܕ ܚܙܐ ܗܘܐ ܣܓܝܐ ܡܬܢܐܝܬ
29 ܒܡܣܝܒܪܢܘܬܐ ܗܘܐ ܐܡܪ ܗܘܐ. ܗܟܢܐ ܗܘܐ ܒܠ ܐܣܟܡܐ
ܕܡܘܬܐ. ܡܛܠ ܣܒܝܠܘܬܐ ܕܐܠܗܐ. ܐܡܪ ܗܘܐ ܕܝܢ
30 ܐܦ ܠܛܘܪܢܐ. ܠܐ ܡܣܒܪܐ ܠܟ ܐܘ ܛܘܪܢܐ ܕܝܢ ܒܗܠ
ܛܘܪܢܝܢ ܒܝܫܐ ܐܢܬ: ܕܛܒ ܡܢ ܕܠܟ ܐܢܬ ܐܬܛܝܒܬ ܒܐܘܠܨܢܐ.
ܕܡܐܟܪ ܐܢܬ ܕܡܣܬܒܪܢܐ ܕܡܬܒܠܝܢܐ ܕܪܚܡܘܬܟ: ܡܢ
31 ܒܡܣܝܒܪܢܘܬܐ ܕܥܠ ܛܘܒܐ ܕܙܪܐ ܐܠܗܐ. ܐܢܐ ܓܝܪ ܒܗ
32 ܡܬܢܝܚܢܐ ܕܥܠ ܛܘܒܐ ܡܢܚܡܬܐ ܚܫܐ ܟܠܗ ܦܠܓ. ܐܢܬ
ܕܝܢ ܒܠܘܚܕܐ ܕܡܫܬܢܩܐ: ܕܡܬܢܚܬܐ ܠܗܘܢ ܠܛܘܪܢܐ
ܡܬܛܢܦ ܐܢܬ. ܠܐ ܕܝܢ ܡܬܦܠܛ ܐܢܬ ܐܘ ܛܘܪܢܐ
1 X. ܠܦܘܪܥܢܐ: ܡܢ ܕܚܝܠܐ ܕܘܪܓܙܐ ܕܐܠܗܐ ܀ ܟܕ ܕܝܢ ܐܦ
ܗܢܐ: ܡܝܬܐ ܕܢܫܡܐ ܕܒܠܝܩܢ ܢܛܪܬܐ ܫܦܝܪ. ܠܬܠܬ
ܕܬܠܬܐ ܐܝܬܘܗܝ. ܟܕ ܩܪܒܘ ܡܢܗ ܩܛܠܝܐ ܕܢܬܐܒܠ
2 ܘܢܣܐ. ܗܘ ܕܝܢ ܒܡܠܬܐ ܩܪܐ ܐܡܪ. ܠܐ ܢܕܒܘܢ ܐܝܬܝܟܘܢ:
ܕܗܘ ܐܒܐ ܕܠܗܠܝܢ ܕܡܝܬܘ ܝܠܕ: ܗܘ ܐܦ ܠܝ ܝܠܕ:

29. ܗܘܝܢ C.

30. ܕܠܟ ܡܢ] AC. ܕܠܟ ܡܠܟܐ B a–e.

ܕܬܡܘܪܬܐ ܕܡܠܟܘܬܐ ܕܡܠܟܐ (a. ܕܡܠܟܘܬܐ) ܘܕܡܠܟܘܬܐ B a–e.

ܡܢ ... (ܘܕܡܠܟܘܬܐ. a. ܘܕܡܠܟܘܬܐ. c. ܘܕܡܠܟܘܬܐ. b.)

31. Om. ܡܫܝܚܐ BC a–e.——ܐܢܐ ܓܝܪ ܒܗ C.

32. In Cod. C. excidit fol. (IX. 32 ܕܡܬܢܚܬܐ—XII. 11. ܕܡܢ ܟܠ).

ܕܡܬܢܚܬܐ] ܡܢܚܬܐ A.

X. 1. ܕܗܘܐ A. ܕܗܘܐ B a–e.

2. Om. ܗܘ ܐܦ ܠܝ ܝܠܕ. de. (sed add. postea, in marg. d. in text. post ܐܒܐ e).

ܗܠܝܢ. ܢܘܪܐ ܬܫܘܬܗܘܢ ܚܪܒܘ. ܘܠܚܝܠܐ ܐܝܟ ܕܒܚܝ̈ܠܐ
20 ܒܠܘܗܝ ܒܐܘܡܢܘܬܐ ܐܘܡܢܐ. ܡܬܦܠܦܠܐ ܗܘܬ ܕܝܢ
ܚܝܠܐ ܡܢ ܟܘܠ ܚܝܢ. ܘܚܙܝܐ ܕܒܡ̈ܫܟܢܐ ܕܬܫܘܬܗܘܢ:
ܡܢ ܬܘܩܠܬܐ ܗܘܝܢ ܕܕܡܚ ܡܬܕܒܪ ܗܘܐ. ܘܒܗ ܒܠ ܫܪܝܘܗܝ
21 ܕܡܟܐܝܢܐ ܗܢܝܐ ܗܘܪܐ ܒܗܢܐ ܓܒܐ ܗܘܐ: ܘܚܙܘܗܝ ܫܪܝܘܗܝ ܡܬܦܪܢܣ
22 ܗܘܘ. ܠܐ ܫܒܩ ܚܠܡܐ ܠܚܝܐ ܒܪܗ ܕܐܕܡ. ܐܠܐ
ܐܝܟ ܗܘ ܕܒܝܘܡܝ ܢܘܚܐ ܡܬܚܫܠ ܗܘܐ ܠܟܠ ܡܬܚܫܠܢܘܬܐ.
23 ܡܥܒܕ ܗܘܐ ܢܝܫܐܝܬ ܥܒܕܐ ܒܗ ܐܡܪ. ܐܬܕܟܪܘ ܒܗ
ܐܫܐ. ܘܡܢ ܬܚܬܝܐ ܗܢܝܐ ܕܠܝܒ ܠܚܠܡ ܠܐ ܬܓܢܘܢ. ܘܠܐ
ܬܒܥܘܢ ܒܐܫܘܬܐ ܕܠܚܒܘܒܬܐ ܕܢܦܫ. ܦܠܫܘܬ ܘܡܘܬܐ
24 ܘܡܫܝܚܘܬܐ ܦܠܘܫܘ ܒܠ ܫܘܦ ܥܪܪܐ. ܕܒܐܝܕܗ ܒܠܠܝܬܐ
ܒܐܝܬܐ ܕܐܠܗܐ ܕܡܢ ܡܢܚܒ ܐܟܬܝܫܘ ܬܬܪܒܐ ܠܚܝܢ.
ܘܬܒܝܢ ܒܪܫܗ ܕܦܘܪܫܢܐ ܗܢܝܐ ܕܐܬܚܫܘ ܕܗܘܐ ܡܫܠܡܢܐ.
25, 26 ܘܒܗ ܐܡܪ ܗܠܝܢ ܦܠܝܛܐ ܗܘܝ. ܢܒܥܐ ܥܠܝܦܬ ܫܠܝܛ ∴ [ܡܬܚ] ܒܗ
ܕܝܢ ܒܠܥ ܬܪܬ ܗܘܐ ܒܡܫܡܫܢܘܬܐ ܕܢܦܫܗ. ܢܦܩܘ ܦܠܫܐ
ܠܗܘ ܕܬܠܝܬܐ ܗܘܐ ܒܡܘܡܬܗ: ܕܐܬܘܗܝ ܡܢ ܒܪܬ
ܗܘ ܡܢܡܥܐ. ܘܐܠܒܫܘ ܠܐܢܫܝܗܘܢ ܐܢܫܝܐ ܕܦܪܫܐ.
ܘܦܬܟܪܝܗܘܢ ܫܢܝܬܐ ܒܗ ܬܠܝܬܐ ܚܪܡܝܢ ܗܘܘ ܕܢܦܪܩܘܢܝܗܝ.
27 ܒܗ ܕܝܢ ܒܐܠܗܘܗܝ ܕܐܢܫ ܗܘ ܕܢܦܫܐ ܕܢܐܟܘܠ ܒܒܠܐ

19. ܢܘܪܐ ܕܒܥܝܬܐ ܠܗܘ̇ C.—ܘܬܝܪ̈ܝܬܐ A.
ܠܠܘܗܝ ܕܝܠܗ ܒܐ̇ C.

20. ܕܐܘܡ̈ܢܝܐ A.—ܦܐܫܝܢ B a–d.

22. ܕܒܢܘܪܐ C.—ܠܟܠܐ] ܠܟܠܗ ab. ܐܠܐ c.

23. Om. ܕܢܟܝܒ B a–e.—Om. .ܡܪܐ B a–e.

24. ܒܐܘܬܐ (in marg. ܒܐܝܬܐ) d. ܒܐܘܬܐ ܒܐܝܬܐ e.

26. ܒܡܘܡܬ ܡܢܝܗ ܗܘܐ... C.—ܠܐܬܝܪ̈ܝܗܘܢ] ܠܐܬܝܪ̈ܝܗܝ C.
ܘܦܬܟܪ̈ܝܗܝܢ] C. ܘܦܬܟܪ̈ܝܗܘܢ AB a–e.

9 IX. ܥܡܠܝܢ ܣܓܝ. ܐܢܬ ܕܝܢ ܡܛܠ ܕܡܬܬܪܥܠ ܐܢܬ ܒܡܠܠ: ܦܬܠ
10 ܐܢܬ ܡܢ ܕܝܢܐ ܕܐܠܗܐ. ܬܫܘܒܐ ܕܠܥܠܡ. ܟܕ ܕܝܢ ܐܡܪܬܘ
ܗܠܝܢ. ܠܐ ܒܠܚܘܕ ܐܝܟ ܕܠܗܘܒܠ ܗܠܝܢ ܕܠܐ ܡܬܦܫܩܢ
ܐܬܚܫܒܬ ܦܘܪܫܢܐ. ܐܠܐ ܐܦ ܐܝܟ ܕܠܗܘܒܠ ܣܘܢܝܐ.
11 ܘܥܠ ܗܕܐ ܠܡܣܝܒܘܢ ܐܬܦܣܩܘ ܦܠܫܬܐ ܠܫܬܘܬܐ ܠܡܪܕܘܬܐ.
ܘܫܩܠܘܗ̇ ܠܟܗܢܘܬܗ. ܘܐܗܦܟܘ ܐܝܕܝܗܘܢ ܘܪ̈ܓܠܝܗܘܢ ܟܕܝܢܐ
12 ܡܢ ܬܪ̈ܝܗܘܢ ܓܒ̈ܝܐ. ܟܕ ܕܝܢ ܠܝܬ ܡܢ ܕܡܥܕܪܝܢ ܗܘܘ
ܠܗ ܘܡܦܪܩ ܠܐ ܫܒܩܝܢ. ܐܬܒܥܝܘܗܝ ܥܠ ܒܝܫܬܐ.
13 ܘܒܡܬܚܫܒܬܐ ܕܒܠܒܗ ܒܠܚܘܕܝܗ ܢܦܫܐ ܡܢ ܦܬ̈ܓܡܘܗܝ ܡܬܦܪܫ
14 ܗܘܐ. ܘܟܕ ܒܠܒܗܘܢ ܡܪ̈ܚܡܘܗܝ ܡܬܬܟܪܝܢ ܗܘܘ. ܡܢ ܚܝ̈ܐ
15 ܗܘܐ ܘܐܡܪ. ܐܘ ܦܘܪܫܢܐ ܦܠܓܘܬܐ ܘܒܥܠܕܒܒܐ ܕܕܝܢܐ
ܥܬܝܕܐ. ܘܚܙܝܬܐ ܒܪ̈ܚܡܘܗܝ. ܠܐ ܗܘܐ ܕܦܠܓܬ ܐܢܬ
ܒܐܘܡܢܘܬܐ ܗܢܐ ܡܬܠܝܢ ܐܢܬ ܒܝ. ܘܠܐ ܗܘܐ ܕܒܐܠܗܐ
ܐܪ̈ܚܬ. ܐܠܐ ܕܡܢܘܢܐ ܐܝܟܐ ܡܛܠ ܢܬܚܘܐ ܐܠܗܐ.
16 ܟܕ ܕܝܢ ܐܫܬܡܥ ܗܘܘ ܠܗ ܦܠܫܬܐ : ܕܐܘܕܐ ܕܐܬܠ ܐܢܬ
17 ܕܬܠܡܝܐ ܡܢ ܥܘܕܝ. ܐܡܪ. ܠܐ ܗܘܝܐ ܣܓܝܐܐ ܒܝܬܠܚܘܢ:
ܐܘ ܡܫܬܒܩܢܐ ܦܠܓܘܬܐ ܕܠܪܚܡ ܬܒܥܘܢ. ܫܘܡܘ ܗܕ̈ܡܝ
18 ܘܐܘܡܘܕܘ ܒܗܘܪܐ ܒܫܦܝ. ܘܚܪ̈ܬܗܘܢ ܦܬܚܘ. ܟܕ ܒܪܝ ܒܠ
ܥܕ̈ܝܢ ܐܦܣܩܘܢ: ܕܒܠܚܘܕ ܒܢ̈ܝ ܒܒ̈ܪܝܐ ܒܬܫܒܘܚܬܐ
19 ܕܢܠܦ ܡܬܪܬܬܐ ܐܬܦܣܩܘܢ ܠܐ ܡܕ̈ܝܢܝܐ. ܟܕ ܕܝܢ ܐܡܪ

9. ܕܢܝܐ B d.—ܠܩܘܒܠܐ A.

10. ܡܬܦܫܩܢ (in fine lin.) A.—om. ܐܦ C.

11. ܘܦܣܩܘܗ̇ C.

14. ܡܬܬܟܪܝܢ (in fin. lin.) A.

15. ܦܠܓܘܬܐ A.—ܕܕܝܢܐ B a–e.

17. [ܦܠܓܘܬܐ] ܕܦܠܓܘܬܐ BC a–e.—ܕܒܝܬܠܚܘܢ a.b.e.—ܗܕ̈ܡܝ ܫܘܡܘ A.

18. ܕܢܠܦ ܡܬܪ̈ܬܬܐ BC a–e.

19. ܐܡܿܪ A. ܐܡܼܪ BC a–e.

ܕܡܦܩܢ. ܟܠܗܘܢ ܐܝܟ ܕܡܢ ܚܕ ܩܠܐ ܘܐܝܟ ܕܡܢ ܚܕܐ
1 IX. ܒܥܝܐ ܫܘܐܠܬܐ ܐܡܪܘ. ܡܢܟܐ ܡܫܬܐܠܝܢ ܐܢܬ ܐܘ ܦܪܘܩܐ.
ܥܬܝܕ ܚܕ ܗܘ ܒܪ ܠܡܬܒܥ. ܐܘ ܕܢܟܒܪ ܥܠ ܦܘܩܕܢܐ
2 ܕܐܒ̈ܗܝܗܘܢ. ܒܗܠܝܢ ܒܪ ܡܢܘܗܝ. ܘܐܡܪܬ. ܐܢܫܘ ܕܠܐ
ܒܡܬܦܫܩܘܬܗ ܕܢܡܘܣܐ ܘܒܡܥܒܕܐ ܐܝܟ ܕܒܟܬܒܐ
3 ܠܬܝܒܘܗܝ. ܐܘ ܦܪܘܩܐ ܬܠܡܝܕܐ ܕܟܬܒ ܢܡܘܣܐ. ܠܐ ܒܪ
4 ܦܢܝܐ ܐܢܬ ܠܝ. ܚܠܦ ܢܦܫܟ ܬܫܘܫ ܒܠܝܢ. ܗܟܢܐ ܗܘ ܠܝ
ܒܪ ܕܡܢ ܡܘܬܐ ܦܫܝܐ ܗܘ ܡܪܝܡܢܘܬܟ ܕܟܠ ܢܦ̈ܫ
5 ܫܢܝܐ ܕܠܒܪ ܡܢ ܢܡܘܣܐ ܦܘܢܝܐ ܠܗܘܬ: ܡܫܪܪ ܐܢܬ ܠܝ
ܕܝܢ ܒܪ ܡܬܠܝܣܡ ܐܢܬ ܒܠܝܢ ܡܘܬܐ ܕܒܢܝ ܐ̈ܢܫܐ. ܐܝܟ
ܗܘ ܕܠܘ ܡܢ ܦܘܡ ܦܠܛ ܡܢ ܐܠܝܨܪ ܐܠܦܬ: ܕܡܫܝܚ ܗܘ
6 ܚܠܝܐ ܕܥܠ̈ܡܝܢ. ܐܝܟ ܕܝܢ ܗܟܢܐ ܡܢ ܩܕܡ ܒܢܝܢܐ: ܡܛܠ
ܥܙܪܐ ܐܦ ܐܘܩܠܝܕܐ ܗܦܟܪ ܘܡܫܒܚ: ܠܐ ܠܝ ܠܬܪܥܝܬ ܙܪܡ
ܠܝ ܕܛܠܝܡ ܚܕ ܠܡܫܒܚܘ ܒܪ ܡܫܬܪܝܡ ܒܠ ܥܠ̈ܡܝܢ ܡܥܒܝ.
7 ܦܢܝܗܝ ܕܐܦ ܡܠܦܝܢ ܗܟܢܐ ܘܓܢܐ. ܢܦܫܐ ܗܟܝܠ ܐܘ ܦܪܘܩܐ
ܢܬܩܛܠܘܢ. ܐܝܟ ܗܘ ܒܪ ܕܐܬܡܨܝܬ ܠܝ ܡܛܠ ܥܙܪܐ. ܠܐ
8 ܬܬܦܪܫ ܕܘܟܐ ܐܢܬ ܠܝ ܒܢܝ ܥ̈ܠܡܝܢ. ܚܕ ܒܪ ܒܢܝ ܗܠܝܢ
ܐܘܩܠܝܕܐ ܘܒܢܝ ܗܕܐ ܡܫܒܪܢܘܬܐ. ܒܠܒܠܐ ܕܚܝܘܬܟ

IX. 1. ܐܘ ܠܡܦܩܢ] B a–e.

2. ܐܝܟ ܕܒܡܠܬܐ] BC a–e.

3. ܘܡܠܟܘܬܐ. ܘܢܦܫ ab.——ܕܢܦܫ ܟܠܐ ܢܡܘܣܐ. e.

4. ܗܟܢܐ ܠܝ B a–e.——ܦܫܝܐ ܗܘ ܠܝ] ܦܫܝܐ ܗܘ C.
ܕܟܠ ܢܦܫܐ A. ܕܟܠ .ܢ̈ܦܫܐ BC a–e.

5. ܠܗܘܬ. BC a–e.

6. ܠܐ ܠܝ ܠܥ] ܠܐ ܕܝܢ ܠܥ A.——ܕܠܗܠܝܢ BC a–e.

7. ܕܠܡܠܦܘܗܝ dein ab al. man. ܕܠܡܠܦܘ A.

8. ܒܠܒܠܐ BC c–e. ܡܠܒܠܐ ab.

17 VIII. ܡܢܐ ܡܬܠܠܠܝ ܚܝ: ܘܟܠܐ ܡܬܦܫܩܢܘܬܐ ܕܬܚܬܝܬܐ
18 ܡܢܘܬܐ ܡܡܪܝܚ ܣܝ ܠܡܦܩܗ. ܢܦܠ ܡܢ ܫܪܒܗ. ܚܪܒܐ
ܐܚܪܢܐ. ܘܢܦܩ ܥܠ ܟܠ ܠܗܘܢܬܗܘܢ. ܘܢܦܪܘܩ ܡܢ ܙܘܥܬ
ܬܫܘܚܬܐ ܗܕܐ. ܘܡܢ ܫܥܒܘܕܘܬܐ ܕܦܠܚܢܐ ܡܘܬܐ.
19 ܢܣܒ ܥܠ ܡܬܩܪܒ. ܘܬܒܪܐ ܠܝ ܥܠ ܫܥܒܘܕܗ ܕܐܕܡ.
20, 21 ܘܢܬܒܪܐ ܕܐܠܗܐ ܢܬܦܫܩ ܚܝܘܬܐ. ܠܐ ܕܝܢ ܙܟܐ ܥܠܝ
ܐܦܠܐ ܕܢܐܐ ܐܠܗܝ. ܕܡܛܠ ܡܦܪܐ ܕܢܠܝ ܡܢ ܚܠܡܐ.
22 ܡܢܐ ܡܦܩܝܢ ܢܦܩ ܡܢ ܫܢܐ ܗܠܝܢ ܗܢܝܢܐ: ܘܡܢ ܥܠܡܐ
23 ܗܢܐ ܣܠܝܐ ܚܠܡܝ ܠܗ. ܠܐ ܢܟܪܗ ܒܡܦܪܐ ܠܐܢܫܐ.
24 ܘܠܐ ܢܗܘܐ ܪܫܡܐ ܫܘܒܚܐ ܡܛܠ ܫܪܪܐ. ܐܦܠܐ ܗܘ
25 ܢܦܘܫܐ ܡܬܦܫ ܠܝ ܒܪ ܠܐ ܢܓܥܝ. ܡܢ ܐܢܫܒܐ ܗܢܐ
ܥܠܗ ܣܢܝܐ ܡܫܒܩ ܒܝ. ܘܫܡܫܢܐ ܕܫܦܪܘܬܐ ܕܚܝܘܬܐ
ܡܘܬܐ. ܒܪ ܦܫܩ ܠܝ ܕܐܠܐ ܫܒܩܢܐ ܢܬܦܫܩ ܠܚܠܒܐ
26 ܘܢܣܐ. ܐܠܐ ܘܠܐ ܣܕܐ ܡܢ ܗܠܝܢ ܐܡܪܘ ܚܠܡܐ: ܒܪ
ܒܬܪܝܢ ܗܘܘ ܠܡܦܠ ܠܐܩܠܝܬܐ. ܘܠܐ ܐܫܦܩ ܥܠ ܟܠܗܘܢ.
27 ܐܬܬܚܘܢ ܗܘܘ ܒܪ ܡܡܫܬܐ ܥܠ ܫܢܝܐ ܘܩܪܒ ܠܡܫܪܝܐ.
28 ܗܢܐ ܕܒܡܗ ܕܥܠܝ ܦܘܪܢܐ ܡܢ ܕܟܠܝ ܠܗܘܢ ܕܢܐܟܠܘܢ

17. ܡܬܠܠܠܝ ܚܝ:] ܡܬܠܠܠܝ: B a–d.
(sed a. e corr. : ܡܬܠܠܠܝ). ܡܬܠܠܠܝ: C.
ܡܬܠܠܝ. e.

18. ܟܠܝ] ܟܠܝ c.

19. ܢܣܒܘܗ ܟܠ ܡܩܪܒ C.
ܟܠ] ܟܠ ܗܢܐ a man. rec. add. C.

21. ܕܢܐܐ B a–e.

22. ܗܢܝܢܐ B a–e.

23. ܠܐ] ܠܐ ܢܟܪܗ AC. ܠܐ ܢܟܪܗ B a–e.——ܠܐܢܫܐ. C.

25. ܕܫܦܪܘܬܐ B (in fine lin.) a–e.

28. ܕܟܠܝ C.

10 ܫܘܦܪܗܘܢ. ܠܐ ܗܘܝܬ ܡܬܪܥܝܢ ܐܢܬܘܢ܆ ܕܠܗ ܩܕܡ
ܐܚܪܢ ܗܘܐ ܠܟܘܢ ܐܢ ܗܘ ܕܠܐ ܬܬܦܢܘܢ: ܐܠܐ ܐܢ
11 ܕܒܛܠܐ ܬܬܟܬܒܘܢ. [ܡܢ] ܟܕ ܕܝܢ ܗܠܝܢ ܐܡܪ. ܟܕ
ܕܫܬܪܪܘܢ ܬܐܢ ܚܠܦܐ ܡܢܟܘܢ. ܟܕ ܕܝܢ ܗܕܐ.
ܐܝܟ ܗܝ ܕܟܕ ܕܫܠܝܬܐ ܗܘܐ ܗܘܐ ܕܡܛܫ ܗܘܐ ܠܗܘܢ
12 ܕܐܬܟܠܘܢ ܩܕܡ ܕܡܫܝܚ. ܟܕ ܕܝܢ ܐܬܘ ܠܡܕܝܢܬܐ
ܠܓܢܝܬܐ ܘܠܩܪܝܬܐ. ܘܠܦܪ̈ܘܩ ܥܡ̈ܡܐ. ܘܡܪ̈ܘܥܐ ܕܡܬܝܚܐ.
ܘܡܪ̈ܥܐ ܘܠܓ̈ܢܝܐ ܘܚܘ̈ܪܐ. ܘܐܬ̈ܪܘܬܐ ܕܦܪ̈ܝܫܐ. ܘܐܩ̈ܦܝܐ.
13 ܘܠܡܕ̈ܝܢܬܐ ܕܒܩܪܐ. ܕܒܝܬ ܓܪܘܒܐ ܘܐܡܪ. ܬܠܠ̈ܝܢ. ܕܣܝܠܘ.
ܐܦ ܕܒܝܬ ܗܘ ܕܡܫܝܚܐ ܕܫܠܡ ܐܢܬܘܢ ܥܒܕ ܠܟܘܢ. ܡܛܠ
14 ܕܟܠ ܡܢܝܢܐ ܚܕܝܢ ܐܢܬܘܢ ܟܠ ܝܘܡܐ. ܗܘܘ ܕܝܢ ܟܕ
ܥܒܕܘ ܟܠܗ ܕܥܒܕܐ ܐܦ ܕܠܘܝܬܐ. ܘܚܙܘ ܚܝܘܬܐ ܗܘ
ܕܣܝܒܠܬܐ. ܠܐ ܐܫܬܪܝܘ. ܐܠܐ ܐܦ ܟܠܗ ܕܡܫܡܫܬܐ
ܒܗܘ ܠܦܘܪܩܢܐ. ܘܟܕ ܠܦܘܪܫܐ ܕܡܫܡܫܢܘܬܗܘܢ ܠܦܘܪܩܢܗ
15 ܫܒܩܘ. ܢܬܚܙܐ ܕܝܢ ܐܝܟ ܕܫܠܝܚܝܢ ܗܘܘ ܢܦܫܬܗܘܢ ܘܠܐ
ܠܒܝܬ ܗܘܘ. ܐܝܠܝܢ ܟܠܗ ܒܪ̈ܝܫܝܗܘܢ ܡܬܬܚܫܒܝܢ ܗܘܘ.
16 ܠܐ ܗܘܐ ܒܗܠܝܢ. ܕܩܡܐ ܚܕ ܘܐܝܟܢܐ ܕܠܒ ܗܠܝܢ: ܟܠܗܝܢ
ܡܢ ܟܕܗ: ܘܠܒܬܪܐ ܦܬܐ ܠܝ. ܐܠܐ ܕܢܬܠܒܫ ܠܝ ܒܝܬܐ.

10. ܕܠܘ] add. ܕܠܘ Bd (B. in init. lin.—in d. rurs. del.).

11. ܟܕ ܕܝܢ ܐܡܪ ܗܠܝܢ. BC a–e.

12. ܘܡܪ̈ܥܐ C.—ܕܦܠܚ̈ܝܐ A.—ܘܐܬ̈ܪܘܬܐ C.

14. ܥܒܕܘ] ܚܙܘ B a–e.—ܕܥ̈ ܗܠܝܢ ܟܠܗ C.

ܐܦ ܕܠܘܝܬܐ] ܘܕܠܘܝܬܐ B a–e.—ܠܦܘܪܫܢܗ BC a–e.

15. ܒܪ̈ܝܫܝܗܘܢ] A (ܗ in ras.) ܒܪܝܫܝܗܘܢ C a–e. (a. pr. ut in text). (B**).—ܗܘܘ ܡܬܚܫܒܝܢ C.

16. ܦܬܐ ܠܝ C.

VIII. ܒܪܫܡ ܗܘܘ. ܚܙܝ ܘܬܘܪ ܒܚܝܠܗܘܢ ܘܒܐܘܡܢܘܬܗܘܢ.
ܘܐܦܝܣ ܐܦܝ̈ܣܗܝ ܠܗܘܠܗܘܢ. ܘܩܪܐ ܐܢܘܢ ܟܠ ܠܒܗ
4 ܘܐܚܙܝ. ܐܘ ܟܠܬܗܒ. ܕܠܠ ܕܒܪܝܫܐ ܠܦܢܐ ܒܥܘܒܪܐ
ܕܟܠ ܚܕ ܚܕ ܡܚܒܒܝ̈ ܬܗܘܐ ܐܚܝ̈: ܘܡܥܒܕܢܘܬܐ ܗܝ ܒܗܠܗ
ܕܐܬܢܐ ܡܚܒܒ ܐܚܝ̈. ܠܐ ܗܘܐ ܒܠܣܘܕ ܦܠܝ ܐܚܝ̈ ܠܟܘܢ
ܕܠܐ ܬܢܝܚܘܢ ܫܘ ܥܢܘܬܐ ܕܥܢܝܐ ܗܟܐ ܗܘ ܕܦܠ ܥܢܪܐ.
5 ܐܠܐ ܐܦ ܟܕܢܐ ܐܚܝ̈ ܡܚܒܒܝ̈: ܕܬܬܦܠܫܘܢ ܠܢ ܘܬܗܘܘܢ
ܠܢ ܬܫܒܚܐ. ܚܝܠܐ ܐܚܝ̈ ܗܘ ܒܢܪ ܐܒܢܝܐ ܕܐܗܫܡ ܒܪܥܐ
ܕܫܢܝܘܢ ܕܠܐ ܡܬܦܠܫܝܢ ܠܦܘܡܢ. ܗܟܢܐ ܕܐܒܒܒ.
6 ܥܢܝܬܐ ܠܫܢܝܘܢ ܕܡܬܦܠܫܝܢ ܠܢ. ܗܡܟܢܘ ܗܟܝܠ. ܕܐܦ
ܥܘܠܠܢܐ ܘܪܥܘܬܐ ܒܐܘܣܝܢ ܢܗܒܡ ܐܢܬܘܢ: ܒܪ ܬܒܦܪܘܢ
7 ܒܢܟܗܘܐ ܕܕܘܒܪܐ ܕܐܟܗܡܟܘܢ: ܘܬܬܫܠܠܘܢ ܒܕܘܒܪܐ
ܕܣܦܘܬܐ. ܟܐ ܒܢܪ ܕܥܣܠܬܘܢ ܒܢܝܟܘܢ. ܡܬܦܢܝܢ
8 ܐܢܬܘܢ ܒܠܠܝܘܬܟܘܢ. ܘܐܠܐ ܐܢ ܗܘ ܕܪܘܚܐ ܒܢ
ܬܟܘܠܘܢ ܒܢ ܠܐ ܡܬܦܠܫܘܬܟܘܢ. ܦܝܡ ܐܢܬܘܢ ܠܢ
9 ܕܟܢܝܐ ܦܥܢܐ ܠܟܠ ܚܕ ܚܕ ܡܚܒܒܝ̈ ܐܘܟܒ. ܣܘܗܘ ܗܟܝܠ
ܟܠ ܢܥܟܘܢ: ܫܢ ܕܐܦ ܐܢܐ ܕܠܗܘܠܟܘܢ ܦܡܪܟ ܐܚܝ̈.
ܟܠܫ ܫܐܡ ܐܚܝ̈. ܘܡܢܪܝܡ ܐܚܝ̈ ܟܠ ܗܘܦܬܟܘܢ ܘܟܠ

4. ܠܟܠ ܘܥܘܒܪܐ. ܒܥܘܒܪܐ B* a–e.
ܡܥܒܕܢܘܬܐ ܗܝ] ܗܝ ܡܥܒܕܢܘܬܐ B*C a–e.

5. Om. ܐܦ C.—ܡܚܒܒܝ̈ ܐܚܝ̈ ܕܬܬܦܠܫܘܢ ܠܢ ܘܬܗܘܘܢ C.
Om. ܐܚܝ̈ C.—ܠܦܘܡܢ. A.

6. ܒܥܒܕܐ ܘܡܘܕܝܢܐ A.

7. ܡܬܦܢܝܢܘܢ ܟܠ' A.—ܕܡܫܠܡܘܢ A.
ܡܬܦܢܝܢ ܐܢܘܢ ܟܠ' ab (b. pr. ut in text.).

9. ܡܢ' ܠܗܘܠܟܘܢ A.—ܐܢܐ] ܐܢܐ ܐܦ ܣܓܝܐܐ A.

18 ܡܛܠ ܕܐܦܠܐ ܚܕ ܐܢܫ ܪܚܡܐ ܫܠܝܛܐ ܐܝܬ ܠܗ. ܐܠܐ
ܩܘܠܗܘܢ ܕܐܬܚܙܝܘ ܠܗܘܢ ܥܠ ܕܒܥܠܬ ܐܠܗܐ. ܩܘܠܗܘܢ ܗܘ
20 ܟܠܗܘܢ ܓܒܝܢ ܠܓܒܪܐ ܚܟܝܡܐ ܕܦܓܪܐ. ܘܠܐ ܡܕܡ ܗܘܝܠ
ܡܟܪܝܐ ܗܘܐ. ܐܢ ܗܘ ܕܡܬܚܫܒܝܢ ܐܢܫܝܢ ܕܐܟܢ ܠܒܢܝܢܐ
21 ܡܛܠ ܪܚܡܘܗܝ ܡܚܝܠܐ. ܘܐܠܐ ܐܝܟܘ ܕܟܡܐ ܠܗ ܥܒܝܕܐ
22 ܬܘܪܥܐ ܕܕܡܘܬܐ ܐܝܟ ܘܡܬܚܡܨܝܢ ܠܐܠܗܐ. ܘܡܦܩܣ
ܕܡܛܠ ܡܬܪܬܬܐ ܦܘܠܚܢܐ ܗܘ: ܐܝܟܘ ܕܟܠ ܒܥܠܝܢ
23 ܢܫܒܪ. ܘܠܐ ܢܓܠܐ ܠܒܢܝܐ ܡܛܠ ܫܪܪܐ. ܟܠܗܘܢ ܓܝܪ
ܐܢܫܐ ܕܐܝܬܘܗܝ ܚܟܝܡܐ ܘܓܒܪܐ ܐܝܬܘܗܝ ܡܫܠܛ ܥܠ
24 ܫܟܝܢܘ. ܘܥܠ ܗܕܐ ܐܦ ܛܠܝܐ. ܒܗ ܒܪܝܢܐ ܕܕܚܠܬ
ܐܠܗܐ ܐܝܬܘܗܝ ܗܘܘ. ܠܫܪܒܐ ܕܡܢ ܗܠܝܢ ܡܛܝܢ ܘܒܗ ܀
25 ܡܛܠ ܓܝܪ ܕܒܢܝܢܐ ܡܕܡܝܐ ܐܙܕܒܢ ܦܘܪܢܐ ܙܘܒܢܐܝܬ
ܠܟܢ ܟܠܢ. ܘܠܐ ܐܫܟܚ ܠܡܚܝܐ ܠܓܒܪܐ ܗܟܢܐ ܠܡܐܟܠ
VIII. 1 ܡܐܟܘܠܬܐ ܡܩܕܫܬܐ. ܩܕܝܡ ܒܪܝܫܝܬ ܐܝܟ ܕܡܢ ܫܡܝܐ.
ܦܩܕ ܠܡܦܠܚܘ ܠܐܕܡܬܐ ܡܢ ܒܪܐ ܕܟܪܡܐ. ܘܐܦ ܗܘ
ܕܢܐܟܘܠ ܕܠܚܡܐ. ܢܫܡܫܘܢ ܐܝܟ ܡܟܐ ܕܐܟܠܘ. ܐܢ
2 ܕܝܢ ܠܐ ܢܬܦܫܩܘܢ. ܢܬܛܪܘܢ ܟܡܘܢ ܡܢ ܒܪܝܬܐ. ܒܗ
ܕܝܢ ܦܩܕ ܗܠܝܢ ܦܘܪܢܐ. ܛܠܝܐ ܫܒܝܚܐ ܐܬܐ. ܒܗ
ܡܬܦܢܝܢ ܒܢ ܐܢܫܘܬܗ ܕܐܝܬܘܗ ܗܘܬ ܗܒܬܐ. ܦܐܪܐ
3 ܘܬܟܦܐ ܘܫܬܠܬܢܐ. ܕܟܠ ܡܕܡ ܙܪܝܥ ܗܘܘ. ܠܗܠܝܢ ܒܗ
ܒܝܐ ܦܘܪܢܐ: ܕܒܡܟܢܬ ܒܗܕܐ ܒܡܬܡܠܟܬܐ ܠܐܡܟܡܘܢ

20. ܡܟܪܝܐ] ܡܟܐܪܝܐ C. ܡܟܪܝܪܝܐ ab.

21. ܐܝܟܘ] ܐܝܟܢܐ ܗܘ C.

24. ܘܟܠܠ] ܟܠܠ B a–e.—om. ܐܦ C.—om. ܟܠܗܘ B d. (in d. a man. rec. add.)

25. ܘܠܐ ܡܚܣ bcd.

VIII. 1. ܕܡܩܠܐ. C ab.—ܩܪܝܒ ܢܦܫܟܘܢ C.

2. ܢܦܩܘ ܫܬܠܬܢܐ. C.

VII. ܕܟܗܢܘܬܐ ܘܕܝܕܥܬ ܐܠܗܐ: ܘܐܬܢܨܚܬ ܒܡܐܡܠܠܬܐ ܦܝܠܣܘܦܘܬܐ.
7, 8 ܘܐܦ ܫܠܡ ܠܢܡܘܣܐ ܘܡܠܦܢܐ ܕܚܝܐ ܐܠܗܝܐ. ܕܐܝܟ
ܗܟܢܐ ܘܠܐ ܠܗܘܢ ܠܡܗܘܐ ܠܦܠܚܝܐ ܕܢܡܘܣܐ.
ܕܒܕܡܗܘܢ ܘܒܕܘܒܪܗܘܢ ܘܒܥܒܕܝܢܘܬܗܘܢ. ܟܕ ܣܒܐ
9 ܕܒܕܡܝܐ ܠܡܗܘܬܐ ܢܬܬܟܣܘܢ. ܐܢܬ ܐܒܘܢ ܠܢܡܘܣܐ
ܫܦܝܪܐ ܟܕ ܡܫܪܪܬܢ ܒܡܥܒܕܢܘܬܐ ܫܪ̈ܝܪܬ ܘܦܠܣܦܬ
ܡܕܝܢܬܗ. ܘܐܘܪܚܬ ܘܠܐ ܗܦܟܬ. ܘܟܕ ܚܒ̈ܪܐ ܚܒܝܪܬ
10 ܕܢܬܗܕܪܘܢ ܡ̈ܠܐ ܕܣܟܠܘܬܐ ܐܠܗܝܬܐ. ܐܘ ܣܒܐ ܕܡܢ
ܟܠ ܫܢ̈ܝܢ ܡܠܟܝܢ ܡܢܐ ܗܘܐ. ܘܡܫܝܚܐ ܕܡܢ ܢܘܪܐ
11 ܫܦܝܪ ܗܘܝܬ. ܘܡܠܟܐ ܪܒܐ ܕܥܠ ܚ̈ܫܐ ܐܠܝܥܙܪ. ܐܝܟܢܐ
ܐܝܟ ܕܐܒܘܢ ܐܗܪܘܢ: ܟܕ ܒܡܚܬܬܐ ܐܝܟ ܕܒܙܝܢܐ ܡܙܝܢ
ܗܘܐ: ܒܓܘ ܥܡܐ ܪܗܛ ܗܘܐ: ܘܠܡܠܐܟܐ ܡܚܒܠܢܐ
12 ܙܟܐ. ܗܟܢܐ ܐܦ ܐܗܪܘܢܝܐ ܐܠܝܥܙܪ. ܟܕ ܡܫܬܚܩ ܗܘܐ
13 ܒܢܘܪܐ. ܠܐ ܐܫܬܚܠܦ ܪܥܝܢܗ. ܕܬܡܝܗܐ ܕܝܢ ܡܢ ܟܠܗܝܢ.
ܕܟܕ ܗܘ ܣܒܐ ܘܡܟܝܟ ܗܘܐ ܚܝܠܐ ܕܦܓܪܗ. ܘܡܪܦܝܢ
14 ܦܓܪܗ ܘܠܒܝܢ ܥܨ̈ܒܘܗܝ. ܐܬܚܕܬ ܒܪܘܚܐ ܕܪܒܝܘܬܗ.
15 ܘܠܥܒܪܐ ܦܓ̈ܥܐ. ܐܬܚܫ̈ܒܬܐ ܣܓܝ. ܐܘ ܠܡܫܝܚܘܬܐ ܠܦܝܠܣܘܦܘܬܐ
ܘܠܡܘܬܐ ܙܟܝܐ ܘܠܚܝܐ ܢܨܚܢܐ. ܠܟܝ ܣܒܬܐ ܫܪܝܪܐ
16 ܕܗܝܡܢܘܬܐ ܒܟܢܫܐ. ⁘ ܐܢܗܘ ܗܟܝܠ ܕܓܒܪܐ ܣܒܐ: ܟܠ
ܫܢ̈ܕܐ ܕܒܕܡܐ ܠܢܡܘܣܐ: ܡܛܠ ܣܒܪܐ ܐܠܗܝܐ. ܡܫܒܚܐ
ܗܝ ܕܡܫܠܛ ܗܘ ܥܠ ܚ̈ܫܐ ܪܥܝܢܐ ܕܚܟܝܡܐ ܕܕܚܠܬ ܐܠܗܐ.
17 ܘܐܢ ܐܢܫ ܢܐܡܪ. ܕܠܟܠܢܫܐ ܠܐ ܗܘܐ ܥܠ ܐܢܫ ܚ̈ܫܐ.

9. ܕܒܕܡܐ C.

12. ܠܐ] ܐܫܬܚܠܦ ܗܘ ܪܥܝܢܗ. C.

13. ܕܝܢ ܗܘ] ܕܝܢ ܗܘܐ BC a–e.—ܘܡܟܝܟ ܗܘܐ] ܘܡܟܝܟ B a–e.

14. ܢܦܫܗ. A.

15. ܠܦܝܠܣܘܦܘܬܐ A.—ܘܠܡܘܬܐ ܙܟܝܐ ܘܚܝܐ ܢܨܝܚܐ. C.

VII. 1 ܕܐܣܛܘܟܣܘܗܝ. ܐܝܟ ܡܘܒܪܢܬܐ ܠܘܬ ܡܠܟܐ. ܗܟܢܐ
ܪܚܝܡܗ ܕܐܒܘܗܝ ܗܕܐ ܐܡܪ. ܟܕ ܠܝܬܝܐ ܕܕܚܠܬ ܐܠܗܐ
ܒܫܦܝܘܬܗ ܡܕܒܪ ܗܘܐ: ܟܠܗ ܝܘܡܐ ܪܒܐ ܕܒ̈ܢܝܢܫܐ
2 ܘܥܡܐ. ܘܟܕ ܠܥ̈ܡܡܐ ܘܬܫ̈ܒܚܬܐ ܕܦܘܪܢܣܐ ܟܠܗܘܢ ܚܙܝܢ
3 ܗܘܘ. ܘܟܠܠܐ ܕ̈ܡܝܢܐ ܕܐܘܠ̈ܝܢܐ. ܘܠܐ ܟܕ ܐܡܝܢ
ܐܫܟܚܘ ܠܗܘܢ ܡܢ ܕܚܠܬ ܐܠܗܐ. ܒܥܕܢܐ ܕܕܪܐ ܘܟܠܗ
4 ܠܠܡܠܟܘܬܐ ܕܟܘܬܐ ܕܠܐ ܡܬܒܥܝܐ. ܠܐ ܗܘܝܐ ܡܬܦܘܣ
ܡܕܒܪܬܐ ܒܫܝܢܐ ܢܝܚܬ. ܠܗܢܐ ܡܠܟܐ ܦܪܝܫܐ ܩܘܢܝܐ
ܘܡܫܬܠܛܐ: ܐܝܟ ܗܢܐ ܡܢ ܟܠܗ ܬܠܡܝܬܐ. ܟܕ ܠܘܬ
ܫܡܐ ܗܘܬ ܢܦܫ ܡܫܬܝܢܐ ܒܢ̈ܝܐ ܘܒܐܘܠ̈ܝܢܐ ܘܒܫ̈ܢܝܐ.
ܐܦܐ ܠܐܘܠ̈ܝܢܐ ܕܣܓܝܐܝܢ ܗܘܘ ܠܗ. ܡܛܠ ܪܚܡܗ ܕܡܬܬܒܥ
5 ܗܘܐ ܠܗ ܬ̈ܟܦ ܫܘܪܐ. ܐܦ ܠܘܬ ܪܚܡܗ ܘܐܪܝܡܗ ܐܝܟ
ܫܡܐ ܕܫܡܝܐ ܐܒܘܢ ܐܡܪܢ. ܘܠܡܫܝ̈ܢܐ ܕܫܡܐ ܢܦܫܗ
6 ܒܫܝܢܘܬܗ. ܐܘ ܒܫܝܢܐ ܕܫܪܝܐ ܗܘܐ ܠܫܝܢܘܬܐ. ܠܐ
ܡܫܒܚ ܡܦܩܬܟ ܕܦܪ̈ܝܬܐ ܘܡܫܝܢ ܘܠܐ ܠܡܪܥܝܢ ܕܫܪܬ ܒܗ

VII. 1. ܘܡܕܒܪܢܘܬܐ BC a–e.—ܠܡܠܟܐ B cde. ܠܡܠܟܘܬܗ ab.

Om. ܪܒܐ C.

2. ܘܥܡ] ܥܡ C.

3. ܐܡܝܢ] ܐܢ a–e.—ܐܫܟܚܘ] B a–e.

ܘܠܐ ܐܫܟܚܘ ܠܗܘܢ ܟܕ ܐܡܝܢ ܡܢ ܐܫܟܚܘܢ ܡܢ C.

4. ܠܗܘܢ ܡܬܦܘܣ ܢܝܚܬ C. (om. ܡܬܦܘܣ post ܡܕܒܪܬܐ).

ܦܪܝܫܐ BC a–e.—ܢܝܚܐ A.—ܒܫܝܢܐ] ܒܫܝܢܐ C.

ܘܡܫܬܠܛܐ. A.—ܐܦܐ] ܗܘܐ ܐܦܐ C.

ܕܡܬܬܒܥ] ܕܡܬܬܒܥ a–e (B**).

5. ܕܫܡܝܐ] ܕܫܡܝܐ A.—ܘܠܡܫܝ̈ܢܐ ܐܦ C.

ܗܘܐ ܫܡܝܐ C.

6. ܠܫܝܢܘܬܐ ܐܘ A.—ܕܫܪܝܐ BC a–e.—ܒܗ] ܒܗܘܢ a–d.

VI. ܐܦܠܐ ܒܫܘܒܚܐ ܕܟܠܗܘܢ ܫܡ̈ܗ. ܥܠ ܢܦܫܐ ܡܦܪܫ
25 ܗܘܐ ܠܗ. ܘܬܡܢ ܒܝܕ ܡ̈ܠܐܟܐ ܚ̈ܝܠܐ ܒܫܘܒܚܬܐ ܡܫܒܚܝܢ
26 ܗܘܐ ܠܗ. ܘܙܪ̈ܘܬܐ ܒܢܘܗܪܗܘܢ ܢܗܕܝܢ ܗܘܘ. ܟܕ ܕܝܢ
ܒܕܡܐ ܠܐܬ̈ܪܘܬܗܘܢ ܢܦܩ ܗܘܐ. ܘܡܪܕܐ ܗܘܬ ܢܦܫܗ
27 ܕܬܫܒܚ. ܬܠܝܐ ܒܟܘܠܗܘܢ ܠܥܠܡܐ ܘܐܡܪ. ܐܢܬ ܡ̈ܪܝ ܐܢܬ
ܐܠܗܐ.. ܕܫܡܫ ܗܘ ܠܟ ܐܝܟ ܕܐܬܦܪܡ. ܒܥܒ̈ܕܐ ܒܪ
28 ܡܩ̈ܕܫܐ ܚ̈ܙܐܬ ܐܝܟܐ ܣܠܩ ܢܫܘܫܐ. ܐܬܪܒܐ ܠܒܟܝ
29 ܘܫܟܒܬ ܠܝ ܕܝܢܐ ܕܐܠܝ ܕܐܠܦܫܘܢ ܘܡܒܕܪܢܘܢ ܠܒܬܪ
30 ܕܡܘܫܐ ܥܠ ܦ̈ܩܘܕܘܗܝ: ܘܣܠܩ ܦ̈ܬܓܡܘܗܝ ܫܒ ܢܦܫܗ.. ܟܕ
ܕܝܢ ܐܡ̈ܪ ܘܐܠܝܢ. ܒܪܝܐ ܗܘܝܐ ܫܦܝܐ. ܢܝܫܐܝܬ ܒܟܠܗ
ܬ̈ܕܐ ܡܪܬ. ܘܒܕܡܐ ܠܥܒ̈ܕܘܗܝ ܕܒܗܘܬܐ ܚ̈ܙܘ ܒܙܢܝܗ
31 ܡܛܠ ܢܒܘܫܐ ⁘ [ܡܢ] ܕܠܒܐ ܗܘ ܡܒܠ ܕܡܥܠܛ ܗܘ ܥܠ
32 ܫ̈ܥܐ. ܪ̈ܚܡܐ ܕܐܢܬܘܗܝ ܒܕܝܠܬ ܐܠܗܐ. ܐܠܘ ܒܪ ܫ̈ܥܐ
ܡ̈ܚܠܨܝܢ ܗܘܘ ܥܠ ܪ̈ܚܡܝ. ܠܗܘܢ ܢܦܩ ܦܘܩܕ ܫܘܕܥܬܐ
33 ܕܒܗܘܬܐ. ܗܟܢܐ ܕܝܢ ܕܡܟܐ ܪ̈ܚܡܐ ܠܫ̈ܥܝ. ܠܗ ܒܥܠܬܐ
34 ܡܢܕܥܝܢ ܥܒܠܛܝܐ. ܘܐܦ ܠܝ ܕܢܕܥ. ܕܐܘܚܕܢܐ ܕܪ̈ܚܡܐ
ܐܢܬܘܢ.. ܐܝܟܢܐ ܕܐܦ ܥܠ ܫ̈ܥܐ ܕܚܙ̈ܝܢ ܡܢ ܠܒܪ ܡ̈ܚܠܝ.
35 ܕܠܒܘܫܐ ܗܘ ܡܒܠ ܕܐܝܟ ܢܐܡܪ ܕܠܐ ܡܬܓܠܐ ܪ̈ܚܡܐ.
ܐܝܟܢܐ ܕܠܐ ܗܘܐ ܒܠܒܘ ܠܫ̈ܥܐ ܣܘܡ ܕܪ̈ܚܡܝ. ܐܠܐ
ܐܦ ܠܒܘܫܐ ܡ̈ܣܪܢܐ. ܘܠܐ ܡܩܒܠ ܠܗܘܢ ܐܬܪܐ

25. ܢܗܕܝܢ] ܢܗܕܝܢ C.

26. ܕܠܗܘܢ. B a–e.

28. ܣܠܩܘܗܝ. AB a–e.

29. ܠܒܬܪ C.—ܕܐܠܝ] ܕܐܠܝ A.

33. Om. ܕܡܟܐ A.

35. ܗܘ ܡ̈ܣܪܢܐ B*C a–e.—ܒܠܒܘܗܝ ܠܫ̈ܥܐ B a–e.

ܕܡ̈ܟܐ. A.—ܠܠܒܘܫܐ B a–e.

ܗܘ̇ ܕܒܥܒܕܐ ܐܚܪܢܐ ܕܒܗ ܗܘ ܡܕܡܝܐ ܡܢܪ: ܢܦܠ
ܒܝܕ ܡܠܟܐ ܗܢܐ ܕܡܠܟܗܘܢ. ܒܡܠܐ ܪܒܐ ܡܢܐ ܗܘܐ.
17 ܠܐ ܗܘܝܐ ܗܘܬ ܡܬܘܡ ܒܪܢܫܐ ܘܐܦܠܐ ܢܦܠܝܢ ܒܢ̈ܦܫܗܘܢ
ܕܐܒܪܗܡ. ܕܒܝܕ ܙܕܩܘܬܗ ܕܢܦܫܐ ܕܒܟܐܢܘܬ ܢܬܚܫܒ ܒܥܒܕܡ
18 ܕܠܐ ܦܐܐ. ܒܗ ܢܦܩܝܢ ܦܪ̈ܘܩܐ ܐܚܪ̈ܢܐ. ܐܦ ܠܢ ܕܠܐ
ܠܡܚܐ ܐܬܬܘܗ̇ ܗܘܐ. ܐܠ ܗܘ ܕܫܢܝܐ ܕܒܪ̈ܪܐ ܫܚܝܢ
19 ܒܕܡܝܐ ܠܡܘܬܐ. ܗܢܐ ܕܝܢ ܢܬܚܫܒ. ܘܡܘܬܐ ܫܡ ܡܢܘܗܡ
ܠܗܠܝܢ ܕܚܠܝܢ: ܬܫܡܫܬܐ ܒܢܫܬܐ ܕܢܦܩܘܬܐ. ܒܗ ܢܗܒܝܢ
20 ܠܗܘܢ ܠܦܘܩܐ ܕܡܐܡܠܬܐ ܠܡܐܬܐ. ܘܫܢܐ ܒܬܪ ܡ
ܫܢܐ ܡܝܬܪܐ ܘܡܘܢܘ ܗܠܝܢ ܒܗ ܒܒܢܝܢ ܫܡ ܠܡܫܚܐ
21 ܠܚܠܡܒ. ܥܠ ܥܦܠܘܬ ܢܬܒܥܐ ܕܝܢ ܡܢ ܠܦܘܪܢܐ ܐܝܟ
ܬܠܥܐ. ܫܠܦ ܢܡܘܬ ܕܝܢ ܐܠܗܝ. ܠܐ ܒܕܡܝܐ ܠܡܘܬܐ
22 ܢܬܒܬܥ. ܥܠ ܐܦ ܗܠܝܢ. ܠܗܘܢ ܐܦܪ̈ܢܐ ܒܢ̈ܦܫܗܘܢ ܕܐܒܪܗܡ.
23 ܒܒܪܐܢܬ ܥܠ ܐܦ ܥܙܝܙܐ ܡܘܬܗ. ܐܝܬܘܗܝ ܕܝܢ ܐܦ ܦܠܫܗܘܢ
24 ܕܦܪܘܢܐ. ܡܢܐ ܡܬܡܬܚܝܢ ܐܝܬܘܗܝ ܡܢ ܕܠܡܬܘ ܒܠܝܢ
ܐܘܠܨܢܐ. ܒܗ ܕܝܢ ܫܐܘܗܝ ܕܗܢܐ ܠܒܢ ܘܠܐ ܡܬܚܫܒ

16. ܗܘܐ ܦܬܐ A. ܗܘܐ ܡܬܐ BC a–e.

17. ܡܬܘܡܬܘܡ BC a–e.——ܡܬܚܫܒܝܢ dein ex corr. forte pr. man. ܢܦܠ̇ܝܢ A.——ܢܦܩܝܢ ܫܝܢ A. ܢܦܩܝܢ (om. ܫܝܢ) C.

18. ܫܚܝܢ] ܫܚܝܠܢ B a–e.

19. ܡܢܘܗܡ̇ܠܬܐ (in fine lin.) A.——ܠܡܘܬܐ. C.

20. ܠܡܐܬܐ. B. ܠܡܐܬܐ ܠܗܘܢ ܠܦܘܩܐ C.

21. ܕܝܢ ܢܬܒܥܐ] AC. ܕܝܢ ܢܬܒܥܘܢ e. ܕܝܢ ܢܬܒܥܘܢ abde (B**). ܡܢ] ܡܢܢ BC a–e.——ܠܦܘܪܢܐ] ܠܦܘܪܢܐ B a–e.

22. ܠܗܘܢ] ܠܗܘܢ a–e.——ܐܦܪ̈ܢܐ] ܐܦܪ̈ܢܝܢ C.

23. ܦܠܫܗܘܢ] ܘܐ ܦܠܫܗܘܢ ܐܦܢ a–e. ܡܬܡܬܚܝܢ B a–e.

6 VI. ܡܢ ܪ̈ܚܝܢܗ ܡܫܬܚܠܦ ܗܘܐ. ܐܠܐ ܟܕ ܚ̈ܒܘܠܘܗܝ ܠܙܘܥܐ
ܡܬܚܫ ܗܘܐ̇. ܟܕ ܬ̈ܠܐܐ ܒܣܪܗ ܕܣܒܐ ܐܬܦܫܩ ܗܘܐ.
ܘܕܡܗ ܥܠܘܗܝ ܪ̈ܕܐ ܗܘܐ̇. ܟܕ ܒܥ̈ܠܥܘܗܝ ܡܬܦܬܚܝܢ ܗܘܘ
7 ܠܗ. ܢܦܠ ܗܘܐ ܕܝܢ ܥܠ ܐܪܥܐ̇. ܡܛܠ ܕܠܐ ܡܣܝܒܪ ܗܘܐ
ܠܫܘܢܩܗ ܒܐܟܐ. ܣܘܟܠܗ ܕܝܢ ܬܪܝܨ ܗܘܐ̇. ܘܠܐ ܡܬܟܦܦܐ
8 ܗܘܐ ܠܟܐ ܘܠܟܐ. ܚܕ ܕܝܢ ܡܢ ܗ̇ܢܘܢ ܡܪ̈ܕܝܐ ܕܡܫܬܥܒܕܝܢ
ܗܘܘ ܒܗ̇. ܥܠ ܕܪܗܛ ܡܟܟܦ ܗܘܐ ܠܗ. ܟܕ ܩܝܡܐ ܠܗ
9 ܕܢܩܘܡ ܡܢ ܕܢܦܠ. ܡܣܝܒܪ ܗܘܐ ܕܝܢ ܒܟܐ̈ܒܐ. ܘܡܒܣܪ ܥܠ
10 ܡܛܢ̈ܪܐ. ܘܡܣܝܒܪ ܗܘܐ ܫ̈ܢܕܐ ܘܥܒܪ ܠܛܘܪܦܐ. ܘܐܝܟ
ܐܬܠܝܛܐ ܫܠܝܚܐ ܟܕ ܡܠܟ. ܗܘܐ ܙܟܐ ܗܘܐ ܣܒܐ ܠܗ̇ܢܘܢ
11 ܕܡܫܬܥܒܕܝܢ ܗܘܘ ܒܗ. ܟܕ ܕܝܢ ܕܚ̈ܫܠܝܢ ܗܘ̈ܝ ܐ̈ܦܝܗܘܢ
ܘܡܠܗܬܐ ܗܘܐ ܬܘܒܠܐܝܬ. ܬܡܗܝܢ ܗܘܘ ܒܟܢܫܘܬܐ
12 ܕܢܦܫܗ̇. ܐܦ ܗ̇ܢܘܢ ܗܠܝܢ ܕܡܫܬܥܒܕܝܢ ܗܘܘ ܒܗ. ܘܥܠ
ܗܕܐ ܐܝܬ ܐܡܪܬܘ ܕܡܛܠ ܕܚܫܝܢ ܗܘܘ ܥܠ ܣܝܒܘܬܗ.
13 ܘܐܝܬ ܐܡܪܬܘ ܕܡܛܠ ܕܚܫܝܢ ܗܘܘ ܥܠܘܗܝ. ܘܐܝܬ ܐܡܪܬܘ
ܕܡܛܠ ܕܬܡܗܝܢ ܗܘܘ ܒܣܘܒܪܗ. ܩܪ̈ܒܝܢ ܗܘܘ ܐ̈ܢܫܝܢ
14 ܡܢ ܩܪ̈ܝܒܘܗܝ ܕܡܠܟܐ ܘܐܡܪܝܢ ܠܗ. ܒܒܥܘܬܐ ܗܠܝܢ
15 ܕܠܐ ܒܥܝܢ ܢܦܫܟ ܡܟܘܡ ܐܢܬ ܐܠܝܥܙܪ.. ܚܢܢ ܡܢ ܠܩܘ̈ܒܠܐ
ܕܡܒܫܠܝܢ ܦܫܦܝܢ ܡܩܪܒܝܢ ܘܐܢܬ ܟܕ ܢܦܫܟ ܐܝܟ ܗܘ
16 ܕܡܢ ܒܣܪܐ ܕܚܙܝܪܐ ܬܐܟܘܠ ܐܢܬ ܘܬܚܐ. ܐܠܝܥܙܪ ܕܝܢ ܐܝܟ

6. ܡܬܚܫ ܗܘܐ AB a–e. (om. ܗܘܐ e.) ܡܬܒܚܫ ܗܘܐ C.

7. ܢܦܠ ܗܘܐ AB a–e. ܢܦܠܗܘܐ C.—om. ܕܝܢ C.

8. ܟܠܐ] ܡܢ A.—ܠܒܗ ܗܘܐ ܦܫܝܐ ܡܢ C.

9. ܡܛܪ̈ܐ. AC.

12. Om. ܕܡܟܠܠ B a–e (d*).—ܕܢܦܫܗ C.

14. ܕܠܐ ܒܥܝܢ ܡܟܘܡ ܐܢܬ ܢܦܫܟ ܠܐ' BC a–e.

15. ܗܘ ܕܒܣܪܐ C.

33 ܠܐ ܗܘܐ ܗܘܝܐ ܫܟܐܗ ܐܝܟܐ ܥܠ ܡܫܘܚܬܗ: ܕܡܛܠ ܢܦܫ
34 ܢܡܘܣܐ ܕܐܒ̈ܗܘܗܝ ܐܚܪܢܐ. ܠܐ ܡܬܡܠܠ ܐܝܟܐ ܕܝܢ ܢܡܘܣܐ
35 ܕܝܠܗ. ܘܠܐ ܟܦܪ ܐܝܟܐ ܒܚܕ ܢܡܘܣܬܐ ܢܣܝܒܬܗ. ܘܠܐ ܡܒܗܬ
ܐܝܟܐ ܠܝ ܡܐܡܪܐ ܕܟܠܗ ܥܡܘܣܬܐ. ܘܠܐ ܟܦܪ ܐܝܟܐ
36 ܒܚܕ ܒܡܫܘܬܐ ܢܣܪܬܐ ܘܡܠܦܢܐ ܢܡܘܣܝܐ. ܘܠܐ ܡܡܫܝܚܐ
ܡܫܘܬܗ ܡܫ̈ܘܬܗ. ܘܠܐ ܡܦܠܓܐ ܐܝܟܐ ܬ̈ܠܝܢ. ܕܒܗܘܢ
37 ܢܡܘܣܐܝܬ ܦܩܕ. ܒܪ ܕܓܒܐ ܐܝܟܐ ܐܚ̈ܘܗܝ ܡܡܠܠܝܢ ܠܗ.
ܕܠܐ ܐܬܦܪܫܬ ܡܢ ܦܠܓ̈ܘܬܢ ܕܒܢܝܐ ܠܡܘܬܐ ܡܦܠܓܢ.
38 ܒܡܬܢܝܢ ܐܢܬ ܕܝܢ ܡܬܥܣܩ ܐܢܬ ܒܦܠܓܘܬܐ. ܥܠ ܚ̈ܫܒܘܢ
ܕܝܢ ܕܥܠ ܐ̈ܦܝ ܕܝܠܟ ܐܠܗܐ. ܠܐ ܒܪ ܡ̈ܠܐ ܡܬܩܠܩܠ ܐܢܬ.
VI. 1 ܘܠܐ ܒܪ ܟܬ̈ܒܐ. ܒܪ ܕܝܢ ܗܘܝܐ ܠܗܘܢ ܦܢܝܢ ܕܦܠܓܘܬܐ:
ܐܝܟ ܕܗܦܟܐ ܟܠܟ. ܐܦܝܢ ܠܗܘܢ ܐܟ̈ܝܢ ܕܡ̈ܪܝܐ
2 ܘܡܫܪܪܬ ܠܗܘܢ ܥܒܕܐ ܒܪܘܚܐ ܠܐܠܗܝܢ. ܘܠܗܘܢܐ
ܐܢܫܝܗܘܢ ܠܗܕܐ ܕܒܥܝܢ ܗܘܐ ܒܐܡܝܢܘܬܐ ܕܕܝܠܟ ܐܠܗܐ.
3 ܦܬܪ ܡܢ ܕܝܢ ܐܣܟܡܐ ܐܝܕܘܗܝ ܠܟܘܬܪܗ. ܘܒܛ̈ܘܦܐ
4 ܡܬܚܙܝܢ ܗܘܘ ܠܗ. ܒܪ ܚܕ ܡܢ ܦܠܫ̈ܘܗܝ ܕܦܠܓܘܬܐ:
ܕܐܬܦܠܓ ܠܡܩ̈ܘܠܘܗܝ ܕܟܠܗܐ: ܒܡܠܐ ܪܟܐ ܡܟܐ ܗܘܐ
5 ܠܗ. ܠܒܢܝܐ ܕܝܢ ܘܠܒܪܢܐ ܥܪܪܐܝܬ ܐܠܗܝܢ. ܐܝܟ ܗܘ
ܕܒܠܘܚܐ ܡܬܠܒܟ ܗܘܐ. ܐܦ ܠܐ ܒܪ ܚܕ ܡܢ ܐܣܟܝܡ

34. ܐܘ ܢܡܘܣܬܐ A.

35. ܢܣܝܒܐ b.

36. ܕܒܗܘܢ B a–e.

37. ܠܐ] ܕܠܐ c.

38. ܒܡܬܢܝܢܢ in text. sed in marg. ܒܡܬܢܝܢ ܫ e.

ܒܪ ܡ̈ܠܐ] ܒܬܪܝܢ A.

VI. 1. ܕܗܦܟܐ BC a–e.

3. ܘܒܛܘܦܐ A.

4. ܕܐܬܦܠܓܘܢ A. (in fine lin.) ܕܐܬܦܠܓܘܢ C.

ܗܘܐ ܡܟܐ B a–e (d*).

V. ܒܥܘܠܒܢ: ܐܝܟ ܗܘ ܕܠܐ ܒܪܢܫܐ ܬܘܒܐ ܒܗ ܡܬܕܒܪܝܢ.
23 ܒܢܒܘܬܐ ܟܠܗ ܕܠܒܘܠܗܝܢ ܕ̈ܒܝܬܐ. ܘܫܡܐ ܢܒܥܐ.
ܘܬܕܪܫ ܒܒܪܘܬܐ. ܕܡܪܢܝܢ ܒܗܠ ܐܘܠܨ̈ܢܝܢ ܢܦܩܪ.
24 ܟܠܗ ܕܝܢ ܕܢܡܘܣܐ ܗܘ ܕܒܢܝܢ. ܕܒܥܠܡܘܗܝ ܐܝܟ ܗܘܝܢ
ܥܠܝܟܝܢ ܚܕ ܠܢܡܘܣܐ. ܟܠܗ ܕܝܢ ܐܦ ܕܚܠܬ ܐܠܗܐ
ܡܪܝܐܬ. ܕܠܗܘ ܕܡܦܩ ܒܥܘܕܗܘܢ ܐܠܗܐ ܢܦܩܘܕ
25 ܘܡܐܢܬ. ܘܥܠ ܗܕܐ ܡܕܡ ܕܡܦܩܕ ܠܐ ܢܟܠܝܢ ܚܕ. ܡܛܠ
ܒܪ ܕܡܗܡܢܝܢ ܕܢܡܘܣܐ ܕܐܠܗܐ ܗܘ. ܡܦܩܝܢ ܕܐܝܟ
26 ܡܫܠܡܘܬܗ ܕܒܢܝ. ܡܬܢܫܐ ܘܡܦܩܕ ܒܥܘܕܗ ܕܒܠܒܐ. ܗܠܝܢ
ܗܒܝܠ ܕܠܐ ܐܢܬܘܢ ܫܡܘܥܐ ܠܢܦܫܟܘܢ. ܐܦܩܘ ܠܝ
ܠܡܐܟܠ. ܡܢ ܗܠܝܢ ܕܝܢ ܕܐܢܬܘܢ ܫܡܘܥܐ ܟܠܐ ܠܝ ܕܡܢ
27 ܒܦܪܗܝܢ ܠܐ ܢܐܟܘܠ. ܕܫܘܒܠܐ ܗܟܝܠ ܐܢܬܘܢ. ܠܐ ܗܘܐ
ܒܠܚܘܕ ܕܬܚܙܐ ܠܝ ܠܡܒܥܪ ܒܠ ܢܡܘܣܝ. ܐܠܐ ܐܦ
ܕܢܐܟܘܠ. ܕܒܥܕ ܡܐܟܘܠܬܐ ܗܕܐ ܕܡܢ ܒܠܚܘܕ ܡܫܒܚܐ
28, 29 ܒܠܝܢ ܬܒܥܝ. ܐܠܐ ܠܐ ܚܙܝܢ ܐܢܬ ܒܠܗ. ܠܐ ܡܢܚܡܝܢ
ܫܦܝܐ ܘܡܬܓܡܪܝܢ ܗܘ ܕܐܟ̈ܠܝܢ ܠܟܠܗ ܢܡܘܣܐ ܡܓܢܐ.
30, 31 ܐܦܠܐ ܐܢ ܒܢܝܐ ܬܚܝܬܐ ܘܬܦܩܪ ܡܬܝܢ ܒܗܘ. ܠܐ ܗܘܐ
ܡܒܠܐ ܩܛܒ ܐܒܝܐ: ܘܡܢ ܒܒܪܘܬܐ ܡܒܒܪܘ ܐܒܝܐ:
32 ܕܡܛܠ ܕܚܠܬ ܐܠܗܐ: ܠܐ ܢܒܪܘܒ ܘܢܥܒܕ ܫܩܥܒܝ. ܒܠ
ܬܪܦ ܗܠܝܢ ܡܒܠ. ܒ̈ܪܟܠܐ ܓܒܪ. ܘܡܪܐ ܒܡܐܢܬ ܒܗܘܠ.

23. ܕܒܠܗܘܢ BC a–e.

24. ܐ̈ܢܫܐ C.—ܗܘܬܠ] ܦܪܝܫܬܠ C.

25. Om. ܚܕ BC a–e.—ܡܫܡܫܝܢ a–e.—ܐܝܟ] ab.

26. ܐܦܩܘ] a.

27. ܠܡܒܥܪ] ܕܢܒܥܪ C.

29. ܘܡܬܓܡܪܝܢ AC. ܘܡܬܓܡܪܝܢ B a–e.—.ܢܡܘܣ A.

30. ܬܚܝܬܐ] ܬܚܘܬܐ A.—ܡܬܝܢ A.

32. Om. ܗܠܝܢ a.—ܕܒ̈ܪܟܠܐ ab.

11 ܐܢܬ݂ ܡܢ ܥܬܝܪܘܬܗ ܕܡܠܟܘܬܐ ܗܘܐ : ܘܗܫܐ ܐܢܬ ܡܢܝ
ܚܣܝܪܐ ܗܘܐ ܒܝܬܐ : ܘܢܦܩܬ ܐܢܬ ܡܣܟܢܘܬܐ ܕܥܒܕܐ
ܠܥܒܝܢ ܘܠܫܒܩܬܢܝ. ܘܗܘܝܬ ܐܢܬ ܚܙܝܪܐ ܕܣܠܩ ܕܦܩܥ:
12 ܘܦܠܓܬ ܐܢܬ ܠܢܦܫܐ ܕܡܪܚܡܢܘܬܝ : ܘܫܕܝܬܗ ܐܢܬ ܥܠ
13 ܫܒܘܬܢܝ. ܐܦ ܒܪܝ ܡܬܒܥܐ ܠܝ ܕܐܬܬܚܒܠ : ܕܐܟܡ ܐܢܬ
ܡܕܡ ܕܒܠ ܕܫܠܬܒܘܢ ܕܠܒܠ ܠܗ. ܥܒܕ ܗܘ ܠܝ ܒܠ ܒܢܝ
14 ܢܬܒܣܡ: ܕܡܢ ܡܠܦܢ ܦܬܪ ܐܢܬ. ܒܪ ܕܝܢ ܒܗܘܢܐ ܐܣܬܒܠܐ
ܡܬܢܪܒ ܗܘܐ ܠܗ ܓܒܪܐ : ܕܢܐܒܘܠ ܒܣܪܐ ܕܒܢܝܗܘܢ
15 ܠܐ ܡܟܫ ܗܘܐ. ܥܒܠ ܐܠܒܪܢ ܕܢܬܒܣ ܠܗ ܠܡܬܓܠܠܘ. ܒܪ
ܕܝܢ ܢܣܒܬ ܥܘܠܝܬܐ ܕܢܬܓܠ. ܥܢܘ ܕܢܐܟܪ ܡܕܡ ܒܗܠܝܢ ܒܢܝ̈.
16 ܗܒܢܐ. [ܡܗ] ܣܢ ܐܘ ܐܠܗܒܝ. ܒܕܡܒܣܢ ܣܢ ܕܢܬܒܣܐܬ
ܢܬܕܒܪ. ܐܦ ܠܐ ܣܪ ܡܢ ܡܠܦܢ ܫܒܚܢ ܠܝ ܕܡܢ ܗܘܢܐ ܡܟܝܢ:
17 ܡܢ ܡܬܠܦܢܘܬܐ ܕܠܝܬܘܬܐ. ܡܛܠ ܗܕܐ ܘܠܐ ܒܣܪ ܡܢ
18 ܐܣܒܝܢ ܕܒܒܪܝܫ ܡܬܪܚܝܢ. ܘܗܐ ܐܦ ܠܐ ܐܬܬܘܗܝ ܗܘܐ
ܥܪܝܐܬ ܐܠܗܐ ܢܬܒܣܡ ܐܝܟ ܡܟܐ ܕܐܢܬ ܦܬܪ ܐܢܬ.
ܦܬܪ ܗܘܘ ܕܝܢ ܐܦ ܗܒܢܐ ܕܐܬܘܗܝ ܐܠܗܐ. ܐܦ ܠܐ ܗܒܢܐ
19 ܡܟܫ ܗܘܐ ܠܝ: ܕܠܡܫܒܪܢܘܬܐ ܕܕܝܠܟ ܐܠܗܐ ܢܬܠܠ. ܠܐ
ܗܒܠ ܬܫܒܪ ܕܣܓܝܐ ܗܘ ܒܗܘܪܐ: ܐܟ ܗܘ ܕܡܐܒܘܠܬܐ
20 ܡܫܒܚܬܐ ܢܐܒܘܠ. ܒܪܒܘܪܬܐ ܒܪ ܐܘ ܒܪ̈ܘܪܒܬܐ ܕܐܟܠ
21 ܢܒܕܪ ܒܠ ܢܬܒܣܝ. ܣܪ ܣܢܝܐ ܡܒܣܐ. ܒܪ ܬܪܬܝܗܘܢ ܒܪ
22 ܥܡܐܬ ܥܡܒܠܝܐ ܒܠ ܢܬܒܣܐ ܗܘܪܐ. ܡܒܪܣ ܐܢܬ ܕܝܢ

13. ܐܦ ܒܪܢܝ] C.—ܒܠܠ Ce. ܒܠܠ AB a–d.

14. ܕܢܒܣܘܡܐ ܠܐ ܡܟܫ ܗܘܐ B a–e.

16. ܒܡܦܩܢܝܢ ܠܗ ܕܢܦܩ' C.—om. ܡܢܦܩܝܢ ܠܗ A.
ܡܬܠܦܢܘܬܐ C.

17. ܘܡܛܠ A.

18. ܕܐܬܘܗܝ ܐܠܗܐ. AC e.

19. ܐܒܘܠ.] ܢܐܒܘܠ. a–e (B**).

22. Om. ܕܝܢ BC a–e.

V. 2 ܦܩܕ ܠܐܫܝ̈ܕܝ ܕ̈ܘܡܣܐ. ܕܠܟܠ ܚܕ ܚܕ ܡܢ ܚܒܪ̈ܘܗܝ ܢܬܠܘܢ.
3 ܘܠܚܡܘܢ ܕܟܣܦܐ ܕܣܝܒܪܐ ܘܕܕܚܝܠܐ ܢܐܟܠܘܢ. ܐܝܟ ܕܡܢ
ܐܢ̈ܫܝ ܠܐ ܝܕܥܘܢ ܠܡܐܟܠ ܡܐܟܘܠܬܐ ܦܓܪܢܝܬܐ. ܗ̇ܢܘܢ
4 ܒܡܣܟܢ ܒܗܪܐ ܕܗܝܟܠܐ ܢܚܘܬܘܢ. ܟܕ ܕܝܢ ܡܠܐܟ̈ܐ
ܗܠܝܢ ܡܫܬܠܛܝܢ ܗܘܘ. ܚܕ ܡܢܗܘܢ ܡܢ ܓܘܐ ܒܪܐ ܚܒܪܝܐ
ܕܢܦܩ ܗܘܐ ܐܠܝܥܙܪ. ܡܢ ܓܘܫܐ ܕܟܘ̈ܪܐ ܩܦܪ ܢܚܘܫܐ.
ܕܡܫܪ ܗܘܐ ܒܢܘܡܘܬܗ. ܘܡܛܠ ܫܒܘܬܗ ܐܦ ܠܩܦܘܠܝܐ
ܡܢ ܡܬܒܘܗܝ ܕܦܪܘܢܐ ܢܦܩ ܗܘܐ. ܠܗ ܠܗܢܐ ܗܒܠ
5 ܐܫܬܘܕܝܘܗܝ ܡܢܚܘܡܝ ܕܦܪܘܢܐ. ܟܕ ܕܝܢ ܚܙܝܘܗܝ ܦܪܘܢܐ
6 ܐܫܠܚܘܗܝ ܐܡܪ. ܐܢܐ ܐܘ ܗܒܠܐ. ܟܕ ܠܐ ܐܢܫܐ ܒܢ̈ܝܢܫܐ
ܕܠܥܠܡ. ܩܠܝ ܐܝܟܐ ܠܝ ܗܠܝܢ. ܕܐܬܐܟܠܘ ܕܣܝܒܪܐ ܘܬܘܐ.
ܡܬܚܙܐ ܐܝܟܐ ܚܒܪ ܡܢ ܥܢܝܢ. ܘܡܢ ܚܘܪ̈ܬܝ ܗܠܝܢ. ܡܢ ܩܕܡܝ
ܒܪ ܗܢܐ ܒܗܠܝܢ ܙܒܢ̈ܝ. ܠܐ ܡܬܚܙܝܐ ܐܢܬ ܠܝ ܕܡܫܢܝܐܢܬ
7 ܦܩܕ ܐܢܬ: ܕܒܙܠܝܬܐ ܕܣܘܪ̈ܝܐ ܡܬܕܒܪ ܐܢܬ. ܟܠ ܡܕܝܢܐ
ܒܪ ܟܕ ܒܗܢܐ ܕܝܢ ܡܐܟܘܠܬܐ ܡܫܬܪܝܬܐ ܕܟܣܦܐ ܕܣܝܒܪܬܐ
8 ܗܕܐ. ܐܢܬ ܢܛܪ ܐܢܬ ܡܢܗ ܘܡܫܟܠܐ ܐܢܬ ܠܗ. ܐܦ ܒܪ
ܫܟܠܐ ܗܘ ܕܠܐ ܐܝܬ ܕܢܚܫܘܢ ܒܫܢܝܬܐ ܕܫܒܩܐ ܠܟ ܒܗܝܢ.
9 ܘܦܪܥܐ ܗܘ ܕܐܝܬ ܢܦܫܟ ܡܢܗ ܕܒܢܝܐ ܡܦܪܢ ܘܢܩܦܝ. ܐܢܬ
ܕܝܢ ܐܦ ܕܫܟܠܐ ܡܢ ܗܕܐ ܡܬܚܙܝܐ ܐܢܬ ܕܟܕ ܐܢܬ:
ܐܢܝܗܘ ܕܟܕ ܡܬܢܚܫ ܐܢܬ ܒܢܝܢܬܟ ܒܝܫܘܬܐ: ܕܡܛܠ ܒܪܪܐ
10 ܐܦ ܟܠ ܬܫܦܪ. ܘܠܡܣܒ ܒܢܝܐ ܬܫܬܦܠ. ܠܐ ܡܬܬܟܪܪ

3. ܕܣܝܒܪ̈ܬܐ] ܕܣܝܒܪ̈ܬܐ A.

4. ܕܝܢ] ܕܝܢ C.—ܡܫܬܠܛܝܢ C.—ܡܢܗܘܢ ab.
ܐܝܟܐ] B a–d.—om. ܗܘܘ C.

5. Om. ܦܪܘܢܐ . . . ܟܕ ܕܝܢ c.

6. Om. ܐܢܐ (ante ܐܘ) A.—ܘܐ A. ܐܘ BC a–e.—om. ܐܝܬ (ante ܠܟ) C.

7. ܕܢܚ BC a–e.—ܠܗ . . . ܚܕܝܢ BC a–e.

8. ܡܫܬܪܝܬܐ BC a–e.

9. Om. ܐܢܬ ܕܟܕ A.—om. ܗܘ ܐ̇ a–e.

19 ܪܒ ܟܘܡܪܐ. ܘܐܫܠܛܗ ܕܢܗܘܐ ܠܥܡܐ. ܗܘ ܕܝܢ ܗܢܐ ܫܢܝ
ܠܢܡܘܣܘܗܝ ܕܥܡܐ ܘܠܕܘܒܪܘܗܝ. ܟܕ ܢܟܪ ܠܗ ܠܘܬ ܟܠ
20 ܥܒܪ ܢܡܘܣܝܢ. ܐܝܟ ܕܠܐ ܗܘܐ ܒܠܚܘܕ ܒܢܝܢܐ ܕܒܝܠܗ
ܐܬܪܢ ܠܡܥܒܕܗܘܢ ܢܬܒܝ. ܐܠܐ ܐܦ ܢܒܛܠ ܬܫܡܫܬܐ ܕܒܝܬ
21 ܡܩܕܫܐ. ܥܠ ܗܠܝܢ ܕܝܢ ܐܬܚܡܬ ܕܝܢܐ ܕܐܠܗܐ. ܘܠܗ
22 ܠܐܢܛܝܟܘܣ ܒܠܒܗ ܓܪܒ. ܡܛܠ ܓܝܪ ܕܡܠܟ ܗܘܐ
ܒܐܓܘܦܛܘܣ ܥܡ ܦܛܠܡܐܘܣ. ܘܫܡܥ ܕܐܠܒܫܐ ܐܢܫ
ܕܡܝܬ ܠܗ. ܘܟܡܐ ܚܕܘܬܐ ܪܒܬܐ ܗܘܬ ܠܥܡܘܪܘܗܝ
23 ܕܐܘܪܫܠܡ. ܥܒܪ ܡܬܚܪܒܘܬܗ ܥܠܘܗܝ ܒܠܚܘܕ. ܘܥܡ ܕܗܘ
ܐܢܘܢ ܦܩܕܐ ܦܩܕ. ܕܐܢܝܢ ܗܘ ܕܐܢܫ ܡܢܗܘܢ ܡܬܚܙܐ
24 ܕܒܢܡܘܣܐ ܕܐܒܗܘܗܝ ܢܬܕܒܪ ܢܡܘܬ. ܘܟܕ ܠܐ ܐܫܟܚ
ܕܢܣܒ ܡܢ ܐܦܩܕܢ ܒܦܘܩܕܢܘܗܝ ܠܡܫܪܐ ܢܡܘܣܘܗܝ ܕܥܡܐ:
ܒܠܚܘܕ ܕܝܢ ܠܡܘܬܗܘܢ ܘܫܢܕܗܘܢ ܚܙܐ ܗܘܐ ܕܡܫܬܪܝܢ.
25 ܐܝܟ ܕܐܦ ܢܫܐ ܕܓܙܪܝ ܗܘܘ ܠܒܢܝܗܝܢ ܥܡ ܫܒܪܝܗܝܢ
ܡܢ ܪܘܡܐ ܪܡܝܬܐ ܢܦܠܢ. ܟܕ ܡܢ ܩܕܡ ܝܕܥܝܢ ܗܘܝ
26 ܕܡܗܝܡܢܐ ܗܘܐ ܠܗܘܢ. ܗܘ ܕܝܢ ܥܩܬܐ ܠܡܠܟܐ ܡܢ
ܥܡܐ ܗܘܐ: ܕܟܕ ܐܬܠܝܢ ܗܘܘ ܡܬܒܠܬܐ ܡܫܬܒܚܬܐ.
1 V. ܠܢܦܫܗ ܒܡܘܕܝܢܘܬܐ ܀ . ܀ ܟܕ ܝܬܒ ܗܘܐ ܛܘܪܢܐ
ܐܢܛܝܟܘܣ ܥܡ ܪܘܪܒܢܘܗܝ ܒܕܘܟܬܐ ܪܡܬܐ. ܘܟܕ ܚܝܠܘܬܗ
ܚܕܪܝܢ ܗܘܘ ܠܗ ܥܡܐ ܘܥܡܗ ܟܕ ܙܝܢܘܢ ܠܟܢܫ ܗܘܘ.

19. ܕܒܠܗ ܥܡܐ C.

20. Om. ܕܒܠܚܘܕ A.—ܐܬܪܢ] ܥܡܢ B a–e.—ܐܬܢܐ A.
ܕܒܠܠ] ܒܠܠ a.

22. ܕܐܬܐ a–d.—ܘܡܬܚܦܠ c.

23. ܘܥܡ a–e.—ܕܓܪܘ C.—ܕܒܢܡܘܣܐ A.

25. ܡܢܬܢܘܢ Ba–e.—ܡܥܠܕܝܢ A. ܢܥܠܢ c.—ܗܘܝ ܝܕܥܝܢ C.

26. ܀ ܒܡܘܕܝܢܘܬܐ BC a–e.

V. 1. Om. ܟܕ (ante ܝܬܒ) BC a–e. ܝܬܒ ab.—ܟܕ ܒܠܚܘܕ ܝܬܒܝܢ C.

IV.10 ܒܚܝܠܐ ܕܠܓܝܘܢܐ ܐܦܠܘܢܝܘܣ ܠܗܝܟܠܐ ܥܐܠ ܗܘܐ ܗܘ̇. ܡܢ
ܫܡܝܐ ܦܪ̈ܫܐ ܐܬܚܙܝܘ ܠܗ. ܡܠܐܟ̈ܐ ܕܡܙܪܙܝܢ ܒܙܝܢܝܗܘܢ.
11 ܘܕܚܠܬܐ ܣܓܝܐܬܐ ܘܢܦܠܐ ܒܗ ܙܘܥܝܢ ܗܘܘ. ܗܟܢܐ ܕܐܦ
ܢܦܠ ܐܦܠܘܢܝܘܣ ܥܠ ܐܪܥܐ ܕܗܝܟܠܐ ܘܦܫܛ ܗܘܐ
ܠܡܫܒܚܬ. ܘܐܬܠܐ ܐܝܕܘܗܝ ܠܫܡܝܐ. ܘܒܕܡܥܐ ܣܓܝܐܬܐ
ܡܢ ܒܢ̈ܝܐ ܡܬܟܫܦ ܗܘܐ ܕܢܨܠܘܢ ܥܠܘܗܝ. ܘܢܪܚܡܘܢ
12 ܠܫܠܘܬܐ ܕܡܢ ܫܡܝܐ ܥܠܘܗܝ ܐܬܘ. ܐܡܪ ܗܘܐ ܓܝܪ
ܕܥܠ ܕܣܟܠܐ ܚܛܐ ܗܘܐ ܕܢܦܘܩ. ܐܝܟܘ ܕܝܢ ܕܢܚܐ. ܠܥܠܡܘܢ
13 ܬ̈ܢܢ ܐܢܫܐ ܢܬܠܐ ܠܗܘܢ ܕܗܡܠܐ. ܚܘܢܝܐ ܕܝܢ ܪܒ ܟܗ̈ܢܐ
ܕܐܬܦܝܣ ܠܡܠܟܐ ܣܠܘܩ: ܘܬܒܥ ܕܕܚܠ ܗܘܐ ܕܠܐ ܢܣܒܪ
ܠܗ ܡܠܟܐ ܣܠܘܩܘܣ. ܕܡܢ ܢܟܠܐ ܐܢܫܐ: ܘܠܐ ܗܘܐ ܡܢ
14 ܕܒܝܬ ܐܠܗܐ: ܐܦܠܘܢܝܘܣ ܐܬܚܒܠ. ܨܠܝ ܥܠܘܗܝ ܘܗܘܝܐ
ܚܝܐ ܬܗܪܐܝܬ. ܘܫܕܪ ܠܚܘܝܘܬܗ ܠܡܠܟܐ ܣܠܝܩ ܕܒܪ̈ܝܫܘܢ.
15 ܟܕ ܕܝܢ ܡܝܬ ܣܠܘܩܘܣ ܡܠܟܐ. ܡܠܟ ܠܗ ܒܪܗ ܐܢܛܝܟܘܣ
ܕܡܬܩܪܐ ܐܦܝܦܢܘܣ ܥܠܝܦܢܘܣ. ܓܒܪܐ ܪܫܝܐ ܘܒܝܫܐ.
16 ܗܘ ܗܢܐ ܫܪܝܗ ܠܥܡܢܐ ܡܢ ܙܒܢܬ ܒܥܘܬܐ. ܘܐܥܒܪ
17 ܠܐܝܣܘܢ ܐܚܘܗܝ ܪܒ ܟܗ̈ܢܐ. ܟܬܒܘܗܝ. ܕܐܢ ܗܘ ܕܢܬܠ
ܠܗ ܟܘܪܣܝܐ. ܢܬܠ ܠܗ ܟܟܪ̈ܐ. ܥܠ ܫܢܬܐ ܕܐܝܬ. ܬܠܬܐ
18 ܐ̈ܠܦܝܢ ܘܫܬܡܐܐ ܘܫܬܝܢ ܟܟܪ̈ܝܢ. ܐܦܣ ܠܗ ܕܝܢ ܕܢܗܘܐ

10. ܒܙܝܢܝܗܘܢ ܢܘܪܐ ܕܠܗ̈ܒܐ C.—: ܡܢ ܫܡܝܐ ܐܬܚܙܝܘ ܠܗ ܦܪ̈ܫܐ C.
ܘܪܗܛܐ] ܘܢܘܪܐ C.

11. ܘܙܘܥܐ] ܘܒܗܬ C.

12. ܕܢܚܐ. A. ܕܢܐܚܐ. BC a–e.

13. ܕܕܢܚܠ ܗܘܐ A. ܕܕܒܚܠ ܗܘܐ. C b–e. (B**).

15. ܐܦܝܦܢܘܣ B a–e. ܐܦܝܦܐܢܘܣ C.

17. ܗܘ ܐܢ BC a–e.—ܕܢܦܩܘܢ C.—ܟܪ̈ܐܐ. C.—ܡܢܐ B a–e.

18. ܐܦܣ a–e.

ܐܦܠܘܢܝܘܣ ܕܣܘܪܝܐ ܘܦܘܢܝܩܐ ܘܕܩܝܠܝܩܝܐ ܫܠܝܛܐ
3 ܐܚܝܕ ܗܘܐ. ܘܐܡܪ ܠܗ. ܕܐܝܟ ܡܢ ܕܚܫܝܒ ܠܡܠܟܘܬܐ
ܕܡܠܟܐ. ܐܬܝܬ ܠܘܬܟ ܕܐܘܕܥܟ ܕܒܐܘܨܪ̈ܘܬܐ ܡܫܬܟܚܢ
ܕܟܣܦܐ ܕܐܢ̈ܫܐ ܕܠܝܬ ܠܗܘܢ ܦܠܚܘܬܐ: ܒܥܝܬ ܐܢܬ ܐܠܐ
ܕܐܘܪܫܠܡ ܗܝܟܠ ܣܝܡ̈ܢ ܒܓܙܐ. ܘܙ̈ܘܙܝܢ ܣܓܝܐܝܢ ܗܘܝܢ ܠܡܠܟܐ
4 ܣܠܘܩܘܣ. ܐܦܠܘܢܝܘܣ ܕܝܢ ܟܕ ܫܡܥ ܗܠܝܢ. ܠܫܡܥܘܢ
ܫܒܚ ܥܠ ܚܦܝܛܘܬܐ ܕܐܝܬ ܠܗ ܠܘܬ ܡܠܟܐ. ܣܠܩ ܕܝܢ
ܠܘܬ ܡܠܟܐ ܣܠܘܩܘܣ ܘܐܘܕܥܗ ܥܠ ܡܝܬܪܘܬܐ ܕܟܣܦܐ
5 ܗܢܐ. ܘܢܣܒ ܫܘܠܛܢܐ ܕܟܠܗܘܢ. ܘܒܥܓܠ ܠܐܬܪܢ ܥܡ
6 ܫܡܥܘܢ ܠܛܝܐ ܘܚܝܠܐ ܚܣܝܢܐ ܛܒ. ܘܐܡܪ ܗܘܐ. ܕܐܬܝܬ
ܡܢ ܕܠܦܘܩܕܢܗ ܕܡܠܟܐ ܡܫܬܠܛ ܐܢܐ. ܕܟܣܦܐ
7 ܕܕܝܘܛܐ ܐܬܬܘܗܝ. ܡܢ ܒܝܬ ܓܙܐ ܢܣܒ. ܟܕ ܕܝܢ ܥܡܐ
ܠܡܒܠ ܬܠܡܘܢ ܐܬܬܘܗܝ: ܘܡܬܚܫܢܐ ܗܘܐ ܠܡܘܡܠܗ:
ܘܡܬܪ̈ܥܡܐ ܕܩܢܘܬܐ ܗܘ ܡܬܢ̈ܪܬܐ: ܐܝܟ ܗܘ ܕܡܢ ܟܠ ܚܝܠܗܘܢ
ܗܠܝܢ ܕܐܬܬܓܠܘ ܥܠ ܒܝܬ ܓܙܐ ܕܩܘܕܫܐ ܡܬܛܠܡܝܢ.
8, 9 ܒܠܘܚܡܐ ܐܦܠܘܢܝܘܣ ܐܙܠ ܗܘܐ ܠܘܬ ܗܝܟܠܐ. ܟܗ̈ܢܐ
ܕܝܢ ܥܡ ܢܫ̈ܐ ܘܛ̈ܠܝܐ ܡܢ ܐܠܗܐ ܒܥܝܢ ܗܘܘ ܕܢܓܢ ܐܢܘܗ
10 ܥܠ ܕܘܟܬܐ ܩܕܝܫܬܐ ܕܡܬܒܣܪܢܝܬܐ. [ܗܘܐ] ܟܕ ܕܝܢ ܣܠܩ ܗܘܐ

2. ܘܩܝܠܝܩܝܐ C.—ܐܚܝܕ ܗܘܐ ܡܠܟܘܬܐ. C.

3. ܐܬܝܬ ܠܘܬܟ BC a–e.—ܡܫܟܚܝܢ A.—ܓܙ̈ܐ ab.

4. ܘܠܣܠܘܩܘܣ post ܡܠܟܐ 1° loco (om. ܣܠܘܩܘܣ post ܡܠܟܐ 2° loco) C.

5. ܕܟܠܗܘܢ C.

6. ܘܐܡܪ ܗܘܐ. AC a. ܘܐܡܪ̈ ܗܘܐ. B.—ܕܦܘܩܕܢܘܗܝ c.—ܐܬܝܬ C.

7. ܘܐܦ ܡܩܝܪܐ C.—ܠܡܘܡܠܗ. abc.—ܗܘܐ] ܗܘܐ B a–e.
ܕܡܢ ܟܠ] ܕܐܦ ܡܢ AC.

8. ܒܠܘ̈ܚܡܐ BC a–e.—ܐܙܠ ܗܘܐ A. ܐܙܠ ܗܘܐ BC a–e.

9. ܕܢܓܢ] ܕܢܓܢ c.—ܕܡܫܬܒܣܪܢܝܬܐ. BC a–e.

III. ܡܗܡܢܝܢ ܒܢܬ ܒܟܠܒܪ̈ܝܬܐ. ܘܡܫܝܢܝܢ ܕܐܦܢܐ ܐܬܐܡܘܗܝ
14, 15 ܫ̈ܢܝܐ. ܘܡܫܘܚܬܗܘܢ ܠܒܢܝܐܢܫܘܬ ܝܕܥܬܐ ܠܚܠܦܐ ܐܬܬܐ. ܗܘ
ܕܡ ܒܗ ܒܐܝܕܐܝܬ ܢܦܩ ܗܘܐ ܡܢ ܝܗܒ. ܐܬܝܣܒ ܕܝܒܘܬܐ
ܗܘ ܡܥܝܬܝ. ܘܡܠܟܐ ܡܬܕܘܘܣ ܕܢܦܫܐ ܚܘܡ ܕܐܬܝܢܘܗܝ.
16 ܥܡܠܐ. ܕܒܕܘܟܐ ܡܬܬܦܠ ܗܘܐ. ܘܡܛܠ ܗܕܐ ܗܘܐ ܐܘܣܡ
ܣܘܒܥܐ ܠܟܐ ܠܘܡܠ ܙܕܩܘ. ܘܢܦܫܗ ܠܥܡܠܐ ܕܐܬܝܬܐ
17 ܠܗ ܠܐܠܗܐ. ܡܢܝܐ ܗܘ ܚܙ ܙܒܢܐ ܡܬܬܪܐ ܠܡܪܟܐ
18 ܦܘܪ̈ܩܢܗܘܢ ܕܢܫܐ. ܘܠܡܦܪܘܫܘ ܒܟܢ̈ܫܐ ܕܦܢܘܬܐ. ܘܠܡܚܫܡ
ܠܐܘܠܝܬܗܘܢ ܕܦܬܪܐ. ܘܒܪܝܫܘܬܐ ܕܥܩܪܬܐ. ܢܦܩ ܒܠ
19 ܒܗܠܝܢ ܡܠܬܐ ܕܢܫܐ. ܗܐ ܕܡ ܡܚܠ ܒܕܝܐ ܦܪܐ
20 ܠܗ. ܠܡܣܡܘܬܗ ܠܡܥܡܘܬܗ ܕܐܢܫܐ ܡܬܬܪܐ. ܡܛܠ ܕܥܢܝܐ
ܒܚܝܡܐ ܐܬܝܗܘܢ ܗܘܐ ܠܐܒܗ̈ܝܢ ܢܡܘܣܐ. ܘܐܬܝܗܘܢ
ܗܘܘ ܒܦܬܓܡܐ ܘܒܢܝܫܐ. ܐܝܟ ܕܐܦ ܚܠܦܐ ܗܠܘܡܘܣ
ܢܦܠܘܪ. ܕܗܕܐ ܘܗܐܡܟܐ ܦܪܥ ܠܗܘܢ ܠܦܘܠܚܢܐ ܕܗܘܕܥܐ.
21 ܘܕܘܟܪ̈ܢܗܘܢ ܒܠܗܘܢ ܐܬܦܟܠܘ ܗܘܘ. ܗܢܕܝܢ ܐܢܫܝܢ
ܠܐܘܣܬܐ ܕܐܦܐ ܒܙ ܥܢܝܢܘܬܗܘܢ ܕܠܝܒܘ. ܘܒܣܩܬܐ
1 IV. ܕܐܢܫ ܐܢܫ ܢܓܠܘ. ܥܣܩܘܢ ܒܙ ܐܢܫ ܕܠܡܘܒܠܐ ܕܕܘܒܪ̈ܘܗܝ
ܕܣܘܢܐ ܡܬܕܒܪ ܗܘܐ: ܗܘ ܕܫܘܕܡ ܐܢܬ ܗܘܐ ܠܗ ܪܒܘܬ
ܒܗܘܢܬܐ: ܒܒܪܐ ܙܒܢܐ ܘܡܦܪܐ. ܡܛܠ ܕܒܠ ܐܗܦܝܡ
ܡܬ̈ܝܩܘܢ ܡܢܡ ܒܒܢܐ ܐܓܠ: ܘܠܐ ܐܥܒܘ ܕܢܒܐܥ ܠܗ.
2 ܓܙܘ ܘܢܓܕ ܕܠܐܬܪܗ ܢܥܠܡ. ܘܒܠ ܗܕܐ ܐܬܒܐ ܠܘܬ

13. ܘܐܦ ܡܟܘܒ. C.

15. ܡܬܝܕܥܝܢ ܗܘܘ A. post ܡܬܝܕܥܝܢ interpung. BC a–e.

16. ܡܛܠ a.

17. ܡܬܝܕܥܘܢ B* a–e.——ܕܢܫܐ ܡܬܬܪܐ. C.

19. ܠܡܥܡܘܬܐ A.

IV. 1. ܕܢܫܐ] ܕܢܐ BC a–e.——ܕܠܡܘܒܠܐ BC a–e.——ܘܡܛܠ BC a–e.
ܘܠܐ ܐܥܒܘ ܕܢܒܐܥ ܠܗ C.

ܣܪܒ. ܠܐ ܓܝܪ ܐܝܟ ܕܡܢܗ ܢܚܙܐ. ܐܠܐ ܓܝܪ ܪܚܝܩܐ
5 ܕܢܦܠ ܠܗ ܐܝܕܐ ܕܡܢܗ ܠܐ ܢܬܦܣܩ. ܠܐ ܗܘܐ ܓܝܪ
6 ܠܡܥܒܪܐ ܕܢܗܪܐ ܗܘ ܪܚܝܩܐ. ܐܠܐ ܒܟܠܙܪܐ. ܘܐܝܬ ܠܗ
ܗܕܐ ܠܡܬܬܚܠܘ ܢܬܪܐܝܬ. ܟܕ ܓܘܢܗ ܕܟܠܒܐ ܕܘܝܕ.
7 ܡܛܠ ܓܝܪ ܕܢܘܟܪܝܐ ܟܠܗ ܡܢ ܦܠܚܘܬܐ ܐܦܪܘܢ : ܘܡܫܠܚܐ
ܡܢܗܘܢ ܫܪܒ : ܡܢ ܦܠܚܐ ܕܡܢ ܚܒܪܐ ܐܝܬ ܗܘܐ ܒܗܘܢ.
8 ܘܪܗܝܒܐ ܡܚܝܠ ܐܕܪܝܟ ܗܘܐ ܠܗ. ܘܡܣܬܪܗܒ ܗܘܐ ܟܕ
ܕܝܚܝܕ ܢܦܫ ܘܠܐܐ ܠܡܐܬܐ ܠܡܥܡ ܡܠܟܘܬܗ. ܕܟܠ ܓܒܪ
9 ܠܗ ܘܠܗܝ. ܡܬܬܪܥܬܐ ܕܚܝܠܐ ܕܐܬܘܪܝܐ ܥܒܕܐ ܗܘܬ. ܘܟܕ
10 ܒܗܠܝܢ ܒܡܫܡܫܘܬܐ ܚܝܠ ܗܘܘ. ܡܠܟܐ ܐܝܟ ܡܢ ܕܩܒܠ
ܫܒܝܐ ܗܘܐ. ܟܕ ܓܝܪ ܥܡܝܩ ܗܘܘ ܠܗ ܡܫܝܚܐ ܕܠܐ
11 ܣܡܡ. *ܠܐ ܓܝܪ ܗܘܐ ܕܢܦܫܗ ܒܫܘܕܥܗܘܢ ܢܦܠܘܢ. ܐܠܐ
ܪܓܬܐ ܕܠܐ ܒܗܝܠܐ ܥܡܘܩܐ ܗܘܬ ܠܗ : ܕܡܢ ܡܠܟܐ ܕܟܝܬ
ܒܠܒܒܐ ܢܒܬܐ ܗܘܐ. ܘܡܢܗ ܡܬܟܪܪ ܗܘܐ ܘܡܬܬܠܡܕ.
12 ܘܡܢܗܘܢ ܡܢ ܦܠܚܘܗܝ ܟܠ ܪܓܬܗ ܡܬܬܚܝܒ ܗܘܘ ܘܡܬܓܒܝܢ.
ܬܪܝܢ ܟܠܬܢܝܢ ܡܢ ܦܠܚܐ ܕܐܬܚܙܝܘ ܗܘܘ ܫܠܝܛܐ ܘܓܢܒܪܐ.
ܣܓܝ ܡܢ ܪܓܬܗ ܕܡܠܟܐ. ܘܗܘܬܐ ܥܒܠ ܘܟܠܗ ܐܝܟܢܐ
ܐܬܠܟܕܘ. ܘܒܢܝܐ ܬܫܒܚܬܐ ܕܟܠܒܟܝܢܗܘܢ ܘܗܦܟܐ
13 ܕܠܫܠܝܢܘܗܝ. ܘܐܬܓܒܝܘ ܡܢ ܢܦܘܪܐ ܕܬܪܬܝܢ. ܘܢܦܩܘ ܟܕ

4. ܠܐܠܐ B a–e.

5. ܠܡܥܒܪ c.—om. ܗܘ BC a–e.—ܠܐ ܥܒܪ.] ܠܐ a.

7. Om. ܥܝܢܝ B a–e.—ܘܡܫܠܚܐ (in fine lin.) A.

8. Om. ܕܝܚܝܕܐ C. ܕܝ̈ܚܝܕܐ B a–e (in B. infra lin. a pr. man.).

10. ܠܐ ܡܨܐ ܗܘܐ = οὐκ ἠδύνατο. ܘܡܨܐ ܗܘܐ A. ܘܡܨܐ (om. ܗܘܐ) C.
ܕܡܨܐ ܗܘܐ B a–e.

11. ܩܢܐ ܕܟܠܒܟܘܢ C.

12. ܡܢ ܦܠܚܘܗܝ] ܡܢ ܦܠܚܐ BC a–e.—ܠܡܫܘܚܘ BC a–e.

II. ܣܟܝܡ ܒܟܠ ܡܫܘܕܥ: ܠܥܡ̈ܡܐ ܘܠܠܫܢ̈ ܟܪܟ. ܡܛܠ ܕܕܠܐ
ܪܚܡܢܐ ܠܬ̈ܒܝܠ ܥܒܝܕ. ܒܠܗ ܒܪܥܐ ܡܢ ܗܕܡ ܦܠܓܗ. ܒܕ
ܐܡܪ ܠܗܠ ܗܘ ܪܘܚܗܘܢ ܘܫܒܚܬܗܘܢ ܡܛܠ ܕܡܥܢܐ ܗܘ.
20 ܐܠܗ ܒܪ ܠܐ ܡܓܝܐ ܗܘܐ ܪܚܡܢܐ ܠܒܢܝܢ ܠܫܒܚܬܗ ܠܐ
21 ܐܡܪ ܗܘܐ ܗܒܢܐ. ܒܕ ܒܪ ܓܒܪܐ ܐܠܗܐ ܠܒܪܝܬܐ. ܫܪܝܐ
22 ܘܩ̈ܕܡܐ ܢܝܓ ܒܗ. ܒܕ ܕܝܢ ܒܢ ܬܪ̈ܥܐ ܠܪܚܡܢܐ ܣܡܝܐ
ܒܠ ܒܥܠܡܗܘܢ ܐܡܠܝܟ. ܘܐܝܟ ܕܒܠ ܬܪܘܢܘܣ ܐܘܬܒ.
23 ܡܘܒ ܠܗ ܠܡܢܐ ܢܒܗܡܐ. ܕܒܕ ܒܗ ܡܬܕܒܪ. ܢܒܠܝܟ ܡܠܒܘܬܐ
24 ܒܫܒܬܐ ܘܕܫܡܬܐ ܘܒܪܟܬܐ. ܐܡܪܢܐ ܡܫܠ ܐܝܟ ܠܒܘܢ
ܠܒܐܡܪ. ܐܢ ܐܝܟ ܒܠ ܒܠܗܘܢ ܫܪܝܐ ܡܒܠܝܟ ܪܚܡܢܐ.
III. 1 ܕܒܗܘܒܐ ܒܪ ܡܓܝܐܐ ܐܬܬܐ ܡܠܬܐ ܗܕܐ. ܠܐ ܗܘܐ
ܒܪ ܒܠ ܫܪܝܐ ܡܬܝܢܐ ܗܘܝܐ ܕܡܓܠܝܐ. ܐܠܐ ܒܠ ܫܪܝܐ
2 ܦܪ̈ܘܫܐ. ܕܐܝܟ ܐܡܪܝܐ ܕܠܐ ܐܝܬ ܡܒܗܘܢ ܠܐ ܢܓܕ.
3 ܠܐ ܡܢܝܐ. ܕܠܐ ܕܝܢ ܢܬܒܒܕ ܠܪܒܬܗ. ܡܓܝܐ ܗܘ
ܢܒܗܡܐ ܠܒܒܕܘܬܗ. ܠܐ ܐܝܬ ܡܓܝܐ ܕܣܓܝܐܬܐ ܡܢ ܢܦܫܗ
4 ܢܦܫܗ. ܐܠܐ ܡܢܝܐ ܕܢܓܕܪ ܪܚܡܢܐ ܕܠܐ ܢܬܢܒܚ. ܡܒܪܬܘ

19. ܒܒܠܐ] ܒܒܠܐ abe.—ܓܒܠܐ BC a–f.

20. ܐܠܗܐ ܒܪ ܠܐ* ܠܐ ܡܓܝܐ B (*hic incip. fol. nov.) ܐܠܗܐ ܒܪ ܡܓܝܐ. C.

21. ܓܒܪܐ] ܓܒܪ C.—(c. ܘܠܒܪܝܬܐ) ܘܒܪܝܬܐ ܫܪܝܐ BC a–e.

22. ܪܚܡܢܐ BC a–e.

23. ܢܒܠܝܟ B b–e. ܢܒܠܝܟ a.
ܒܒܒܘܬܐ. ܘܕܝܫܡܬܐ ܘܒܪܟܬܐ. C.

24. ܐܡܪܢܐ ܡܫܠ ܐܝܟ ܠܒܘܢ (ab. ܐܝܟ ܕܝ) ܐܝܟ ܐܢܫܐ BC a–e.
ܐܢ ܐܢ] ܐܝ C. ܐܢܝ B a–e.

III. 1. ܕܒܗܘܒܐ ܒܪܝܐ BC a–d. ܒܪܝܐ ܗܘ ܕܒܗܘܒܐ e.
ܠܐ ܗܘܐ ܠܐ B a–e.—ܫܪ̈ܝܘܗܝ] ܗܘ ܫܪܝܐ C.

2. ܠܒܒܕܘܬܗ A.

3. ܢܓܕ a.

ܘܟܬܒܐ ܕܝܢ ܕܐܠܐ ܗܘܐ ܠܥܡܐ: ܕܡܠܟ ܗܘ ܥܠ ܫܒܛܐ
10 ܪܚܢܐ. [ܥܡܐ] ܢܡܘܣܐ ܒܪ ܐܦ ܥܠ ܪܣܡܬܐ ܕܒܢܝܐ ܠܘܬ
ܐܒܗܬܐ ܡܠܟܐ. ܟܕ ܠܐ ܡܬܚܫܕܝܢ ܡܢܗܘܢ ܘܡܫܠܡܝܢ
11 ܕܝܘܡܐ. ܘܥܠ ܪܣܡܬ ܥܒܘܕܘܬܐ ܬܘܒ ܡܠܟܐ. ܕܐܢܫܘ
12 ܕܥܠܐ ܢܡܘܣܐ ܬܘܩܦܐ. ܢܦܩܘܢ. ܘܥܠ ܪܣܡܬܐ ܕܐܒܗܬܐ
ܕܠܘܬ ܒܢܝܐ ܬܘܒ ܡܠܟܐ. ܘܒܐܝܕܝ ܐܒܗܬܗܘܢ ܦܩܕ
ܒܪܫܘܢ ܡܠܟܐ ܒܥܘܬܗܘܢ: ܡܠܟܐ ܕܝܢ ܐܦ ܥܠ ܚܘܒܐ
ܕܪܫܥܐ. ܟܕ ܡܚܒ ܠܗܘܢ ܡܠܟܐ ܘܪܚܡܗܘܢ. ܒܐܝܕܝ
13 ܪܫܝܥܘܬܗܘܢ. ܘܠܐ ܬܘܩܦܗܘܢ ܕܩܕܡ ܗܘ ܚܕܬ ܗܘܐ ܩܕܡ
ܕܐܫܬܪܬ. ܐܢܫܐ ܕܐܦ ܠܡܠܟܘܬܐ ܡܛܠ ܪܚܢܐ ܠܥܡܐ
14 ܡܠܟ ܢܡܘܣܐ. ܟܕ ܠܐ ܦܩܕ ܐܠܗܐ ܥܒܕܐ ܕܡܠܟܘܬܗ.
ܐܠܐ ܡܢܟܪ ܠܗܘܢ ܕܒܗܘܢ ܠܡܠܟܘܬܗ. ܘܡܟܝܠ ܠܐܠܗܝܢ
15 ܕܢܓܝܢ. ܐܦ ܒܫܒܛܐ ܕܝܢ ܒܢܝܐ ܡܬܒܥܐ ܪܚܢܐ ܕܥܡܐ.
ܚܢܢ ܕܝܢ ܠܪܫܡܬܗ ܘܠܪܫܡܬܗ ܪܚܡܘܬܐ ܬܫܒܘܚܬܐ.
16 ܘܠܥܡܘܪܘܬܐ ܘܠܫܪܪܘܬܐ. ܘܠܫܡܥܐ. ܠܟܠܗܘܢ ܒܪ
ܗܠܝܢ ܫܒܝܐ ܗܢܘܢ: ܚܘܝ ܘܡܟܟܒܐ ܐܢܫܐ ܕܢܫܐ ܢܦܩܬ.
ܐܚܝܢܐ ܕܐܦ ܠܝܪܬܘܬܐ ܪܒܐ. ܐܦ ܥܠ ܗܕܐ ܒܪ ܡܠܟܐ
17 ܗܘ. ܗܐ ܒܪ ܟܕ ܐܬܩܕܡܬ ܡܠܟܘܬܐ ܥܠ ܕܝܠܗ ܘܐܬܒܪܟ.
ܠܐ ܫܦܪ ܠܬܘܒܘܢ ܡܕܡ ܕܫܒܚܬܐ. ܐܠܐ ܒܪܚܡܘܬܐ
18 ܕܪܚܡܘܗܝ. ܫܒܚܘܗ ܒܟܠ ܐܢܫ ܕܒܪܝܬܐ. ܡܛܠ ܗܘ ܒܪ
ܪܚܡܐ ܐܢܫ ܡܢܐ ܕܐܫܬܪܬ ܕܢܗܘ ܘܡܘܬܐ ܥܠ ܫܒܛܐ:
19 ܕܠܗܠܝܢ ܢܦܫܐ ܘܠܗܠܝܢ ܢܦܩܘ. ܘܐܠܐ ܥܠ ܡܠܟܐ ܐܒܘܢ

14. ܦܩܕ ܠܐ a.—ܥܒܕܐ. ܐܠܗܐ] BC a–e.
ܕܡܠܟܘܬܗ] .ܕܡܠܟܘܬܗܘܢ C.
16. ܗܘ] .ܒܢܝܐ ܗܘ C.
17. ܠܗ A.—ܒܪ ܐܢܫ. ܕܪܚܡܘܗܝ BC a–f.
18. Om. ܗܘ C.—ܕܗܠܝܢ] ܕܗܠܝܢ BC a–f.
ܘܗܠܝܢ] ܗܠܝܢ ܡܛܠ B a–f. ܘܗܠܝܢ C.

ܕܟܠ ܡܩ̈ܒܝܐ.

35 ܕܪܥܝܢܐ. ܘܡܬܦܠܓܝܢ ܘܡܬܬܚܡܝܢ ܚ̈ܫܘܡܝܢ ܕܪ̈ܓܝܓܬܐ. ܒܗ
ܡܢ ܪܥܝܢܐ ܪ̈ܚܫܐ ܡܕܒ̈ܪܝܢ ܘܡܬܟܠܝܢ ܟܠܗܘܢ ܙ̈ܘܥܐ
II. 1 ܕܦܓܪܐ. ܘܠܘ ܕܕܘܡܪܐ ܗܘ ܐܢ ܗܘ ܕܪ̈ܓܝܓܬܗ̇ ܕܢܦܫܐ
2 ܕܥ̈ܠܝܗ ܠܫܘܦܪܐ ܡܬܒܛܠܢ. ܗܟܢܐ ܓܝܪ ܝܘܣܦ ܡܬܩܠܣ:
3 ܕܟܕ ܡܗܘܝܘܬܐ ܗܘܬ ܠܡܣܒܥܘܬܐ ܕܫܘܢܝܐ. ܒܗ ܒܪ ܐܝܬܘܗܝ
ܛܠܝܐ. ܘܒܪܗ ܒܪܘܐ ܕܒܗ ܠܡܫܘܬܦܘܬܐ ܐܝܟ ܟܝܢܐ. ܒܪܥܝܢܐ
4 ܕܚ̈ܫܘܗܝ ܒܗ ܢܝܚ. ܠܐ ܗܘܐ ܕܝܢ ܠܡܦܪܘܬܐ ܒܠܚܘܕ ܕܠܘ
ܕܫܘܪܚܢܐ ܡܬܚܙܝܐ ܪܥܝܢܐ ܕܫܠܝܛ ܠܪܓܝܓܐ. ܐܠܐ ܐܦ
5 ܠܟܠ ܪ̈ܓܝܓܢ. ܐܡܪ ܓܝܪ ܢܡܘܣܐ. ܠܐ ܬܪܓ ܐܢܬܬܗ ܕܚܒܪܟ.
6 ܘܠܐ ܟܠ ܡܕܡ ܕܐܝܬ ܠܚܒܪܟ. ܘܗܐ ܐܦ ܐܠܘ ܠܐ ܐܡܪ
ܢܡܘܣܐ ܕܠܐ ܬܪܓ ܡܓܝܪ ܗܘܝܬ ܐܦ ܗܟܢܐ ܕܐܦܣܘܗܝ
ܕܡܓܝܪܐ ܗܘ ܪܥܝܢܐ ܠܡܟܒܫܐ ܠܪ̈ܓܝܓܬܐ: ܐܝܟܢܐ ܕܐܦ
7 ܠܡܣܬܒܪܢܐ ܡܩ̈ܒܠܢܐ ܕܠܡܣܡܘܬܐ. ܘܐܠܐ ܐܝܟܢܐ ܒܗ ܐܝܬܘܗܝ
ܐܝܟ ܠܟܪܣܐ ܐܘ ܪܘܝܐ: ܢܠܦ ܢܛܘܪܘܬܐ ܒܗ ܡܪܘܝܐ ܗܠܝܢ
ܘܪ̈ܚܡܬܐ. ܐܠܘ ܠܐ ܚܠܦܐ ܕܡܫܬܠܛ ܗܘ ܥܠ ܚ̈ܫܐ ܪܥܝܢܐ
8 ܕܫܠܡ ܠܕܘܒܪܐ ܐܠܗܝܐ. ܒܪܫܥܬܗ ܓܝܪ ܐܢ ܗܘ ܕܪܚܡ ܟܣܦܐ
ܡܬܕܒܪ. ܐܦ ܐܝܬܘܗܝ ܐܢܫ ܒܟܣܦܐ. ܚܢܝܐ ܢܥܒܕ ܘܡܘܙܦ
ܠܚܣܝܪܐ. ܘܕܠܐ ܪܒܝܬܐ ܢܣܒ ܒܫܒܥܐ: ܘܡܫܒܩ ܚ̈ܘܒܐ.
9 ܘܫܒܩ ܡܢ ܡܢܐ ܕܡܬܚܫܒ ܠܗ. ܐܦ ܢܦܩܐ ܕܣܘܥܪܢܘܬܐ
ܗܘܐ. ܡܕܒܪܐ ܡܢ ܢܡܘܣܐ. ܡܛܠ ܪܥܝܢܐ ܡܫܬܪܪܐ ܒܗ
ܠܐ ܡܠܩܛ ܡܥܒܪ̈ܬܐ ܚܨܕܐ. ܘܠܐ ܡܥܒܪ ܟܪܡܗ.

II. 1. ܕܪ̈ܓܝܓܢ C.
2. ܐܬܦܠܛܣ. C.—ܕܝܫܥܐ. A.
3. ܕܒܗܿ bc.—ܡܓܗܐ. A.—ܠܢܝܚ. Cc.
4. ܕܪ̈ܓܝܫܢ c.
5. Om. ܘܠܐ ܟܠ...ܠܚܒܪܟ c.
6. ܐܡܪ A.
7. ܐܘ A. ܐܘ̇ BC a-f.—ܠܓ̈ܠܐ c.
9. ܚܨܠܐ ܕܚܨܕܐ. [ܚܨܕܐ. C.

25 ܐܡܬܝ ܕܢܦܠ ܒܗ. ܒܡܫܝܚܘܬܐ ܡܛܠ ܐܝܬܘܗܝ ܡܬܠܝܛܘܬܐ
ܕܠܘܬ ܚܝܐ ܒܚܝܐ. ܕܡܢ ܚܠܦܘܗܝ ܚܝܐ ܐܣܟܡܘܗܝ ܩܒܠܢܝܢ.
26 ܕܒܡܫܐ ܗܠܝܢ ܦܓܪܐ. ܫܬܪܘܬܐ. ܘܪܡܝܬ ܒܚܫܐ. ܘܪܡܝܬ
27 ܬܫܡܫܬܐ. ܘܚܪܝܘܬܐ. ܒܦܓܪܐ ܕܝܢ ܕܢܐܟܘܠ ܟܠ ܡܕܡ.
28 ܘܕܡܘܐ ܪܒܐ ܠܪܘܚܗ. ܘܕܡܘܐ ܙܥܘܪ ܡܫܡܫܝܢܘܬ. ܐܝܟܢܐ
ܡܛܠ ܕܢܬܟܪܝܬܐ ܐܝܬܝܗܝܢ ܕܦܓܪܐ ܘܕܢܦܫܐ ܬܪܬܝܗܝܢ ܗܠܝܢ.
ܡܫܝܚܘܬܐ ܘܐܘܠܨܢܐ ܕܡܬܬܠܝܢ ܡܢ ܒܐܒܐ. ܗܒܝܢܐ ܩܒܠܢܝܢ
29 ܚܡܫܐ ܕܗܠܝܢ ܚܝܐ. ܕܠܝܬ ܚܕ ܡܢܗܘܢ ܗܘ ܪܚܝܩܐ ܕܢܦܠ
ܠܪܘܚܬ ܐܠܗܐ ܦܠܚ ܘܡܟܒܐ. ܘܦܪܫ ܘܡܬܠܟ ܘܡܫܬܪܝܢ
30 ܘܦܨܡܐ. ܘܡܢܟܣ ܠܟܠ ܚܠܠ ܕܬܡܠܝ ܒܐܒܐ. ܗܘܢܐ
ܒܪ ܐܝܬܘܗܝ ܡܕܒܪܢܗ ܕܡܬܪܬܘܬܐ. ܦܠܚܐ ܕܝܢ ܕܟܠ ܚܝܐ:
ܘܡܬܝܚܐ ܠܗܘܕܡ ܒܢܕ ܦܬܓܡܐ ܡܒܒܪܝܢ ܕܒܚܒܘܬܐ.
31 ܕܡܥܠܝ ܗܘ ܟܠ ܚܝܐ. ܒܚܒܘܬܐ ܡܛܠ. ܕܐܝܟ ܢܦܫܐ
32 ܪܒܐ ܠܬܠܝܬܝܘܬܐ. ܗܠܝܢ ܕܐܝܬܝܗܝܢ ܡܢܗܝܢ ܢܦܫܬܐ ܘܡܢܗܝܢ
ܦܓܪܢܝܬܐ. ܡܬܝܚܐ ܕܝܢ ܕܐܦ ܟܠ ܗܠܝܢ ܘܟܠ ܗܠܝܢ ܡܫܬܠܛ.
33 ܘܐܠܐ ܐܝܟܢܐ ܡܢܐ ܕܡܬܝܕܥܝܢ ܚܢܢ ܠܡܐܟܠ ܡܕܡ ܕܠܐ
ܦܓܥ. ܡܫܦܟܝܢ ܚܢܢ ܢܦܫ ܡܢ ܬܠܝܬܝܘܬܐ: ܠܐ ܗܘܐ ܕܢܦܝܠܐ
34 ܪܒܐ ܠܡܪܟܐ ܠܬܠܝܬܝܘܬܐ. ܐܝܟ ܗܢܐ ܦܓܪ ܐܝܟܐ. ܪܓܫ
ܚܢ ܒܪ ܠܡܐܟܠ ܠܚܝܘܬܐ ܕܒܥܝܪܐ. ܘܠܡܪܚܬܐ ܘܠܐܘܪܚܬ
ܬܐܠܐ. ܘܠܟܘܠ ܡܐܟܠܢ. ܘܡܬܬܟܠܢ ܚܢ ܡܛܠ ܡܥܠܝܬܗ

24. 25. ܕܢܦܠ ܒܗ ܒܡܫܝܚܘܬܐ ܕܐܝܬܘܗܝ B a–f.

27. ܕܢܐܟܘܠ AC.—ܘܕܡܘܐ 1°. loco, sed 2°. ܕܡܘܐ A.

29. ܗܘ A. ܗܘ̇ BC.

30. ܚܙܝܐ] ܒܚܙܝܐ B a–f.

31. ܕܡܥܠܝ ܕܐܝܟ. ܢܦܫܐ A.—ܠܬܠܝܬܝܘܬܐ A.

33. ܕܡܬܝܕܥܝܢ BC abcdf.

ܪܒܐ ܠܬܠܝܬܝܘܬܐ.]ܠܡܪܟܐ ܠܬܠܝܬܝܘܬܐ. BC a–f.

34. ܪܓܫܝܢ ܚܢܢ C.—ܕܡܐܟܠܐ.] ܕܡܐܟܠܐ. A.

13 ܒܠܒܘܫ ܦܓܪܢܝ. ܒܚܘܒܗ ܡܫܝܚܐ ܗܕܐ ܗܘܼ. ܐܝܟ ܡܬܝܠܕ I.
14 ܥܠ ܫܡܝܐ ܪܚܡܢܐ. ܢܦܫ ܕܝܢ ܡܚܢܐ ܐܝܬܘܗܝ ܪܚܡܢܐ. ܘܡܚܢܐ
ܐܝܬܘܗܝ ܚܝܐ. ܘܚܝܐ ܙܟܝ ܕܫܡܝܐ. ܘܐܢܫܘ ܕܥܠ ܥܠܡܘܗܝ
15 ܪܚܡܢܐ ܡܬܥܠܝ. ܪܚܡܢܐ ܡܛܠ ܐܝܬܘܗܝ ܗܘܢܐ. ܕܒܟܐܢܘܬܐ
16 ܚܒܪܐ ܠܫܡܝܐ ܕܡܣܒܪܬܐ. ܡܣܒܪܬܐ ܕܝܢ ܐܝܬܝܗ ܡܕܒܪܬܐ
17 ܕܬܫܒܘܚܬܐ ܕܐܠܗܘܬܐ ܘܕܐܝܬܘܬܐ ܘܕܫܠܝܛܘܬܗܝܢ. ܗܘ ܕܝܢ
ܗܕܐ ܐܝܬܝܗ ܡܪܕܘܬܐ ܕܒܢܝܢܫܐ. ܗܝ ܕܒܐܝܕܗ ܐܦ
ܗܠܝܢ ܕܐܠܗܘܬܐ ܪܘܪܒܐܝܬ ܘܗܠܝܢ ܕܐܝܬܘܬܐ ܒܗܝܡܢܐܝܬ
18 ܠܦܘܡ ܚܝܠ. ܬܫܡܫܬܐ ܕܝܢ ܕܠܗ ܕܡܣܒܪܬܐ. ܐܝܬܝܗܝܢ ܗܠܝܢ.
19 ܡܗܝܡܢܘܬܐ. ܘܚܣܝܘܬܐ. ܒܣܒܪܬܐ. ܕܪܚܡܐ ܕܝܢ ܡܢ ܒܠܗܘܢ
ܐܝܬܝܗ̇. ܡܗܝܡܢܘܬܐ. ܕܒܐܪ̈ܝܗ̇ ܚܠ ܥܠ ܫܡܝܢ ܦܠܚܝܢ ܪܚܡܢܐ.
20 ܒܚܘܒܗ ܕܝܢ ܕܫܡܝܐ ܕܠܗ ܒܚܘܒܗ ܣܓܝܐܝܢ ܐܣܝܪܐ.
ܐܝܬܝܗܘܢ ܬܪܝܢ: ܗܝܡܢܘܬܐ ܘܐܘܠܨܢܐ. ܗܠܝܢ ܕܝܢ ܠܗܝܢ
21 ܠܗ ܠܒܥܠܐ. ܫܡܝܐ ܕܝܢ ܦܬܓܡܐ ܐܝܟ ܕܒܥܠܐ ܗܘܝܢ
22 ܬܪܬܝܗܘܢ. ܡܢ ܚܕ ܗܝܡܢܘܬܐ ܡܛܠ ܐܝܬܝܗ ܪܚܡܬܐ.
23 ܬܪܬܝܗ ܕܝܢ ܚܕܘܬܐ. ܡܢ ܚܕ ܐܘܠܨܢܐ ܕܝܢ ܐܝܬ ܕܠܝܬܐ.
24 ܡܢ ܬܪܬܝܗ ܕܝܢ ܕܐܘܠܨܢܐ. ܒܥܬܐ. ܣܓܝܬܐ ܕܝܢ ܚܝܐ ܗܘ
ܕܚܒܐ. ܕܗܝܡܢܘܬܐ ܘܕܐܘܠܨܢܐ. ܢܕܥ ܕܝܢ ܐܝܟ ܕܗܟܢܐ ܗܘ.

13. ܚܝܐ A.

14. ܪܚܡܢܐ et ܚܝܐ transp. e.—[illegible] A.

15. ܕܒܟܐܢܘܬܐ et ܕܡܣܒܪܬܐ transp. C.

16. ܐܡܪܬܐ A.

17. ܗܕܐ ܕܝܢ ܐܝܬܝܗ (om. ܗܝ) C.
[illegible] B a–f.

19. [illegible] A.

20. [illegible] BC a–d (e. sine interpunct.)

24. [illegible] C.

6 ܕܝܢ ܡܠܬܐ ܗܕܐ ܕܠܡܘܣܝܐ ܥܘܕܐ. ܠܐ ܗܘܐ ܓܝܪ ܟܠ
ܐ̈ܢܫܐ ܕܠܗ ܡܫܠܛ ܗܘܝܬ. ܐܠܐ ܟܠ ܐ̈ܢܫܐ ܕܠܡܘܡܠ
ܒܒܪܝܬܐ ܘܙܕܝܩܘܬܐ ܘܡܫܘܚܬܐ ܐܬܦܫܛܘܢ. ܘܟܠ ܗܠܝܢ
ܠܐ ܗܘܐ ܐܝܟ ܟܡ ܕܐܝܟܐ ܕܢܦܠܛ ܐܢܘܢ. ܐܠܐ ܐܠܐ ܕܠܐ
7 ܢܬܒܝܫ ܡܢܗܘܢ: ܡܢ ܦܘܪܥܢܘܬܐ ܕܝܢ ܘܡܢ ܐܫܬܢܝܬܐ ܐܝܬ ܠܗ
ܕܐܢܘܫ. ܕܢܦܠܛ ܗܘ ܟܠ ܐ̈ܢܫܝ ܐܚܪܢܐ ܕܥܠܡ ܠܕܝܠܗ
8 ܐܠܗܐ. ܡܬܝܪܐܝܬ ܕܝܢ ܗܕܐ ܡܫܘܐ ܐܝܟ. ܡܢ ܫܠܝܚܘܬܐ
ܕܗܠܝܢ ܕܟܠ ܚ̈ܛܗ ܕܝܠܗ ܐܠܗܐ: ܡܢܬܗ. ܐܡ̈ܪ ܐܝܟ ܕܝܢ
9 ܐܠܝܫܥ ܘܡܢܢܐ ܐܝܟ ܘܐܡܪܗܘܢ. ܟܠܗܘܢ ܓܝܪ ܗܘܘ ܗܠܝܢ ܟܠ
ܒܐ̈ܬܐ ܕܒܕܡܐ ܠܡܘܬܐ ܡܬܝܠܝܢ ܐܬܡܨܪܘ. ܘܫܘܘ ܕܡܫܠܛ
10 ܟܠ ܐ̈ܢܫܐ ܐܬܬܘܗܝ ܢ̈ܦܫܬܐ. ܡܢ ܐ̈ܢܫܐ ܕܝܢ ܥ̈ܬܝܩܐ.
ܗܟܢܐ ܠܗܠܝܢ ܗܘ ܚܝܒܐ ܠܗ ܕܐܦܠܘ. ܠܗܠܝܢ ܕܒܕܡܐ ܗܘܝܐ
ܡܛܠ ܕܝܠܗ ܐܠܗܐ ܡܢܬܗ. ܒܡ ܐܡܪܗܘܢ. ܒܪ ܢܫܒ. ܐܝܟ
11 ܠܗܘܢ ܛܘܒܐ ܟܠ ܫ̈ܥܝܢܘܢ. ܗܘܘ ܓܝܪ ܬܗܘܪܐ. ܠܐ
ܗܘܐ ܟܠܗܘܢ ܠܟܠܗܘܢ ܒ̈ܢܝܢܫܐ ܕܥܒܕܐ ܡܛܠ ܒܒܪܝܬܗܘܢ.
ܐܠܐ ܐܦ ܠܡܠܘܢ ܕܐܬܬܘܝܘ ܒܗܘܢ. ܗܘܘ ܓܝܪ ܟܠܗܝܢ
ܠܡܦܠܬܗ ܕܦ̈ܪܘܫܘܬܐ ܕܟܠ ܒܢܝܐ. ܘܒܐܝܘܗܝ ܠܦܪܘܫܐ
12 ܘܕܚܝܘܗܝ ܠܐܬܪܘܬܗܘܢ. ܘܟܠ ܗܕܐ ܗܟܢܐ ܠܡܐܡܪ ܕܠܟܠܐ
ܠܝ. ܡܢ ܟܠܗ ܕܓܠܝܬܗ ܕܡܠܬܗܘܢ ܢܘܕܥ. ܗܘ ܕܗܡܢܐ ܡܚܕܝܢ
ܠܡܒܥܕ. ܘܗܢܝܢ ܒܟܘܕܢܗ ܕܐܠܗܐ ܡܫܡܫ ܒܠ. ܡܠܬܗܘܢ

6. ܗܘܝܐ.] ܗܘܐ. A.

7. ܠܝܢ] ܠܝ C.

8. ܘܡܢܐ A. ܘܡ̈ܢܐ BC a–f.

9. ܠܡܘܬܐ ܒܕܡܐ ܕܡܬܬܠܝܢ B a–f.

10. ܠܝܢ] ܠܝ C.—om. ܠܗܘܢ e.

11. ܠܟܠܗܘܢ ܒ̈ܢܝܢܫܐ] ܠܒ̈ܢܝܢܫܐ B a–f.—ܕܦ̈ܪܘܫܘܬܐ] ܕܦ̈ܪܘܫܘܬܐ ܕܟܠܗ C.—ܘܕܚܝܘܗܝ] ܘܕܚܝܗܝ abcef.

12. ܠܡܐܡܪ ܗܘܐ B a–f.

ܣܦܪܐ ܕܐܘܪܚܬܐ. ܕܥܠ ܡܫ̈ܡܫܢܐ ܘܐܡܘܬܗܘܢ.

1 I. [ܡܟܝܠ] ܡܛܠܬܐ ܕܡܫܡܫܢܘܬܐ ܡܦܠܓ ܐܝܟ ܕܐܡܪܐ
ܡܕܡܫܡܫ̈ܝܢ ܕܐܝܟ ܡܫܠܡܢܐ ܗܘ ܙܒܢܐ ܙܕܩܐ ܕܢܦܠ
ܠܕܢܝܚܘܬ ܐܠܗܐ. ܘܥܠܝܢ ܐܝܟ ܠܗܘܢ ܬܪܝܨܐܝܬ.
2 ܕܡܫܡܫܢܘܬܐ ܬܫܡܫܘܢ ܒܡܫܡܫܢܘܬܐ. ܐܦ ܟܕ ܐܠܝܨܐܝܬ
ܠܟܠܢ ܣܓܝܐ. ܬܬܪܐܝܬ ܠܟܠܗܝܢ ܕܬ̈ܪܝܢ ܠܡܫܪܘܬܐ.
3 ܠܫܡܝܐ ܟܕ ܡܩ̈ܠܣܐ ܕܪܚܡܐ ܪܚܡܬܐ. ܐܝܟ ܗ̇ܘ ܗܘ ܕܥܠ
ܫܥܬܐ ܡܫܡ̈ܠܝܐ ܕܡܫܡܫܢܘܬܐ: ܡܬܢܝܚܐ ܕܡ̈ܫܠܡܝܢ ܪܚܡܐ
4 ܡܬܪܝܨ. ܥܠ ܐܣܦܩܘܬܐ: ܥܠ ܪ̈ܚܡܬܐ: ܘܠܐ ܗܘܐ
ܒܠܥܘܕ ܥܠ ܗܠܝܢ. ܐܠܐ ܐܦ ܥܠ ܫܥܬܐ ܐܚܪ̈ܢܝܐ
ܕܠܡܫܡܫܘܬܐ ܡܡܫܡܫ. ܡܬܢܝܚܐ ܕܡܫܠܛ. ܥܠ ܙ̈ܢܝܐ ܒܫ̈ܥܐ.
ܘܥܠ ܫܥܬܐ ܐܚܪ̈ܢܝܐ ܕܠܫܘܠܡܘܬܐ ܡܫܠܡ. ܥܠ ܣܓܝܐܬܐ.
ܘܥܠ ܕܠܐ ܐܝܟ ܬܘܪܦܐ ܡܕܡ ܐܘ̈ܠܨܢܐ. ܘܥܠ ܕܫܠܝܬܐ.
5 ܘܡܢ ܐܝܟ ܢܦܫܢ. ܕܐܢܫܘܢ ܕܥܠ ܫܥܬܐ ܫ̈ܡܥܝܢ ܗܘܝܢ.
ܐܢܫܝܢ ܥܠ ܛܘܒܢ ܘܥܠ ܠܐ ܡܕܡܐ ܠܐ ܡܫܬܠܛ. ܐܡܪܝܢ

Tit. ܡܐܡܪܐ ܕܕܝܘܢܘܣܝܘܣ [+ ܩܕܝܫܐ. ܕܡܛܠ B*C a–f.
ܠܗ .C] ܥܠ ܐܠܝܢ. ܘܡܫܡܫܢ ܘܡܫܡܫܢ.

I. 1. ܕܡܫܡܫܢܘܬܐ C.—ܒܡܫܡܫܢܘܬܐ C.
ܒܡܫܡܫܢܘܬܐ A (licet supra ܕܡܫܡܫܢܘܬܐ).

2. [ܕܪ̈ܚܡܝܢ] add. ܗܘܘ e. ܕܪܚܡܝܢ C.—om. ܕ A. ܡܩ̈ܠܣܐ

4. [ܙ̈ܢܝܐ] ܙ̈ܢܝܐ abcef.——[ܡܫܡܫܝܢ]. ܡܫ̈ܡܫܝܢ abdef. (…ܒ. d).
ܡܢ ܡܫ̈ܡܫܝܢ. c.

5. [ܡܫܡܫܝܢ] ܡܫܡܫܝܢ A.——[ܛܘܒܢܢ] ܫ̈ܡܥܐ BC a–f.

ܣܦܪܐ ܕܐܪܒܥܐ.

ܕܥܠ ܡܩܒܠܐ ܘܐܬܗܡܘܢ.

Lightning Source UK Ltd.
Milton Keynes UK
UKOW05f1152030114

223927UK00001B/103/P

9 781107 624122

Beneath the Ground

Other *Alchemy Press* titles

The Paladin Mandates
Mike Chinn

Shadows of Light and Dark
Jo Fletcher
(co-published with Airgedlamh Publications)

Where the Bodies Are Buried
Kim Newman
(co-published with Airgedlamh Publications)

Swords Against the Millennium
Edited by Mike Chinn
(co-published with Saladoth Productions)

Beneath the Ground

edited by

Joel Lane

The Alchemy Press

BENEATH THE GROUND

First published in Great Britain by

The Alchemy Press
46 Oxford Road, Acocks Green
Birmingham B27 6DT, UK

www.alchemypress.co.uk

First Edition

Printed and bound in Great Britain by
Antony Rowe Ltd, Chippenham, Wiltshire

ISBN 0-9532260-5-0

Illustration by Dave Carson

ACKNOWLEDGEMENTS

'The End of a Summer's Day' © Ramsey Campbell 1973. Originally published in *Demons By Daylight*, Arkham House, 1973. Reprinted by permission of the author.

'In the Tunnels' © Pauline E. Dungate, 2002

'Tomb of the Janissaries' © David Sutton, 2002

'The Empty Room' © Tim Lebbon, 2000. Originally published in *As the Sun Goes Down*, Night Shade Books, 2000. Reprinted by permission of the author.

'"Where Once I Did My Love Beguile"' © John Howard, 2002

'Going Underground' © Mike McKeown, 2002

'Lost and Found' © Simon Avery, 2002

'Grendel's Lair' © Paul Finch, 2002

'From the Hearth' © D.F. Lewis, 2002

'Nights at the Regal' © Jason Gould, 2002

'Empty Stations' © Nicholas Royle, 2001. Originally published in *Ambit 161*. Reprinted by permission of the author.

'The Stone Man' © Derek Fox, 2002

'To Walk in Midnight's Realm' © Simon Bestwick, 2002

Cover art copyright © Jim Pitts, 2002

Frontispiece copyright © Dave Carson, 2002

The publisher thanks Methuen Publishing Limited for permission to reproduce lines from *The Romans in Britain* in *Plays 2* by Howard Brenton (Methuen Publishing Limited), on page 175 of this publication.